Kühnemann
Wir halten Nutztiere

Helmut Kühnemann

Wir halten Nutztiere

16 Farbtafeln mit
37 Farbfotos
36 Schwarzweißabbildungen

VERLAG
EUGEN
ULMER

Titelfoto: Hans Reinhard, Heiligenkreuzsteinach.
Zeichnungen und Fotos:
Helmut Kühnemann.

CIP-Titelaufnahme der Deutschen Bibliothek

Kühnemann, Helmut:
Wir halten Nutztiere / Helmut Kühnemann. –
Stuttgart: Ulmer, 1988.
ISBN 3-8001-7172-4

Wollgrasweg 41, 7000 Stuttgart 70 (Hohenheim)
Printed in Germany
Einbandgestaltung: A. Krugmann, Freiberg/Neckar
Satz: Laupp + Göbel, Tübingen
Druck: Gutmann + Co., Heilbronn
Bindung: Riethmüller, Stuttgart

Vorwort

Angesichts der zunehmenden Massentierhaltung, die allmählich keine Nutztierart mehr ausschließt, und einer allzuoft mangelhaften Tierhaltung in dörflichen Anwesen, sei es aus Unkenntnis, aus Lässigkeit oder wegen fehlender Voraussetzungen in enger gewordenen Verhältnissen, ist es für den noch unerfahrenen Tierhalter nicht ganz einfach, Vernünftiges und Brauchbares über eine tiergerechte Haltung von bäuerlichen Kleintieren zu erfahren. Das »Nutztier« wird leider – und so scheint es seit eh und je gewesen zu sein – wie selbstverständlich in erster Linie unter dem Aspekt des Ausnutzens gehalten, wobei das Tier als solches und die Frage nach seinem Wohlbefinden hintenan gestellt wird.

Eine art- und naturgemäße Haltung beschränkt sich aber nicht nur darauf, daß sich die Tiere in ihrer Haut wohlfühlen, weil sie eine wetterfeste Unterkunft und genügend zu fressen haben und weil man nett zu ihnen ist. Unser Anliegen ist es, die Tiere in ihrer Wesensart zu sehen sowie ihre Herkunft und die ihnen gemäße Lebensweise kennenzulernen, um so die jeweils geeigneten Verhältnisse für die Haltung, Fütterung und den Umgang mit ihnen zu finden. Dazu gehört ebenso die artgerechte Bewegungsfreiheit wie der naturgemäß gepflegte, lebendige Boden, auf dem eine fremdstofffreie und hochwertige Weide für die gesunde Ernährung der Tiere gedeiht, als auch unsere beständige, fürsorgliche Pflege, Teilnahme und Zuneigung.

Boden, Pflanze, Tier und Mensch haben vielseitige Beziehungen zueinander, sind aufeinander angewiesen und können sich jeweils am besten entfalten, wenn sie miteinander harmonieren.

Nichtsdestoweniger denken wir aber auch daran, daß unsere wohlgemeinten Bestrebungen nicht nur den Tieren, sondern auch uns zustatten kommen. Denn durch eine artgerechte Haltung können wir im Umgang mit »glücklichen« Tieren viel Freude erleben und – was selten genug ist – Erzeugnisse von hoher Qualität erhalten. Damit muß allerdings auch die Einsicht gewonnen werden, daß letzten Endes auch Tiere, die uns besonders ans Herz gewachsen sind, eines schönen Tages ihr Dasein im Suppentopf, im Bräter oder in der Wurst beschließen müssen.

Geislingen, Sommer 1988

Dr. Helmut Kühnemann

Inhaltsverzeichnis

Vorwort 5

Einleitung 9
Mensch und Tier 9
Haustiere in bäuerlicher Gemeinschaft 10
Kleintierhaltung in natürlichen Verhältnissen 11

Das Geflügel

Laufvögel und Schwimmvögel 12

Das wirtschaftliche Huhn 15
Vom Dschungel zum Käfig 15
Einige Daten über Haltung und Ertrag 18
Stall und Umgebung 18
Der Stall ist kein Aufenthaltsraum . 19
Baubeschreibung und Ausführung . 20
Außenanlagen, die noch zum Stall gehören 22
Der nützliche Wirtschaftshof... . . 23
... und der beliebte Scharrplatz . . 23
Weide 24
Der Auslauf kann gar nicht groß genug sein 25
Grünfutter ist unersetzlich 25
Pflanzenbestand und Pflege 25
Das vertraute Gebüsch darf nicht fehlen 26
Fütterung 26
Futtermittel, die sich besonders eignen 27
Die täglichen Rationen... 29
... und was sie kosten 30
Aufzucht 31
Die Aufzucht beginnt mit dem Brutei 31
Die natürliche Brut hat Seltenheitswert 32
Eine Henne wird brütig 36
Das Brutnest im Verborgenen . . . 36
Das Brüten beginnt 37
Am 21. Tag schlüpft der Nachwuchs 37
Küken bekommen ein ausgewähltes Futter 38
Die fürsorgliche Glucke und ihre Zöglinge 39
Die künstliche Aufzucht ist aufwendiger 40
Hühnerrassen 40
Wer zählt die Rassen, nennt die Namen? 42
Eine tabellarische Übersicht 44
Empfehlenswerte Wirtschaftsrassen 44
Wesen und Verhalten 45
Kaum eine Henne gleicht der anderen 45
Der Souverän des Hühnerhofes . . 46
Der soziale Verband und die Hackordnung 47
Verdrießliches 47
Ein jeder Vogel mausert sich 47
Kranke Hühner sind keine reine Freude 48
Schlachten ist nicht jedermanns Sache 49
Produkte 53
Täglich frische und unverfälschte Eier 53

... ab und zu schmackhafte Suppenhühner und Brathähnchen 56
... und ein hochkarätiger Dünger . 57

Die empfindliche Pute 58
Des ungewöhnlichen Vogels kurze Beschreibung 58
Die Wesensart erschließt sich uns nicht ohne weiteres 58
Der Nutzen ist respektabel 59
Ein ›turkey‹ aus Übersee 59
Die geräumige Unterkunft 60
Puten brauchen einen weiten Auslauf . 63
Hege und Pflege 63
Die Aufzucht ist etwas schwieriger . 64
Die Schwarzkopfkrankheit, eine typische Putenseuche 65
Farbschläge und Gewichte 65
Das Fleisch: eine siebenfache Gaumenfreude 66

Das zigeunernde Perlhuhn 67
Ein Steckbrief des ‚Zigeunerhuhnes' . 67
Beheimatet in Afrika 68
Erkennungsmerkmale 68
Besondere Eigenschaften 68
Die Haltung erfordert Geduld und Nachsicht 69
Eier und Fleisch vom Feinsten 70

Die vergnügte Ente 72
Kein Wohlbefinden ohne Wasser ... 72
Wer auf dem Trockenen sitzt, muß graben 72
Nahe am Wasser: Futterplatz und Stall 74
Ein Vogel mit dunkler Vergangenheit 76
Unsere landläufigen Wirtschaftsrassen 77
Auslauf und Futter 82
Der lebenslustige Nachwuchs 83
Enten untereinander 84

Die respektable Gans 86
Bemerkenswertes über ihre Wesensart 86
Die Stammgans siedelte in Norddeutschland 87
Einige Edelrassen und viel Landvolk . 89
Wie lebt die Gänsefamilie? 90
Eine bunte Produktionspalette 93
Vielseitige Fleischverwertung..... 93
... und ein Bett voll Federn 94
Anhang: Geflügeltes in Zahlen 96

Die Vierbeiner

Schaf und Ziege sind Weidetiere ... 97
Wiederkäuer haben vier Mägen .. 98
Zehenspitzengänger brauchen Fußpflege 100
Das besondere Gebiß 101
Weide 102
Die Größe der Weide hängt auch von deren Güte ab 104
Eine nahrhafte Weide hat eine vielfältige Flora 105
Verschiedene Weideführungen .. 105
Das Frühjahr ist die beste Weidezeit 108
Einrichtungen für eine Koppel ... 108
Das beste Heu ist gerade gut genug . 110
Zur Weidepflege gehört die naturgemäße Düngung 111
Stall 117
Gutes Stallklima – gesunde Tiere . . 118
Lauf- und Liegeplätze 119
Einrichtungen zum Füttern 119
Ein geräumiges und luftiges Vorratslager 120
So könnte ein Grundriß aussehen . 121
Futter 122
Futtermitteltabellen als Hilfestellung 123
Rauhfutter ist die Grundnahrung . 123
Was sie sonst noch fressen 123
Mineralstoffe dürfen nicht fehlen . 124
Die heikle Silage 125
Die täglichen Rationen 125
Beurteilung des Futterzustandes . . 126
Nachwuchs 127
Rund um das Fortpflanzungsgeschehen 127
Ein Lämmchen wird geboren 129
Naturgemäße Aufzucht 133

Wer schlachtet unsere Weggenossen? 134
Anhang: Futtermitteltabelle und Futterrationen 135

Das gesellige Schaf 136
Rassen 137
Das Milchschaf gehört zur Familie . 137
Edelrassen für Fleischliebhaber . . 138
Landschafrassen werden seltener . 138
Die beste Wolle hat das Merinoschaf 138
Das Schaf lebt mit der Herde 140
Fleisch, Wolle, Milch und ein kuscheliges Fell 141

Die kapriziöse Ziege 145
Die ‚Weiße', die ‚Bunte' und die Burenziege 146
Launenhaft und eigenwillig, aber liebenswert 147
Mäkelig oder ‚futterdankbar'? 151
Die Milch ist besser als ihr Ruf 152
Fleisch und Felle 155

Die wundersamen Bienen

Lebens- und Ordnungskräfte 159
Ein Leben mit der Sonne 159
Düfte ordnen das Leben im Stock . 161
Der Umgang mit den Bienen 162
Der Bien 164
Die Königin ist keine Herrscherin . 166
Die Arbeiterinnen sind der Inbegriff der emsigen Bienen 169
Ein Immen-Leben 170
Drohnen lieben das süße Nichtstun . 170
Wabenbau und Nestordnung 171
Die Rähmchen-Wabe ermöglicht den Mobilbau 174
Beuten 175
Die Trogbeute fördert eine bienengerechte Haltung 176
Bienenfreundliches Baumaterial . . 179
Das Bienenjahr 180
Januar bis März: Brutbeginn und Reinigungsflug 180
März bis April: erste Durchsicht und Einengung 181
April bis Mai: Erweiterung und Aufsetzen der Honigzargen 182
Mai bis Juni: Schwarm und Ableger . 183
Juni bis Juli: Haupttracht und Ordnung des Wabenbaues 187
August bis September: Abräumen und Einfüttern 188
Das Bienenhaus 190
Bienenweide 192
Die Vorfrühlingstracht dient dem Aufbau des Volkes 192
Die Frühjahrstracht ergibt einen köstlichen Blütenhonig 193
Die Sommertracht füllt in guten Jahren alle Honigtöpfe 193
Die Spättracht gehört den Bienen . 194
Die Varroa-Milbe 194
Vom Nutzen der Bienen 195
Reichere Ernten im Umfeld des Bienenstandes 196
Honig ›Eine Gabe der Natur, die köstlichste von allen‹ 196
Propolis und Wachs 199

Literaturverzeichnis 202

Bezugsquellen 203

Sachregister 206

Einleitung

Die artgemäße Haltung von bäuerlichen Kleintieren erschöpft sich nicht schon dadurch, daß wir versuchen, Verhältnisse zu schaffen, die den Lebensbedürfnissen der jeweiligen Art gerecht werden. Das ist die eine Seite. Sie setzt voraus, daß wir uns kundig machen über die Lebensweise der Tiere, die wir bis in die Wildnis zurückverfolgen müssen. Denn trotz Jahrtausende alter Domestikation sind ihre Urinstinkte und Verhaltensweisen – bei den einen mehr, bei anderen weniger – lebendig geblieben, ganz abgesehen davon, daß sich die körperlichen Eigenschaften, durch die sie an Busch, Steppe oder Wasser angepaßt waren, kaum verändert haben, so zum Beispiel der besondere Magen der Wiederkäuer oder die Schwimmhäute des Wassergeflügels. Je besser wir im einzelnen über die durch die ursprünglichen Verhältnisse geprägte Lebensweise Bescheid wissen und sie berücksichtigen, desto mehr werden sich unsere Tiere wohl fühlen und desto besser zu unserem Nutz und Frommen gedeihen.

Auf der anderen Seite steht die rechte Einstellung zum Tier an sich. Natürlich sind bäuerliche Kleintiere für uns nützliche Tiere, weil sie Eier, Milch, Wolle oder Fleisch spenden. Aber wir dürfen uns nicht anmaßen, die Tierwelt nur nach der Zweckmäßigkeit für den Menschen zu beurteilen und danach zu bewerten. Der Begriff »Nutztier«, mag er auch im allgemeinen harmlos gemeint oder gedankenlos angewendet werden, bekommt letztlich dann einen fatalen Beigeschmack, wenn wir an die modernen Massentierhaltungen denken, in denen das Tier zur profitablen Produktionseinheit verkommen ist. Von Nutzen kann nur ein Gebrauchsgegenstand sein. Das Tier aber ist ein Wesen, ein Geschöpf Gottes, das die weisheitsvolle Ordnung der Natur als erhabenes Ganzes in sich trägt. Erst wenn wir dem Tier auch in einer Weise begegnen, die mit seinem Wesen übereinstimmt, tragen wir vollends zu einer naturgerechten Haltungsweise bei und vermögen Mängel auszugleichen, die sich durch die strikte Bindung an den Menschen und seine Wohnstatt zwangsläufig ergeben.

Mensch und Tier

Seit Eva in den Apfel biß, wodurch der Mensch nun eigentlich wissen sollte, was gut und böse ist, ist es mit den paradiesischen Zuständen, da Mensch und Tier ein Herz und eine Seele waren, vorbei. Abgesehen von zahllosen anonymen Begebenheiten, da einzelne Menschen und Tiere glücklich miteinander lebten und leben, hat es bisher kaum nennenswerte Beispiele harmonischen Zusammenlebens in größeren Zusammenhängen gegeben, die uns hoffen ließen, dem Garten Eden wieder einige Schritte näher gekommen zu sein – im Gegenteil.

Ganze Weltalter voll Liebe werden notwendig sein, um den Tieren ihre Dienste und Verdienste an uns zu vergelten
Christian Morgenstern

Aus der Urgeschichte der Menschheit kennen wir das großartige Bild der Arche Noahs, in der Mensch und Tier, vereint in brüderlicher Liebe, aus bitterster Not gerettet wurden. Auch in historischer Frühzeit waren die Menschen den Tieren noch enger verschwistert. Perser, Ägypter, Griechen oder Germanen verkehrten mit ihnen in Ritualen und Kulten und bestimmten ihr gegenseitiges Schicksal. Tiere wurden gottähnlich, heilig oder selbst als Götter angesehen. Das »finstere« Mittelalter war ihnen anscheinend nicht mehr so ehrerbietig und brüderlich zugetan. Nachgerade empfand man es als Gotteslästerung, daß Franz von Assisi den Tieren predigte und in sein Gebet Ochs und Esel sowie die gesamte Kreatur mit einbezog.

Und heute? Wieviele Großmütter mag es noch geben, die es noch verstehen, wenigstens die zaubergewaltigen Bilder der Märchen, in denen Mensch und Tier sich begegnen und verwandeln, an der kindlichen Seele vorüberziehen zu lassen.

Der Mensch hat sich mit fortschreitender Entwicklung seiner zivilisierten Umwelt, seines materialistischen Denkens und seines Egoismus dem Tier entfremdet. Menschen und Tiere leben in Reservaten – die einen in Städten und verstädterten Dörfern, die anderen in immer enger werdenden Lebensräumen – ohne sich miteinander verständigen zu können. Im Getto des Zoos werden die Tiere zwar zur Schau gestellt. Aber niemand, am allerwenigsten ein Kind, wird dadurch etwa Geschöpfe Gottes gewahr werden, eine innige Beziehung zu ihnen finden und sie lieben lernen, von ihrer Anhänglichkeit und Treue erfahren, ihre Zuneigung empfinden, ihre Verlassenheit und Trauer beweinen: aus alldem alleine Liebe, Fürsorge und Verantwortung erwachsen können. Was ist alles vertan worden auf dem langen Wege vom Paradies, daß statt dieser sozialen Fähigkeiten bestenfalls Gleichgültigkeit und schlimmstenfalls Grausamkeit den Tieren gegenüber vorherrschen.

Haustiere in bäuerlicher Gemeinschaft

Wo der Mensch sich nicht ganz aus der natürlichen Ordnung herauslöste und mit seiner Heimstätte verwurzelt blieb, verlief diese Entwicklung bedächtiger. Zumindest bis zum Beginn der industrialisierten Landwirtschaft blieb der Bauernhof eine in sich geschlossene Einheit, in der die Jahreszeiten den Gang der Handlungen bestimmten und alles, was lebte, sich hautnah mit der Natur verbunden fühlte. Zu Acker und Feld, Haus und Hof gehörten die Tiere ebenso wie die Familie selbst. Nicht nur für das leibliche Wohl sorgten sie, sondern nicht minder nährte ihr Mist die Scholle.

Art und Zahl der Tiere ergaben sich durch die Größe des Hofes und den vorhandenen Lebensraum auf der Weide. Wenn alles in einem rechten Verhältnis stand, hatte auch der kleinere Hof Bestand und Auskommen. Es wurde mehr nach innen gelebt als nach außen. Die Ansprüche blieben in Grenzen, und Genügsamkeit war noch ein lebendiges Wort. Der Bauer versorgte sein Vieh ohne große technische Aufwendungen. In vielen Gegenden lebte er mit ihm unter einem Dach. Aus dieser unmittelbaren Beziehung erwuchs gegenseitige Zuneigung und eine enge Lebensgemeinschaft auf Gedeih und Verderb, denn Krankheit und Seuche auf der einen oder anderen Seite wirkten sich verhängnisvoll auf den gesamten Hoforganismus aus, wenn sie überhand nahmen.

Auch die Zeit tat das ihrige. Als in Realteilungsgebieten die Anbau- und Weideflächen von Generation zu Generation immer kleiner wurden, konnte der Hof, der seine Familie und das Vieh nicht mehr ernährte, nur noch als Nebenerwerb betrieben werden. Im selben Maße wie die Zahl der Tiere zurückging, schwand oftmals auch das bäuerliche Verständnis. Von den Kühen blieb vielleicht noch eine übrig, wenn nicht an deren Statt Ziegen gehalten wurden und außerdem ein Schwein und ein paar Hühner. Mit Ausnahme des Federviehs blieben die Tiere aus Zeitmangel im Stall.

Für die größeren Höfe und Güter brach die neue Zeit an. Der Fortschritt durch Handelsdüngemittel und Technik war nicht mehr aufzuhalten. Damit wurde der in sich geschlossene Hoforganismus, der über Jahrtausende in elementarer Weise zum Wohle der Menschen und der mit ihm lebenden Tiere funktioniert hatte, hinfällig. Nun war es möglich geworden, einerseits durch Mineraldünger viehlose Landwirtschaft zu betreiben und andererseits durch Handelsfutter und Technik Massentierhaltungen einzurichten. Der falsch verstandene Fortschritt und die Einseitigkeit sowie die billigen Futtermittelimporte haben das ökologische Gleichgewicht ins Wanken gebracht.

Kleintierhaltung in natürlichen Verhältnissen

Solche Beobachtungen lassen in vielen von uns den Wunsch keimen, ein bäuerliches Leben zu führen um einer natürlichen Lebensweise und gerechten Tierhaltung willen. Nur wenigen wird es vergönnt sein; bei den meisten bleibt es beim Wunsch. Aber oft erfüllt auch schon ein Teil eines großen Gartens am Rande des Dorfes die Voraussetzung, um wenigstens Hühner, Enten, ein Milchschaf oder Bienen art- und naturgemäß halten zu können und damit Träume in Erfüllung gehen zu lassen. Für alle anderen bäuerlichen Kleintiere müßte es schon ein sehr großer »Garten« sein oder besser eine gestandene Wiese im Anschluß an den Garten oder in dessen Nähe. Denn daß wir allen Tieren die ihnen eigene Bewegungs- und Weidefreiheit gewähren, ist das mindeste, was wir für eine artgerechte Haltungsweise tun können.

Es gibt viel zu bewerkstelligen, bis die vielgeliebten Viecher bei uns einziehen können. Vor lauter Begeisterung und Vorfreude sollten wir nicht vergessen, die kreisverwaltende Obrigkeit zu befragen, ob wir überhaupt dürfen; vor allem, wenn es um einen größeren Stallbau geht. Womöglich ist es im Siedlungs-Randgebiet, dem sogenannten Außenbereich, noch nicht einmal erlaubt, einen Zaun zu erstellen. Wenn alle Fragen geklärt sind und wenn alles geschafft ist, was es an Vorbereitungen bedarf, kann das Leben mit den Tieren beginnen.

Aber es ist auch ein Leben für die Tiere, und das läßt uns nicht mehr los. Immer für sie dazusein, bedeutet auch, gelegentlich auf etwas verzichten zu müssen, wenn die Familie nicht groß genug oder der Nachbar nicht bereit oder nicht geeignet ist, die Tiere stellvertretend zu versorgen. Man kann wohl mit seiner Ziege oder Gans durch Feld und Flur wandern, aber sie in den Urlaub mitzunehmen, dürfte schwerer fallen.

Von den Erzeugnissen wollen wir noch gar nicht reden. Die Tiere zu beobachten, ihre Wesensart kennenzulernen und die Genugtuung zu genießen, daß sie sich in unserer natürlichen Haltungsweise wohl fühlen, ist fürs erste vollauf genug. Wenn die Hühner »singen«, die Enten sich auf dem Teich vergnügen oder die Zicklein sich zutraulich nähern, wenn unsere Kinder den Umgang mit den Tieren lernen und Liebe und Mitgefühl erwächst, dann wird wenigstens unsere kleine Welt in Ordnung sein.

Mag dieses Buch dazu beitragen, durch eine natürliche, fürsorgliche und liebevolle Haltungsweise den Tieren brüderlich zu begegnen und die Gefährdeten in eine Arche Noah des Herzens hinüber zu retten. Vielleicht können wir dann einmal mit vielen Gleichgesinnten einen Zipfel des verlorenen Paradieses ein wenig lupfen.

Das Geflügel

Stellen wir uns vor, wir hätten eine große Geflügelweide, auf der sich jedwedes Federvieh, in angemessener Freiheit und seines Lebens froh, tummeln könnte und auf uns zueilen würde, wenn wir in seine Nähe kämen, jedes auf seine Art: allen voran kommen, flügelschlagend, die Hühner, die sich gerne in den Sträuchern aufhalten, wie auch die etwas zögernd, aber nicht minder erwartungsfroh folgenden Puten und Perlhühner, während der Hahn lautstark unser Nahen verkündet; vom kleinen Teich oder womöglich von einem vorbeifließenden Bach nähern sich, aufgeregt schnatternd, die Enten und ein wenig schwerfällig mit langgestrecktem Hals die Gänse; von den nahe gelegenen Koppeln hören wir das Blöken der Schafe und das Meckern der Ziegen, und im benachbarten Obstgarten summen die Bienen in den blühenden Apfelbäumen – in den allermeisten Fällen wird dieses Bild ein Wunschtraum bleiben müssen.

Wer verderben will und weiß nicht wie,
der halte recht viel Federvieh

Nur selten trifft es sich derart glücklich, daß die Leidenschaft für eine arten- und umfangreiche Kleintierhaltung »im Herzen brennt«, gleichzeitig aber auch das Gelände ausreichend zur Verfügung steht, die Freizeit gut bemessen ist, der Arbeitsaufwand neben der Gartenarbeit mühelos bewältigt und der Umgang mit den Tieren so harmonisch gepflegt werden kann, daß sie und ihre Betreuer sich in ihrer jeweiligen Lebensweise rundum wohl fühlen können. Schon um eine vielfältige Geflügelhaltung zu verwirklichen, sollten Mitglieder einer Großfamilie oder einer alternativen Lebensgemeinschaft gleiche Interessen teilen und, je nach beruflicher Inanspruchnahme, mit Tatkraft und Begeisterung die Haltungen einrichten und das Federvieh gewissenhaft betreuen können. Zu verdienen gibt es dabei nichts. Aber die Freude an den erdgebundenen oder wasserliebenden Vögeln ist uns sicher und das leibliche Wohl kommt auch nicht zu kurz, denn schmackhafte Eier und gelegentlich ein köstlicher Braten bereichern, wohlverdient, unseren Speisezettel.

Laufvögel und Schwimmvögel

Streng genommen Hühner, Perl- und Truthühner gehören nach der zoologischen Systematik nicht zu den Laufvögeln, zu denen eigentlich nur die Straußvögel gezählt werden. Nach einer weniger wissenschaftlichen Betrachtungsweise sei es aber erlaubt, sie im Unterschied zu dem Geflügel, das sich gerne auf dem Wasser tummelt, als laufende Vögel anzuschauen.

Vögel sind sie allemal. Luft durchflutet die Knochen, die Federschäfte und das schillernde Gefieder; so lieben die Hühner-Vögel das durchsonnte, luftige Element über alles, dem sie angehören. Andererseits sind sie ungewöhnlich stark mit der Schwere verbunden; ganz der Erde zugewandt, auf der sie ihre Nahrung »vor dem Schnabel« finden und die ihnen in kleingegliederten Räumen Schutz bietet. Das Fliegen fällt ihnen schwer. Indessen haben sie auch kein Bedürfnis, weite Strecken zurückzulegen. Selbst Perlhühner, die immerhin noch soweit flugtüchtig sind, daß sie zum Schlafen auf die Bäume oder auf den Dachfirst fliegen können, erlaufen sich den Erdboden zur Futtersuche. Sogar auf der Flucht verlassen sie sich zunächst lieber auf die Schnelligkeit ihrer Läufe, ehe sie in äußerster Gefahr auf dem Luftwege zu entkommen versuchen. Hühner finden ihre Nahrung sogar in der Erde, die sie sich scharrend erschließen. Alle sind sie Nestflüchter, kommen als Küken schon sehr früh auf die Beine und können dann bereits eine beachtliche Schnelligkeit entwickeln.

Hühner können wol fliegen, aber man find sie
merertheil aufm Miste vnd Boden
Also ist mancher wie ein Hun, er könnte höher
fliegen, bleibt doch wie er ist

Wir müssen Haltung und Pflege unseres erdverbundenen Geflügels so gestalten, daß wir seinem Wesen und seiner Art als Vögel und Lauftiere gerecht werden. Es braucht einen freien Auslauf, das den Vögeln zugehörige Gesträuch und es muß sich weit genug vom Stall entfernen können, um frische Luft um sich und einen nahrungsreichen Boden unter sich zu haben.

So wenig unsere erdgebundenen Hühnervögel das Wasser mögen, in dem sie »stehenden Fußes« ertrinken würden, so leidenschaftlich und unabdingbar lieben es Enten und Gänse. Auch diese Vögel sind Boten des Lichts im Reich der Schwere, aber sie haben sich nicht dem erdigen, sondern dem wässerigen Element zugewandt, dem sie sich zu ihrem Wohlbefinden schwimmend und treibend gänzlich überlassen.
Sinnfällig sind sie für das Leben auf dem Wasser ausgestattet. Schwimmhäute zwischen den Zehen befähigen sie, sich gewandt und schnell zu bewegen oder weite Strecken zu ziehen. Selbst bei Gefahr lösen sie sich ungern von der Wasserfläche und bringen sich am liebsten schwimmend in Sicherheit. Die Bürzeldrüse an der Schwanzbasis sondert ein fettartiges Sekret ab, mit dem sie ihr Gefieder einsalben, um es wasserdicht zu machen. Der lange Hals ermöglicht es ihnen, in der Tiefe der Gewässer nach Futter zu suchen (gründeln), und mit dem breiten und langen Schnabel seihen sie das Aufgenommene durch, indem das Wasser durch die Zahnleisten läuft und die Nahrung im Schnabel zurückbleibt. Schließlich sind auch Liebeszeremonien und Begattung dem Dasein auf dem Wasser angepaßt, so daß bei einer Paarung nur auf diese naturgegebene Weise ein hohes Befruchtungsergebnis erwartet werden kann. Bei schwereren Rassen ist die Begattung ohne Untertauchen der Ente gar nicht möglich.

Wenn Enten, Gäns' und Taucherlein
fast baden und beieinander sein,
so muß nit fern der Regen sein

Mit dem Fliegen sind die Wasservögel vertrauter als die »Laufvögel«. Aber sie bewegen ihre Flügel nicht zu einem leichten, tanzenden Flug, einem Spiel mit dem Wind oder zu einer Jagd nach Beute, wie wir es von den Vögeln kennen, die dem luftigen Element zugehören. Auch schwebende Schwimmvögel sehen wir nur dann, wenn sie mit stillstehenden Flügeln auf das Wasser niedergleiten. Sträucher und Bäume schätzen sie (mit Ausnahme der Warzenente) lediglich als Schattenspender. Mit ihren Paddelfüßen könnten sie auch keinen Ast umfassen. Sie fliegen, um den Ort zu wechseln, um das Land zwischen den Gewässern zu überwinden, um neue Nahrungsgründe zu suchen und im Winter in wärmeren Bereichen noch offenes Wasser zu finden. Zielstrebig, mit langgestreckten, richtungsweisenden Hals und vorwärtsstürmenden Flügelschlag ziehen sie, gegebenenfalls auch weit und ausdauernd, zu anderen Ufern.

An Land sind sie plump und schwerfällig. Ihr watschelnder, ungeschickter Gang mit zurückgekrümmten Hals ist sprichwörtlich. Das besagt aber nicht, daß sie sich nicht auch auf dem Land aufhalten. Zumal Gänse als reine Vegetarier in der Regel dort mehr Nahrung finden können als auf dem Wasser. Beschränken wir uns zunächst auf eine kleinere Haltung mit einer Geflügelart, die sich für den Einstieg am besten eignet, da sie das Angenehme, einen relativ geringen Aufwand, mit dem Nützlichen, einer beständigen und höchst begehrten Lebensmittelquelle, auf das Vortrefflichste verbindet und deshalb auch am weitesten verbreitet ist: die Hühnerhaltung.

Das ›wirtschaftliche‹ Huhn

Nicht daß wir das Huhn als Wirtschaftsfaktor betrachten wollten, aber die Hühnerhaltung ist nun einmal die einzige Geflügelhaltung, die, selbst wenn wir sie mit etwas größerem Aufwand naturgemäß betreiben, nicht nur kostendeckend ist, sondern sogar billigere Eier liefert als die Batterie. Im Vergleich zu den im Handel angebotenen »Biologischen« sind sie fast geschenkt.

Die »Rentabilität« wird um so größer, je mehr Futter die Hühner im freien Auslauf selbsttätig aufnehmen können. Mit Ausnahme einer mittäglichen Siesta sind Hühner den ganzen Tag auf Futtersuche. Bei allen Vögeln wird die Nahrung über einen kurzen Verdauungsprozeß rasch in Energie umgesetzt, die sie im hohen Maße beim Fliegen oder – wie die Hühner – bei der »Eierproduktion« verbrauchen, so daß ein ständiger Futternachschub vonnöten ist.

Es ist noch nicht lange her, daß Hühner auf dem Lande die ihrer Lebensweise zusagende und (wegen der Futterersparnis) zugestandene uneingeschränkte Freiheit wie eh und je genossen. Noch vor 30 Jahren etwa sah man sie allenthalben in unserem Dorf, als die Verstädterung, auch hinsichtlich des Verkehrs, sich noch in Grenzen hielt. Am Rande der Bebauung, auf uneingezäunten Grünflächen und auf jedem Misthaufen, selbst wenn er an der Ortsdurchfahrt lag, waren sie auf Futtersuche. Sie gehörten zu jedem Hof wie die Mausekatze und der Wachhund und stöberten, wenn es draußen ungemütlich wurde, auch in Stall und Scheune, zu denen sie freien Zugang hatten, nach Freßbarem. Nicht immer wußte man so ganz genau, wieviele da eigentlich herumpickten. Denn zufüllig wurde eine Henne ein Opfer des Verkehrs oder eine andere verlor unversehens (auf dem Hackklotz) ihren Kopf, weil man auch einmal wieder eine gute Hühnersuppe essen wollte.

Kommt die Henne in die Stadt,
so kommt sie auch leicht in die Küche

Das hat sich geändert. Die Haltungen sind zurückgegangen, seit »Fabrikeier« in hohen Stückzahlen geliefert werden und den Bedarf mühelos decken. Aus dem Dorfbild sind die Hühner mit zunehmender »Urbanisierung« und ansteigendem Verkehr verschwunden. Nur in der angrenzenden Flur sieht man manchmal etliche frei herumlaufen. Viele sind nun eingesperrt in unzulänglichen Gehegen. Aber das ist kein Leben mehr, denn wo auf enggenutztem Raum weder Hälmchen noch Würmchen zu finden sind, kümmert das Wohlbefinden, und die Eier sind auch nicht mehr erste Qualität.

Vom Dschungel zum Käfig

Wieviel Freiheit man ihnen auch läßt, Hühner bleiben immer in der Nähe von Haus und Hof, es sei denn, sie machen zur Erntezeit einen kurzen Ausflug in das benachbarte Stoppelfeld, bis die Kröpfe voll von den ausgefallenen Körnern sind. Man könnte im allgemeinen sagen, sie entfernen sich nicht weiter, als sie noch das »Put-put-put!« zu hören vermögen, das sie zum Futter ruft. Läßt man sie laufen, verhalten sie sich so, wie sie es seit erdenklichen Zeiten getan haben. Auch Wildhühner streunen nämlich in der Nähe menschlicher Siedlungen und suchen gegebenenfalls mit den Haushühnern gemeinsam Futter, wie man es zum Beispiel noch heute in Indien beobachten kann. Dabei soll es sogar zu erfolgreichen Paarungen kommen. Es hat daher einstmals auch keiner großen Mühe bedurft, daß einige der Wilden eines schönen Tages, statt zurück in Wald und Busch zu fliegen, auf den Gehöften blieben, wo sie sich um Futter und Unterkunft nicht zu sorgen brauchten.

Die Abstammung der Haushühner. Die Abstammung ist noch nicht restlos geklärt. Fest steht, daß ihre Stammeltern unter den Dschungelhühnern zu suchen sind, die heute noch auf den malaiischen Inseln, in China und Indien leben. Ob sie aber nur von einer dieser Wildhuhn-Rassen, dem verhältnismäßig kleinen und dem rebhuhnfarbigen Italiener-Huhn ähnelnden Bankiva-Huhn, oder von weiteren Wildhühnern abstammen, ist insofern schwierig zu beurteilen, als die im Laufe der Jahrtausende entstandene uferlose Variationsbreite in Färbung und Exterieur (äußerem Aussehen) keine eindeutigen Rückschlüsse mehr zuläßt.

Nach zeitgenössischen Berichten finden wir das Haushuhn zuerst in Südasien. Schon etwa 2000 Jahre v. Chr. wurde es von einem Malaienstamm gezüchtet. Von dort gelangte es über Indien um 1400 v. Chr. nach China, und etwa 400 Jahre später wurde seine Haltung in assyrischen, persischen und babylonischen Schriften beschrieben. Von Vorderasien war dann der Weg nach Europa nicht mehr weit. Um das Jahr 600 v. Chr. wird der »persische Vogel« von griechischen Schriftstellern erwähnt. Die Griechen führten ihn bei ihren italienischen Eroberungszügen im Troß mit, und die Römer brachten ihn auf die gleiche Weise nach Germanien.

Interessant ist, daß in den historischen Darstellungen weniger vom Nutzen der Hühner für die menschliche Ernährung die Rede ist, obwohl zum Beispiel die Römer Haltung, Pflege und Mästung, besonders die der verschnittenen Hähne (Kapaune), vortrefflich zu praktizieren verstanden. Viel mehr wird ihnen als Kampf-, Opfer-, Fetisch- und Orakeltiere Beachtung geschenkt.

Vermutlich haben die frühesten Züchtungen ausschließlich das Kampfhuhn zum Ziel gehabt. Denn bei den Malaien waren (und sind es noch heute) die Hahnenkämpfe hoch im Schwange, und die mächtigste der gegenwärtigen Kämpferrassen, die Rasse der Malaien, läßt als völlig einheitlicher Typ auf eine unmittelbare Entwicklung aus seinem Urzustand schließen.

Die Bedeutung der Hühner. Gesichert sind dagegen zahlreiche Quellen über die Bedeutung der Hühner als Orakeltiere, von deren Freßverhalten, den Zuckungen bei der Schlachtung oder dem Bild der Eingeweide es abhing, ob eine Schlacht gewagt oder bestimmte Staatsgeschäfte durchgeführt werden sollten. Der Hahn fand als »Wecker« Verwendung, da er sich bereits kurz nach Mitternacht lautstark hören läßt, und errang gar durch diese Eigenschaft eine mythologische Stellung als Herold des Lichtes, der die Nacht vertreibt. In der Edda ist er der Verkünder des großen Endkampfes, und der Wotanshahn in Wallhall ließ bei seinem Flügelschlag die ganze Welt erzittern. Als Fetischtier vertrieb er böse Geister, und seit dem Mittelalter verscheucht er auf den Kirchtürmen den Teufel und mahnt zur Wachsamkeit. Für Zauberhandlungen gegen Feuersbrunst und Liebeszauber mußte er Blut und Federn lassen. Und last not least wurde der »Gallische Hahn« seit der Französischen Revolution das Wahrzeichen Frankreichs.

Erst im Mittelalter »mauserte« sich das Huhn vom Kult-Tier, das man sich mit Ausnahme der Eier zu essen scheute, zum wichtigen Kulturgut. Mit der Ausbreitung des Christentums verloren die okkulten Bräuche allmählich ihre Bedeutung. Das Huhn wurde zunehmend als Nahrungsmittel geschätzt und eroberte sich in der Naturalwirtschaft einen gewichtigen Platz. Für die überwiegend ärmeren Bevölkerungsschichten bildeten Hühner und Eier oft den einzigen Wirtschaftsbestand, der es ihnen erlaubte, die verschiedenartigen »Zehnten« (Rauch-, Weihnachts-, Erntehühner und dergleichen mehr) zu entrichten oder sogar, wenn es sich machen ließ, auf dem Markt ein gutes Geschäft abzuwickeln. Dabei waren die Unkosten gering. Denn für die Haltung bedurfte es keines besonderen materiellen Aufwandes und das Futter ließ man die Tiere selbst suchen. Allerdings durften sie in manchen Gegenden nur so weit vom Hause laufen, wie die Bäuerin vom Stadel aus ein Ei zu werfen vermochte.

Kräftig gefördert wurde die Entwicklung durch die Klöster. Sie holten aus Italien fleißige Eierleger, züchteten sie weiter und gaben sie an Hörige und Zinsbauern ab. Vorsorglich und vorausschauend verfügte Karl der Große, daß auf seinen größeren Gütern 100 und auf den kleineren mindestens 50 Hühner gehalten und zur Schlachtreife gemästet wurden. So waren sie das ganze Mittelalter hindurch unentbehrliche Haustiere. Mit Eifer und großem Erfolg wurde die Geflügelzucht betrieben, die auch überall dort zu Nutz und Frommen fortgesetzt wurde, wo jenseits der Elbe bäuerliche Siedlungen entstanden. Im Verhältnis zur Bevölkerung wurden damals mehr Hühner als jemals später wieder in der ihnen vertrauten bäuerlichen Umwelt gehalten.

Der 30jährige Krieg wendete das Schicksal der Haushühner zum Argen. Nur ein kleiner Teil ihres großartigen Bestandes entging den marodierenden Heerscharen. Langsam erholten sich zwar die Bestände, aber im Wandel der Zeit vermochten sie nicht mehr die alte hervorragende Stellung zurückzugewinnen. Der wachsende Fortschritt von Ackerbau und Großviehzucht brachte es mit sich, daß die Hühnerzucht und -haltung mehr oder weniger vernachlässigt, wenn nicht gar aufgegeben wurde. Auch der, durch eine immer besser werdende Lebenshaltung bedingte, höhere Bedarf an Eiern vermochte diese Verhältnisse nicht zu verändern, so daß in Deutschland (mehr als in anderen europäischen Ländern) zum Beispiel im Jahre 1910 fast 2,5 Milliarden Eier eingeführt werden mußten.

Es dauerte dann auch nicht mehr lange, bis clevere Landwirte die Marktlücke sich zunutze machten. Mit Hilfe von Brutapparaten spezialisierten sie sich auf die Aufzucht einiger hundert Hühner, deren Eier sie an Teigwarenhersteller, Gaststätten, Bäckereien oder dergleichen im größeren Stil vermarkteten. Soweit ich es noch aus eigener Anschauung (vor dem Kriege) kennengelernt habe, wurden die Hühner noch im ausreichenden Auslauf mit grüner Weide gehalten.

Die Massen-Hühnerhaltung, losgelöst von allen natürlichen Zusammenhängen, entwickelte sich dann nach dem Krieg zu einem technisch perfektionierten Industriezweig, der in sagenhaften Mengen sowohl Eier als auch Grill-Hähnchen fabriziert. Nicht nur, daß uns zugemutet wird, mit den geschmacklosen Produkten Fremdstoffe zu uns zu nehmen, die den Produktionseinheiten zugeführt werden müssen, um sie funktionstüchtig zu erhalten – sondern die uns anvertrauten und mit uns lebenden Geschöpfe haben, ohne daß wir uns dagegen zu wehren vermögen, erstmals in ihrer Lebensgeschichte auch eine Berühmtheit erlangt, deren Übermaß an Schmerz und Trauer kaum in Worte zu fassen ist.

Ein Blick in eine Batteriehaltung (und sei es auch nur eine »maßvolle« auf dem Bauernhof), in deren Käfigen die Grundfläche für ein Huhn deutlich kleiner als ein Blatt Briefpapier ist, dürfte sowohl den Appetit auf derartig gewonnene Eier erheblich dämpfen als auch den brennenden Wunsch entstehen lassen, an den Tieren das wiedergutzumachen, was an ihnen gefrevelt wird. Es sollte uns beflügeln, den Untaten, gegen die wir sonst nicht angehen können, bewußt und willens Taten entgegenzusetzen, falls wir über das ausreichende Gelände verfügen und einem Stallbau nichts im Wege steht. So können wir wenigstens unseren Hühnern ein ihnen gemäßes Dasein schenken und ihre wohlschmeckenden und unbelasteten Erzeugnisse genießen.

Einige Daten über Haltung und Ertrag

Für die Versorgung einer vierköpfigen Familie mit »gediegenen« Ansprüchen und Eßgewohnheiten rechnen wir einen Hahn und zehn Hennen: auf diese Größenordnung beziehen sich alle quantitativen Erwähnungen in den folgenden Ausführungen über die Hühnerhaltung. So viele Tiere sollte tunlichst auch die kleinste Hühnerhaltung zählen, denn weniger Hennen wären bei einem kräftigen und agilen Hahn leicht überfordert.

Es gibt noch andere Gründe, weshalb ein Völkchen dieser Größe für eine naturgemäße und zweckmäßige Haltung recht günstig ist. Investitionen für Stall und Auslauf sowie Betreuung und Arbeitsaufwand halten sich in Grenzen, so daß man mit Lust und Liebe bei der Sache sein kann.

Zehn Hühner und ein Hahn,
da kann ein Mann drauf müssig gahn

Vorab, in der Tabelle unten, sind ein paar Informationen für Wißbegierige aufgeführt. Anspruchsvollere oder größere Familien können die Daten entsprechend vervielfachen.

Stall und Umgebung

Wer sich das »einfache Leben« auf einem alten Bauernhof mit geräumigem Umfeld leisten kann, wird ein Hühnerparadies am besten verwirklichen können. Mit wenigen Mitteln, ohne jemand darum fragen zu müssen, wird sich ein vorhandener Stall oder Nebengebäude als Unterkunft herrichten lassen. Häufiger ist es jedoch ein größerer Garten, an dessen Rande eine Hühnerhaltung eingerichtet werden kann. Wo immer er auch liegen mag, der Bau eines Stalles ist von dem dort geltenden Baurecht abhängig.

Bedarf und Ertrag bei zehn Hennen und einem Hahn

Bedarf	
Stallgebäude	ca. 8 m^3
Auslauf	uneingeschränkt, mindestens aber 200 m^2, bei zweigeteiltem Auslauf insgesamt 300 m^2
Kosten	
Stallgebäude und Einfriedung	je nach Ausführung verschieden
Hühner	ca. 170,– DM für legereife Wirtschaftshühner
Futter	ca. 1,10 DM je Tag (0,10 DM je Tag und Tier)
Ertrag	
Eier	5–7 Stück je Tag im Durchschnitt des Jahres je nach Rasse 230–250 Stück je Jahr
Suppenhühner	5 Hühner je Jahr bei 2jähr. Rotation
Brathähnchen	ca. 4–6 im Jahr bei 1 Bruthenne

Zur Hühnerhaltung gehören nicht nur ein Stall mit Unterstellmöglichkeiten für Futter und Stroh, sondern auch ein überdachtes Sandbad, ein »Wirtschaftshof«, der sich auch bei nassem Wetter begehen läßt, und ein Scharrplatz mit organischen Abfällen, der den Hühnern den beliebten Misthaufen ersetzt.

Selbst ein untergeordnetes Gebäude, dessen umbauter Raum nicht mehr als 15 m^3 beträgt und im allgemeinen nicht genehmigungspflichtig ist, kann wegen besonderer Bestimmungen unzulässig sein. Auf jeden Fall sollte man sich mit der zuständigen Baurechtsbehörde (Stadt- oder Kreisbauamt) rechtzeitig ins Benehmen setzen, um sich einen möglichen Ärger zu ersparen.

Der Stall ist kein Aufenthaltsraum

Der Stall wird lediglich zum Schlafen, Eierlegen und Brüten aufgesucht. Der ganztägige Auslauf bei jedem Wetter, auch im Winter (wenn es nicht gerade Stein und Bein friert) entspricht der Lebensweise der Hühner als Lauf- und Scharrvögel, erhält sie gesund und widerstandsfähig und befähigt sie zu guten Leistungen. Selbstverständlich kann auch eine artgemäße Haltung auf einen Stall nicht verzichten. Er schützt die Tiere vor Feinden, wie Marder und Fuchs, denen sie in besonders gefährdeten Lebensumständen eine leichte Beute sein würden. Was in der freien Natur auch bei findigstem Gespür immer unzulänglich bleiben muß, die sicher schützende Deckung für Nest und Schlafplatz, bietet der Stall in vollkommener Weise. Deshalb ist er auch Mittel- und Orientierungspunkt im »Revier«.

Laufen die Hühner nicht unter das Dach vorm Regen,
so bleibt er nicht lange zugegen

Als Tages-Aufenthaltsraum wird der Stall von den Hühnern nicht benutzt. Vögel lieben es luftig. Die Siesta wird im schattigen Gesträuch gehalten. Auch bei Witterungsunbilden geht man lieber in die Büsche oder unter Dach, es sei denn, man wird von einem Wolkenbruch überrascht, und der Stall ist gerade in der Nähe. Ihrer, dem luftigen Element zugewandten Natur kommt man eher entgegen, wenn man ihnen mit einfachen Mitteln einen Unterschlupf im Freien bereitstellt, da es ja bei einem Dauerregen unter den Sträuchern auch nicht mehr trokken bleibt. Ein niedriger Unterstand mit Wind- und Regenschutz an der Wetterseite, der eventuell mit einem Sandkasten für das Staubbad verbunden werden kann, oder auch weite Dachüberstände am Stall kommen ihnen jedenfalls als Zuflucht besser zupaß als das Hühnerhaus.

Wenn ein Folienhäuschen für die regen- und kälteempfindlichen Tomaten in der Nähe ist, haben wir eine ideale »Tagesstätte« im Winter, falls der Schnee zu hoch liegt oder es so kalt ist, daß die Kämme zu erfrieren drohen. Nach Einstreu von Körnern auf die staubtrockene Erde wird kräftig gescharrt und gebadet. So sind die Hühner auch beschäftigt und kommen vor Langeweile, die im Stall schneller aufkommt, nicht auf dumme Gedanken: etwa zu streiten oder sich gar gegenseitig die Federn auszureißen. Und die Tomaten gedeihen durch die »Bodenbearbeitung« und den Dünger ganz besonders gut.

Baubeschreibung und Ausführung

Der Stall kann mit einigem handwerklichen Geschick vom Hühnerhalter selbst erstellt werden. Von einer im wahrsten Sinne des Wortes windigen, aus alten Brettern zusammengenagelten, Bude ist jedoch abzuraten. Sie erfüllt in keiner Weise ihren Zweck. Kranke Hühner legen keine Eier und sind ein ewiger Kummer. Andererseits würde eine komfortable »Hühnervilla« auch keinen größeren Gewinn für Tiere und Halter bringen, als ein mit einfachen und kostengünstigen Mitteln erstellter Stall. Grundsätzlich muß der Stall trocken, warm, gut be- und entlüftbar sein, ausreichend durch Tageslicht belichtet werden können und mit zweckmäßigen und gut angeordneten Einrichtungen ausgestattet sein, so daß sich die Tiere wohl fühlen können und ihr Betreuer

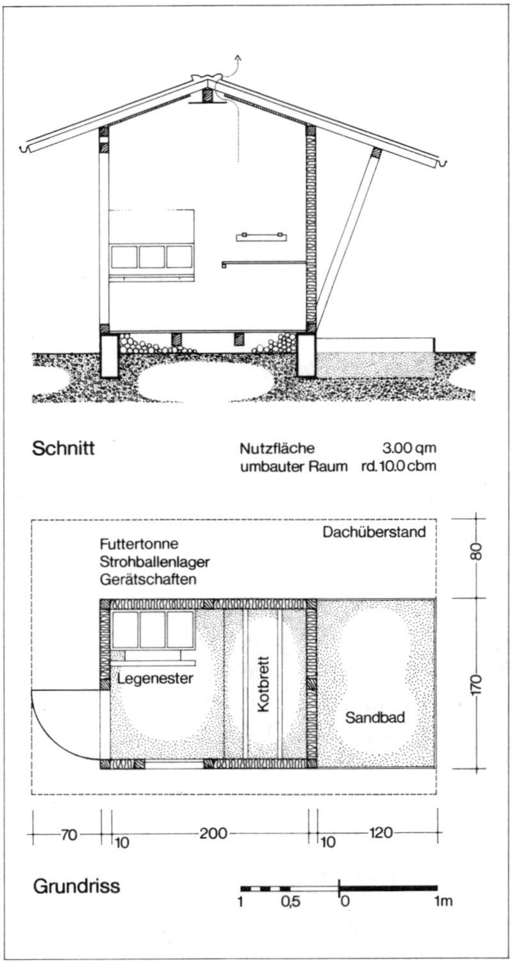

Im Hühnerstall befinden sich die Einrichtungen zum Schlafen und Eierlegen. Selbst bei der einfachsten Bauausführung muß er trocken, warm und gut be- und entlüftbar sein.

sie ohne Mühe und mit behenden Verrichtungen versorgen kann.
Der Raumbedarf beträgt 0,25m²/Huhn, die Stallgrundfläche mindestens 3,0 m²
Die Fundamente werden aus einer mageren Mischung (1 Raumteil Zement : 10 Raumteile Kies) betoniert.
Der Sockel wird bis mindestens 30 cm über Geländeoberkante gemauert und zwischen Sockel und Wand eine Lage 500er Bitumenpappe zur Feuchtigkeitsisolierung gelegt.
Die Wände bestehen aus Fachwerk, 10/10 cm, mit außen mindestens 19 mm starken Profilbrettern oder ähnlichem, einer Ausfachung mit Steinwollmatten oder dergleichen und 16 mm dicken wasserfesten Spanplatten innen.
Ein Satteldach ist wegen einer in der Mitte liegenden Firstentlüftung, den günstigeren Dachüberständen und einer vorteilhafteren Gestaltung besser geeignet als ein Pultdach; Neigung 20°; Eindeckung mit Flachdachpfannen oder ähnlichem, zwischen den Sparren Luftführung (Kaltdach), wasserfeste Dämmplatten unter den Sparren befestigt.
Der Fußboden bekommt einen Unterbau aus Schotter bis Oberkant Sockel, darüber 2 überlappte Lagen 500er Bitumenpappe und obenauf eine wasserfeste Spanplatte auf Deckenbalken. In den zahlreichen Fugen, die durch das Verlegen von Brettern entstehen, nistet gerne das Ungeziefer.
Die Tür besteht aus Profilbrettern auf Rahmen mit einer innenliegenden Dämmplatte und schlägt nach außen auf; ein herausnehmbares Schwellbrett verhindert das Herausfallen der winterlichen Einstreu.
Fenster. Die Größe des Fensters sollte mindestens ein Zehntel der Grundfläche betragen, nach Südosten liegen (gute Besonnung beugt Ungezieferbefall vor), doppelt verglast sein und nach innen kippen (eventuell zusätzliche Läden in rauhen Lagen).
Das Schlupfloch ist 25 cm breit und 30 cm hoch und auf der Fensterseite angeordnet, damit bei geöffnetem Fenster keine Zugluft entsteht; die untere Kante liegt wegen der Einstreu etwa 25 cm über dem Fußboden, so daß sich die willkommene Gelegenheit bietet, die äußere Höhendifferenz (25 cm + Sockelhöhe) durch eine kleine Leiter zu überbrücken – denn was wäre ein Hühnerstall ohne eine zünftige Hühnerleiter.
Die Wärmedämmwerte von Decke, Tür und Fenster sollten denen der Wände entsprechen; optimaler Temperaturbereich 10–18 °C.
Lüftung. Durch die Lüftung darf keine Zugluft entstehen; am besten wird die Abluft über den First geleitet und die Frischluft durch das (gekippte) Fenster zugeführt (eventuell verdrahtete Zuluftöffnungen im Traufbereich); auf eine einwandfreie Be- und Entlüftung ist besonderer Wert zu legen, da Hühner relativ viel Feuchtigkeit abgeben. Feuchte Luft verursacht feuchte Einstreu und begünstigt damit die Parasitenentwicklung, feuchtes Gefieder vermindert den Wärmeschutz der Tiere und schwächt ihre Widerstandskraft.
Ein elektrischer Anschluß ist wünschenswert. Lampenlicht ist zwar nicht unbedingt erforderlich, jedoch sollte eine Wärmelampe angeschlossen werden können, damit während extremer Kälteperioden die Stalltemperatur nicht unter den Gefrierpunkt sinkt.
Ein Kotbrett ist für eine kleine Haltung praktischer und hygienischer als eine Grube. Eine wasserfeste Spanplatte (fugenlose Fläche) wird 70 cm über dem Fußboden angebracht; mit trockenem Sand bestreut, läßt sich der Kot allmorgendlich leicht einsammeln. Die Verwendung von Torfmull begünstigt den »sackweisen Ausverkauf« unserer letzten Hochmoore.

Eine Leiter erübrigt sich. Sie wäre in dem kleinen Stall sowohl dem Betreuer als auch den Hühnern ständig im Wege. Gönnen wir ihnen lieber das artgemäße »Aufbaumen« zum Schlafplatz. Wie ihre wildlebenden Artgenossen in der Weise noch Vögel sind, daß sie mit kurzen und kräftigen Flügelschlägen das ihnen vertraute Geäst niedriger Bäume erreichen können, vermögen selbst schwerere Rassehühner, dank ihrer immer noch lebendig gebliebenen Verhaltensweise und Fähigkeit, mühelos auf das relativ niedrige Kotbrett und die Sitzstangen zu gelangen.

Unter dem Kotbrett bietet sich ein Platz für die Bruthenne und deren Nachwuchs bis zum Junghennen-Stadium an, abgeteilt durch an die Vorderkante des Brettes gehängte Drahtrahmen.

Sitzstangen Auf den Sitzstangen sollte jedes Huhn über eine Platzbreite von 25 cm verfügen können; sie haben einen Querschnitt von 5 × 6 cm (hochkant)- obere Kanten abgerundet – und sollten aus seitlichen Halterungen zur Ungezieferkontrolle und öfteren Reinigung herausgenommen werden können; der Abstand von Mitte zu Mitte beträgt 35 cm, von der Rückwand 25 cm, und der Abstand vom Kotbrett bis Oberkante Sitzstangen 30 cm.

Ein Legenest reicht für vier Hennen aus; es ist innen 25 cm breit, 35 cm tief und 30 cm hoch und wird mit Heu ausgelegt; stark abgeschrägte Abdeckungen verhindern das Drauffliegen der Hühner (Fertige Legenester sind im Landwirtschafts-Handel zu beziehen).

Einstreu. Für eine etwa 20 cm hohe Einstreu wird kurzes Stroh nur im Winter verwendet. Regelmäßig sollte reifer Kompost hinzugefügt werden, der gerne aufgenommen wird und für die Gesundheit der Tiere gerade im Winter besonders wertvoll ist, wenn er mit den Düngerzusatz-Präparaten der biologisch-dynamischen Wirtschaftsweise versehen wurde. Vom Frühjahr bis zum Herbst wird Sand mit etwas Kalk (nicht pelletiert), Holzasche und wiederum Kompost gestreut, das erleichtert das Einsammeln des Kotes, beugt Ungeziefer vor, und der Stall läßt sich leicht sauber halten.

Anstrich. Für den äußeren Anstrich dürfen keine Holzschutzmittel auf Arsen- oder Fluorbasis verwendet werden. Die Innenwände erhalten von Zeit zu Zeit nach einer gründlichen Reinigung des Stalles am besten einen Kalkanstrich (Schäferweiß), der gleichzeitig eine desinfizierende Wirkung hat. Dabei sollte man darauf achten, eventuelle Ritzen gut zu verstreichen, um dem Einnisten von Ungeziefer vorzubeugen.

Außenanlagen, die noch zum Stall gehören

Hinter dem Stall, unter dem überstehenden Dach liegen Stroh- und Heuballen für Einstreu und Legenester, steht die Tonne mit dem Körnerfutter, befinden sich die notwendigen Gerätschaften und ist auch der Platz für den Eimer mit dem gesammelten Kot.

Wenn sich die Hühner im Sande baden,
so regnets gern ohn allen Schaden

Neben dem Stall kann unter einem vorgezogenen Dach eine etwa 25 cm tiefe Sandkuhle angelegt werden. So bleibt der Sand zum Staubbad, das den Hühnern zur Pflege des Gefieders und Reinigung der Haut ein tägliches Bedürfnis ist, immer trocken. Von Zeit zu Zeit sollte Holzasche, die Milben und Federläusen das Atmen verleidet, und eventuell zerstoßenes, trockenes Farnkraut hinzugefügt werden, um dem Befall von Außenparasiten vorzubeugen. Der in der Asche enthaltene Holzkohlengries, den die Hühner gerne aufnehmen, trägt zur Desinfizierung und Reinigung des Darmes bei. Das Bereitstellen von Holzkohle zur ständigen Aufnahme kann jedoch nicht empfohlen werden, weil sie auf die Dauer Vitamine absorbiert und die Futterwirkung beeinträchtigt.

Die Einrichtung eines Sandbades im Stall ist unzweckmäßig. Wer je Hühner sandbaden gesehen hat, wird sich vorstellen können, was staubige Sandfontänen selbst noch in einem größeren Stall anrichten können. Ganz abgesehen davon, daß die kleine Stallfläche eingeengt wird. Artgemäß baden Hühner lieber in der frischen Luft. Nur dort, wo sie es nicht dürfen, in großen Ställen mit Bodenhaltung ohne Auslauf, ist die Innenlage eines Sandbades berechtigt.

Zwischen Stall und Weide liegen Übergangsbereiche, die einerseits durch das Umfeld des Stalles und die Versorgungspraxis sowie andererseits durch das Verhalten der Hühner geprägt werden und deren Funktionen sich sinnvoll aneinanderfügen.

Der nützliche Wirtschaftshof ...

Unmittelbar an den Stall schließt der »Wirtschaftshof« an, den wir etwas großspurig in Anbiederung an das bäuerliche Milieu so nennen mögen. Im gewissen Sinne ist er die Ergänzung des Stalles unter freiem Himmel. Hier wird gefüttert. Er ist auch der Bereich, der von uns zuerst betreten und am meisten belaufen wird (womöglich auch als Durchgang), um die verschiedenen Verrichtungen um Stall und Versorgung zu erledigen. Wenn im Winter der Schnee geräumt wird, können sich die Hühner dort in der Sonne aalen. So ist es ratsam, diesen viel begangenen Aktionsbereich mit Platten (zum Beispiel Gehwegplatten 40 × 60 cm) zu belegen, um ihn leicht sauber halten zu können und bei jedem Wetter gut zufuß zu sein. Kies, auch großkörniger, ist weniger zu empfehlen, da sehr schnell flächendeckend das Unkraut hindurchwächst.

Auf dem Hof stehen einfache Futtergeräte: ein 50 cm langer Futtertrog für Körner mit aufklappbarem Absperrgitter, eine Schüssel für Naßfutter (Großmutters alte gußeiserne Bratpfanne ist besonders standfest) und ein Eimer mit Wasser, im kleinen Stall würden die Gefäße ebenfalls die Bewegungsfreiheit sämtlicher Beteiligter einschränken. Außerdem gehen freiheitsgewohnte Hühner nicht in den Stall zur Futteraufnahme. Streuen wir regelmäßig Körner »nach Art der Bäuerin« mit lockenden Rufen breitwürfig auf den Hof, kommen wir dem naturgemäßen Verhalten der Tiere (und damit auch einer besseren Futteraufnahme) am besten entgegen. Gleichzeitig fördern wir die Bindung und Zuneigung der Tiere. Allenfalls bei starkem Regen füttern wir im Stall bei geöffneter Tür und an heiklen Wintertagen stellen wir Futtertrog und Wassereimer an die (geschlossene) Türe, wo sie am wenigsten im Wege stehen.

... und der beliebte Scharrplatz

Obschon Hühner die Weite lieben, halten sie sich andererseits auch gerne in der Nähe des Stalles auf, vornehmlich am Vormittag, wenn es an's Eierlegen geht. Da Hühner niemals müßig gehen, verliert der im Anschluß an den Hof beliebteste Aufenthaltsort durch Scharren und Graszupfen schnell seinen Weidecharakter. Es ist daher sinnvoll, dort einen Scharrplatz anzulegen, auf dem die Hühner ihrer Leidenschaft nach Herzenslust frönen können. Damit diese Art der Futtersuche sich lohnt, muß die Anlage, die eventuell gegen die Weide mit einem Brett abgeteilt wird, laufend mit Scharrmaterial organischer Herkunft versorgt werden. Dazu eignen sich die winterliche Einstreu und altes Heu, während der Vegetationsperiode Gemüseabfälle aus Küche und Garten, Jätunkraut mit seinem Erdanteil und sonstige pflanzliche Rückstände. So entsteht eine Anhäufung organischer Stoffe, die zügig verrotten, begünstigt durch das Scharren, den anfallenden stickstoffreichen Kot und gelegentliche (Brannt-) Kalkgaben (nicht granuliert).

In mancherlei Hinsicht ist diese »Umtriebsstätte« von unschätzbarem Nutzen. Sie ersetzt den Hühnern den beliebten Misthaufen.

Ist der Hahn auf dem Mist,
so weiss er was er ist

Das Scharren wird dort so ausgiebig genossen, daß es auf der Wiese friedlicher zugeht und somit weniger die Gefahr von Narbenverletzungen gegeben ist, aus denen sehr leicht arge Kuhlen werden können. An den biologischen Umsetzungsprozessen sind, wie bei der Kompostierung, Würmer und Kleinstlebewesen beteiligt, die das Scharren zu einem Erfolgserlebnis werden lassen. Unkrautsamen kommt zum Keimen und wird als nahrhaftes »Sprießkorn« verputzt, wie natürlich auch einiges von den Pflanzenrückständen aufgenommen wird.

Letztlich haben wir einen idealen Kompost-Sammelplatz, dessen Rottegemisch dem im Herbst aufzusetzenden Komposthaufen außerordentlich dienlich ist. Wichtig ist, daß die Lage immer locker bleibt (nicht betreten!) und immer mehr Pflanzenmaterial aufgebracht wird als die Hühner verzehren oder verrottet, damit die biologischen Prozesse in bestmöglicher Weise ablaufen können.

Weide

Der freie, unbegrenzte Auslauf behagt den Hühnern am meisten. Langsam durch üppige Wiesen zu streifen, während den kleinen Glitzeräuglein nichts entgeht, was da kreucht und fleucht, und, ohne besonders wählerisch zu sein, den Kropf mit vitaminreichem Grün, Samen, Insekten, Würmern und Weichtieren zu füllen – viel mehr bedarf es nicht zum ungetrübten Wohlbefinden. Selbst wir profitieren davon: die Eier sind von unvergleichlicher Qualität, und die Futterkosten bleiben erfreulich niedrig. Wir brauchen die Tiere auch nicht zu hüten, denn Hühner entfernen sich nicht weiter als etwa 50 m vom Stall. Diese Entfernung entspricht ihrer Horizontweite. Mag sein, daß

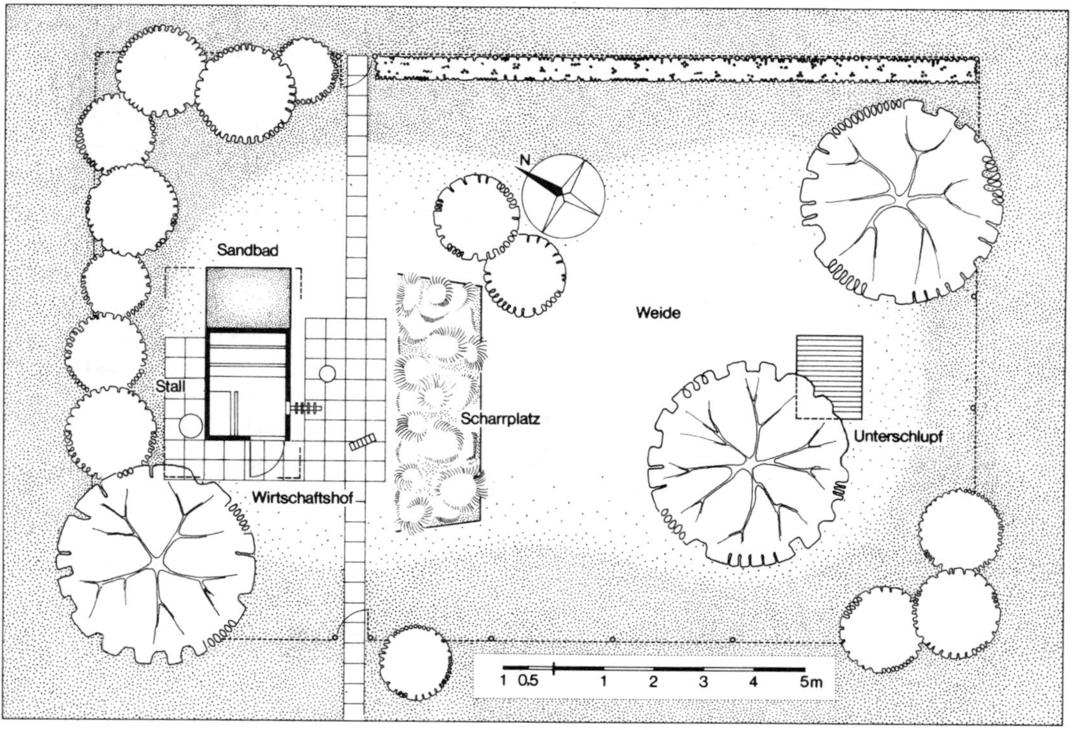

An den Stall, das Sandbad, den Futterbereich und den Scharrplatz schließt sich ein geräumiger Auslauf an mit gut gepflegter Weide, schattenspendenden Bäumen und Büschen, einer dichten Hecke gegen den Ostwind sowie einem Unterschlupf, der sie vor einem plötzlichen Regenguß schützt.

sie ihre Wanderung bis auf etwa 200 m ausdehnen, wenn ihnen unterwegs ein Gebüsch Schutz bieten kann. Im allgemeinen bleiben sie jedoch in Sichtverbindung zum Stall und seiner nächsten Umgebung.

Der Auslauf kann gar nicht groß genug sein

Allerdings wird es eine solche Idylle, wo die Freiheit grenzenlos ist, nur recht selten geben. Nur allzu oft stoßen wir recht bald an Grundstücksgrenzen. Nachbars ungeschützte Beete oder Saaten verleiten zu einem lohnenden, aber unerwünschten, Abstecher.

Hühner, Gänse, Enten auf jemands Gras haben keinen Frieden

Und selbst dort, wo es an ausgedehnten Wiesen nicht mangelt, können streunende Hunde, Füchse, Greifvögel, wie der Hühnerhabicht oder die Gabelweihe (Milan), unseren nicht allzu flinken Laufvögeln das Leben schwer machen, wenn nicht gar beenden. Fast immer werden wir sie oder unsere Nachbarn vor ihnen durch ein Gehege schützen müssen. Aber dann sollte die eingezäunte Weidefläche so groß sein, daß jedem Huhn 30 m^2, mindestens aber 20 m^2, zukommen. Wären es nur 10 m^2, könnte man wohl kaum noch von einer artgemäßen Haltungsweise sprechen. Zumal dann wegen der Gefahren einer Überweidung und Parasitenverseuchung eine Wechselweide eingerichtet werden müßte und jedes Huhn nur noch über 5 m^2 reale Weidefläche verfügen könnte.

Stehen für jedes Huhn 30 m^2 Weidefläche zur Verfügung, können wir dem Bedürfnis der Hühner nach Fortbewegung und Futtersuche besser entgegenkommen. Je größer die Weide im Verhältnis zur Anzahl der Hühner ist, desto weniger wird eine Wechselweide vonnöten sein. Durch eine großzügige Weide wird die für das Wohlbefinden wichtige Freizügigkeit gefördert, die Infektionsgefahr durch Parasiten verringert und verhindert, daß die Weide hühnermüde wird. Da auf einer großen Weidefläche weniger gefressen wird, als an Grünfutter aufwächst, sollte je nach Wuchsfreudigkeit ein bis zweimal im Jahr die überständig werdende Weide gemäht werden, damit unser Federvieh sich wieder an jungem, saftigem eiweiß- und vitaminreichem Grün gütlich tun und die Grasnarbe sich verdichten kann.

Grünfutter ist unersetzlich

Die in der lebenden Pflanze vorkommenden natürlichen Vitamine und Eiweiße, wie sie auch im frischen Korn oder in den Kleintieren (Insekten, Würmer, Schnecken) enthalten sind, können in dieser lebenswichtigen und einmaligen Form durch nichts ersetzt werden. Mit der Pflanzennahrung werden insbesondere Lebenskräfte und unnachahmliche Wirkstoffe aufgenommen, die wesentlich zur Lebensqualität und zum Gedeihen der Tiere beitragen. Ganz abgesehen davon, daß auch für einen augenblicklichen oder anhaltenden Bedarf besondere Kräuter ausgewählt werden, die diätisch oder heilend zu wirken vermögen. Hühner, die im satten Grünfutter schwelgen, sind kerngesund und legen ausgesprochen wohlschmeckende Eier (natürlich ist auch ihr Fleisch besonders delikat). Allein schon das kräftige Gelb des Dotters ist ein wohltuender Anblick.

Pflanzenbestand und Pflege

Voraussetzung für ein vollwertiges ausgeglichenes Grünfutter, zu der auch die Rohfaser als Ballaststoff gehört, muß freilich ein artenreicher Pflanzenbestand und insbesondere eine naturgemäße Düngung sein. Eine kräuterarme und durch mindere Gräser entartete Wiese müßte entsprechend verbessert werden. Durch die Einsaat eines Grundbestandes an Gräsern und Leguminosen (Kleearten), die als Grünfutter für Hühner geeignet sind, kann schon ein erster Schritt getan werden. In die aufgerissene Narbe eingeharkt und gewalzt, kommen auf jeweils 1 ar (100 m^2) folgende Saaten infrage:

280 g Deutsches Weidelgras
40 g Lieschgras
40 g Wiesenschwingel
20 g Wiesenrispe
20 g Rotschwingel
20 g Kammgras
50 g Weißklee
20 g Hornschotenklee

Von dieser Mischung sollte stets ein kleiner Vorrat zur Verfügung stehen, denn trotz des Scharrplatzes gibt es immer wieder eine besonders scharrwütige Henne, der es gelingt, Schwachstellen der Narbe zu entdecken und sie vehement anzugehen. Gegebenenfalls sollten dann die Scharrlöcher eingeebnet, eingesät und bis zum vollen Aufwuchs mit einem darüber gelegten Maschendraht geschützt werden. In gleicher Weise »bereinigen« wir Maulwurfshügel.

Der Grundmischung können auch die Samen niedriger Kräuter, wie Löwenzahn, Spitzwegerich, Pimpinelle, kleiner Wiesenknopf und andere, beigemischt werden, während höherwachsende Kräuter und diejenigen, die das Mähen überdauern sollen, wie Kamille, Schafgarbe, Esparsette, Beifuß, Hirtentäschel, Brennessel, Melisse, Knoblauch und andere, gesondert an geeigneten Stellen gesät oder gepflanzt werden. Wenn auch nicht alle gleich gerne von den Hühnern gefressen werden, tragen sie doch zur Vielfalt der Weidekultur und zur Belebung des Bodens bei.

Durch die Kompostgaben stellen sich übrigens viele Kräuter und Leguminosen von alleine ein. Aber vor allem wird durch sie der Boden so intensiv belebt, daß die leidige Hühnermüdigkeit nicht aufzukommen vermag. Kompost wird am besten im Herbst ausgebracht, nachdem die Weide letztmalig gemäht und einmal kräftig durchgeharkt worden ist. Weiteres über eine naturgemäße Düngung lesen wir bei den Wiederkäuern (Seite 111ff).

Das vertraute Gebüsch darf nicht fehlen

Gebüsch gehört zur Lebensumwelt der Hühner. Vornehmlich an der Einfriedung angepflanzt, schützen Hasel und Holunder oder eine Hainbuchen- beziehungsweise Thujahecke auch vor kalten Ostwinden und allzu warmer Sonne.

Sie schützen auch vor Greifvögeln und verhindern das Überfliegen des Zaunes. Der Innenraum der Weide bleibt Bäumen vorbehalten, damit sie besser genutzt und gepflegt werden kann. Sinnvoll wäre es, Obstbäume anzupflanzen oder gar eine Hühnerhaltung in eine bestehende Obstanlage zu integrieren, um einen bestmöglichen Nutzen zu erzielen, denn die Hühner werden dort auch eine ganze Menge von Ungeziefer und Schädlingen vertilgen. Nur sollte man dann – auf eine einfache und billige Weise – unmittelbar um die Stämme mindestens in einer Fläche von 100 × 100 cm Sechseckgeflecht, Maschenweite 50 mm, verlegen, damit die Wurzeln nicht durch Scharren freigelegt werden, andererseits aber der Weideaufwuchs nicht behindert wird.

Fütterung

Je mehr Freifutter aufgenommen werden kann, desto besser werden die Tiere mit den lebenswichtigen Nährstoffen (pflanzliche und tierische Eiweiße, Kohlenhydrate, Fette), Mineralstoffen (Phosphor, Kalzium, Natrium, Kalium und andere), Wirkstoffen (Vitamine, Fermente, Hormone) und Ballaststoffen (Rohfaser) versorgt. Im beschränkten Auslauf können wir zwar für ein hochwertiges Grünfutter sorgen. Ob aber

Wie man die Henne füttert,
so legt sie

der Tisch auch immer zur Genüge mit Insekten, Würmern und Larven, den wichtigen tierischen Eiweißträgern, gedeckt sein wird, ist äußerst zweifelhaft. Und Körner, für deren Vorverdauung Hühner (und andere körnerfressende Vögel) speziell mit einem Kropf begabt sind, lassen sich schon gar nicht finden. Selbst im freien Auslauf, wo sie früher auf der Tenne, im Viehstall, Hof und Feld reichlich abfielen, sind sie rar geworden. So müssen wir also füttern: nicht nur, um etwaige Ernährungsmängel auszugleichen, sondern auch fleißige Eierleger durch geeignete Futter-Zulagen zu belohnen.

In einer naturgemäßen Haltung sollten auch möglichst naturgemäß angebaute und natürlich belassene Futtermittel verabreicht werden. Freilich ist es einfacher, ohne sich viel Gedanken zu machen, Fertigfutter zu verfüttern, das sogenannte »Alleinfutter« für Küken, Legehennen oder Masttiere, von dem behauptet wird, daß es gar nichts besseres gebe, weil nach wissenschaftlichen Erkenntnissen wirklich alles in absolut richtigen Mischungsmengen dabei sei, was das Huhn (für eine Höchstleistung) braucht. Deshalb könnten Batteriehühner auch ohne Weide auskommen (!). Was darin allerdings an Zusatz-, Fremd- und Schadstoffen enthalten sein kann, dürfte unseren Hühnern nicht sonderlich gut tun: isolierte Vitamin-Konzentrate, Rückstände chemischer Stoffe aus Pflanzenschutz und Verarbeitung, Medikamente gegen Seuchen und synthetische Antibiotika, die eine wachstumssteigernde und leistungsverbessernde Wirkung haben.

Es ist daher keine »Weltanschauung«, sondern vielmehr eine Frage des Ernährungs- und Qualitätsbewußtseins, wenn wir unseren Hühnern und uns selbst die Liebe antun, mit möglichst naturbelassenen Futtermitteln ihre Gesundheit zu fördern und uns den Genuß einwandfreier Lebensmittel zu gönnen. Die Mühe um Auswahl, Abwechslung und Zubereitung des Futters lohnt sich jedenfalls und ist auch nicht allzu groß, wenn es darum geht, die Viecher liebevoll zu versorgen und zu verwöhnen.

Futtermittel, die sich besonders eignen

Einige Futtermittel lassen sich im biologisch bewirtschafteten Garten anbauen, zum Beispiel Mais, Sonnenblumen, Gemüse, Kräuter – und die wohltuende Brennessel läßt man sowieso überall dort wachsen, wo sie nicht im Wege ist. Vielleicht haben wir auch Gelegenheit, Abfallgetreide aus biologischem Anbau zu bekommen. Sonst kaufen wir lieber die einzelnen Futtergetreide-Sorten in der Mühle als das Mischfuttergetreide beim Landwirtschaftshandel. Aus der reichhaltigen Futtermittel-Palette treffen wir folgende kleine, aber ausreichende und bewährte Auswahl, die sich insbesondere für eine naturgemäße Haltung eignet, bei der Höchstleistungen nicht erwartet werden.

Weizen. Von allen Körnern mögen Hühner Weizen am liebsten, nicht wegen des Geschmackes, sondern wegen der angenehmen Verzehrbarkeit. Er hat zwar von allen Getreidearten den höchsten Eiweißgehalt, wird aber von der Gerste in mancher Hinsicht übertroffen. Wird Weizen ausschließlich und reichlich gefüttert, neigen die Tiere zu Durchfall.

Mais. Der Mais ist ein ausgezeichnetes Geflügelfutter. Da er jedoch den Fettansatz begünstigt, sollte der Anteil in der Körnermischung nicht zu hoch sein. Der großkörnige wird am besten gebrochen verfüttert.

Gerste. Reich an essentiellen Fettsäuren, wirkt sie sich günstig auf Legetätigkeit, Eimasse, Mauser und Körpermasse aus. Tags zuvor in fünffacher Menge Wasser auf »kleiner Flamme« (nach etwa 4 Stunden) aufgequollene Gerste wird zu einem wertvollen Bestandteil des Weichfutters, da sie in dieser aufgeschlossenen Form besonders gut verwertet werden kann. Der Einfachheit halber kann der Bedarf gleich für zwei Tage zubereitet werden. Aufbewahrung im Kühlschrank.

Hafer. Er hat einen hohen Nährstoffgehalt, wird von den Hühnern aber wahrscheinlich wegen der Spelzen nicht gerne aufgenommen. Dagegen fressen sie Futterhaferflokken um so lieber. Das »Fruchtbarkeits«-Vitamin E, das im Hafer reichlich enthalten ist, fördert den Brutbetrieb und hat einen günstigen Einfluß auf das Schlupfergebnis. Kleinblättrige Haferflocken sind das ideale Futter für die Kükenaufzucht.

Keimgetreide. Für die etwas aufwendige Herstellung von Keimgetreide (Sprießkorn) im Winter, wenn das Grünfutter nicht durch ein anderes Futter gleicher Güte zu ersetzen ist, eignen sich alle Getreidearten. Selbst Roggen, den Hühner als Korn im allgemeinen verschmähen, wird gekeimt gerne gefressen. Etwa ein Drittel der täglichen Körnerration wird zunächst 24 Stunden in Wasser eingeweicht, abgegossen, flach (zum Beispiel in Obststeigen) ausgebreitet und bei einer Raumtemperatur von 15–20 °C etwas feucht gehalten. Nach 4 bis 5 Tagen haben die Keime die zum Verfüttern geeignete Länge von 1–2 cm erreicht. Für eine lückenlose Versorgung werden demnach 5 bis 6 Kästen für die jeweils verschiedenen Keimstadien benötigt.

Weizenkleie. Sie besteht aus der Schale, dem Keimling und der Kleberschicht des Korns und ist mit ihrem hohen Nähr- und Wirkstoffgehalt eine wertvolle Zutat zum Weichfutter.

Leinsamen. Er wirkt sich nicht nur vorteilhaft auf die Federbildung aus, wenn er in kleinen Mengen während der Mauser gegeben wird, sondern bewährt sich auch als Schleim bei Verdauungsstörungen.

Sonnenblumen. Auch Sonnenblumenkerne sollen die Mauser günstig beeinflussen. Sie sind aber auch sonst ein geeignetes Futtermittel, vor allem wenn durch Eigenanbau die Futterkosten verringert werden können.

Knochenschrot. Das in der Fleischerei anfallende Knochenschrot (Sägeabfall) trägt zur Deckung des Bedarfs an tierischem Eiweiß bei. Es ist außerdem reich an Mineralstoffen, besonders an Phosphor. Knochensplitter müssen entfernt werden, da sie zu Kropfverletzungen führen können. Wird das in der Tiefkühltruhe durchgefrorene Schrot durch eine kleine Knochenmühle gegeben, bleiben die Splitter zurück. Gekochte Knochen sind nur als Kalkfutter zu verwenden.

Milch. Auch Buttermilch oder dicksauere Magermilch steuern tierisches Eiweiß bei. Angesäuerte Milch verursacht dagegen Verdauungsstörungen. Die in der Dickmilch enthaltene Milchsäure hat eine günstige diätische Wirkung. Sie sorgt für einen besonders guten Stand der Darmverhältnisse und fördert dadurch das Wohlbefinden der Tiere. Quark ist weniger zu empfehlen, weil mit der Molke wertvolle Stoffe verlorengehen.

Gemüse. Von Gemüse aus dem Garten werden die Blätter von Roten Rüben besonders gerne gefressen, aber auch die Abfälle von Endivien, Kopfsalat, Spinat und allen Kohlarten sind eine willkommene Abwechslung. Vornehmlich im Winter sind Rote Rüben und Möhren ein vitaminreiches Futter, welches das mühsam aufzubereitende Keimgetreide gut ersetzen kann. Außerdem wirken sie, wie auch Knoblauch, gegen Innenparasiten. Sie können zum Verzehr in das Weichfutter geraspelt bzw. ganz in eine Raufe gegeben oder auf Nägel gespießt werden. Auch frostharte Kohlarten, wie Markstamm- und Grünkohl sind als Winterfutter geeignet. Ein besonderer Leckerbissen ist Vogelmiere, bis sie der Schnee zudeckt.

Heu. Im Winter sollte eine Raufe mit reichlich Heu gefüllt werden. Ist es von feiner, kurzer Struktur und enthält es viele Heublumen (kleine Blättchen von Klee und Kräutern), ist es sehr nahrhaft und wird gerne gefressen. Am besten eignet sich hierzu der wöchentliche Rasenschnitt, aber nicht vom sterilen »Wohlstandsrasen«. Um eine hochwertige Qualität zu erhalten auf die es vor allem ankommt, wenn Grünfutter rar ist, hat unser Rasen einen hohen Kleeanteil, der eine Stickstoffdüngung voll ersetzen kann (Seite 112), und es blüht zwischendurch auch einmal eine Butterblume oder dergleichen. Wenn wir mit einem Grasfangkorb mähen, das Schnittgut auf einer Plane schonend trocknen, vor Regen schützen und in luftigen Säcken aufbewahren, wird kaum eines der wertvollen Blättchen verloren gehen.

Vielleicht ist das alles ein bißchen viel verlangt. Aber im Gegensatz zu einem Heu, das nichts taugt, weil es grob und stengelig, zu lang und kräuterarm oder verregnet ist und nur einen geringen Eiweißgehalt oder überhaupt keinen Nährwert mehr hat, ist so ein Heu die Mühe wert.

Brennessel. Einen besonderen Rang unter den Futtermitteln nimmt die wirkstoff- und mineralreiche Brennessel ein, die als winterliche Zutat zum Weichfutter nicht fehlen darf. Sie wird kurz vor der Blüte geschnitten, von den Stengeln befreit, schonend im Schatten getrocknet, ebenfalls in luftigen Säcken aufbewahrt und kleingebröselt verfüttert. Gehackte Jungtriebe sind ein vorzügliches Kükenfutter.

Kalk. Zerkleinerte Muschelschalen decken den hohen Kalkbedarf. Erfahrungsgemäß werden allerdings zerbröselte rohe Eierschalen lieber aufgenommen. Sie werden zur beliebigen Aufnahme in einem Behälter bereitgestellt.

Grit. Steinchen aus Feuersteinen, Quarz u. ä., welche die zahnlosen Hühner zur Unterstützung der Mahltätigkeit des Muskelmagens brauchen, werden nicht besonders angeboten. Freilebende Hühner picken Kieselchen vom Boden oder aus der Sandkuhle auf, wenn sie ihrer bedürfen.

Wasser. Zu guter Letzt steht immer frisches, sauberes Wasser in einfachen Eimern oder für die Küken in einer kleinen Stülptränke zur Verfügung.

Die täglichen Rationen

Bei der Zusammenstellung der Futterrationen kommt es darauf an, daß Nähr-, Mineral-, Wirk- und Ballaststoffe möglichst vielseitig im Futter enthalten sind. Das kann bereits mit wenigen, aber verschiedenartigen Futtermitteln erreicht werden. Außer dem verschmähten Roggen sollten zum Beispiel alle Getreidearten mit ihren unterschiedlichen, arteigenen Inhaltsstoffen als wichtigste Nahrung neben der Weide verfüttert werden.

Die folgende Fütterungspraxis hat sich bei guten Weideverhältnissen hervorragend bewährt. Unsere Hühner erfreuen sich bester Gesundheit und Widerstandskraft, und jedes von ihnen legt im Jahresdurchschnitt rund 250 Eier.

Ein früher Vogel fängt den Wurm

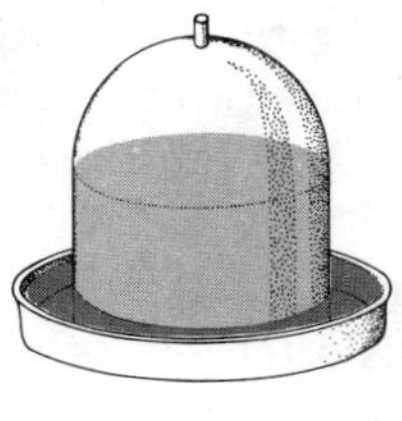

Kükentränke 1, 2, 3 u. 5 Liter

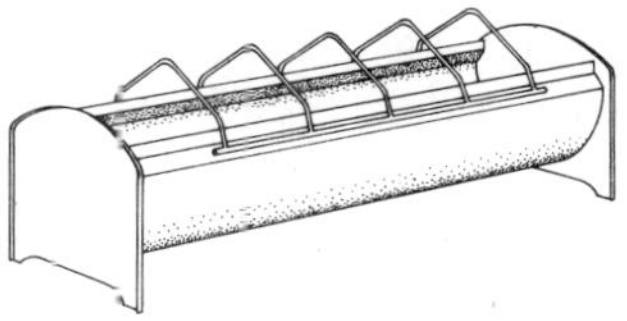

Futtertrog für Körner 50 und 100 cm lang

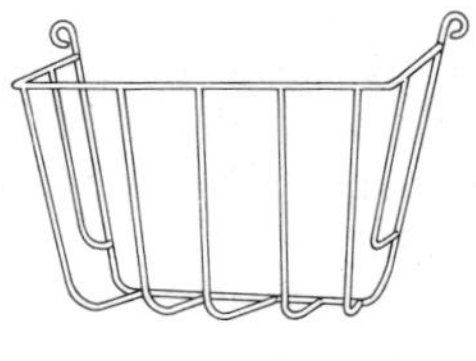

Raufe für Heu u. Grünes 30×20×10 cm

Handelsübliche Futtergeräte kann man durch standfeste Gefäße oder geeignete Vorrichtungen ergänzen oder ersetzen; ein Futtertrog mit aufklappbarem Absperrgitter, das durch Futterneid verursachte Auseinandersetzungen verhindert, sollte jedoch immer vorhanden sein.

Bevor es Frühstück gibt, inspizieren die Hühner erst einmal eingehend die Weide. Je zeitiger, desto einträglicher, denn im taufrischen Gras des frühen Morgens gibt es noch eine Menge verschlafenen Getiers zu schnabulieren.

Weichfutter. Die erste Tagesration ist dann ein Weichfutter. Es wird schneller verdaut als Körner, die erst eine Weile im Kropf aufgeweicht werden müssen und dadurch die anschließende Nahrungsaufnahme auf der Weide behindern. Je Huhn werden verfüttert

20 g ausgequollene Gerste
15 g Weizenkleie
15 g Knochenschrot.

Im Winter kommen etwa 20 g geraspelte Möhren oder Rote Rüben sowie getrocknete Brennesseln hinzu. Zur beliebigen Aufnahme werden die Raufen, je nach Witterung am oder im Stall, mit Heu gefüllt, soweit der Vorrat reicht. Kann man aber ein Stück Weide vom Schnee befreien, wird das frische Grün, das ja auch im Winter in wärmeren Perioden wächst, begehrlich aufgenommen.

Körnerfutter, Weizen mit einem Fünftel Anteil Mais (insgesamt etwa 75 g), wird zu einem Drittel mittags und zu zwei Dritteln am Abend gegeben. Langsam verdaut, hält es über Nacht besser vor. Je nach Rasse, Gewicht und Weidequalität rechnet man täglich 70–100 g Getreide für ein Huhn. Da Hühner immer nur so viele Körner aufnehmen, wie sie brauchen beziehungsweise wie gerade noch Platz im Kropf ist, wird in der Praxis die richtige Menge schnell zu ermitteln sein.

Wenn wir die Körnerration zur beliebigen Aufnahme bereithalten, werden sich alsbald die Spatzen einstellen. Bei einer derart üppigen Atzung werden sie sich massenhaft vermehren und sogar auf ihre »Sommerfrische« verzichten, die sie gewöhnlich zur Erntezeit in den Getreidefeldern verbringen. Deshalb ist es wichtig, über die ausreichenden Futtermengen Bescheid zu wissen. Bis zum Verzehr bleibt man auf dem Hof und hindert so die unwillkommenen Kostgänger zumindest daran, sich die Kröpfe vollzuschlagen.

Neben dem stets frischen Wasser und dem Muschelkalk bzw. den Eierschalen steht ein kleiner Steingutnapf mit Buttermilch, von der die Tiere im Laufe des Tages ¼ Liter aufnehmen.

Ansonsten wird je nach Anfall der Scharrhaufen ergänzt. Wohlschmeckendes, wie die Blätter der Roten Rübe, gibt man entweder in der Raufe oder sie werden mit den Stielen unter einen Stein geklemmt. Zu den Leckerbissen gehören Engerlinge, Erdwürmer, Asseln und Ameisen-»Eier«, die gelegentlich bei der Gartenarbeit gefunden werden. Auch vom Essen übriggebliebene Kartoffeln oder Brot sind einmal etwas Besonderes. Und jedem passionierten Hühnerhalter bleibt es unbenommen, seinem vielgeliebten Federvieh als »Betthupferl« noch eine Hand voll Naturreis oder Haferflocken zu gönnen (womit man es auch früher in den Stall locken kann, wenn die Familie abends noch etwas vor hat) – wie es denn überhaupt viel Spaß macht, Tiere zu füttern, denen es gut schmeckt.

... und was sie kosten

Welche Vorratsmengen wir uns zulegen, hängt von der Lagerfähigkeit der einzelnen Futtermittel ab. Sind sie bereits aufgeschlossen, wie Weizenkleie und gebrochener Mais, verflüchtigen sich die Vitalstoffe bei längerer Lagerung. In jedem Fall muß man auf eine verschlossene und trockene Verwahrung bedacht sein, damit nicht Ungeziefer und Schimmelpilze das Futter verderben.

Kleie und Mais, die im geringeren Maße verbraucht werden, kaufen wir tunlichst in kleineren Mengen ein; mit je 5 kg können wir dann den Vorrat jeden Monat wieder auffrischen. Auch der Gerstenvorrat sollte von Mal zu Mal nur mit 25 kg wieder aufgefüllt werden, während der größere Verbrauch von Weizen den zentnerweisen Nachschub erlaubt. Kleine Mengen sind leider relativ teuer. Das ist zweifellos ein Nachteil für den Kleintierhalter, der sich aber deswegen den Genuß seiner immer noch wohlfeilen Eier nicht verderben läßt. In der folgenden Futterkosten-Aufstellung für einen Hahn und seine zehn Hennen sind die Kleinverkaufspreise entsprechend berücksichtigt. Vom Körnerfutter (Weizen, Mais) sind für jedes Tier täglich 75 g vorgesehen.

Futtermenge und Futterkosten für 10 Hennen und 1 Hahn

	g/Tag	kg/Jahr	DM/kg	DM/Jahr
Weizen	660	240.0	0,50	120,00
Mais (gebrochen)	165	60.0	1,35	81,00
Sommergerste	220	80.0	0,55	44,00
Weizenkleie	165	60.0	0,70	42,00
Buttermilch	250	90.0	1,25	113,00
Insgesamt				400,00

Dies ergibt folgende Futterkosten:

DM 400,00 : 365 Tage = 1,10 DM/Tag
DM 400,00 : 11 Tiere = 36,40 DM/Tier/Jahr
DM 36,40 : 365 Tage = 0,10 DM/Tier/Tag

Ein nahrhaftes und wirkstoffreiches Futter, das umso ausgeglichener und vollwertiger ist, je besser die Weideverhältnisse sind, wirkt sich besonders vorteilhaft auf den Nachwuchs aus.

Aufzucht

Haben wir das Beste für das Wohlbefinden unserer Tiere getan, kommt es uns nun im besonderen Maße für die Aufzucht zugute, die mit einem einwandfreien Brutei beginnt. Während bei den bäuerlichen Säugetieren im Verlauf der relativ langen Trächtigkeit durch gutes Futter und fürsorgliche Pflege eine günstige Entwicklung des Embryos noch gefördert werden kann und muß, müssen in den Bruteiern bereits alle lebenswichtigen Inhaltsstoffe und Lebenskräfte in bester Befindlichkeit und Güte enthalten sein, damit wir ein hohes Schlupfergebnis, einen sicher gelungenen Schlupf sowie lebenstüchtige, kräftige und muntere Küken erwarten können.

Die Aufzucht beginnt mit dem Brutei

Eine naturgemäße Haltungsweise bietet die besten Voraussetzungen für hochwertige Bruteier von der sicheren Befruchtung bis zur vollkommenen Ausbildung des Kükens. Jede physiologische Belastung durch unbillige Lebensbedingungen der Hühner beeinträchtigt die Bruteier, sei es durch einen unzureichenden Stall, durch eine enge und kümmerliche Weide, durch liederliche und unregelmäßige Fütterung, durch karges und einseitiges Futter, oder durch unsachgemäße Behandlung und lieblosen Umgang. Je mehr wir unser Geflügel und dessen Haltung vernachlässigen, desto mehr sinkt die Qualität der Bruteier und wird der Bruterfolg und ein gesunder Nachwuchs in Frage gestellt.

Die **Brutfähigkeit** kann durch Inzuchtschäden nachlassen und letztlich können Eier durch das Sympathie-Verhalten des Hahnes unbefruchtet bleiben. Es kann durchaus vorkommen, daß er eine seiner Hennen einfach nicht mag. Das hat man aber bald heraus und man muß dann bei der Auswahl der Bruteier darauf achten, von dieser Henne keine Eier zur Brut zu verwenden. Wir hatten einmal einen Hahn, der seinen vier Schwestern nur in brüderlicher Liebe zugetan war. Obwohl sie ihn immer wieder zum frevelhaften Inzest ermunterten, blieb er seinen Grundsätzen treu und die Eier blieben unbefruchtet.

Wir gehen davon aus, daß wir keine Zuchtauslese für Ausstellungen betreiben, sondern an einem robusten und tüchtigen Landhuhn, dem sogenannten Wirtschaftshuhn, interessiert sind (das natürlich durchaus einer bestimmten Rasse angehören kann) und daß unser Völkchen durchweg aus gesunden und leistungsfähigen Tieren besteht. So brauchen wir keine Legekontrolle durchzuführen, um nur die Eier für die Aufzucht gewinnen zu können, die von Hennen mit besonders ausgeprägten Rassemerkmalen gelegt werden. Für eine grobe Auswahl derjenigen Eier, die von besonders tüchtigen und lieben Hennen stammen, genügen die individuellen Form- und Farb-Nuancen, die wir im Laufe der Zeit wahrgenommen und kennengelernt haben.

Zum Brüten wählen wir typisch ovaloid geformte Eier aus, die nachweislich einen hohen Kükenschlupf gewährleisten, mit glatter, kräftiger Schale und von gleichmäßig mittlerer Größe. Zu kleinen Eiern sieht man schon die künftigen Kümmerlinge an, die möglicherweise gar nicht schlüpfen, weil sie nicht genügend ernährt werden konnten. Aber auch zu große Eier sind zum Brüten ungeeignet, da sie oft zwei (brutunfähige) Dotter haben.

Liegen die gesammelten Bruteier länger als 10 Tage, verlieren sie zunehmend ihre Brutfähigkeit. Bei 7 bis 8 täglich gelegten Eiern werden wir jedoch nur 3 bis 5 Tage brauchen, bis wir maximal 15 geeignete Eier zusammengebracht haben. Während dieser Zeit lagern wir sie kühl (10–13 °C) und luftig, aber nicht zugig, bei einer relativen Luftfeuchtigkeit von etwa 60%. Entweder stellen wir sie im Eierbrett auf die Spitze, dann brauchen wir sie bis zu 7 Tagen nicht zu wenden, danach sollten wir es aber täglich tun. Oder sie werden waagerecht gelegt. Dann müssen sie täglich um ein Viertel um die Längsachse gedreht werden, wobei uns eine Markierung mit einem Bleistift (kein Filz-, Kopierstift oder Kugelschreiber) die Aufgabe erleichtert. Das Dotter ist an beiden Polen mit sogenannten Hagelschnüren aufgehängt. Wird das liegende Ei nicht gewendet, besteht die Gefahr, daß das schwerere Dotter allmählich sinkt und an der Schale festklebt.

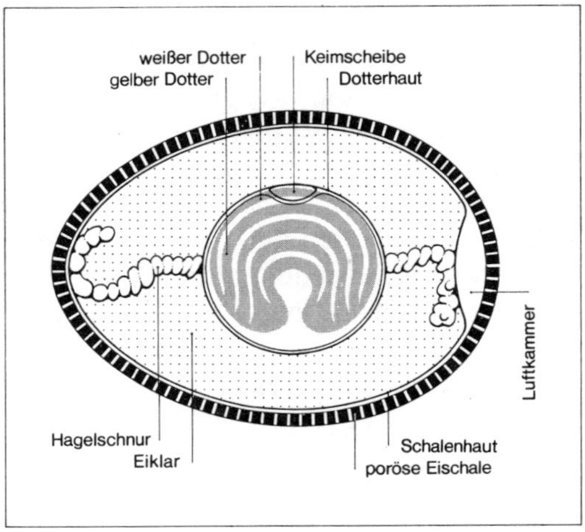

Das Ei enthält alles, was für die Bildung des Embryos und dessen Ernährung vonnöten ist: insbesondere das wirkstoffreiche Dotter, das sich aus dem weißen, dem Bildungsdotter, und dem gelben, dem Nahrungsdotter, zusammensetzt und an den Hagelschnüren aufgehängt ist.

Die natürliche Brut hat Seltenheitswert

Was wäre eine naturgemäße Haltung, wenn nicht auch der Nachwuchs auf natürliche und in unserer technisierten Umwelt immer

Ein stolzer Hybrid-Hahn, dessen Fürsorge um seine Hennen so weit gehen kann, daß er selbst den Halter nicht nur stets wachsam und mißtrauisch im Auge behält, sondern ihn auch mit offener Aggressivität angehen würde, wenn er seinen Schutzbefohlenen vermeintlich zu nahe treten sollte.

noch schier wundersame Weise das Leben gewönne. Eine brütende Henne, die Glukke, ist heute jedoch eine außergewöhnliche Rarität, nachdem landauf-landab das Brutgeschäft von halbautomatischen Kleingeräten für Züchter und Vereine bis zu perfektionierten großindustriellen Vollautomaten übernommen wurde. Manche Betreiber und Verfechter künstlicher Brut verweisen womöglich auf die Ägypter, die schon vor Jahrtausenden riesige befeuerte Lehmbrutöfen mit einem Fassungsvermögen von 100 000 Eiern gehabt und die sie versorgenden Sklaven gleich mit eingemauert haben sollen.

Wenigstens dreierlei hat diese Entwicklung begünstigt, die – einmalig im Tierreich – zu einer ganz und gar umfassenden Handhabung des Geburtsgeschehens und zur marktgerechten Massenfertigung lebender Wesen geführt hat:

1. Der unkomplizierte, von der Jahreszeit unabhängige Brutprozeß: eine konstante Wärme von 37–38 °C und eine gewisse Feuchtigkeit über die 21 Tage dauernde Entwicklungszeit genügen, wenn die Eier gelegentlich gewendet werden.

2. Der wirtschaftliche Aspekt: während des Brütens und der anschließenden Führung der Küken, etwa zwei bis drei Monate lang, legt die Glucke keine Eier. Für die kleine Hühnerhaltung schlagen die Verluste kaum zu Buche. Legen 10 Hennen 2 500 Eier im Jahr, sind es etwa 50 Eier weniger (2%), wenn eine Glucke gesetzt wird. Sie sind wohl zu verschmerzen, wenn dafür 15 kregle Nachkommen aufwachsen können. Wenn die Glucke, während sie die Küken führt, noch die Mauser erledigt, derweil sie ohnehin nicht legt, kann man von einem Eierausfall gar nicht reden.

3. Der unzuverlässige Bruttrieb: auch früher, als die Hühnerwelt noch einigermaßen in Ordnung war, gab es dieserhalb schon Kummer. Läßt das Wetter in einem Frühjahr zu wünschen übrig, wird kaum eine Henne brütig, in anderen Jahren kann man sich der Brutlust nicht erwehren. Dazu kommt, daß die leichten italienischen Rassen von ihrer Veranlagung her einen geringeren Bruttrieb entwickeln als die schwereren Hühner asiatischer Herkunft. So ist denn auch über der systematischen Selektion auf Legeleistung der Bruttrieb bei den weißen Leghorn (italienischer Herkunft) bereits fast völlig verloren gegangen.

Wir dürfen uns aber auch kaum darüber wundern, daß ein Huhn, das über viele Generationen hinweg künstlich erbrütet wurde, kaum noch darauf erpicht ist, sich um einen Nachwuchs zu kümmern. Durch die ausschließlichen Kunstbruten der Züchter von Rassehühnern, die einerseits wegen des Brutrisikos, andererseits aber wegen der Ausstellungstermine die Eier bereits im Januar in den Brutapparat legen – zu einer Zeit, da noch kein Huhn ans Brüten denken würde –, ist der natürliche Bruttrieb der Hühner mehr oder weniger eingeschlafen. Dennoch können wir alles in allem die tröstliche Erfahrung machen, daß sich elementare Naturkräfte wohl unterdrücken, aber nicht aus der Welt schaffen lassen. Durch eine naturgemäße Haltungsweise und entsprechende Auslese gelingt es durchaus, verborgene Naturtriebe wieder zu beleben und Reproduktionskräfte erneut wirksam werden zu lassen. Die Bemühungen werden durch die Haltung einer schwereren Rasse erleichtert. Dunkelfarbige Hybriden sind zum Beispiel überraschend brutlustig und zeichnen sich durch gute Muttereigenschaften aus.

Durch ein paar Leckerbissen kommen sich Kinder und Küken schnell näher und Zuneigung auf der einen und Zutraulichkeit auf der anderen Seite werden gefördert. – Wird das Sandbad mit Inbrunst und Vehemenz genossen, daß es nur so staubt, muß der Sand gelegentlich nachgefüllt werden.

Eine Henne wird brütig

Auf einem bäuerlichen Hühnerhof kam es nicht einmal selten vor, daß eine Henne, die gar nicht einmal vermißt worden war, eines schönen Tages mit einer quirligen Kinderschar aus der Scheune spazierte. Alles, vom »Eiersammeln«, der Auswahl des bestmöglichen Nistplatzes, dem regelmäßigen Wenden der Eier bis zum sicheren Schlupf, wurde von der Glucke aufs vortrefflichste besorgt. Auch in den »geordneten« Verhältnissen unserer gepflegten Hühneridylle wird sie eine gewissenhafte Bruthenne sein, wenn wir ihr zur Seite stehen und ihren natürlichen Trieb zum heimlichen Brüten weitgehend zu befriedigen suchen.

Der Erregungszustand einer brütigen Henne, der in der Regel in den Monaten April und Mai zu erwarten ist, entwickelt sich je nach Temperament zügig oder verhalten. Die typischen Anzeichen fallen mehr oder weniger auf: hastig läuft sie herum, sträubt das Gefieder und gibt glucksende Laute von sich. Den Hahn weist sie ab. Dann belegt sie ein Nest mit Beschlag, von dem sie sich um alles in der Welt nicht mehr vertreiben läßt und auf dem sie auch sitzen bleibt und heftige Schnabelhiebe verteilt, wenn man die Eier bis auf das Nestei entfernt. Spätestens dann geht es für uns an's Eiersammeln und an die Einrichtung des Nistplatzes.

Das Brutnest im Verborgenen

Der stille Winkel, in dem sich die Glucke geborgen fühlen kann, befindet sich zum Beispiel in einer Ecke unter dem Kotbrett. Unruhe und eventuelle Störungen, die den Bruterfolg beeinträchtigen könnten, kommen weniger auf, wenn wir außerdem das Fenster mit einem Laden oder ähnlichem zu einem Dämmerlicht im Stall abdunkeln.

Ein flaches Kistchen, 45 cm im Geviert, (möglich ist auch eine Obst- oder Gemüsesteige) wird so mit Heu gefüllt, daß eine flache Mulde entsteht. Die Kiste ist besser als eine Umrahmung des Nestes mit Ziegelsteinen, weil man sie aus der Ecke unter dem Kotbrett hervorziehen kann, um bequemer mit den Eiern umgehen zu können, falls es einmal nötig sein sollte. Es ist gut, die Glukke schon während des Eiersammelns auf den Nesteiern einnisten zu lassen, denn in den ersten Tagen des Brütens ist sie womöglich noch recht unbeständig – falls sie sich nicht überhaupt die ganze Sache noch einmal überlegt und auf und davon geht.

Auf dem Erdboden brütende Wildhühner brauchen sich um die Feuchtigkeit, welche eine zu starke Verdunstung der Eiflüssigkeit (etwa 74%) verhindert, nicht zu sorgen. Wir haben dagegen wegen eines trockenen Stallklimas den Boden gegen aufsteigende Feuchtigkeit isoliert. Das bringt uns nun etwas in Verlegenheit, denn bei zu trockenen Brutbedingungen wird das Eiweiß zäh, so daß es von den sich entwickelnden Küken nicht mehr aufgesogen werden kann. Je nach Feuchtigkeitsmangel können sie absterben, steckenbleiben, verkleben oder sich nur schwach befiedern. Die Glucke kann die erforderliche relative Luftfeuchtigkeit von etwa 60% nicht selbst erzeugen, weil sie mangels Schweißdrüsen nicht schwitzen kann.

Nicht alle Empfehlungen, die Feuchte zu ersetzen (wenn sie nicht ohnehin durch die Witterung gegeben sein sollte), sind brauchbar. Bodenfeuchte Erde unter dem Nestheu wirkt nur eine Weile; gegen Ende der Brutzeit, wenn die relative Luftfeuchtigkeit sogar 80% betragen sollte, ist sie trocken. Ganz schlecht ist das Einbringen eines umgedrehten Grassodens oder gar feuchten Pferdemistes, da die organischen Bestandteile leicht schimmeln und die Schimmelpilze sich auf die porösen Bruteier und den Brutverlauf nachteilig auswirken können. Auch das früher übliche Schwemmen der Eier im lauwarmen Wasser, vornehmlich in den letzten Tagen, ist wegen der leichten Verletzlichkeit der mürbe gewordenen Schalen und der

Embryonen eine zweifelhafte Geschichte. Bewährt hat sich dagegen, die Eier mit 40 °C warmem Wasser zu besprühen (kleiner Hebelsprüher), während die Glucke sich alltäglich die Beine vertritt.

Das Brüten beginnt

Wenn wir die sauberen, aber nicht gewaschenen, Bruteier beieinander haben, kann das Brüten beginnen. Sie werden gegen die Nesteier ausgetauscht. Je nach Größe der Glucke legen wir nach altem Brauch 11, 13 oder 15 Eier in das Nest. Vielleicht ist ein bißchen Aberglaube dabei – jedenfalls liegt eine ungerade Zahl Eier besser im Nest.

Wer seine Neugierde nicht zu bezwingen vermag, kann sich eine Woche nach dem Brutbeginn vergewissen, ob alle Eier befruchtet waren. Unbedingt nötig ist das nicht, denn ein unbefruchtetes Ei bleibt bis zum letzten Bruttag klar, ohne zu faulen. Ist jedoch irgend ein Anlaß gegeben (Feuchtigkeitsmangel, zu starke Abkühlung), der ein Absterben des Keimes oder des Embryos befürchten läßt, ist ein Durchleuchten der Eier, das sogenannte Schieren, ratsam, denn die dann faulenden Eier sollten besser aus dem Brutnest entfernt werden. Die jeweiligen Entwicklungszustände zeigen sich im durchleuchteten Ei in typischen Strukturbildern:

- ein befruchtetes Ei mit normaler Entwicklung des Kükens hat in der Mitte einen schwarzroten Fleck (Keim), von dem nach allen Seiten die Blutgefäße des Embryos ausstrahlen;
- ein befruchtetes, aber abgestorbenes Ei zeigt einen roten Ring, den sogenannten Blutring, der einen verschwommenen Keim umgibt, oder es ist trübe bzw. wolkig;
- ein unbefruchtetes Ei ist klar und durchscheinend, das dunklere Dotter ist deutlich umgrenzt.

Eine gute Glucke verläßt täglich zur gleichen Zeit das Nest, so daß wir uns mit der Fütterung darauf einstellen können. Daß sie nur einmal am Tag frißt, braucht uns nicht zu beunruhigen. Während freilich jedes andere Huhn bei solcher schmalen Kost verhungern würde, ist bei einer Glucke der Grundumsatz so weit herabgesetzt, daß sie die Brutzeit, wenn auch unter relativ hohem Gewichtsverlust, durchzustehen vermag. Fürsorglich werden wir sie in ihren schweren Tagen mit einem guten Körnerfutter unterstützen: Weizen, Mais, Naturreis und Haferflocken, bis daß der Kropf voll ist. Und dazu gibt es taufrisches Wasser. Weichfutter würde zuviel Kot absetzen und womöglich wegen der veränderten Stoffwechselvorgänge Durchfall erzeugen.

Während sich die Glucke in der Regel eine halbe Stunde lang erholt, in dem sie frißt, trinkt, den Darm entleert, sich Bewegung verschafft und eventuell ein Staubbad nimmt, profitieren die werdenden Küken von der frischen Luft, die nun die Eier umgibt. Der Gasaustausch wird gefördert: die durch die Atmung der Küken verbrauchte Luft (Kohlensäure) wird durch die poröser werdende Schale vermehrt abgeführt und durch Sauerstoff ersetzt. Ferner können die Eier bis zu einem gewissen Grade abkühlen, um die erhöhte Wärme, die mit zunehmender Entwicklung von den Küken selbst erzeugt wird, auszugleichen. Gegen Ende der Brutzeit erhebt sich die Glucke von Zeit zu Zeit zusätzlich von den Eiern, um die Kühlung zu intensivieren.

Am 21. Tag schlüpft der Nachwuchs

Bereits vor dem Schlupf entwickelt sich die Mutter-Kind-Beziehung. Vom 18. bis 20. Bruttag können sich die Küken den speziellen Gluckton ihrer Glucke einprägen, und ihre eigenen Pieplaute machen die erste wechselseitige Verständigung möglich. So erleichtert diese vorgeburtliche Zuneigung und Bindung die Erziehung und Aufzucht der vom ersten Tag ihres Lebens recht umtriebigen Sprößlinge.

Mit unverminderter Spannung erwarten wir Jahr für Jahr das frohe Ereignis. Die Freude ist groß, wenn am Morgen des 21. Bruttages ein Küken aus den Federn der Glucke lugt. Der heikle Teil der Aufzucht ist geschafft, wenngleich noch einiges passieren kann, bis die Glucke die heranwachsende Jugend aus ihrer Obhut entläßt. Zunächst lassen wir die glückliche Mutter völlig in Ruhe. Erst gegen Abend heben wir sie dann vorsichtig vom Nest und kontrollieren das Gelege. Womöglich kommen wir gerade hinzu, wenn just ein Nachzügler mit dem Eizahn, einem zahnartigen Gebilde auf der Spitze des Oberschnabels, die Eischale durchbricht. Dann dürfen wir ruhig durch vorsichtiges Öffnen der Schale Geburtshilfe leisten. Anschließend entfernen wir alle Eierschalen, welche die Glucke in der Regel nicht aus dem Nest wirft. Sind noch ganze Eier vorhanden, überprüfen wir ihren Zustand. Hören wir ein Glucksen, wenn wir sie etwas schütteln, sind sie unfruchtbar gewesen. Im Zweifel öffnen wir sie behutsam.

Hühner sind Nestflüchter. Wild lebende Hühnervögel verlassen nach dem Schlupf ihr Brutnest. Die Glucke hudert dann ihre Küken auf einem anderen Platz. So nehmen wir am nächsten Tag die Brutkiste weg und richten auf dem Stallboden ein neues Heunest, das die Küken ungehindert mit der Glucke verlassen können. An die vordere Kante des Kotbrettes hängen wir Drahtrahmen, die den ganzen Raum unter dem Brett vom übrigen Stallbereich als »Kinderstube« abteilen. So sind die Küken und auch die Glucke vor belästigenden und futterneidischen Mitbewohnern geschützt. Später können hier die Junghennen schlafen, bis sie auf den Sitzstangen geduldet werden.

Küken bekommen ein ausgewähltes Futter

Geschlüpfte Küken sind für die ersten beiden Lebenstage noch reichlich mit Nährstoffen versorgt. In dieser Zeit bildet sich das Verdauungssystem für die Aufnahme »irdischer Kost« vollends aus und um. Wir beginnen daher erst am 2. Tag nach dem Schlupf mit einem eiweißreichen und leicht verdaulichen Futter. Schlecht beraten wären wir jedoch, wenn wir die üblichen kleingehackten harten Eier und das obligate in Milch eingeweichte Brot verfüttern würden. Für die erst allmählich in Funktion tretenden Stoffwechselorgane ist schwerverdauliches oder leicht säuerndes Futter nicht gerade sehr bekömmlich und als gekochte und gebackene Nahrung wenig tauglich.

Besser geeignet sind dagegen die naturgerechten Sämereien wie Buchweizengrütze, Hirse, feingeschroteter Weizen und ebensolche Gerste, auch geschroteter Leinsamen und gekrümelte Haferflocken. Wohltuender und dem Stoffwechsel förderlicher als Wasser sind Tees von Kamille, Brennessel, Schnittlauch und Pfefferminze, die man abwechselnd in einer kleinen Stülptränke gibt. Grünfutter können sie ab dem 5. Lebenstag bekommen: kleingewiegte Heilkräuter wie Löwenzahn, Schafgarbe, Kamille, Brennessel, die ebenfalls – ganz wichtig – dem Stoffwechsel zugute kommen, und ebenso kleingewiegtes junges Gras.

Nach der ersten Woche wird Dick- oder Buttermilch zugefüttert. Etwa nach einer weiteren Woche können Weizen- und Gerstenschrot sowie Haferflocken zunehmend gröber gegeben werden, zusätzlich Naturreis. Da die Küken auch bei der Glucke sind, wenn sie frißt (sie sollte übrigens auch an dem guten Kükenfutter teilhaben können, damit sie wieder zu Kräften kommt), beobachten wir, wann sie ebenfalls Körner aufnehmen. Dann können wir zum normalen Futter übergehen. In der Regel ist das nach 5 bis 6 Wochen der Fall. Von Anfang an bis etwa zur 7. Woche wird dem Futter regelmäßig Aufbaukalk beigefügt. Übrigens sind die Puppen der um diese Jahreszeit im Garten überhand nehmenden Ameisen ein ganz besonderer Leckerbissen mit etwa 46% Eiweiß. Sie werden den Küken zum Scharren mit der ausgegrabenen Erde gegeben.

Die fürsorgliche Glucke und ihre Zöglinge

Die Glucke umsorgt und behütet ihre Kinderschar, bis sie selbständig geworden ist, so daß wir uns eigentlich um nichts weiter zu kümmern brauchen, als um einen dichten Zaun, damit kein Ausreißer außerhalb der heimatlichen Gefilde, wo vielfältige Gefahren lauern, verloren geht, und um das Futter, das auf einem besonderen Platz bereitgestellt werden sollte. Vorsorglich bleiben wir während des Fütterns dabei, damit keine Störenfriede hinzukommen.

Zunächst sind Glucke und Küken ein Herz und eine Seele: in der »sensiblen Periode«, die etwa drei Tage dauert. Die Glucke ist unstrittig der Mittelpunkt und das ganze Dasein der Küken konzentriert sich auf ihre Nähe. Nur zaghaft scheinen sie sich mit der Welt, die auf sie einstürmt, vertraut machen zu wollen und mit dem Unbekannten einzulassen, als ob sie eine Atempause und ein Sichbesinnen nach den Strapazen der Schöpfung bräuchten, bevor das wirkliche Leben beginnt. So keck sie auch schon unter dem mütterlichen Gefieder herausgucken – sie täten es nicht, wenn sie sich nicht bei ihr sicher und geborgen fühlten. Wenn das Wetter schön und warm ist, geht es schon einmal in die Sonne, aber man bleibt noch ängstlich beieinander und entfernt sich nicht weit vom Stall. Die Glucke genießt den beschaulichen Müßiggang und bringt ihren Zöglingen lediglich das Fressen des bereitgestellten Futters bei.

Am 4. Lebenstag etwa hat sich die Scheu der Küken gelegt. Die Neugier, die Welt kennenzulernen, überwiegt. Aber noch immer ist die Glucke der Mittelpunkt. Sie führt und ist bemüht, durch unablässiges Lockrufen, das – lauter werdend – von herannahenden Althühnern oder dem Hahn auch als Warnruf verstanden wird, ihre Küken um sich zu halten und zu beschützen. Selbst einer zudringlichen Katze setzt sie sich energisch und erfolgreich zur Wehr. Hat sie Futter gefunden, ruft sie ihre Küken mit einem besonderen Lockruf und läßt ihnen beim Fressen den Vortritt. Denn obwohl sie sich schon ganz wie die Mutter gebärden, eifrig scharren, einer Fliege oder einem Schmetterling nachjagen oder miteinander um einen Regenwurm streiten, werden die Anstrengungen nur selten mit einem guten Bissen belohnt. Aber früh übt sich, wer einmal ein tüchtiges Huhn werden will.

Ein Hühnlein, das nicht kommt, wenn die Gluck' es ruft, muß man dem Habicht überlassen

---

Das emsige Tun und das Wirken lebensnotwendiger Instinkte passen noch gar nicht so recht zu den winzigen Küken. Aber alleine schon der Anblick der possierlichen Federbällchen bereitet Vergnügen und macht sie so liebenswert. Es ist nicht nur für Kinder ein beglückendes Erlebnis, sie behutsam in die Hände zu nehmen – wobei sie allerdings jämmerlich nach der Mutter piepsen.

So putzig sind sie jedoch nur eine kurze Zeit. Langsam, aber stetig, verliert sich der Flaum, der sie besonders warm hält. Schon nach 14 Tagen sind die Flügel befiedert. Das macht sie beweglicher und unternehmungslustiger. Mit zunehmendem Wachstum nimmt auch die starke Bindung zur Glucke ab, die schon vor dem Schlupf begonnen hatte und am ersten Lebenstag mit der Einprägung ihres Aussehens ihren Höhepunkt erreichte. Die Glucke paßt zwar weiter auf, warnt vor Gefahren und ruft zum Futter. Auch eilt sie sofort hinzu, wenn ein Küken einmal den Anschluß verloren hat und besonders laut piepst (Verlassenheitsweinen). Aber mit wachsender Eigenständigkeit scheinen die Küken die Führungsrolle zu übernehmen. Zumindest läuft die besorgte Mutter mit ihnen mit, wenn sie im Geschwisterverband eigenwillige Streifzüge unternehmen.

Mit der 8. bis 10. Lebenswoche beginnt das Junghennenalter, das etwa bis zur 20. Woche dauert. Etwa zur selben Zeit, da die

Befiederung zum vorläufigen »Jugendkleid« abgeschlossen ist, löst sich der Familienverband auf, der sich schon mehr und mehr gelockert hatte.

Wenn sich die Henne wieder zum Hanen helt, so leit sie die jungen gehen

Die Glucke meldet sich beim Hahn zurück und beginnt wieder mit dem Eierlegen. Von nun an sind die jungen Hühner auf sich gestellt, und sie tun gut daran, sich von den erwachsenen etwas abseits zu halten. Erst wenn sie mit 5 bis 6 Monaten selbst beginnen, Eier zu legen, werden sie vom Hahn voll anerkannt und in das Volk eingebunden. Dann unterscheidet sich die Färbung des Gefieders kaum noch von dem ihrer älteren Artgenossen

Die künstliche Aufzucht ist aufwendiger

Es mag Umstände geben, die so widerwärtig sind, daß wir beim besten Willen um eine Kunstbrut nicht herumkommen. Die Aufzucht ist zeit- und arbeitsaufwendig. So wie die Glucke ihre Küken zusammenhält, sie hudert, wenn es kühl ist, und sie gegen mögliche Feinde verteidigt sowie vor zudringlichen Althühnern schützt und bewahrt, müssen wir versuchen, es ihr nachzumachen, sie zu ersetzen.

Sobald die Küken aus dem Brutkasten (eines benachbarten Züchters) kommen, müssen sie vor allem gut warm gehalten werden. Das kann nur im Haus geschehen. Eine Unterkühlung in den ersten Tagen ist tödlich. Wir bereiten ihnen in einem großen Karton ein warmes Nest, zum Beispiel aus ungesponnener Wolle, in das sie unterschlupfen können, als wäre es eine Glucke. Verwenden wir eine Wärmelampe, ist es wichtig, die Temperatur auf mindestens 32 °C konstant zu halten. Nachts wird der Karton, in dem auch das Futtergeschirr Platz hat und dessen Boden wir mäßig mit Sand bestreut haben, mit einer warmen Decke zugedeckt. Der Aufenthalt im Freien (frühestens nach einer Woche, bei sonnigem und warmem Wetter) ist nur mit Schutzmaßnahmen möglich. Am besten bewährt sich ein etwa 2 × 2 m großes und 50 cm hohes Gatter aus engmaschigen Drahtrahmen, die nach dem Baukastenprinzip flexibel miteinander verbunden werden. Auch die Abdeckung besteht aus einem zweiteiligen Drahtrahmen, deren Hälften jeweils einzeln hochgeklappt werden können. Werden die Teile wieder auseinandergenommen und übereinandergelegt, kann das Gatter raumsparend aufbewahrt werden.

In das Gatter, das auf dem Rasen oder einer gemähten Wiese gesetzt und nach Bedarf weitergerückt wird, kommen eine kleine Stülptränke und ein Küken-Futtertrog, eine mit der Öffnung zur Seite gestellte kleine Kiste als Wind- und Wetterschutz und eine mit Sand gefüllte Gemüsesteige für das Sandbad, dessen die Küken bedürfen, sobald sie ihren Flaum verloren haben. Gegen Wind schützt eine zusätzliche Folienabdekkung. Bei regnerischem Wetter bringen wir die Küken besser in den Stall, wo wir ihnen unter dem abgeteilten Kotbrett ein kuscheliges Plätzchen aus Heu gerichtet haben.

Nach ungefähr 6 Wochen kann man die jungen Hühner frei laufen lassen. Man sollte sie möglichst aber noch eine Weile gesondert halten, bis sie groß genug sind, um die zu erwartenden Behelligungen der alten Hühner verkraften zu können. Selbst der Hahn verschont sie nicht mit Schnabelhieben, um sie von klein auf an Zucht und Ordnung zu gewöhnen – da sie ja die Erziehung durch eine Glucke entbehren mußten.

Hühnerrassen

Die Aufzucht von Küken setzt die Haltung von Rassehühnern voraus. Die heute auf den meisten Bauernhöfen gehaltenen Hybriden, die auf Hochleistung gezüchtet sind, eignen sich nicht für die Nachzucht. Zwar sind die computerberechneten Bastarde fruchtbar, die Nachkommen gehen jedoch wieder auf die einzelnen Zuchtlinien zurück, wobei kunterbunte Mischlinge entstehen, die bei dem »genetischen Rückfall« auch die hervorragenden Eigenschaften ihrer Mütter einbüßen: Vitalität und Legeleistung.

Weitere Gesichtspunkte für die Haltung von Rassehühnern sind ihre verschiedenen typischen Eigenschaften, nach denen die für die jeweiligen Verhältnisse und Ansprüche geeigneten Rassen ausgewählt werden können, und nicht zuletzt der Habitus und die Gefiederfarben. Denn wohlgestaltete Hühner mit interessanten Farben und ein prächtiger Hahn werden unsere Zuneigung und Freude an der Haltung außerordentlich beleben. Leider vermögen wir im einzelnen nicht auf Formen und Farben einzugehen, denn innerhalb einer Rasse gibt es bis zu 18 Farbschlägen. Wenn die örtlichen Vereine keine Standardbeschreibungen zur Hand haben, können sie aus dem Deutschen Rassegeflügel-Standard des Bundes Deutscher Geflügelzüchter entnommen werden.

Wuchs und Farbenspiel der Hühner sowie ihre leichte genetische Veränderlichkeit waren denn auch die Gründe für das erwachende Interesse an der Hühnerzucht, als im vorigen Jahrhundert fremde Rassen eingeführt wurden. Die heimischen Landhühner hatten sich zwar zu regionalen Varietäten entwikkelt, wurden aber bis dahin planlos vermehrt. Leistung und Brut überließ man dem Zufall. Allesamt waren sie kleine, bewegliche, sehr fluggewandte Tiere, die weiße Eier legten und nur geringe Brutlust zeigten. Ihre italienischen Stammeltern hatten die Römer im Troß mitgeführt, als sie dazumal die germanischen Stämme verunsicherten.

Die aus China und Indien kommenden asiatischen Rassen sind dagegen große, hochgestellte und schwere Hühner. Sie haben ein ruhiges Temperament, sind flugungewandt, brüten gerne und legen braune Eier. Diese erstaunlichen Tiere wurden im vorigen Jahrhundert mit großer Begeisterung aufgenommen und trugen ausschlaggebend zur Begründung der Rassegeflügelzucht bei.

Robert Oettel, der 1852 in Görlitz den »Hühnerologischen Verein« gründete und fünf Jahre später die »Hühnerologischen Monatsblätter« als erste Fachzeitschrift herausgab, gelang es durch unermüdlichen Einsatz den anfänglichen Überschwang zu einer dauerhaften und organisierten Züchtungsarbeit zu stabilisieren, die sich rasch ausbreitete. Fremde Rassen wurden gezielt eingeführt, Landhuhnschläge konsolidiert und neue Rassen gezüchtet. Durch eine sachgemäße Haltung und Fütterung wurden die Lebensbedingungen entschieden verbessert. Zunehmend gewannen auch nutzbringende und wirtschaftliche Aspekte an Bedeutung, so daß höhere Eier- und Fleischerträge erzielt werden konnten.

Die heute immer noch weitverbreitete Rassegeflügelzucht beschränkt sich allerdings nur noch auf die äußere Erscheinung, nachdem uns die Hybrid-Zucht das anonyme Super-Wirtschaftshuhn geschenkt hat. Die Trennung vom nutzbringenden Teil ihrer Arbeit ist weder den Züchtern noch den Hühnern gut bekommen. Wohl ist es den Züchtern zu danken, daß sie die Arten erhalten (auch als genetische Reserve, falls das hybride Wunderhuhn einmal zusammenbrechen sollte), aber die Ausstellungen haben den Charakter von Schönheits-Wettbewerben angenommen. Den Hühnern fehlt es verschiedentlich durch Überzüchtungen und unsachgemäße Pflege an Vitalität und Leistungsvermögen.

So wäre unsere kleine, familiengerechte Hühnerhaltung ganz besonders geeignet, das Vergnügen mit dem Nützlichen zu verbinden und die Erhaltung der Rassen sowie befriedigende Leistungen wieder in Einklang zu bringen, ohne den züchterischen Ehrgeiz allzu sehr zu strapazieren. Es dürfte wohl nicht schwerfallen, aus der überaus bunten Rassenvielfalt diejenige auszuwählen, die unseren Vorstellungen weitgehend entspricht.

Wer zählt die Rassen, nennt die Namen?

Zur Zeit gibt es etwa 85 Standardrassen, wenn wir darauf verzichten wollen, noch 45 verzwergte Großrassen als Schöpfungen zweifelhaften Züchterehrgeizes hinzuzuzählen. Um uns einen Durchblick zu verschaffen, sortieren wir die Rassen aus, die sich wegen ihrer Erscheinungen zwar eines großen Liebhaberkreises erfreuen, aber als schlappe Eierleger unseren Ansprüchen nicht genügen:

- Ur- und Kampfhuhnrassen
- Langschwanzrassen
- haubentragende Hühner
- echte Zwerghühner.

Übrig bleiben etwa 45 mehr oder weniger taugliche Wirtschaftsrassen, die sowohl nach ihrem Habitus als auch nach ihrer Leistung (Eier und/oder Fleisch, die miteinander in ursächlichem Zusammenhang stehen) eingeteilt werden in

- schwere Rassen (Fleischtyp)
- leichte oder Mittelmeer-Rassen (Legetyp)
- mittelschwere Rassen (»Zwiehühner«)
- rasselose Hybriden.

Schwere Rassen. Die schweren Rassen, wie Brahma, Cochin, Orpington oder Langschan, gehen mehr oder weniger auf die schwergewichtigen und riesigen »Asiaten« zurück. Als ausgesprochene Masthühner werden sie bis zu 4,5 kg schwer. Dagegen ist ihre Legetätigkeit unbefriedigend; auch die von vielen Verbrauchern bevorzugte gelbbraune Farbe der Eier vermag diesen Mangel nicht auszugleichen. Da sie zudem eine zu starke Brutlust haben, der Futterverbrauch hoch ist und mehrjährige Hennen zur Verfettung neigen, werden sie in der Liste empfehlenswerter Wirtschaftsrassen (Seite 44) nicht aufgeführt.

Leichte Rassen. Der Prototyp der leichten Rassen ist das Italiener-Huhn. Es wurde mit dem (verbesserten) Leghorn aus italienischen Landhühnern herausgezüchtet, die vermutlich in direkter Linie von den »heiligen Hühnern« der Römer abstammen. Sie sind wegen ihres erfreulichen Legeeifers die am weitesten verbreiteten Rassen. Als die (rebhuhnfarbigen) Italiener 1870 nach Deutschland kamen, erfreuten sie sich bald großer Beliebtheit als typische Bauern-Hühner, und der stolze, farbenprächtige Hahn wurde zum Vorbild für Generationen schmucker Bilderbuch-Hähne. Die weißen Leghorn sind gar zu Stammeltern der in der ganzen Welt bekannten Legehybriden avanciert. Auch einige deutsche Landschläge, wie die Niederrheiner, Ostfriesischen Möven, Ramelsholer oder Rheinländer, haben (noch immer) überwiegend das leichte Blut der italienischen Landhühner.

Alle sind sie bis zu 2,5 kg leicht, legen munter – bis auf die etwas weniger emsigen deutschen Landschläge – weißschalige Eier und sind früh legereif. Wir schätzen sie auch als gute Futtersucher und -verwerter, Eigenschaften, die allerdings nur bei einer weitläufigen Haltungsweise voll zur Geltung kommen können. Andererseits kennen wir sie aber auch als sehr lebhaft, flüchtig, oft gar flatterig und bis zu einem gewissen Grade flugtüchtig, weshalb der Zaun eines begrenzten Auslaufs nicht unter 1,50 m hoch sein sollte, wenn man nicht die Flügel stutzen will. Anscheinend hindert ihr leichtblütiges Wesen sie auch daran, drei Wochen lang ruhig und ausdauernd auf dem Nest zu sitzen, denn mit Brüten und mütterlicher Fürsorge haben sie überhaupt nichts im Sinn.

Mittelschwere Rassen. Sie entstanden durch Kreuzungen leichter und schwerer Rassen mit dem Ziel, die Vorzüge beider zu vereinen. Es sind ausgesprochene Wirtschaftsrassen, die sowohl fleißig Eier legen als auch ausreichend Fleisch »liefern«. Wenn sich auch nicht immer beides in gleich vollkommener Weise verwirklichen ließ, so sind die Leistungen vergangener Zeiten – gleich welcher Art – doch wesentlich gesteigert worden.

»Zwiehühner« sind im allgemeinen kräftige, ruhige, friedliche und zutrauliche Tiere, die braune Eier legen. Mit wenigen Ausnahmen sind sie gute Winterleger (vom 1. Oktober bis 28. Februar), verläßliche Brüter und treusorgende Mütter. Die meisten Hähnchen erreichen eine frühe Schlachtreife mit gutem Fleischansatz und jede Henne bringt mindestens 3,0 kg auf die Waage.

Zu denen, die alle Vorteile auf sich vereinen, gehören die Amrocks, Lachshühner, Plymouth Rocks, Sussex und vor allem die Rhodeländer, die sich relativ früh die deutschen Bauernhöfe erobert haben. Bereits vor 140 Jahren im rauhen USA-Staat »Rhode Island« gezüchtet, sagte man ihnen nach, die härtesten Hühner der Welt zu sein. Wir haben mit ihnen in jeder Beziehung die besten Erfahrungen gemacht.

Neben Eiern und Fleisch gibt es noch weitere Zuchtziele. So wurden im holländischen Barneveld und im badischen Sundheim die Landhühner mit asiatischen Rassen gekreuzt, um große und braunschalige Eier zu erhalten, die seinerzeit sehr gefragt waren und auch heute noch gelegentlich beliebter sind als die reinweißen. Als völlige Neuzüchtung und Kuriosität entstand 1908 das Deutsche Reichshuhn in den Farben schwarz-weiß-rot. Nichtdestoweniger war man aber auch auf Leistung bedacht, so daß das Deutsche »Nationalhuhn« sich ohne weiteres zu den guten Wirtschaftshühnern zählen kann.

Hybriden. Wenngleich die Hybriden für Leistungsrekorde gezüchtet wurden, die sie in ihren Käfigen abzuleisten haben, sind sie dennoch Hühner geblieben. Ihre Wesensart ist nicht in Mitleidenschaft gezogen worden, so daß sie sich in einer naturgemäßen Haltung genau so verhalten wie ihre edelblütigen Verwandten. Wer also auf eine Nachzucht, auf eine bestimmte rassebedingte äußere Erscheinung oder rassetypische Eigenschaften keinen gesteigerten Wert legt, kann sich durchaus mit den Namenlosen anfreunden. Als »Weißleger« oder »Braunleger« werden sie in komplizierten und geheimgehaltenen Züchtungsverfahren von Zuchtfirmen produziert und von Aufzuchtbetrieben oder über Land fahrenden Geflügelhändlern von Frühjahr bis zum Herbst in immer legereifem Stadium vertrieben.

Weißleger sind hybrid-gezüchtete Leghorn, die auch eine weiße Gefiederfarbe haben und deren Eigenschaften mit denen der leichten Rassen vergleichbar sind. Um den Verbraucherwünschen nach braunschaligen Eiern nachzukommen, sind New Hampshire zu Braunleger-Hybriden weiter gezüchtet worden. Wir haben mit einer durchaus ansehnlichen Züchtung mit braun bis schwarzem Farbenspiel und rebhuhnfarbenem Halsbehang gute Erfahrungen gemacht. Es sind freundliche und friedliche Hühner, ruhig und zutraulich, gute Brüter (falls ihnen Eier von brutunwilligen Rassen untergelegt werden) und fürsorgliche Mütter.

Eines sollte man jedoch bedenken: die hochgezüchteten Leistungen der Legehybriden, die nicht nur die Zahl der Eier, sondern auch die Dauer der Legetätigkeit umfassen, sind ohne erhöhten Kräfteeinsatz nicht zu erreichen. Während gewöhnliche Hühner im jahreszeitlichen Rhythmus (periodische Fruchtbarkeit) 9 bis 10 Monate legen und 2 bis 3 Monate pausieren, ist die Hybride unabhängig vom Jahresverlauf 13 bis 15 Monate rastlos tätig (ganzjährige Fruchtbarkeit). In der anschließenden Mauser, die ohnehin eine körperliche Belastung ist, hängen sie dann mit wenigen Ausnahmen völlig durch und bedürfen einer geradezu aufopfernden Pflege. Der größere Kräfteverschleiß führt ferner dazu, daß die Leistung der zweiten Legeperiode wesentlich stärker abfällt als bei herkömmlichen Hennen oder auch zum Erliegen kommen kann.

Obwohl in der Batterie die Erwartungen durch Verabreichung von Leistungsfutter noch weit höher sind – zur Zeit sind 300 Eier im jährlichen Mittel möglich – gibt es dort keine Probleme. Bevor sie entstehen könnten, werden die Tiere geschlachtet und gelangen als Suppenhühner in den Supermarkt. Das ist in der Regel nach 12 bis 14 Monaten Legefron der Fall, nämlich dann, wenn die nachlassende Legeleistung und der

Übersicht über empfehlenswerte Wirtschaftsrassen

Rassen	Herkunftsland	Legeleistung	Eierfarbe	Fleischnutzung	Brutlust	Besondere Eigenschaften
Australorps	AUS	○	b	+	+	kräftig beweglich friedfertig
Barnevelder	NL	○	b	+	+	kräftig große dkl.braune Eier
Dt. Reichshuhn	D	○	b	+	+	wetterhart (Neuzüchtung)
Sundheimer	D	○	b	+	+	große braune Eier
Wyandotten	USA	○	b	+	+	robust: besonders gegen Kälte (Indianerstamm)
Amrocks	USA	+	b	++	+	vital robust
Lachshuhn	F	+	b	++	+	schnellwüchsig scheu
New Hampshire	USA	+	b	+	–	lebhaft vital aggressiv
Niederrheiner	NL	+	b	+	–	(Blausperber) frohwüchsig
Plymouth Rocks	USA	+	b	+	+	„Felsenhühner" = felsenfeste Gesundheit für rauhe Gegenden
Rhodeländer	USA	+	b	+	+	vital ruhig zutraulich
Sussex	GB	+	b	+	++	zutraulich gute Mütter
Brakel	B	+	w	○	–	kräftig lebhaft robuste Kücken
Dt. Sperber	D	+	w	○	–	vital robust ruhig
Italiener	I	+	w	○	–	anspruchslos wetterfeste Kücken
Leghorn	USA	+	w	○	–	sehr beweglich aggressiv
Ostfries. Möven	D	+	w	○	–	lebhaft zutraulich (ältestes deutsches Landhuhn)
Rammelsholer	D	+	w	○	–	wetterfestes Landhuhn
Rheinländer	D	+	w	○	–	wetterfestes Landhuhn
Vorwerkshuhn	D	+	b	○	–	derb
Hybriden	D	++	w	○	–	„Weißleger"
	D	++	b	+	+	„Braunleger"

Legeleistung	++ ca 250, + 200–230, ○ bis 200 Eier
Eierfarbe	w weiß, b braun
Fleischnutzung	++ 3,5 kg, + 3,0 kg, ○ 2,5 kg
Brutlust	+ vorhanden, – nicht vorhanden

ständig zunehmende Futterverbrauch nicht mehr im wirtschaftlichen Verhältnis zueinander stehen.

Empfehlenswerte Wirtschaftsrassen

Eine tabellarische Übersicht über empfehlenswerte Wirtschaftsrassen (oben) mag die

Wahl je nach persönlichen Verhältnissen erleichtern. Von diesen Rassen können wir erwarten, daß sie dankbare Eierleger sind, uns mit einem guten Braten bzw. einer guten Suppe erfreuen und mehr oder weniger gerne brüten, wenn wir ihnen eine artgerechte Haltung, Fütterung und Pflege angedeihen lassen. Alle sind sie widerstandsfähig und klimahart. Natürlich gibt es hin und wieder auch Stämme, deren rassetypische Eigenarten weniger deutlich in Erscheinung treten. Eine selektive Vermehrung könnte in einem solchen Fall die verborgenen Schätze wieder zutage fördern.

Wesen und Verhalten

Zu unserer Überraschung stellen wir fest, daß Hühner echte Individualisten sind. Abgesehen davon, daß die Wesensart und die Verhaltensweise durch Art und Rasse geprägt sind oder zeitweise durch die Stellung in der Rangordnung beeinflußt oder durch das Alter beeinträchtigt werden können, hat jedes Huhn seine unverwechselbaren Wesenszüge. Temperament und »Charakter« formen neben dem Aussehen ein individuelles Huhn, das nicht nur wir als ein solches erkennen, sondern das auch die Artgenossen wahrnehmen und im Umgang miteinander entsprechend einordnen.

Kaum eine Henne gleicht der anderen

Da gibt es Hühner, die besonders kregel und »auf Draht« sind. Als erste sind sie auf der Weide und haben schon ein Insekt im Schnabel, während andere noch danach spähen. Sie sind immer auf Entdeckungen aus und nutzen jede Gelegenheit, sich Vorteile zu verschaffen; bisweilen heftig und ungestüm. Die Spanne ist groß bis zu denjenigen, die als letzte von der Sitzstange gehen, die Ruhe weg haben und gleichmütig in den Tag leben. Selbst die Eier variieren in feinen Abstufungen ihrer Form, Farbe oder Oberflächenstruktur, so daß man sich ziemlich gut merken kann, welches Ei von welcher Henne stammt.

Im allgemeinen lieben sie alle die Geselligkeit. Aber auch Einzelgängerinnen kommen vor, die gerne für sich sind und ihre eigenen Wege gehen, ohne dabei den Kontakt zur Gemeinschaft zu verlieren oder vielleicht an Respekt einzubüßen. Unverfälschte Opportunisten gehören dazu und solche, die sich nur solange anpassen, wie sie sich in untergeordneter Stellung befinden, um dann, wenn despotische Schwestern in die Suppe kommen, selber die Herrschsucht in vollen Zügen zu genießen.

Es bleibt gar nicht aus, daß wir solchen »starken Persönlichkeiten« auch Namen geben. Um so besser können wir uns mit ihnen vertraut machen und sie einordnen. Es erleichtert das Verständnis, wenn in der Familie von ihnen gesprochen wird, sei es daß »Emma« besonders große Eier legt oder »Frieda« den Schnupfen hat. Auch bleiben besondere Ereignisse in Verbindung mit einer bestimmten Henne nachhaltiger in Erinnerung, wenn sie einen Namen gehabt hat. Für eine treffende Namensfindung dürfte es nicht schwer fallen, insgeheim jemanden zu wissen, dessen besonderer Wesenszug der Art und Weise, wie ein bestimmtes Huhn sich gibt, ähnlich ist.

Launische und streitsüchtige Hühner sind im freien Auslauf eine Ausnahme, zumal wenn ein Hahn dabei ist. Möglich ist es, daß sie im Alter zänkisch werden. In der Regel gehen sie miteinander recht friedlich um, wenn sie sich auch gegenseitig jeden guten Bissen mißgönnen, dessen Fund womöglich nicht verheimlicht werden konnte, und ihn sich einander abzujagen versuchen.

Ein unbefangener Kontakt mit dem Menschen, der durch dessen Zuneigung entsteht, wirkt sich wohltuend auf das Allgemeinbefinden der Hühner aus, also auch mittelbar auf das Eierlegen. Dem Menschen gegenüber sind sie zutraulich bis anhänglich. Sie sehen ihn erwartungsvoll an, bepicken seine Füße und fliegen ihm auf den Schoß, falls es sich so ergibt. Manche bleiben jedoch scheu ihr Leben lang. Aber das hindert sie nicht, mit den anderen herbeizueilen, wenn sie gewöhnt sind, unser Erscheinen mit Futter oder gar einem Leckerbissen in Verbindung zu bringen.

Der Souverän des Hühnerhofes

Mit einem Hahn läßt es sich leichter leben, nicht nur wegen der Sinnesfreuden, die den Hennen natürliche Bedürfnisse sind. Er ist der König. Allein schon durch seine majestätische Erscheinung und sein gewichtiges Auftreten, das durch Krähen und Flügelschlagen nachdrücklich unterstrichen wird, vermag er seinen Hennen zu imponieren. Stolz und würdevoll, jeder Zoll eine Autorität, überblickt er sein Volk und hält es in Frieden zusammen. Freilich sind unter den Hähnen auch mächtige Angeber zu finden. Besonders die buntgefiederten Italiener setzen sich nur allzu gerne mit einem gespreizten Imponiergehabe in Pose. Und es kommen ebenso herrschsüchtige Paschas vor, die sich nur mit ihren Günstlingen umgeben, welche bevorzugt neben ihnen auf der Sitzstange schlafen dürfen.

Gefällt der Henne der Hahn,
gefällt ihr auch der Hühnerhof

Wo kein Hahn ist,
da krähet die Henne

Nur selten aber widerspricht das Gehabe einer ausgeprägten Männlichkeit den Erwartungen, die man gemeiniglich mit ihr verbindet: fürsorglich und liebevoll sind sie ihren Hennen zugetan; führen umsichtig ihr Volk und halten es beim Weidegang zusammen; antworten laut gackernd der Henne, wenn sie nach dem Eierlegen nach der Herde ruft; allgegenwärtig, wachsam und verläßlich warnen sie vor jeder Gefahr aus der Luft und aus dem Hinterhalt; treten beim Fressen zurück und vermelden jeden gefundenen Leckerbissen durch Lockrufe (auch listigerweise, um eine Lieblingshenne um sich zu haben); begrüßen charmant neu hinzugekommene (junge!) Hennen mit tänzelnden und scharrfüßelnden Bewegungen und werden aggressiv, wenn man dem schwachen Geschlecht zu nahe treten sollte. Hybridhähne machen da keine Ausnahme.

Fällt ein Hahn aus, wird es kritisch. Dann versucht es eine ältere Henne, meistens die Glucke, mit der Autorität. Das kann zu dauernden Rivalitäten führen, falls sie nicht auch die notwendige Kraft und Fähigkeit dazu hat. Man sollte daher so bald wie möglich für einen Ersatz sorgen. War der alte Hahn für das Frikassee vorgesehen, wird man den Übergang planmäßig vorbereiten. So kann man, wenn mehrere Hähnchen aufgezogen werden, das beste für einen »fliegenden Wechsel« auswählen, nachdem alle anderen in die Tiefkühltruhe gewandert sind. Wenn er als Veteran, der wegen hervorragender Eigenschaften unersetzlich schien, eines natürlichen Todes gestorben ist, besorgt man sich umgehend einen Nachfolger.

Geschlechtsreif und kräftig muß er sein. Selbst bei einem nahtlosen Übergang kommt es zu einer mehr oder weniger heftigen Kraftprobe mit der »First Lady«. Gar nicht so selten bleibt der Hahn nach lange währenden, erbitterten und blutigen Kämpfen auf der Strecke. Und dann gibt es noch die cleveren Hähne (zumeist diejenigen, die im Volk aufgewachsen sind), die einer Auseinandersetzung möglichst aus dem Wege gehen und sich im Volk langsam »hochlieben«, indem sie zunächst einmal die gutwilligen Hennen umwerben, bis sie auch die rabiaten in den Griff bekommen und schließlich das Sagen haben. Man kann jedenfalls froh sein, wenn der Wechsel ohne großes Aufheben vonstatten geht, wir von einer Tragödie verschont bleiben und die Harmonie im Volk nicht beeinträchtigt wird.

Der soziale Verband und die Hackordnung

Selbst wenn man auf eine Nachzucht keinen Wert legt, darf der Hahn nicht fehlen. Ein naturgegebenes Zusammenleben der Geschlechter ist immer auch ein harmonisches und wirkt sich wohltuend auf das Befinden des Volkes und seines Halters aus. Denn ständige Unruhe und Streitereien, heftige Auseinandersetzungen innerhalb der den Hühnern eigenen Hackordnung, wie sie ohne die vermittelnde und ausgleichende Autorität des Hahnes nur zu leicht möglich sind, lassen auf die Dauer Verdruß und Ärger aufkommen.

Bei Hühnern, die wie alle Geflügelarten Gemeinschaftstiere sind und den Kontakt mit dem Partner oder dessen bloße Anwesenheit brauchen, um sich wohlzufühlen und leistungsfähig zu sein, ist die Bindung an ihre Artgenossen besonders fest. Durch die unterschiedlichen Individuen und ihre jeweilige Befähigung im sozialen Verband entsteht eine klare Rangordnung, die – wenn nötig – durch Hacken aufrecht erhalten wird, um das gemeinschaftlilche Zusammenleben abzusichern. Aber den Respekt muß sich eine Höhergestellte nicht unbedingt durch das Austeilen von Schnabelhieben verschaffen. Allein schon eine imponierende Gestalt, ein großer Kamm, ein fester Blick oder ein sicheres Auftreten nehmen unbedarfte Schwestern wahr und verstehen es zu würdigen.

Die Hackordnung ist also eine natürliche Verhaltensweise, die nur bedenkliche Formen annimmt, wenn Hühner widernatürlich gehalten werden. Beengte Stallverhältnisse, ausschließliche, zudem überbesetzte Stallhaltung, eingeschränkte Ausläufe, womöglich ohne Grün, zu wenige Futterplätze oder kein ausreichender Platz am Futtertrog – kurzum, alles was die Hühner in ihrer artgemäßen Lebensweise einengt und an der freien Bewegung hindert, fördert Herrschsucht, Häme, Langeweile, Futterneid: was Wunder, wenn sie da ausflippen.

Verdrießliches

Kommt es in einer artgerechten Haltung zu unmäßigem Hacken, ist es meistens auf eine gestörte Verhaltensweise zurückzuführen, sei sie passiver oder aktiver Natur. Wir beobachten zum Beispiel, daß mehr oder weniger alle Hühner auf einer Henne willkürlich herumhacken. Deshalb meidet sie, wenn möglich, die Nähe ihrer Artgenossen und ist abends nur schwer in den Stall zu bekommen. Da auch der Hahn sie verschmäht, wird sie höchstwahrscheinlich keine Eier legen. Sie muß nicht unbedingt krank sein, aber irgend etwas ist nicht in Ordnung. Das spüren die anderen und wir sollten sie besonders aufmerksam im Auge behalten. Andererseits kann eine einzelne Henne das ganze Volk durch rabiates Hacken kujonieren, wenn sie einen aggressiven und boshaften Charakter hat oder mit zunehmendem Alter herrschsüchtig und zänkisch wird.

Mit der Zeit wird durch solche Auswüchse der soziale Verband, das harmonische Zusammenleben brüchig. Man sollte daher nicht allzu lange auf eine eventuelle Besserung warten und den Störenfried für eine der nächsten Mahlzeiten vorsehen.

In ähnlich passiver und aktiver Weise wie beim ausartenden Hacken kann es zum Federfressen (Anpicken) kommen. Entweder ist ein Huhn das Opfer oder es treibt ein »Federfresser« sein Unwesen. Die Ursachen für diese Untugend sind noch unbekannt. Aber sicher haben wiederum Langeweile und Streß etwas damit zu tun. Man kann sich so einen Vogel einhandeln, wenn er aus einer Massenaufzucht kommt. Auch hier sollte man den Übeltäter oder diejenige, der man so übel mitspielt, aus dem Verkehr ziehen, bevor es zu regelrechten Kahlstellen im Gefieder oder sogar zu Kannibalismus kommt.

Ein jeder Vogel mausert sich

Nach 9 bis 10 Monaten beflissenen Eierlegens machen die Hühner 2 bis 3 Monate

»Betriebsferien«. Diese Pause steht im ursächlichen Zusammenhang mit dem jährlichen Federwechsel, der sogenannten Mauser. Denn um neue Federn hervorbringen zu können, müssen so enorme Kräfte und Nährstoffe mobilisiert werden, daß die Produktion von Eiern nicht auch noch bewältigt werden kann.

Wenn das Huhn sich mausert vor dem Hahn,
werden wir einen harten Winter han

Abgesehen von einer leichten Mauser im Frühjahr, die gelegentlich bei Junghennen als Hals-Mauser auftritt, mausert das Huhn im jahreszeitlichen Rhythmus im Herbst, wobei sich das Federkleid vollständig erneuert. Gleichzeitig wird eine durchgreifende Regeneration des gesamten Organismus durchlebt. Zeitpunkt, Dauer und Intensität der Mauser sind individuell sehr verschieden. Sie kann bereits im Spätsommer, aber auch erst im Spätherbst auftreten, nur kurz verlaufen, jedoch geradeso Wochen andauern oder kaum merklich in Erscheinung treten, andererseits aber ebenso heftig unter Verlust des größten Teiles des Gefieders beginnen. Gewöhnlich wechseln gute Eierleger relativ kurz ihre Federn, während die säumigen sich sehr viel Zeit lassen. Schwerere Rassen mausern in der Regel rascher durch und legen sich noch einen warmen Federflaum zu: Voraussetzungen, die ihnen helfen, sich als vielgerühmte Winterleger zu profilieren.

Die Mauser ist zwar keine Krankheit, sondern ein natürlicher Vorgang, aber die Tiere sind durch die körperliche Belastung und den verminderten Gefiederschutz mehr oder weniger stark geschwächt, der Witterung ausgesetzt und krankheitsanfällig. Kamm und Kinnlappen schrumpfen und werden blaß; Lebhaftigkeit und Vitalität lassen nach; der Hahn kräht seltener und verspürt keine rechte Lust zum Treten, wie auch andererseits mausernde Hennen kein Verlangen danach haben; vornehmlich die sich verausgabenden Hybriden bieten ein Bild des Jammers, so daß es uns schon arg verdrießlich stimmt.

Um so mehr müssen wir nun auf eine gute Fütterung und Pflege bedacht sein. Eiweiß- und vitaminreiche Kost ist gefragt. Gerste, Leinsamen und Sonnenblumenkerne enthalten Wirkstoffe, welche die Mauser günstig zu beeinflussen vermögen. Wer ein übriges tun will, verfüttert »Geflügelpulver«, ein Spezial-Heilkräuter-Mineralstoff-Konzentrat, das einen schnellen Wechsel des Federkleides fördert und darüber hinaus den Organismus mit den notwendigen Aufbaustoffen versorgt. Bei Wind und Wetter sollten wir die Viecher, die arg viel Federn gelassen haben, im Stall behalten, was ihnen in diesem Fall auch ganz recht ist. Gönnen wir den Geplagten über die akute Phase hinaus eine gute Zeit der Erholung, deren sie dringend bedürfen. Verwöhnen wir sie mit Leckerbissen, einem neu geweißten Stall und besonderer Zuneigung, die sich auch dadurch äußern kann, daß wir sie in den herbstlichen, bereits größtenteils geräumten Gemüsegarten lassen, wo sie, gleichzeitig auch uns zuliebe, möglichen Schädlingen den Garaus machen.

Kranke Hühner sind keine reine Freude

Bei einer naturgemäßen Haltung: freizügiger Auslauf, einwandfreie Stallhygiene und -belüftung sowie ausgewogene Fütterung – kann eigentlich gar kein Huhn krank werden. Dennoch können auch hier Gesundheitsstörungen vorkommen, vor allem wenn wir sie beim Erwerb als Zugabe mitbekommen haben. Zu den Beschwerden, die zu kurieren es sich lohnt, zählen Erkältungen, Innen- und Außenparasiten.

Erkältungen. Für leichte Erkältungen sind besonders Junghennen empfindlich, die im klimatisierten Stall aufgewachsen sind. Ansteckender und zum chronischen Verlauf neigender Schnupfen kann erfolgreich mit einem Nasenöl, Oleum rhinale, behandelt werden. Beim Übergreifen auf die Unteraugenhöhlen kommt es zum sogenannten Eulenkopf, dem ein- oder auch beiderseitigen Anschwellen des Gesichtes. Gegen diese Entzündung hat sich die altbewährte Calendula-Salbe als nützlich erwiesen.

Innenparasiten. Bei der Bekämpfung von Innenparasiten bedarf es der Sorgfalt und Ausdauer, wenn man die »chemische Keule« vermeiden will. Ein vereinzelter und schwacher Wurmbefall hat nicht immer sichtbaren Einfluß auf das Allgemeinbefinden. Aber auch er erfordert dauernde Maßnahmen, um zu verhindern, daß durch eine stärkere Ausbreitung der ganze Bestand befallen und damit die Gesundheit ernstlich gefährdet wird. Eine ständige, sorgfältige Beobachtung des Kotes gibt Aufschluß über den Befallsgrad. Dementsprechend müssen in bestimmten Abständen Wurmkuren durchgeführt werden.

Das biologische Wurmpulver Kamala wirkt gegen Band-, Faden- und Spulwürmer. Durch Stallhygiene (trockene Einstreu) und Auslaufpflege (bei kleinen Flächen Wechselweide) kann die Wiederansiedlung von lästigen Mitessern wesentlich eingeschränkt werden. Hilfreich sind auch Rote Bete und Möhren, während Knoblauch, ein altbewährtes Haustier-Mittel gegen Würmer, eventuell Durchfall verursachen kann.

Außenparasiten. Zu den Außenparasiten zählen Federlinge (Hühnerläuse), Vogelmilben und Flöhe. Diese Federfresser und Blutsauger dürften bei einer einwandfreien Haltungshygiene ebenfalls keine geeigneten Lebensbedingungen finden. Entdecken wir aber bei einer Gefiederkontrolle (bis auf die Haut), zu der uns ständiges Kratzen oder unruhiges Verhalten der Tiere veranlassen sollte, Federlinge oder Flöhe, mangelt es womöglich im Sandbad an Staub, der dem Ungeziefer die Atmungsorgane verstopft. Eine neuerliche Anreicherung mit Holzasche kann Abhilfe schaffen und einen weiteren Befall verhindern. In hartnäckigen, schweren Fällen wird man Spruzit-Pulver, das ein pflanzliches Kontaktgift enthält, in das Gefieder pudern und nach zwei Wochen bei Flöhen, nach drei Wochen bei Federlingen wiederholen.

Vogelmilben schmarotzen nachts und halten sich tagsüber vornehmlich auf der unteren Seite der Sitzstangen oder auch in Ritzen auf. Es gehört zur peniblen Stallhygiene, die Sitzstangen regelmäßig zu kontrollieren und zu säubern. Ein altbewährter Anstrich mit Karbolineum, den wir morgens durchführen und tagsüber in der Sonne abdampfen lassen, wehrt die Blutsauger ab. Es wäre aber höchst seltsam, wenn sich in einem sauber gehaltenen, ausreichend durchsonnten Stall, dessen Wände aus fugenlosen Platten zweimal im Jahr gekalkt werden, wobei alle Ritzen in den Ecken gut verstrichen werden, diese Parasiten überhaupt einnisten sollten.

Bei ernsthafteren Erkrankungen, die in der Regel sehr schwer zu diagnostizieren sind, wird sich die Hinzuziehung eines Tierarztes kaum lohnen. Es sei denn, es werden mehrere Hühner krank, was möglicherweise auf eine Seuche hindeuten würde, die anzeigepflichtig wäre. Wer seine Tiere durch tägliche Beobachtungen kennt, wird bald beurteilen können, ob es sich bei einer Lethargie (Freßunlust, Mattigkeit, teilnamsloses Herumstehen) um ein vorübergehendes Unwohlsein oder, so sie länger anhalten sollte, um eine schwerere Erkrankung handelt. Im letzteren Fall wird man mit dem armen Luder kurzen Prozeß machen müssen, ihm den Hals umdrehen und es begraben. Es ist immer gut, sei es beim Kauf oder sei es bei der Aufzucht, eine »Reserve« einzubeziehen, um den Verlust besser verschmerzen zu können.

Schlachten ist nicht jedermanns Sache

Eine Altvertraute, die vielleicht noch besonders anhänglich ist und die wir ihrer guten Eigenschaften wegen womöglich über die Zeit geschont haben, einfach abzumurksen, geht zweifellos an's Gemüt. Aber bei aller Liebe: einmal muß auch sie daran glauben – ehe sie zäh wie Leder geworden ist, keine Eier mehr legt, möglicherweise zu zanken anfängt, wegen nachlassender Gefiederpflege Ungeziefer bekommt oder gar krankheitsanfällig wird.

Betrachten wir das Thema also möglichst »unpersönlich« und nüchtern. Soll sich die Haltung lohnen, ist es vorteilhaft, wenn wir die Hühner nach ihrer zweiten Legeperiode schlachten, bevor in der dritten die Legetätigkeit unverhältnismäßig stark nachläßt. Ein zweieinhalbjähriges Huhn ist in der Suppe noch ganz gut zu genießen. Daraus ergibt sich eine zweijährige Rotation, die mit einem jährlichen Nachwuchs den Bestand jung, legefreudig, vital und widerstandsfähig erhält.

Für den Schlachttermin wählt man am besten die Zeit der zuende gehenden Legetätigkeit, bevor die Mauser beginnt. Bei der Erneuerung des Gefieders schieben die neuen Federn die alten heraus. Hat die Mauser schon angefangen, stecken in der Haut eine Menge Kiele, die bei der Zubereitung des Schlachtkörpers zu entfernen, recht lästig ist.

Wer nicht das Glück hat, jemanden zu kennen, der ihm das Schlachten mit sicherer und geübter Hand abnimmt, kommt um die Prozedur nicht herum. In der Morgendämmerung, wenn Kropf und Darm so gut wie leer sind, kann man die »Auserwählten« im Stall am besten greifen, ohne allzu große Aufregung zu verursachen, und sie an einen abgelegenen Ort bringen. Nicht nur nach dem Tierschutzgesetz, sondern auch wegen eines sicheren und gediegenen Ablaufs, muß das Tier vor dem Schlachten mit einem gut gezielten Schlag auf den Kopf betäubt (nicht erschlagen!) werden. Wir halten es am besten an den Beinen mit dem Kopf nach unten und warten mit dem Schlag, bis es sich beruhigt hat und den Kopf leicht erhebt. Ohne zu zögern hacken wir sodann, wie es eh und je auf den Höfen üblich war, den Kopf mit einem scharfen Beil auf einem Hackklotz ab und lassen das Huhn in einem bereitgestellten Eimer ausbluten.

Um es nicht noch einmal wiederholen zu müssen: in derselben Weise wird mit Ausnahme von Gänsen und Enten (Seite 93) auch jedes andere Geflügel getötet. Bei schweren Tieren, wie den Puten, muß natürlich noch jemand beim Schlachten helfen.

Rupfen. Solange das Huhn noch warm ist, geht das Rupfen am besten. Später ist ein kurzes Eintauchen (maximal eine Minute) in etwa 60 °C heißes Wasser besser als ein Überbrühen, das Hautverletzungen beim Rupfen begünstigt. Wir rupfen zuerst die großen Flügel- und Schwanzfedern, dann die Federn an der Brust und am Rücken, darauf die Hals- und Beinfedern. Nach abschließenden Feinarbeiten können noch kleine Härchen abgesengt werden. Während die Federn in kleinen Büscheln mit kurzem Ruck in Federrichtung gerupft werden, spannt man mit der anderen Hand die Haut, um ein Einreißen zu verhindern. Die Federn kommen zum Sammelgut für den Kompost.

Ausnehmen. Zum Ausnehmen gehören ein scharfes Messer und Einfühlungsvermögen. Das Huhn liegt auf dem Rücken. Ein vorsichtiger Schnitt oberhalb der Kloake bis zum Brustbein und um sie herum sowie ein zweiter am Halsansatz leiten das Ausweiden ein. Weder Darm noch Kropf dürfen dabei verletzt werden. Dann wird die Hand so tief in den Körper geführt, daß sie sämtliche Innereien umfassen kann, wobei sie zartfühlend vom umliegenden Gewebe gelöst werden. Mit einem Griff kann nun alles miteinander herausgenommen werden. Aber

Das Geschäft des Eierlegens wird am liebsten am zeitigen Vormittag erledigt; in einem kleinen Stall kann auf Verdunkelungs-Klappen verzichtet werden. – Im Gatter legt die Glucke ihren Zöglingen einen Bissen Quark vor, eine eiweißreiche Aufbaunahrung.

nichts darf dabei zerreißen. Luftröhre und Kropf werden durch die obere Öffnung entfernt. Trennen wir noch fein säuberlich die zwar unscheinbare, aber auffallend grün scheinende Galle von der Leber ab und ziehen die innere gelbliche Haut des Magens ab, nachdem wir ihn durch einen Schnitt an der schmalen Seite öffneten, haben wir es geschafft. Der Zubereitung nach allerlei köstlichen Rezepten steht nichts mehr im Wege.

Produkte

Wenden wir uns vom Verdrießlichen wieder Ersprießlichem zu: Den Erzeugnissen. Sie stehen mit den ideellen Werten, wie Freude, Erholung, Entspannung und Liebe zum Tier, auf der erquicklichen Seite der Hühnerhaltung und sind wegen ihrer Ergiebigkeit und des relativ leichten Zugangs für jeden Besitzer eines größeren Gartens kaum mit anderen Tierhaltungen zu vergleichen. Mit wenigen Mitteln und einem verhältnismäßig geringen Futteraufwand, da die Futterausnutzung beachtlich ist, gewinnen wir hochwertige, unverfälschte und leicht verdauliche Lebensmittel: Eier und Fleisch sowie einen nährstoffreichen Dünger für unseren naturgemäß gepflegten Garten.

Täglich frische und unverfälschte Eier ...

Wenn wir erfahren, daß den Toten vorgeschichtlicher Zeit gekochte Eier als Proviant für die Reise ins Jenseits mitgegeben wurden, Eier in den alten Kulturen Chinas, Persiens und Ägyptens als Opfergabe und Orakel Verwendung fanden, als Sinnbild der Fruchtbarkeit, der Auferstehung und als Urgrund der Welt (Weltei) galten, in besonderen Hohlräumen mittelalterlicher Stadtmauern einen Festungszauber ausüben sollten, beim Pflügen ein Ei in die erste Furche gelegt wurde, beim Flachssäen Eier gegessen werden mußten, deren Schalen man auf das Feld warf, und daß das Vieh besonders gut gedieh, wenn der Hirte viele Eier aß – dann ist das, was von der hehren Bedeutung des Eies und den alten Bräuchen heute übriggeblieben ist, vergleichsweise kärglich: das im Verhältnis zur einschlägigen Süßwarenschwemme auch nur noch selten ausgeübte Bemalen von Ostereiern und natürlich der alte, nicht enden wollende Streit, was denn eher da war, das Ei oder die Henne.

Der Rang, den das Ei als Nahrungsmittel einnimmt, ist allerdings beachtlich. Etwa 300 Eier werden von jedem von uns im Jahr verspeist, fast doppelt soviele wie noch vor dreißig Jahren.

Nährwert und Qualität. Der Nährwert ist bemerkenswert. Ein mittelgewichtiges Ei von 58 g enthält in der Regel

– rund 7 g Eiweiß in Eiklar und Dotter, das als biologisch besonders hochwertig gilt, da es sowohl eine optimale Aminosäuren-Kombination als auch einen hohen Anteil an essentiellen Aminosäuren hat, jene unentbehrlichen Eiweiß-Bausteine, die mit der Nahrung aufgenommen werden müssen, weil sie im Stoffwechsel nicht aufgebaut werden können;

– etwa 6 g Fett im Dotter, darunter das fettähnliche Lezithin, das im Eigelb am häufigsten vorkommt und eine wertvolle »Nahrung« für Gehirn und Nerven ist;

– ungefähr 1 g Mineralstoffe und Spurenelemente, wie Kalium, Calcium, Phosphor, Magnesium und Eisen;

– die meisten wichtigen Vitamine und schließlich auch

– ca 270 mg Cholesterin im Dotter, jenen gesundheitlich umstrittenen Stoff, von dem

Majestätisch blickt der rebhuhnfarbige Italiener. – Man kann es kaum fassen. soeben wurde der erste Regenwurm verspeist. – Die Hühnerleiter gehört zum Milieu, und wenn sie noch so kurz ist. – Bei gutem Futter wachsen bald die Flügel.

uns die Ernährungs-Physiologen nur 300 mg je Tag zugestehen wollen.
Für den Nährwert sind jedoch nicht allein die Menge der Nährstoffe ausschlaggebend, sondern vor allen Dingen die Qualität. Da kommt es auf die vollwertige Zusammensetzung des Eiweißes und ausgereifte Entwicklungsprozesse ebenso an wie darauf, daß Mineralstoffe, Spurenelemente und Vitamine nur vorhanden sein können, wenn sie mit dem Futter aufgenommen worden sind. Und auch hier ist es für die Qualität – so meinen wir – nicht ohne Belang, ob sie in natürlicher Beschaffenheit gefressen oder dem Futter als chemische Erzeugnisse zugesetzt wurden. Wiederum sind Haltung und Fütterung von wesentlicher Bedeutung. So finden wir in einer artgerechten Hühnerhaltung mit einer vielfältigen und naturgemäß gepflegten Weide sowie natürlichen, fremdstofffreien Futtermitteln mit ausgereiften Nährstoffen die besten Voraussetzungen für eine vorzügliche Eiqualität.

Geschmack. Der Geschmack, eines der Qualitätsmerkmale des Eies, wird durch Fütterung und Lagerung sehr leicht beeinflußt. Man muß kein Feinschmecker sein, um den penetranten Geschmack wahrzunehmen, wenn fisch- oder rapshaltige Futtermittel, womöglich traniges Fischmehl, verfüttert werden. Selbst wenn das Ei im Nest liegt, kann sich der Geschmack noch durch das Einwirken aromatischer Stoffe verändern, wobei unmittelbar nach dem Legen, während der Abkühlungsphase, die Gefährdung am größten ist. Wir werden daher ei-

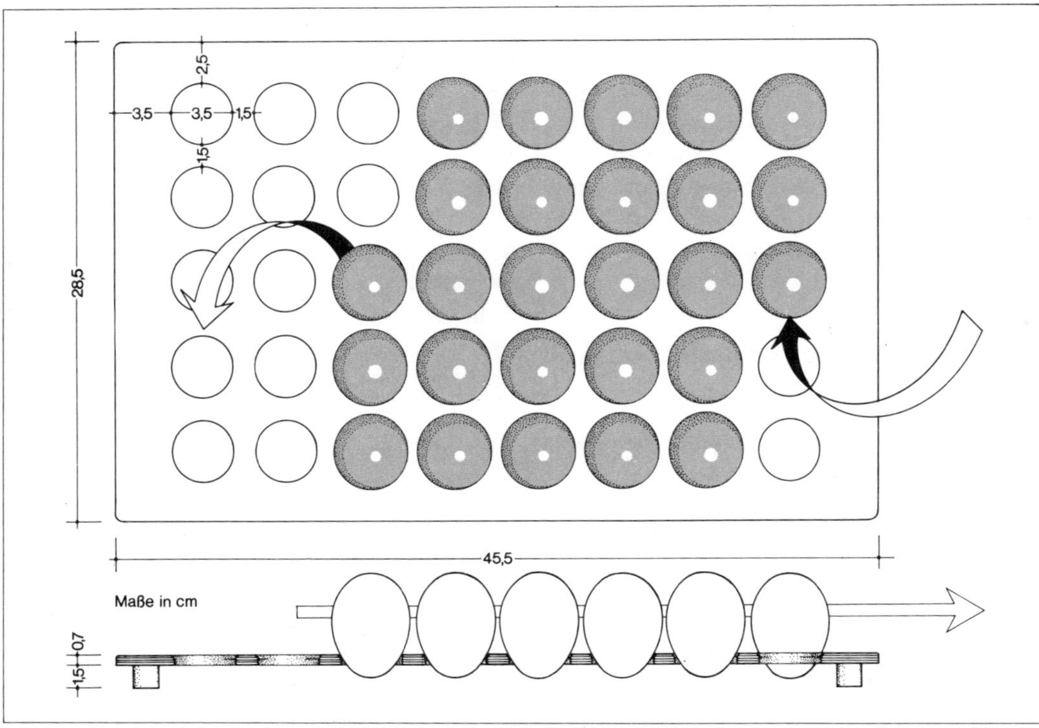

Ein Eierbrett aus Sperrholz, auf dem die Eier nach rechts zugelegt und von links weggenommen werden, vermeidet durch die zwangsläufige Folge das Liegenbleiben alter Eier, es ist leicht herzustellen und ist gefälliger und reinlicher als die üblichen Behälter aus Pappe.

nen muffigen Stall und eine Aufbewahrung der Eier neben Zwiebeln, Fischen oder dergleichen tunlichst vermeiden. Andererseits könnten wir durch das Verfüttern bestimmter aromatischer Kräuter entsprechende Geschmacksrichtungen kreieren; gehören sie artenreich zum Bestand der Weide, werden sie in harmonischer Abstimmung zum Wohlgeschmack beitragen.

Frische. Über den Frischegrad brauchen wir uns im Gegensatz zu denen, die ihre Eier kaufen müssen, keine Gedanken zu machen. Eier brauchen 3–6 Tage, um ihr volles Aroma als Frühstücksei zu entfalten. Auch einige Tage danach können sie noch als frisch gelten. Höchstens 8–10 Tage bleiben sie auf unserem altertümlichen Eierbrett, das sie, auf die Spitze gestellt und älter werdend, durchwandern, indem wir jeweils nach der einen Seite die neugelegten »anbauen« und von der anderen diejenigen wegnehmen, die wir verbrauchen wollen. Länger als 3 Wochen sollten wir keine Eier aufbewahren, auch wenn die Lagerverhältnisse nichts zu wünschen übrig lassen (kühl, luftig und nicht zu trocken). Wenn zur Zeit der »Hochkonjunktur« das Eierbrett überzulaufen droht, können wir so manchem lieben Mitmenschen eine Freude machen oder einen Vorrat anlegen, um während der Legepause keinen Ersatz in Kauf nehmen zu müssen.

Eier für die eierlose Zeit. Die eierlose Zeit läßt sich je nach Haltung auf mindestens dreifache Art und Weise überbrücken:

1. Werden Rassehühner gehalten, kommt für angesammelte Eier die Tiefkühltruhe infrage: Entweder Eiklar und Dotter zu einer Masse verrühren und je nach Verwendungszweck 5% Zucker bzw. 2% Salz hinzugeben oder Eiklar und Dotter getrennt einfrieren und nur dem letzteren Zucker bzw. Salz zusetzen, da es sich sonst verändern würde;

2. zusätzlich Hybriden halten (möglicherweise sind sie sowieso als Bruthennen da), die im legereifen Stadium so angeschafft werden, daß sie die Legepausen der Rassehühner überbrücken können;

3. wenn nur Hybriden gehalten werden, ist es insofern einfach, als die Hennen zu jeder Zeit im legereifen Stadium zu erhalten sind: sie haben zwar noch nicht gelegt, müssen aber innerhalb der nächsten 14 Tage nach dem Erwerb zu legen beginnen; kauft man Hybriden im Abstand von 3 bis 4 Monaten, verschiebt sich dementsprechend die Mauser.

Eine Kostenrechnung. Letztendlich ist zu fragen: was kostet das Ei den Selbstversorger? An und für sich gar nichts, denn der gesamte Aufwand für die Erzeugung eines Eies wird schon allein durch seinen unverfälschten Genuß und die Freude an der Sache wettgemacht. Auch die Baukosten für den Stall betrachten wir zunächst als unumgängliche Investition, ohne die wir uns unserer Leidenschaft gar nicht hingeben könnten (die sich aber auch eines Tages amortisiert). Ebenso werden die täglichen Arbeitsaufwendungen im erklecklichen Maße durch die ideellen Werte aufgewogen. Übrig bleiben also die Futterkosten als effektive Unkosten.

Wir gehen davon aus, daß wir Rassehühner halten, deren jedes im Mittel der Jahre 225 Eier legt. Dabei ist berücksichtigt, daß die Leistung in der zweiten Legeperiode um mindestens 10% abfällt, was jedoch durch zunehmend größere Eier in der Eimasse ausgeglichen wird. Wenigstens zwei Drittel sollten in den oberen Gewichtsklassen 1–3 (60 bis über 70 g) eingestuft werden können, der Rest in der Klasse 4 (55–60 g). Nur den Junghennen gestehen wir leichtere Eier zu. Bei DM 36,40 Futterkosten je Huhn und Jahr (Seite 31) kostet uns das Ei also, egal wie schwer es ist, 16 Pfennige. Weniger begabte Legerinnen produzieren teuere, Hybriden dagegen billigere Eier.

Im Vergleich dazu kosten die Eier im Handel aus ausgewiesener Freiland-Haltung, bei der jedes Huhn zwar mindestens 10 m^2 Auslauffläche haben muß, aber nichts über die Fütterung gesagt wird, mehr als das Doppelte. Auf dem Wochenmarkt verlangt man, oft ohne Angabe der Haltung, in den

Klassen 1–4 immerhin 25–28 Pfennige, etwas mehr als im Supermarkt, womöglich weil Nostalgie und Flair des Marktes bäuerliche Hühneridylle suggerieren. Immerhin sollte man wenigstens Frische unterstellen können. Schon in der »guten alten Zeit« gab es gewiefte Leute, die sich beim Großhändler Kisteneier aus Italien oder Galizien holten und sie als »frische Landeier« an städtischen Markttagen verkauften. Jedenfalls darf man immer skeptisch sein, denn auf den Eierkartons steht nur das Verpackungsdatum und die Packstelle. Deshalb ist der Eierkauf im Laden oder auf dem Markt Vertrauenssache.

... ab und zu schmackhafte Suppenhühner und Brathähnchen ...

Hühnerfleisch ist leicht verdaulich und schmackhaft. Es gehört zu den hellen Fleischarten, die bekömmlicher sind als die dunklen. Wegen seiner diätetischen Wirkung zählt es zur bevorzugten Krankenkost. Sein hoher Nährwert beruht auf einem günstigen Eiweiß-Kalorien-Verhältnis (17 : 100; Schweinefleisch 15 : 320) und dem reichen Anteil an Mineralstoffen, vor allem Eisen, Phosphor, Kalium und Kupfer, sowie Vitaminen.

Wenn die Henne im Topf ist, hatts mit dem Eierlegen ein Ende

Freilich wird unser Suppenhuhn eine kräftigere Brühe abgeben als das Batteriehuhn aus dem Supermarkt. Über die Qualitätsunterschiede dürfte es wohl keinen Zweifel geben, denn die Zusammensetzung des Futters bei den Käfighennen ist in erster Linie auf eine hohe Eierproduktion ausgerichtet und die körperliche Verfassung wird nur soweit berücksichtigt, als Rekordleistungen erreicht und eine Legeperiode durchgehalten werden können. Gegenüber dem leichten Suppenhuhn vom Großmarkt wiegt unser »Paradiesvogel« mit Hals und Innereien etwa 2,5 kg, wenn er 3,0 kg Lebendgewicht hatte. Bei einem Fleischanteil von etwa 2 kg wird sich unsere vierköpfige Familie nicht nur auf die vielgepriesene Hühnersuppe, sondern noch auf ein weiteres Gericht freuen können.

1975 wurden 350 Millionen Hähnchen im mittleren Gewicht von 1 kg vertilgt (heute werden es noch weit mehr sein. Das sind fast 70% des gesamten Schlachtgeflügels, alleine 83% von der Spezies Huhn, und rund 6 Gökkel pro Kopf der Bevölkerung (s. Anhang). In dieser enormen Vogelschar dürften die wenigen von Selbstversorgern aufgezogenen Hähnchen schier untergehen.

Wenn aus 12 Bruteiern gesunde Küken schlüpfen, deren Geschlechter zu gleichen Teilen vertreten sind, können wir 6 Hähnchen aufziehen. Da wird es womöglich schon etwas eng in unserem für maximal 12 Hühner ausgelegten Stall. Aber die Zeit ist kurz, in der sie den vollen Platz beanspruchen. Wenn wir uns allerdings bei einer reinen Hybrid-Haltung eine größere Anzahl im Kükenalter zulegen, müssen wir neben dem Stall eine einfache, niedere Unterkunft vorsehen, die im Winter auch als Unterschlupf für schneereiche Tage genutzt werden kann.

Von einer ausgesprochenen Mästung mit speziellem Mastfutter kann wohl in einer artgerechten Haltung keine Rede sein.

Twe Hä̈on up en Mess (Mist),
twe Furrlüd up en Waog'n
twe Mudders in en Hus,
de könn sick nich verdraogn.

Zween Hanan auff einem Mist
vnd zween Narren in eim Hauss
die jagen einander gemeiniglich auss

Den Tieren und uns zuliebe halten wir die Hähnchen solange, bis mit der Geschlechtsreife die Hahnenkämpfe beginnen. Das sind etwa 22 Wochen, in denen sie freizügig sowie bei bestem Wohlbefinden ihr kurzes Leben genießen können und uns am Ende mit einem mindestens vierpfündigen leckeren Braten erfreuen. Sie erhalten das gleiche Futter wie alle anderen auch. Nur sollten wir es ihnen in den letzten Wochen, in denen sie einen gesunden Appetit entwickeln, immer reichlich zur Verfügung stellen. Solche Hähnchen, denen wir eine vollfleischige, ausgereifte Qualität und einen kernigen, unvergleichlichen Geschmack verdanken, sind eine Rarität. Wir werden sie, außer bei gleichgesinnten Haltern, nur noch in Frankreich antreffen, wo der Verbraucher offensichtlich anspruchsvoller ist.

... und ein hochkarätiger Dünger

Es ist kaum zu bezahlen, was uns unsere Hühner jeden Morgen auf dem Kotbrett hinterlassen und auf dem Hühnerhof eingesammelt werden kann: je Huhn etwa 75 g wertvoller Mist, das sind rund 55 Pfund je Huhn und 6 Zentner bei 11 Tieren im Jahr. Der Dünger enthält 1,6% Stickstoff, 1,5% Phosphor, 0,85% Kalium und 2,4% Calcium und kann in vielfältiger Weise Verwendung finden.

Spezial-Kompost. Wir können den Kot zu einem Spezial-Kompost für starkzehrende Pflanzen aufsetzen. Dabei muß er mit mindestens gleichen Gewichtsteilen pflanzlichen Materials (am besten Brennesseln) gepuffert werden, sonst kommt die Rotte wegen der Mastigkeit des reinen Hühnermistes (Mangel an organischer Substanz) nicht in Gang. Das Hinzufügen von Reifekompost und/oder Basaltmehl fördert die Rotte und die Güte des Kompostes (Allgemeine Regeln zur Bereitung eines guten Kompostes s. Seite 117).

Flüssigdünger. Ein konzentrierter Flüssigdünger entsteht für die ganze Vegetationsperiode, wenn dem Mist Brennesseljauche zugesetzt und für die jeweils verschiedenen Ansprüche entsprechend verdünnt wird. Sein hoher Anteil an leicht flüchtigem Stickstoff bleibt aber nur erhalten, wenn noch Tonmehl (Bentonit) hinzugefügt wird.

Kompostieren. Wenn wir den Mist auf dem Kompost-Sammelplatz mit dem übrigen Sammelgut zusammen lagern, wird er im Herbst beim Aufsetzen des neuen Komposthaufens für die Versorgung der Gemüsebeete zu einem nicht zu unterschätzenden Bestandteil des Ausgangsmaterials. Eine ausschließliche Lagerung von Hühnermist ohne das oben erwähnte »Puffermaterial« führt zu Stickstoffverlusten und Fäulnis.

Guano. Wer »Guano« haben möchte und die Mühe nicht scheut, den Mist zu trocknen und anschließend zu zerkleinern, hat einen leicht auszubringenden Vorratsdünger mit hohem Düngewert: 4,5% Stickstoff, 4,5% Phosphor, 2,3% Kali und 2,4% Kalk.

Die empfindliche Pute

Gehören Hühner zu den uns von Kindheit an vielfach vertrauten bäuerlichen Tieren, sei es durch Bilderbücher, Märchen, Lieder, Gemälde, den Kirchturmhahn, durch Zitate, Redensarten und die Umgangssprache, ihr Selbstverständnis auf dem Bauernhof, oder wenigstens durch ihre alltäglichen Erzeugnisse, sind uns Truthühner durch Mitteilungen, Darstellungen oder eigenes Anschauen kaum bekannt. Allenfalls haben wir sie schon einmal mit Genuß verspeist.

Des ungewöhnlichen Vogels kurze Beschreibung

Wer ihn zum erstenmal erlebt, ist von seinem Aussehen überrascht und fühlt sich nicht gerade zu ihm hingezogen: ein exotisch anmutender Vogel, dessen eindrucksvolle und eigenartige Rassenmerkmale beim Hahn viel deutlicher ausgeprägt sind als bei der Henne. Ist er an sich schon ein Schwergewichtler unter den Hühnervögeln, kommt durch die aufrechte Haltung des langgestreckten Rumpfes die massige Brust noch besonders zur Geltung, und breitet der Muskelprotz, erregt oder prahlend, den langen Schwanz fächerartig aus, dann bedürfte es gar nicht einmal mehr der kollernden Laute, die er hin und wieder lauthals hören läßt, um uns zu imponieren.

Vor allem aber fällt die eigentümliche Kopf- und Halspartie auf. Die nackte Kopfhaut hat eine blaue Farbe und ist dicht mit roten Fleischwarzen besetzt. Am Stirnansatz befindet sich über dem kräftigen Schnabel ein Fleischzapfen, der 10 und mehr Zentimeter lang herabhängt, wenn der Puter erregt ist. Der obere Teil des mittellangen Halses ist mit warziger Haut bedeckt, die gewöhnlich blau aussieht, bei Erregung aber wegen einer starken Durchblutung zunehmen rot wird (wie ja auch so mancher Choleriker einen roten Kopf bekommt). Unterhalb des Schnabels beginnt eine lose Haut, die kehlwammenartig bis zum Mittelhals herabhängt. Damit nicht genug, sprießt an der Brust ein schwarzes, roßhaarähnliches Büschel aus Fadenfedern hervor, das mit zunehmendem Alter des Tieres länger wird, da es bei der Mauser nicht abgeworfen wird.

Das weibliche Geschlecht gibt sich dagegen (wie im Tierreich üblich) weniger prunksüchtig. Alles ist bei der Pute wesentlich schlichter: Größe, Körpermasse, Fleischzapfen, Halspartie. Das Brusthaarbüschel findet sich erst bei älteren Tieren. Aber auf dem Kopf ist sie, wenn auch spärlich, befiedert.

Die Wesensart erschließt sich uns nicht ohne weiteres

Scheu begegnen sie dem Fremden, mißtrauisch gegen alles und jedes. Werden sie erschreckt, laufen sie kopflos davon, eine Reaktion, die noch immer dem Fluchtverhalten ihrer Vorfahren in den weiten Steppengebieten entspricht.

Wer sich aber mit diesen urigen Vögeln näher befaßt und es gut mit ihnen meint, wird sie als ruhige, etwas empfindsame, aber auch wachsame und sehr neugierige Tiere kennenlernen, die so anhänglich werden können, daß man sich vor ihnen kaum retten kann. In ihrer Prägungsbereitschaft auf die Bezugsperson stehen die bis zu drei Tage alten Küken den Gösseln, deren Prägungsvermögen Konrad Lorenz so anschaulich dargestellt hat, in nichts nach.

Da gab es eine kleine »Cornelia«, deren rührende Anhänglichkeit ihr unglückseligerweise zum Verhängnis wurde. Von einigen (kurz nach dem Kriege) geschenkten Küken war sie als einzige übriggeblieben und hatte sich mithin dem Menschen angeschlossen, ihm auf Schritt und Tritt folgend. Da geschah es, daß er sie, von einer Leiter steigend, an deren Fuß sie auf ihn gewartet hatte, tot trat. Mit ihr wurde auch jegliche Hoffnung auf einen willkommenen Braten begraben.

Ohne Ausnahme sind sie hervorragende Brüter und beispielhaft fürsorgliche Mütter, die man sogar als Zieh- und Pflegemütter verwenden kann. Hervorzuheben ist auch ihre robuste und wetterfeste Natur, derer sie sich allerdings erst erfreuen können, wenn sie mit 10 bis 12 Wochen voll befiedert sind. Bis dahin sind sie außerordentlich empfindsam gegen Nässe, Kälte und Hitze sowie gegen den Erreger der Schwarzkopfkrankheit: allesamt tödliche Gefahren. Auch gegen eine Reihe anderer, typischer Putenkrankheiten besteht – gleichermaßen bei erwachsenen Tieren – eine immer wache Empfindlichkeit, die freilich um so geringer ist, je art- und naturgemäßer Truthühner gehalten werden.

Der Nutzen ist respektabel

Wer Puten hält, ohne daß er einen besonderen Gefallen an ihnen findet, gerät leicht in den Verdacht, eher Fleischliebhaber als Tierfreund zu sein. Tatsächlich ist der Fleischertrag beachtlich, der zudem wegen einer ausgezeichneten Futterverwertung hoch zu Buche schlägt. Allein schon an einem Schenkel eines mittelschweren Puters, der ohne Knochen gut anderthalb Pfund wiegt, können sich zwei Personen laben. Diesen opulenten Genuß sollte sich aber nur der Selbstversorger leisten, der seinen Tieren einen weiten Auslauf gewähren kann. Nicht von ungefähr deuten die gewichtigen Schenkel darauf hin, daß Truthühner als echte »Wandervögel« gern auf freiem Fuß leben mögen.

Ein ›turkey‹ aus Übersee

Puten stammen nicht wie die meisten unserer Haustiere aus den europanahen asiatischen und afrikanischen Gebieten, wo sie in den alten persischen, ägyptischen, aber auch chinesischen und indischen Kulturen domestiziert wurden und allmählich nach Europa einwanderten, sondern ausnahmsweise aus dem fernen Mittelamerika. Das englische Wort »turkey« für Truthühner, das auch in der Zoologie für wildlebende Spezies angewendet wird, ist im Sinne von »weit hergebrachtes Huhn« zu verstehen. Bereits in vorgeschichtlicher Zeit hielten sich die indianischen Ureinwohner Mexikos, die Azteken, Truthühner als Hausgeflügel. Sie verzehrten nicht nur ihr Fleisch, sondern verarbeiteten auch die Knochen zu Werkzeugen und fertigten aus den Federn Schmuck und Bekleidung an.

Aber erst nachdem Kolumbus 1492 Amerika entdeckt hatte, und bald darauf die Spanier das Aztekenreich zerstörten und seine Kulturen schändeten, konnten die schmackhaften Vögel mit dem »hängenden Kinn«, die dort in großen Herden gehalten wurden, in Europa angesiedelt werden. 1520 nahmen heimwärts segelnde Spanier die ersten »indischen Hühner« mit, die so genannt wurden, weil man noch immer glaubte, daß Kolumbus in Westindien gelandet war. Vier Jahre später kamen sie nach England, wo sie dann 1585 zum Weihnachtsbraten gekürt wurden, der seit dieser Zeit zu den festverwurzelten britischen Traditionen gehört und die englische Küche ungemein belebt. Die Deutschen kosteten den Truthahn um 1533 zum erstenmal. Aber im Gegensatz zu England und Frankreich, wo die Putenzucht seit Jahrhunderten im großen betrieben wurde, ist sie in Deutschland belanglos geblieben. Übrigens nannte man den fremden Vogel bei uns einfach nach den Rufen »put-put« oder »trut-trut«, mit denen sie angelockt wurden, so gelegentlich auch »Trute«.

Wilde Truthühner gibt es heute noch mehr als genug in Mexiko und in den Vereinigten Staaten von Amerika, vornehmlich im Süden. Sie leben vorwiegend in lichten Laubwäldern, aber auch in offenen Prärien oder auf 2000 m hohem Grasland und ernähren sich von Früchten, Samen und Insekten, die sie auf der Erde finden. Zum Schlafen bäumen sie jedoch auf. Auch die gegen Kälte und Nässe empfindlichen Küken übernachten, im Alter von 14 Tagen bereits flugfähig, auf den Bäumen, wo sie unter den Flügeln der Glucke besser aufgehoben sind, als auf dem feuchtkühlen Waldboden. Hähne und Hennen legen – abgesehen von der Paarungszeit – in getrennten Gruppen, die gelegentlich 100 Tiere umfassen können, weite Strecken zurück. Nicht selten mischen sie sich, von der Wanderung ermattet, in der Nähe von Farmen unter den Hühnerstand. Das Gewicht in Freiheit lebender Puten hält sich naturgemäß in Grenzen. Ein 11 kg schwerer Hahn gilt schon als kapitale Jagdtrophäe.

Die geräumige Unterkunft

Infolge der angezüchteten Leibesfülle sind unsere als Haustiere gehaltenen Puten schwerfälliger geworden als die in Freiheit lebenden Verwandten. Wegen der Beschwernis verspüren sie nur noch wenig Neigung, zum Schlafen auf die Bäume zu fliegen und lassen es mit dem »Aufbaumen« auf die niedrigen Sitzstangen genug sein. Da sie aber ausgesprochene Freiluftfanatiker sind, muß man ihnen schon gelegentlich nachdrücklich zureden, bei Einbruch der Nacht den schützenden Stall aufzusuchen, in den die Hühner ja von alleine gehen.

An die Anlage, Ausführung und Inneneinrichtung ihrer Unterkunft stellen sie jedoch die gleichen Ansprüche wie die Hühner, nur daß alles, ihrer Größe entsprechend, geräumiger sein muß und auf eine Wärmedämmung verzichtet werden kann.

Ein einfachwandiger Stall genügt, wenn man althergebrachte Schläge hält, die nur zur Fortpflanzung Eier legen und damit erst im Frühjahr beginnen. Bei auf Legeleistung gezüchteten Hennen würde die Gefahr bestehen, daß die bereits im Winter gelegten Eier erfrieren. Die Pute selbst ist winterhart, gegen Frost unempfindlich.

Platzbedarf. Die Platzbedarf beträgt je nach Farbschlag (s. Seite 65) 0,75–1,00 m^2 je Tier.

Sitzstangen. Die Sitzstangen aus 10 cm Rundhölzern oder oben abgerundeten Kantenhölzern von 6 × 10 cm sollten mindestens 1.00 m über dem Boden angebracht werden, dabei genügt ein Abstand zum Kotbrett von 20 cm. Für den Platz auf den Stangen, die 60 cm voneinander und 50 cm von der Rückwand entfernt sein müssen, sehen wir 40 cm für jedes Tier vor. Während bei der Berechnung der Stallgrundfläche der Nachwuchs, der für die Tiefkühltruhe vorgesehen ist, vernachlässigt werden kann, muß der Platzbedarf auf den Sitzstangen für die schnell

Blaue Puten, die zu den leichten Farbschlägen zählen, sieht man verhältnismäßig selten, da sie mehr von Liebhabern gehalten werden, während die bronzefarbenen und weißen wegen ihrer hohen Fleischerträge zum weiter verbreiteten Wirtschaftsgeflügel gehören; aus dem weißen Farbschlag werden Hybriden gezüchtet.

heranwachsenden Jungtiere voll berücksichtigt werden. Nach dem Schlachtfest können dann die Stangen bis auf diejenigen herausgenommen werden, die von den überwinternden Stammtieren besetzt werden.

Nest. Ein 50 × 60 cm großes Legenest reicht für jeweils drei Hennen aus und kann nach oben offen bleiben. Das Brutnest sollte 80 × 80 cm groß sein.

Schlupfloch. Das Schlupfloch mißt 40 × 50 cm. Man könnte es aber während der relativ kurzen Legezeit mit der schlupfbreit geöffneten Tür bewenden lassen, die dann nach Süden liegen sollte. Dabei muß man aber darauf achten, daß Zugluft vermieden wird.

Sandbad. Das Sandbad sollte unbedingt überdacht und etwa 0,75 × 1,50 m groß sein. Werden mehr als fünf Puten gehalten, ist es ratsam, zwei Sandbäder anzulegen.

Puten brauchen einen weiten Auslauf

In engen Ausläufen kümmern sie, die ursprünglich weite Steppen bewohnten, an Leib und Seele. Am liebsten hätten sie es freilich, wenn sie sich uneingeschränkt bewegen könnten. So wäre es sinnvoll und ihrer Lebensweise angemessen, sie dort zu halten, wo Waldungen, verlassene Wiesen oder Ödland an den Standort grenzen. Zu der Tiere und des Halters beiderseitigem Vergnügen würden sie auf diese Art auch einen beträchtlichen Teil des ihnen am besten zusagenden Futters finden.

Perlhühner sind ein interessantes Geflügel: sie erfreuen uns nicht nur durch ihr reizvolles Gefieder, sondern vor allem wegen des delikaten Fleisches und der nicht minder wohlschmeckenden Eier; ihre schrillen Schreie werden jedoch als weniger angenehm empfunden, weshalb man sie eigentlich nur auf entlegenen Höfen halten kann.

Wo aber der über alles geliebten Freiheit Grenzen gezogen werden müssen, sollten wir jeder ausgewachsenen Pute mindestens 30 m^2 und jeder Jungpute wenigstens 20 m^2 Weidefläche zugestehen. Ein Elternpaar mit maximal 15 Nachkommen müßte dann zu seinem Wohlbefinden nahezu 400 m^2 nahrhafte und gut gepflegte Weide für seinen Lebensbereich haben.

Diese Größenverhältnise sind auch schon erforderlich, um die Weide in einem guten Zustand zu erhalten. Wohl scharen Truthühner nicht, jedoch können sie mit ihrem kräftigen Schnabel die Grasnarbe verletzen, wenn der Bewuchs niedriger als etwa 7 cm hoch ist. Bei nassem Wetter besteht die Gefahr, daß das Gras durch die schweren Tiere niedergetreten wird und die Narbe leidet. Sollten wir uns nicht eines großzügigen Geländes erfreuen, auf dem solche Beeinträchtigungen von vorneherein ausgeschlossen sind, müssen wir uns mit einer Portions- oder Wechselweide behelfen. Da sie aber die Bewegungslust der Tiere noch weiter zügeln würde, dürfte es wohl besser sein, entsprechend weniger Eier ausbrüten zu lassen und um einer artgerechten Haltungsweise willen auf den einen oder anderen Braten zu verzichten.

Geradezu unerläßlich sind schattenspendende Büsche und Bäume. Die Jungputen sind nicht nur gegen Hitze, sondern auch gegen grelle Sonnenstrahlen empfindlich. Wären es Apfelbäume, die den Küken Schutz bieten und uns die Obsthorden füllen, bräuchten wir uns nach den Falläpfeln nicht zu bücken, denn für Truthühner sind sie eine willkommene, vitaminreiche Kost, wenn mit dem ausklingenden Sommer auch die Ergiebigkeit der Weide nachläßt.

Hege und Pflege

Erwachsenen Puten lassen wir dieselbe sorgfältige Pflege angedeihen wie den Hühnern. Einer besonderen Obhut bedarf es nicht, weil sie im allgemeinen eine robuste und wetterfeste Natur haben. Da ihnen keine Kämme erfrieren können, wird das Vergnügen, an der frischen Luft zu sein, selbst bei strengem Frost nicht getrübt. Auch die tägliche Kost unterscheidet sich nicht von derjenigen, welche die Hühner mögen, nur daß die Puten natürlich mehr fressen. An Körnern geben wir ihnen täglich 100 bis 150 g, je nachdem wieviel absolutes Futter sie im Auslauf finden können.

Die Aufzucht ist etwas schwieriger

Höchst mühsam wäre sie, wenn jemand auf den Gedanken käme, seine Putenhaltung mit gekauften Eintagsküken aufzubauen. Versucht er es aber, so sei's dem Himmel gedankt, wenn er sie mit Müh und Not durchbringt. Vor allem in der ersten Woche haben sie einen überaus hohen Bedarf an Wärme, Luft und Licht. Die anfängliche Temperatur von 37 °C (in Tierhöhe) darf nur wöchentlich um 3 °C reduziert werden, bis die Küken von der 8. Woche an nicht mehr temperaturempfindlich sind. Solange sie noch nicht ihr volles Gefieder haben, sind sie ständig gefährdet. Alleweil auf dem Sprung zu sein, um Putenküken, die obendrein noch furchtbar ungeschickt sind, vor Kälte, Regen, Hitze, Zugluft und Gefahren zu schützen und besonders zu warten, ist fast so aufregend, wie einen Sack Flöhe zu hüten.

Mit einer Glucke werden natürlich Risiken und Kümmernisse beträchtlich vermindert. Aber einer besonderen Umsicht bedarf es auch hier. Neben dem Hahn sollten mindestens zwei Hennen als Stammtiere gehalten werden, um während der befristeten Lagerzeit 14 bis 16 brutfähige Eier sammeln zu können. Während des 28tägigen Brütens muß man dafür sorgen, daß die Glucke täglich vom Nest geht. Eine brütende Pute setzt sich gerne fest (vornehmlich dann, wenn sie das bereitgestellte Futter vom Nest aus bequem erreichen kann). Damit die Eier täglich einmal abkühlen können und das Gelege nicht durch den Kot der Glucke verschmutzt, wird so eine »Aussitzerin« notfalls vom Nest gehoben, zum Futter gebracht und nach 20 bis 30 Minuten, in denen sie auch hinreichend koten kann, wieder behutsam auf die inzwischen gewendeten und besprühten Eier gesetzt.

Da Truthühner bereits im März zu legen beginnen, ist das Wetter, wie wir es in den ersten Frühlingstagen gewohnt sind, den Küken nicht gerade freundlich gesinnt, wenn sie geschlüpft sind. Auch mangelt es noch an Grünfutter. Also müssen wir gehörig auf der Hut sein, wenn die Familie die ersten Ausflüge zu unternehmen gedenkt, und uns rechtzeitig um ihr Wohlergehen kümmern.

Fütterung der Küken. Auch die Fütterung der Küken verlangt mehr Aufmerksamkeit. Da sie schneller wachsen als Hühnerküken, brauchen sie etwa ab dem 5. Lebenstag eine eiweiß- und vitaminreiche Nahrung. Wer keine Mehlwürmer mit Kleie oder Regenwürmer mit Haferflocken und Kaffeesatz züchten oder laufend Ameisen-Larven und Regenwürmer ausgraben mag, wird den erhöhten Eiweißbedarf mit Trockenmilchpulver decken müssen und überdies das geschrotete Mischfutter mit Magermilch zu einem feuchtkrümeligen Brei vermengen, der ohnehin lieber aufgenommen wird als trockenes Futter. Reichlich feingewiegte Brennnesseln und Löwenzahnblätter liefern die Vitamine.

Früher legte man der Glucke am 6. und 7. Bruttag noch einige Hühnereier unter, um nach dem gemeinsamen Schlupf die etwas unbeholfenen Putenküken durch die lebhafteren Hühnerküken zum Fressen anzuregen, denn die an sich sehr zärtlichen und sorgsamen Mütter sind mitunter etwas ungeschickt. Heute sollte jegliche Berührung zwischen Puten und Hühnern unter allen Umständen vermieden werden, denn für die Puten verläuft sie in den allermeisten Fällen tödlich.

Die Schwarzkopfkrankheit, eine typische Putenseuche

Sie ist eine ansteckende Blinddarm-Leber-Entzündung, deren Erreger von Hühnern, die gegen sie immun sind, dauernd ausgeschieden werden und vor allem das Leben 4 bis 12 Wochen alter Küken bedrohen. Neben der Störung des Allgemeinbefindens (Mattigkeit, mangelnde Freßlust, Schläfrigkeit) ist die Erkrankung am struppigen Gefieder, gelblichen Durchfall und bisweilen an einer blauschwarzen Verfärbung der Kopfhaut zu erkennen. Die sicherste Vorbeuge: der bedingungslose Verzicht auf eine gemeinsame Haltung von Puten und Hühnern, denn auch gelegentlich empfohlene Medikamente helfen nicht sicher. Selbst strikt getrennte Haltungen sind nicht ohne Risiko, da der Erreger auch in Regenwürmern bis zu 11 Jahren im Auslauf virulent bleibt. Mithin fällt leider auch die einstmals vielfach geübte Methode aus, bis zu 24 Eiern einer brutunlustigen Hühnerrasse durch die brutfreudigen Puten ausbrüten zu lassen.

Farbschläge und Gewichte

Puten kommen nur in einer Rasse vor. Wieviele verschiedene Gefiederfarben bei unseren einheimischen Puten im einzelnen auch anzutreffen sind, in den Rassemerkmalen, wie sie eingangs beschrieben wurden, unterscheiden sie sich nicht voneinander. Selbst die wilden Truthühner, von denen sie abstammen, sehen nicht anders aus. Ihr bronzebarbener Grundton des Gefieders, der je nach Lebensräumen in mannigfachen Schattierungen mit Braun variiert, ist auch bei unseren Puten am häufigsten zu finden. Diese wildfarbenen werden allgemein als Landschläge gehalten. Das bronze bis braune Farbenspiel ihres Federkleides hat sich aber im Laufe der Zeit immer wieder verändert und ist teilweise verblaßt.

Den organisierten Züchtern bleibt es vorbehalten, der Bronze-Pute in ihrer ganzen Pracht und Herrlichkeit mit dem in allen Regenbogenfarben schillernden Bronzeglanz auf schwarzem Grund und den vielfarbigen Bändern und Säumen auf den Federn nach dem Deutschen Rassegeflügel-Standard die Geltung zu verschaffen, die ihr gebührt.

Außer der ursprünglichen Pute werden noch eine Reihe von Farbschlägen gezüchtet, die zum Teil mehr als Liebhaber-Zuchtten gehalten werden. Seltener begegnen wir blauen und gelben Truthühnern, während die weiße, die Rote Bourbon- und die Cröllwitzer Pute mit schwarzweißem Federkleid häufiger auch als Wirtschaftsgeflügel anzutreffen sind.

Farbschläge und Gewicht in kg

	Alttiere		Jungtiere	
	Hahn	Henne	Hahn	Henne
Schwere Puten Bronzefarbene Schwarzflügel Weiße	15–18	6–8	9–12	6–7
Mittelschwere Puten Rotflügel Schwarze Rote Bourbon	10–12	6–7	8–10	5–6
Leichte Puten Blaue Rote Gelbe Kupferfarbene Schwarzweiße (Cröllwitzer)	7–8	4–5	6–7	4–5

Für die Wahl der für die jeweiligen Verhältnisse geeigneten Puten wird die gewünschte Gefiederfarbe nicht immer mit dem Gewicht und folglich auch mit der Größe der Tiere in Einklang zu bringen sein, denn die einzelnen Farbschläge sind verschieden schwer. So kann man ohne weiteres nicht nur am Habitus, sondern auch an der Gefiederfarbe erkennen, ob es sich um einen leichtgewichtigen Puter mit ganzen 7 kg oder um einen Schwergewichtler mit stattlichen 18 kg handelt.

Hybriden. Im Gegensatz zu den Hühnern sind Puten-Hybriden, die auf Fleischertrag gezüchtet sind, weniger zu empfehlen. Abgesehen davon, daß die weißen monströsen Fleischpakete die natürliche Schönheit der Gestalt und Bewegung weitgehend vermissen lassen, wäre die kurzfristige Haltung bis zur Ertragsreife nicht mit einer naturgemäßen Lebensweise zu vereinbaren. Auch auf den Nachwuchs würden wir wegen der unzulänglichen Bastarde verzichten müssen.

Das Fleisch: eine siebenfache Gaumenfreude

Pute ist nicht gleich Pute und die Freude kann getrübt sein. Auf der einen Seite haben wir die absolute Fließbandproduktion von minderwertigem Fleisch, das nicht ausgereift sein kann, da es zu schnell in zu kurzer Zeit gewachsen ist, und das jedem auch nur halbwegs passionierten Feinschmecker ein Greuel sein muß. Auf der anderen Seite steht unsere familienbezogene Liebhaber-Haltung, bestens geeignet, einer reizvollen und interessanten Geflügelart einen artgemäßen Lebensraum zu sichern, ehe wir sie als bäuerliches Hausgeflügel ganz aus den Augen verlieren. Und so ganz nebenbei fällt ab und zu auch ein saftiger Braten ab.

Putenfleisch ist eiweißreich (etwa 30%), fettarm und hat nur halb soviele Kalorien wie Schweinefleisch. Zünftige Gourmets schwärmen von sieben erlesenen Geschmacksvarianten aus den einzelnen Teilstücken: vom zarten Täubchen bis zum herzhaften Roastbeef. Was soll's. Jedenfalls schätzen wir das natürlich gewachsene Putenfleisch wegen seines vielseitigen und vorzüglichen Aromas, das selbst ein Geschmacksmuffel von dem des Puten-Rollbratens aus dem Supermarkt zu unterscheiden vermag. – Anzumerken wäre, daß der Genuß der Keulen erheblich getrübt wird, wenn man nicht vor dem Zubereiten die sechs scharfkantigen Sehnen (am besten mit einer Zange) herauszieht.

Geht der Sommer zu Ende, sind unsere Jungputen ihres Lebens nicht mehr sicher. Zwischen Kirchweih und Weihnachten wandern sie – mindestens 26 Wochen alt, aber auch älter – in die Bratröhre oder in die Tiefkühltruhe, in der sie einen nicht geringen Platz einnehmen. Rechnen wir einmal, daß uns die Aufzucht von einem Dutzend Tiere gelingt, dann sind das bei einem mittleren Schlachtgewicht (beider Geschlechter) von 7 kg und einer Schlachtausbeute von 84% fast anderthalb Zentner, die wir unterbringen müssen.

Die glücklichen Hennen, die wir als Stammtiere behalten oder gegen ältere austauschen, werden mindestens eineinhalb Jahre alt. Nachdem sie gebrütet, ihre Jungen aufgezogen haben und wieder (uns zum Wohle) zu Kräften gekommen sind, müssen auch sie dran glauben. Sie werden während dieser Zeit nicht viel schwerer, können aber immer noch recht gut zu genießen sein. Die Puter legen dagegen noch einiges zu, wenn man sie älter werden läßt. Und dem Stammvater gönnen wir seine gute, über Jahre währende Zeit. Schließlich kann man auch aus so einem zähen Burschen immer noch eine wohlschmeckende Wurst zubereiten.

Das zigeunernde Perlhuhn

Ob die Griechen Perlhühner wegen des wohlschmeckenden Fleisches und der delikaten Eier oder wegen des wunderschönen Federkleides so überaus schätzten – wir wissen es nicht genau. Jedenfalls waren sie ihnen dermaßen lieb und teuer, daß sie sie in ihren Sagenschatz aufnahmen und heilig hielten.

Mit einem herzergreifenden Schluß runden die Perlhühner die schicksalsträchtige Sage vom kalydonischen Eber ab, den die, wegen eines unterlassenen Dankopfers, erzürnte Göttin Artemis ins Land schickte. Dem feuerspeienden Ungeheuer, das zusehends Felder und Vieh vernichtete, stellten sich die tapfersten Recken Griechenlands entgegen. Allen voran der heldenmütige Meleagros, Sohn des gestraften Königs von Kalydonien, der schließlich das Untier erlegte, nachdem die furchtlose Atalante es weidwund geschlagen hatte. Er tötete jedoch auch die Brüder seiner Mutter, als sie seine tapfere, aber auch reizvolle Jagdgenossin aus Mißgunst schmähten. Die rachelüsterne Schwester gab ihren Sohn dem Verderben preis, indem sie ein Schicksalspfand einlöste, das sie seit seiner Geburt verborgen hatte. Die Schwestern des Meleagros – und damit endet die Tragödie – waren über den frühen und unrühmlichen Tod ihres Bruders so untröstlich, daß sie in Hühner verwandelt wurden, indes ihre bitter vergossenen Tränen als netzende Tropfen auf den dunklen Federn haften blieben und nun als weiße Perlen leuchten. Zur bleibenden Erinnerung an ihren unglückseligen Bruder nannten die Griechen die wundersam verwandelten und so anmutig gefiederten Königstöchter in ihren nahezu 2500 Jahre alten Schriften »Meleagres«, ein Name, der auch in die zoologische Nomenklatur für das Perlhuhn eingegangen ist: *numida meleagris.*

Ein Steckbrief des ›Zigeunerhuhnes‹

Wir müssem regelrecht nach ihm fahnden, um es zu Gesicht zu bekommen. Allermeist werden Kümmernisse über die schwierige Haltung die Freuden über kulinarische Genüsse überwiegen. Nur hin und wieder lassen sich noch günstige Bedingungen für eine artgerechte Haltung dieses seltenen Hausgeflügels finden, das sich zwar dem Menschen angeschlossen, aber seinen Wildcharakter weitgehend beibehalten hat. In keiner Geflügel-Statistik werden Perlhühner erwähnt, und wenn wir sie in speziellen Feinkostläden entdecken sollten, sind sie sicher nicht in Deutschland aufgewachsen. Falls man sie zunächst einmal über den Gaumen kennenlernen wollte, empfehlen wir diejenigen aus Polen und der Tschechoslowakei, denn dort werden sie noch als Jagdtiere geschätzt, während vor allem Frankreich, aber auch Italien, sie als Massenware in Käfigen produziert.

Dennoch: wer sich irgendwo in der unberührten Natur auszuleben und sich einer tüchtigen Portion Unbekümmertheit zu erfreuen vermag, kann sämtliche Nachteile in den Wind schlagen und sich an den aparten »Königstöchtern« in jedweder Weise ergötzen.

Beheimatet in Afrika

Sie leben seit eh und je hauptsächlich in westafrikanischen und marokkanischen Savannengebieten als Stand- und Strichvögel. Eine Familie umfaßt 15 bis 20 Tiere. Sie wird von einem starken Hahn geleitet, der den Fluchtweg bestimmt, wenn die recht scheuen Hühner bei drohendem Unheil wild davonstieben, und sie nach überstandener Gefahr wieder zusammenruft.

Gewöhnlich verlassen sie sich als laufende Vögel eher auf die Schnelligkeit und Beweglichkeit ihrer Läufe als auf ihre Flügel. Dennoch sind sie auch gute Flieger, was ihnen bei ihrer Vorliebe, auf hohen Bäumen zu schlafen, sehr zustatten kommt. Treten sie in größeren Herden auf, werden sie häufig als Schädlinge angesehen, wenn sie sich ihre bevorzugte pflanzliche Kost aus den Kulturen holen.

In Ägypten wurden sie domestiziert, lange bevor der kalydonische Eber ihnen zu der sagenhaften Verkörperung in Europa verhalf. Immer schon gehörten sie zu den Tafelfreuden verwöhnter Feinschmecker, sowohl in den ägyptischen Hochkulturen als auch in denen des frühen Abendlandes. Und es ist gewiß kein Zufall, daß mit dem Untergang des im frevlerischen Überfluß schlemmenden Roms auch die Perlhühner verschwanden. Erst die Portugiesen brachten sie wieder von ihren Entdeckungsfahrten mit, die sie zu Beginn des 15. Jahrhunderts längs der Westküste Afrikas unternahmen. Heute ist das europäische Perlhuhn vor allem in den wärmeren Ländern wie Frankreich, Italien und Ungarn beheimatet. Seine Anpassungsfähigkeit ist jedoch so groß, daß es auch in kalten Klimazonen ohne Beeinträchtigung seines Wohlbefindens leben kann. So ist es durchaus möglich, Perlhühner auch in rauheren Lagen zu halten, was allerdings die Legefreudigkeit in Grenzen hält (s. Seite 70).

Erkennungsmerkmale

Sein kurzer und breiter Kopf trägt statt eines Kammes einen hornartigen roten Höcker (Helm), dessen Spitze nach hinten geneigt ist. Im unbefiederten bläulichweißen Gesicht glänzen große, dunkelbraune Augen. Der kurze, kräftige und hornfarbene Schnabel ist scharf gebogen. Rote Kehllappen sehen bei Erregung des Tieres wie kleine aufgeblähte Segel aus und lassen dann den Kopf eindrucksvoller erscheinen. Ein dünner Hals, der in der Ruhe eingezogen wird, ist im oberen Teil nur schwach befiedert. Der kräftige, hühnergroße Körper wirkt rundlich und ist mit einer Fülle von Federn bedeckt. Ein breiter, eigenartig gewölbter Rücken fällt nach hinten stark ab und geht in einen kleinen, herunterhängenden Schwanz über. Die schiefergrauen Ständer sind relativ kurz.

Die Geschlechter sind äußerst schwer voneinander zu unterscheiten. Nur selten sind die Zeichen der Manneswürde deutlich zu erkennen: ein größerer Helm und stärkere Kehllappen.

Von den verschiedenen afrikanischen Rassen wird bei uns ausschließlich das Helm-Perlhuhn gehalten, dessen glattanliegendes, blaugraues Gefieder mit weißen, runden Perlflecken übersät ist. Dieses zauberhaft-smarte Federkleid wird nur noch von dem eines reinweißen Farbschlages übertroffen, dessen Perlen durch ihren Glanz sichtbar werden.

Besondere Eigenschaften

Obwohl wir Perlhühner zum Hausgeflügel zählen, sind sie im Grunde genommen noch Wildhühner. Nicht nur, daß sie scheu und schreckhaft sind, wie alle wildlebenden Tiere, sondern auch ihre ganze Lebensweise unterscheidet sich nicht allzu sehr von der ihrer jagdbaren Verwandten. Sie haben sich zwar an den Menschen gewöhnt, aber anhänglich wie andere Haustiere sind sie nicht geworden. Wohl bleiben sie am Standort. Das Revier wird jedoch großzügig abgesteckt, wenn man sie artgemäß leben läßt. So schweifen sie weitläufig umher, was ihnen den Beinamen »Zigeunerhuhn« eingebracht hat.

Die Neigung zum Vagabundieren und das Ausleben ihrer Urtriebe geht einher mit noch ungetrübten, natürlichen Instinkten, die sie bei ihren Streifzügen vor unangenehmen Überraschungen bewahren. Von ungewöhnlich lebhafter Natur, nehmen sie äußerst aufmerksam und hellwach allerwege ihre Umwelt war. Wittern sie Unheil oder meinen sie, ihre Familie zusammenhalten zu müssen, stoßen sie schrille Schreie aus, die Trompetensignalen gleichen. Noch bevor sie sich in Sicherheit bringen müssen, hält das aufdringliche Geschrei jegliches Raubzeug davon ab, ihnen weiter nachzustellen, um leichte Beute zu machen. Schon von den heiligen griechischen Perlhühnern um den Artemistempel auf der Insel Leros wird berichtet, daß es ihretwegen »kein Raubvogel wage, die lerischen Hühner anzugreifen.« In der Nacht entziehen sie sich möglichen Gefahren, indem sie auf Bäume, Hausfirste oder unter offene Schuppen fliegen.

Für ihre urwüchsige Lebensweise bringen sie natürlich eine entsprechend gute körperliche Verfassung mit. Robust und anspruchslos, vermögen sie sich auch weniger günstigen Verhältnissen anzupassen. Vor den Unbilden der Witterung schützt sie obendrein weitgehend das üppige, dichte und kleinfedrige Gefieder.

Die Haltung erfordert Geduld und Nachsicht

In den begrenzten Verhältnissen eines Siedlungsbereiches dürfte eine artgemäße Perlhuhn-Haltung nach allem, was wir durch den »Steckbrief« über die Zigeuner erfahren haben, schwerlich zu verwirklichen sein. Ohnehin neigen sie auf beschränktem Raum zu Frust und Streit. Selbst dort, wo unser Anwesen in die freie Natur übergeht, wird es kaum einen Nachbarn geben, der sich daran gewöhnt, jeden Tag in aller Hergottsfrühe mit Fanfarenstößen aus dem Bett gejagt zu werden. Da sich aus diesem Grunde selbst eine Haltung, die auf die Lebensbedürfnisse der Tiere keine Rücksicht nimmt, verbietet, ist es nur allzu verständlich, daß Perlhühner so selten zu finden sind.

Beschränken wir uns also auf die – zugegeben – wenigen Möglichkeiten im Außenbereich, wo sie auf frei liegenden Gehöften die idealen Lebensbedingungen finden, keine Anrainer belästigen und sich insofern noch als nützlich erweisen können, als sie durch ihre hohe Wachsamkeit Hühnerhabicht und Gabelweihe von gefährdetem Geflügel fernzuhalten vermögen.

Die artgemäße Haltung – Stall, Fütterung und Aufzucht – von einem Hahn und zehn Hennen entspricht ganz und gar derjenigen von Hühnern, nur daß sie in jedem Fall einen freien Auslauf haben müssen. Nun sollte man daraus nicht schließen, daß man sie auch mit Hühnern zusammen in einem Stall unterbringen und auf dem Hof gemeinsam füttern könnte. Perlhühner sind mit Hühnern und desgleichen mit Puten unverträglich. Deshalb müssen aber nicht zwei Ställe gebaut werden. Ein Stall mit zwei voneinander getrennten Einheiten erfüllt durchaus die Voraussetzungen für ein zuträgliches Nebeneinander.

Ob die Haltung außer dem zu erwartenden Nutzen auch noch Freude macht bzw. Ärger erspart, hängt letzten Endes davon ab, wieweit es uns gelingt, die Tiere handzahm zu machen und an den Stall zu gewöhnen. Je geduldiger und nachsichtiger wir vorgehen, desto besser wird uns das Unterfangen glücken. Hilfreich ist es, wenn wir die Hühner nach der Anschaffung zunächst einmal ein paar Tage im Stall lassen, damit sie sich mit ihrem neuen »Zuhause« vertraut machen können und den »Stallgeruch« annehmen. Erleichtert werden die Bemühungen auch, wenn wir die Fütterungszeiten penibel einhalten und es an Leckerbissen vorerst nicht fehlen lassen. Das abendliche Körnerfutter geben wir sinnvollerweise bei einbrechender Dämmerung, um sie dann leichter (mit einer Gerte) in den Stall bugsieren zu können, ehe wir sie – bei einem größeren Abstand zwischen Fütterung und Schlafenszeit – mit langen Stangen mühsam von den Bäumen holen müssen, denn dort sind sie natürlich Marder und Iltis ausgeliefert, wenn sie es auch nicht wahr haben wollen.

Die Aufzucht ist nur dann ohne Probleme, wenn sie von Hühnern oder Puten übernommen wird. Aber bereits nach der 10. Woche beginnt sich ihre unverträgliche Natur äußerst störend bemerkbar zu machen. Perlhühner selbst sind schlechte Brüter. Auch das muß letztlich noch zu ihrem Nachteil gesagt werden. Wir sehen jedoch die Perlhuhn-Haltung ohnehin am Rande eines größeren Geflügelhofes, wo sie als Wächter und bei allen »Untugenden« (die wir ja nur als solche ansehen, weil uns manches Verhalten unbequem ist) als reizvolle »Naturkinder« gut zu leiden sind. Und da sie sich das meiste Futter weitläufig selbst suchen, kommen wir mit den zwar geringen, aber kostbaren »Erträgen« recht gut auf unsere Kosten.

Eier und Fleisch vom Feinsten

Perlhuhneier sind kleiner als Hühnereier. Mit einem Gewicht zwischen 45 und 50 g sind sie in der Größe sehr ausgeglichen, während Hühner in den Gewichtsklassen von 50 bis 70 g recht verschieden große Eier legen. Die bräunlichen Eier mit helleren Pünktchen haben eine harte Schale, so daß die Bruchgefahr sehr viel geringer ist. Obwohl wir die Frage nach den Vitaminen im relativ großen Dotter nicht überbewerten wollen, da diese lebensnotwendigen Wirkstoffe bei einer gesunden und ausgeglichenen Ernährung ohnedies in den verschiedensten naturbelassenen Lebensmitteln reichlich vorkommen, ist es vielleicht doch interessant zu wissen, daß die Gehalte an Vitaminen A, B_2 und dem Fruchtbarkeits-Vitamin E im Vergleich zum Hühnerei ganz erheblich höher sind.

Die Legetätigkeit liegt bei 120 bis 150 Eiern im Jahr. Sie wird wesentlich beeinflußt durch das Klima. Perlhühner mögen es zuvörderst trocken und warm – wie in ihrer Heimat. Zwar können sie sich vortrefflich auch an andere Witterungsbedingungen anpassen. In rauhen Lagen verlieren sie jedoch zusehends die Lust, das von ihnen erwartete Legesoll zu erfüllen. Erst 18 bis 22 °C stimulieren die Legefreudigkeit. Ehe sich Frust breit macht, sollte es aber wenigstens 15 °C warm sein. Auch die Legeperiode ist mit derjenigen von Hühnern identisch. Mit etwa 7 Monaten sind sie legereif. Dann versorgen sie uns von November bis August oder September mit Eiern, ehe sie sich anschließend 2 bis 3 Monate erholen.

Verschiedene Tests auf dem Großhüttenhof (Versuchsanstalt bei Krefeld) haben die Vorzüglichkeit des Perlhuhneis hinsichtlich des aromatischen Geschmackes bestätigt. Notabene: um wieviel delikater schmeckt es dann von einer natürlich gehaltenen Henne. Da man Perlhuhneier aber nirgendwo kaufen kann, gehören wir, die wir sie aus eigener naturgemäßer Haltung genießen dürfen, zu den Privilegierten des Feinschmecker-Klüngels. Selbst in Frankreich, wo die Leute doch einen besonders empfindsamen Gaumen haben sollen, werden sie kaum als Delikatesse gehandelt. Man muß daher annehmen, daß die Eier fast ausschließlich für die Brut von Masttieren, denen sie den Vorzug geben, Verwendung finden. Deren Zahl belief sich 1974 bereits auf etwa 40 Millionen Stück und nimmt seitdem ständig zu.

Das Fleisch hat einen hohen Eiweißgehalt, einen niedrigen Energieanteil und vor allem einen ausgeprägten aromatischen Geschmack, der etwa dem des Fasans gleichzusetzen ist. Allerdings ist der Ertrag nicht sehr üppig. Anlaß genug, die Leistung auch hier durch Hybridzuchten zu steigern. So sind in Frankreich Zuchtfarmen mit mehreren 10 000 Tieren entstanden, die künstlich besamt werden, um das bei Perlhühnern ausgeprägte Verhalten zu umgehen, sich nur während der wärmeren Jahreszeit zu paaren. Überwiegend in Käfiganlagen mit Leistungsfutter und leistungsgünstiger Beleuchtung gehalten, erreichen die bedauernswerten Geschöpfe nach der wirtschaftlichen Mastmethode, bloß das schnelle Jugendwachstum zu nutzen, in maximal nur 14 Wochen ein Endgewicht von 1,5 kg mit einer Schlachthausbeute von 77%.

Unser natürlich aufgewachsener »Zigeuner«, dessen Fleisch in etwa dreimal so langer Zeit ausreifen konnte, wiegt – ob Hahn oder Henne – ungefähr 2 kg. Der Qualitätsgewinn dürfte beachtlich sein.

Die vergnügliche Ente

Ohne näher auf sie einzugehen, genügt das bloße Anschauen der Tiere, um uns heiter zu stimmen. Aussehen, Bewegungen und Lautäußerungen sind so originell und von einem drolligen Charme, daß man sie unwillkürlich lieb haben muß. Ein armer Tropf, dem da nicht das Herz im Leibe lacht, wo auch immer er ihnen begegnet.

Quels bavards	*(Was für Schwätzer*
ces canards!	*diese Enten!*
Ils ne disent	*Sie sagen*
que betises!	*nichts als Dummheit!*
Coin, coin, coin,	*Gaak, gaak, gaak,*
à plein bec!	*mit vollem Schnabel!*
Est-ce grec,	*Ist es griechisch,*
italien,	*italienisch,*
ou anglais?	*oder englisch?*
en tout cas,	*In jedem Fall*
je ne les	*verstehe ich*
comprends pas	*sie nicht)*

Französischer Kinderreim

Bei aller Zuneigung und Begeisterung: als Halter müssen wir uns dessen immer bewußt sein, daß wir die lieben Tiere letztendlich für einen Sonntagsbraten angeschafft haben. Je mehr sie uns mit ihrem Liebreiz betören, desto weniger mögen wir zwar ans Schlachten denken. Aber den Verstand dürfen wir schließen nicht verlieren. In einer vernünftigen Wirtschaftshaltung darf das eine das andere nicht ausschließen. Und sollte uns einmal eine Ente besonders ans Herz gewachsen sein, lassen wir sie ausnahmsweise alt werden und gönnen ihr das Gnadenbrot, ehe wir das Risiko eingehen, vor lauter Wehmut keinen Bissen hinunterzubekommen – und wenn er noch so zart und knusprig ist.

Kein Wohlbefinden ohne Wasser

Eine naturgemäße Haltung von Enten und Gänsen ist ohne Teich oder wenigstens einen Tümpel nicht denkbar. Wessen Garten oder Wiese an einen Bach grenzt, darf sich glücklisch schätzen, dem Wohlbefinden der Tiere bestens entgegenkommen zu können. Womöglich läßt sich in einem flachen Bett durch eine einfache »Staustufe« tieferes Wasser gewinnen. Auch eine Quelle oder ein hoher Grundwasserstand lassen sich leicht für ein Wasserparadies nutzen. Ideal wäre natürlich ein größeres Gewässer in unmittelbarer Nähe des Standortes. Aber niemand, dem das Wohl seines Wassergeflügels am Herzen liegt, wird auch nur im Traum daran denken, eine nicht vorhandene Badegelegenheit durch eine eingegrabene alte Badewanne zu ersetzen!

Wer auf dem Trockenen sitzt, muß graben

Wenn wir von allen Wassern verlassen sind, bleibt uns nichts anderes übrig, als die Ärmel aufzukrempeln und eine geeignete Anlage für die Lieblingsbeschäftigung unseres Wassergeflügels zustande zu bringen.

Eine schwimm- und badelustige Familie, ein Elternpaar mit einem Dutzend lebhafter Sprößlinge, fühlt sich schon auf einer Wasserfläche von 25–30 m^2 recht wohl. Eine

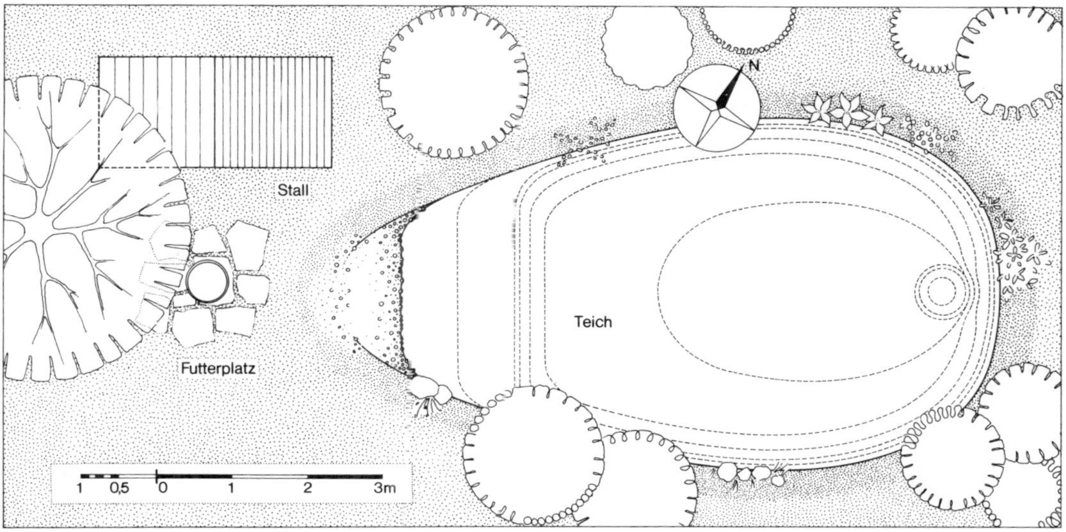

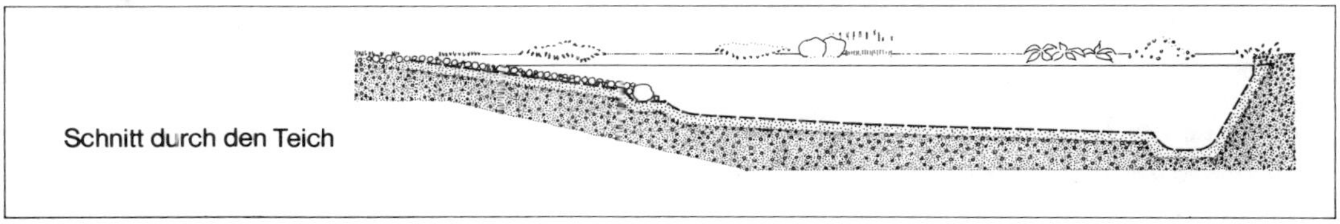

Für unsere Schwimmvögel ist ein Teich zu ihrem Wohlbefinden unentbehrlich. Ein flacher, kiesgeschütteter Ausstieg an geeigneter Stelle des sonst steilen Ufers verhindert eine Verschlammung des gesamten Ufergeländes. Das zu einem Sumpf abfallende Teichbett erleichtert das Leerpumpen und Reinigen des Teiches.

längliche Form des etwa 60 cm tiefen Tümpels gibt ihnen die Möglichkeit, eine Strecke schwimmen zu können. Immerhin müssen für ein solches Wohlbefinden 15–18 m^3 Erdreich bewegt, abgefahren oder in der Umgebung eingebaut und das Problem eines wasserdichten Bodens gelöst werden. Die Anlage größerer Teiche oder Weiher mit vielen Gestaltungsmöglichkeiten, zum Beispiel einer kleinen Insel mit sicherer Unterkunft zum Schlafen und ungestörten Brüten, wird daher nicht nur von den Wünschen des passionierten Tierliebhabers abhängen, sondern auch von seinen körperlichen und finanziellen Kräften sowie natürlich von den Gelände- und Grundstücksverhältnissen.

Eines solle man bedenken: je kleiner der Teich (mit stehendem Wasser) im Verhältnis zur Zahl der Tiere ist, desto öfter muß das Wasser erneuert werden. Leicht wird es durch Kot und eingeschleppten Unrat verunreinigt. Den sich bildenden Schlamm wirbeln die gründelnden Tiere immer wieder auf. Bei einer erhöhten Wasserverdunstung in einem regenarmen Sommer käme es gar zu Geruchsbelästigungen, wenn der Tümpel nicht gereinigt würde. Zum Abpumpen des Wassers eignet sich am besten eine Jauchepumpe, die auch dickeren Schlamm problemlos schluckt. Es gibt sie heute nur noch als Elektro-Pumpe, die recht teuer ist. Aber vielleicht läßt sich bei einem Bauern noch eine abgestelle Handpumpe auftreiben.

Haben wir im Zusammenhang mit einem Neubau die Teichanlage bereits eingeplant, können wir die Teichmulde und womöglich auch gleich den Graben für einen Kanal- und Wasseranschluß durch einen Bagger ausheben lassen. Über eine Abwasserleitung kann das Wasser leicht abgelassen und der Abfluß mit einem Überlauf-Standrohr versehen werden.

Zum Abdichten des Teichbodens eignet sich Ton, der etwa 30 cm dick aufgetragen und durch sorgfältiges Festtreten (am besten barfuß) verdichtet wird. Wenn kein Ton vorhanden ist, wäre das Auslegen mit einer Spezialfolie, die in jeder gewünschten Größe bis 600 m^2 und in jeder Form in einem Stück geliefert wird, auf einer Sandschicht dem aufwendigen und teuren, mit Eisen armierten, Betonboden vorzuziehen. Die Folie hat auch den Vorteil, daß nach dem Abpumpen oder Ablassen des Wassers noch verbleibende Schlammreste leicht abgespritzt werden können. Verläuft der Boden in der Nähe des Ufers zu einer tiefsten Stelle, dem »Sumpf«, wird das gründliche Leerpumpen durch den Zusammmenfluß erleichtert.

Fischen und Amphibien bietet ein Ententeich keinen geeigneten Lebensraum. Laich, Jungfische und Kaulquappen hätten keinerlei Überlebungschancen. Auch Wasserpflanzen würden in kleineren Becken bei den umtriebigen Badegästen nur schlecht gedeihen. Dagegen ist eine Gestaltung des Ufers mit möglichst robusten Wildgewächsen durchaus möglich. Um zu vermeiden, daß der gesamte Teichrand durch die nassen Plattfüße heraustretender Tiere zunehmend verschlammt, bauen wir ein möglichst steil abfallendes Ufer, über das sie nicht gerne aus dem Wasser gehen, und sehen nur an einer Stelle einen flache Ein- und Ausstieg vor, dessen Kiesschüttung allmählich in die Wiese übergeht. Bis die Tiere ins Gras treten, sind die Füße abgetropft.

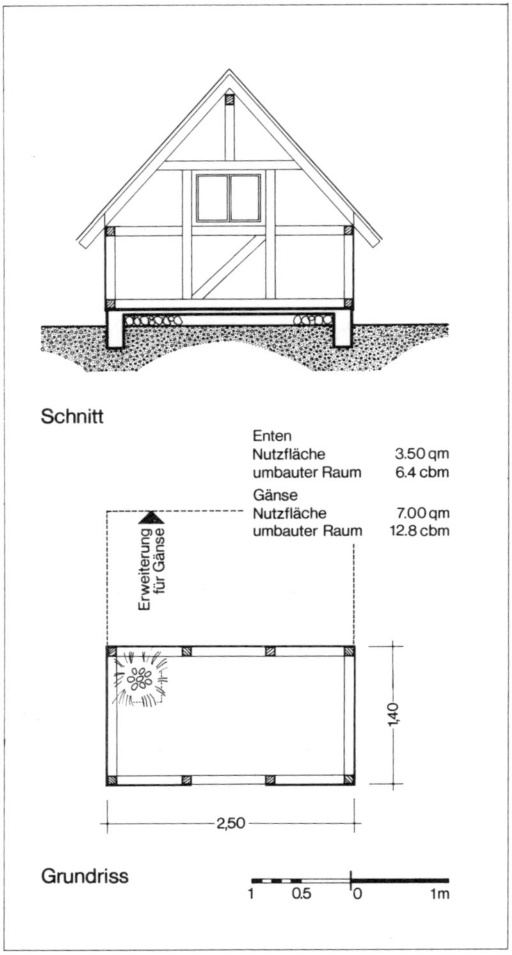

Ein Entenstall beziehungsweise ein geräumigerer Stall für Gänse kann in einfacher Bauweise erstellt werden; einen gemauerten oder betonierten Sockel und einen entsprechenden Boden sollte er jedoch haben, um das Eindringen von Feuchtigkeit zu vermeiden.

Nahe am Wasser: Futterplatz und Stall

In unmittelbarer Nähe des Wassers sind die Einrichtungen für die Versorgung der Tiere am besten gelegen. Im Schatten eines Baumes befindet sich der Futter- und Tränkeplatz auf möglichst glatten (Natur-) Steinplatten, die auf einer etwa 60 cm tiefen Sikkerschicht aus grobem Kies mit weiten Fugen verlegt werden. So ist die Futterstelle leicht sauber zu halten und vor Verschlammung zu bewahren. Besonders Enten, die vornehmlich Naßfutter erhalten, schnuddeln so arg beim Fressen herum, daß kleinere Abfälle neben dem Trog liegenbleiben. Selbst wenn Hühner die Reste aufpicken, ist ein gelegentliches Abspritzen zu empfehlen. Mit dem Wasser beschäftigen sich die Enten so ausgiebig, bis die Schüssel leer ist, daß zuweilen frisches nachgefüllt werden muß.

Enten und Gänse können in einem Stall gleicher Bauart unterkommen. Beiden ist gemeinsam, daß sie zum Stall keine Beziehung haben. Wenn es nicht Fuchs und Marder gäbe, könnten wir ihn uns schenken, denn unser Wassergeflügel ist so wetterfest und kälteumempfindlich, daß ihm selbst im Winter ein dauernder Aufenthalt im Freien nichts ausmachen würde, wenn es nur einen trockenen Unterschlupf gäbe. Da sich aber zumindest der Marder Umwelteinflüssen und Jägern noch recht gut zu widersetzen vermag, können wir auf einen Stall nicht verzichten. Zumal das Brüten und die Versorgung mit trockenem Stroh unter dem Schutz einer wetterfesten Behausung besser zuwege gebracht werden kann.

Wenn man nicht in einem vorhandenen Stall oder Schuppen einen geeigneten Schlaf- und Brutplatz abteilen und herrichten kann, genügt der Bau einer einfach verbretterten Hütte, in die man zur Reinigung hineingehen kann. Sie steht auf einem kleinen Sockel, um das Eindringen von Nässe zu verhindern. Der Boden ist fest und sollte abgespritzt werden können. Da die Tiere nur des Nachts im Stall sind, hat das Fenster eine untergeordnete Bedeutung und zum Brüten mögen sie es ohnehin schummerig. Eine zugfreie Be- und Entlüftung ist auch hier,

Der nahe dem Stall gelegene Futterplatz aus Steinplatten sollte auf einer als Drainage wirkenden Kiesschüttung angelegt werden, um ihn leichter reinigen zu können, was vornehmlich bei den mit Futter und Wasser »schnuddelnden« Enten dringend geboten ist.

wie bei allen Tierunterkünften, sehr wichtig. Wenn die Küken den Flaum verloren haben, kann man bis zum Spätherbst die feste Türe durch einen gleich großen, mit Maschendraht bespannten Rahmen ersetzen, damit es an frischer Luft nicht mangelt.

Für die (reichliche) Einstreu verwenden wir Stroh, das hin und wieder nachgestreut bzw. erneuert werden muß, da sowohl Enten als auch Gänse einen relativ nassen Kot produzieren. Obwohl sie »wassersüchtig« sind, können sie feuchte Einstreu nicht vertragen; sie sollte unbedingt vermieden werden. Deshalb werden wir tunlichst Futter und Tränke draußen lassen.

Viel Platz benötigen Enten und Gänse nicht. Müde vom Schwimmen und beschwerlichen Laufen, legen sie sich alsbald zur Ruhe, so daß ein zusätzlicher Platzbedarf für Bewegungsabläufe, die bei einer (widernatürlichen) ganztägigen Stallhaltung berücksichtigt werden müßten, nicht bedacht zu werden braucht. Die größere Gans kommt mit einem halben Quadratmeter aus. Für unsere Gänsefamilie würden also 7 m^2 Stallgrundfläche ausreichen, wenn ein überwinterndes Elternpaar 12 Gössel aufzuziehen hätte. Die kleinere Ente begnügt sich mit der Hälfte der Fläche. Auf einem Quadratmeter haben ihrer vier gut Platz zum Schlafen. In die zu berechnende Grundfläche ist das Brutnest einbezogen, denn zur Zeit des Brütens ist der Stall noch so gut wie leer.

Ein Vogel mit dunkler Vergangenheit

Soviel ist sicher: unsere Hausenten stammen zuvörderst von der Stockente ab, die seit Menschengedenken an den Gestaden von Seen und Flüssen gemäßigter Breiten rund um den nördlichen Erdball als Stand-, Strich- und Zugvogel zuhause ist. Seit nicht allzu langer Zeit mischt noch eine andere Stammutter mit: die Pinguin- oder Baliente, die in Südostasien beheimatet ist. Auf sie gehen vermutlich die, abweichend vom Wildententyp, aufrecht gehenden Asiaten zurück wie die Pekingente und die indische Laufente. Und neuerdings findet man bei uns Gefallen an einer, auch in zoologischer Hinsicht, echten Exotin, die in direkter Linie schon um das Jahr 1600 von Südamerika nach Europa herübergekommen ist: die Warzenente.

Aber über die Domestikation und frühe Existenz der Enten als Hausgeflügel ist nur Spärliches zu erfahren. In den Mythen der alten Kulturvölker kommen sie weder als Opfer- noch als heilige Tiere vor. Griechen und Ägypter kannten sie gar nicht als Haustiere. Die Römer berichten erstmalig im Jahre 100 v. Chr. über Entenhaltung. Aber der Umstand, die eingefangenen flugwütigen Wildenten mittels Mauern und Netzen ständig am Boden und in Gewahrsam halten zu müssen, wird sie auf die Dauer vergrämt haben. Denn erst im »Sachsenspiegel«, um 1200 bis 1250 geschrieben, tauchen sie nachrichtlich wieder auf: vornehmlich jedoch als gut bezahlte »Stellendten« (Lockenten), die zum Anlocken von Wildenten verwendet wurden. Soweit diese als Standvögel das ganze Jahr über gejagt werden konnten, bestand keine Veranlassung, Enten unbedingt beim Haus zu halten. Möglich, daß das Interesse an der Entenhaltung auch deshalb so gering war, weil letztlich nur ein kärglicher Vogel in der Pfanne lag.

Das änderte sich erst, als in England (Aylesbury in der Grafschaft Buckingham) Anfang des 19. Jahrhunderts und in Frankreich (Rouen in der Normandie) um die Mitte des vorigen Jahrhunderts Zuchtzentren entstanden, welche die Ente durch ein passables Gewicht »Hof-fähig« machten. Zwar wurden diese Rassen verhältnismäßig früh nach Deutschland eingeführt und auf Bauernhöfen gehalten. Aber das Interesse an der eigenen, wenn auch bescheidenen, Entenzucht wurde erst geweckt, als im letzten Drittel des vergangenen Jahrhunderts die »Zehnpfundente« aus China zu uns kam. Sie wurde die Stammutter der Deutschen Pekingente, die alsbald die Zugezogenen an Zahl und Beliebtheit überflügelte.

Im Gegensatz zum Abendland werden in China Enten schon seit einigen Jahrtausenden als Haustiere gehalten und in großer Zahl auf einen hohen Fleischzuwachs gezüchtet. Von alters her wurde, wo immer es möglich ist, eine äußerst wirtschaftliche Haltung auf ausgedienten Schiffen betrieben, die je nach Nahrungsangebot für die sich selbst versorgenden Tiere den Ankerplatz wechselten. Zur Nacht wurden sie durch ein Gongsignal in die Ställe gerufen. Durch künstliche Brut in erwärmter Spreu wurde die Haltung noch rationeller.

Ein regelrechtes Aufblühen erlebte die Entenzucht bei uns in den zwanziger Jahren durch die, bereits zu Beginn des Jahrhunderts eingeführte, Indische Laufente, einer vorzüglichen Legeente, deren Leistungen sich durchaus mit denen der Leghorns messen lassen konnten. Es entstanden große Farmen, deren größte 10000 Legeenten zählte. Als jedoch nach dem Genuß von rohen, mit Paratyphus-Erregern verseuchten, Eiern Krankheit und Tod grassierten, brach der Eier-Boom jäh zusammen. 1936 wurde durch eine Verordnung die Kenntlichmachung der Enteneier und eine Kochzeit von mindestens 8 Minuten vorgeschrieben. Seit 1956 ist die Verordnung durch die Verlängerung der Kochzeit auf 10 Minuten noch verschärft worden. Der Stempelaufdruck „Entenei, 10 Minuten kochen" ist vorgeschrieben.

Zwar werden deshalb heute in erster Linie Fleischenten gezüchtet, aber auch die wirtschaftliche Zwie-Ente behauptet ihren Platz, denn zum Kochen und Braten kann man Enteneier, die 70–80 g schwer sind, ohne weiteres verwenden. Und selbst die interessanten Legeenten finden im bescheidenen Umfang ihre Liebhaber. Zwar ist die Ente kein so ausgeprägter »Saisonvogel« wie die Gans, aber Intensivhaltungen sind nicht so verbreitet, zumal aus östlichen Ländern große Zahlen importiert werden.

Unsere landläufigen Wirtschaftsrassen

Wie die Hühnerrassen können auch die Entenrassen in schwere Fleisch-, mittelschwere Zwie- und leichte Legeenten eingeteilt werden – natürlich mit Vorbehalt, denn ein Lebewesen mit seinen individuellen Lebensäußerungen läßt sich nur annähernd in eine bestimmte Kategorie einordnen. Die Übergänge von Rasse zu Rasse und innerhalb derer von Tier zu Tier sind fließend. Unversehens kann auch eines oder das andere völlig aus der Art schlagen. So kann die gegliederte Übersicht auf Seite 81 auch nur relativ grob bestimmte Nutzungseigenschaften einzelner Rassen zusammenfassen und nicht mehr und nicht weniger als eine Entscheidungshilfe für mutmaßliche Halter und Liebhaber sein.

Eine mehrjährige Aylesburyente kann zum Beispiel unter günstigen Haltungsbedingungen und einer liebevollen Pflege (und einer dem Zuchtziel entsprechenden Veranlagung) sogar 5 kg schwer werden. Oder: auch Enten schwerer Rassen vermögen weit mehr Eier zu legen als sie zur Brut brauchen, wenn man sie immer wieder wegnimmt. Andererseits kann eine Viellegerin zu legen aufhören und brütig werden, wenn die Eier bis zu einer fortpflanzungsgerechten Anzahl liegen blieben.

Schwere Rassen. Sie werden seit je als Mastenten gezüchtet. Sie sind leicht und gut aufzuziehen und liefern in relativ kurzer Zeit einen hohen Fleischertrag. In 8 bis 10 Wochen erreichen sie 70 bis 80% des Gewichtes eines Alttieres, wenn ihre arttypische Gefräßigkeit schamlos ausgenutzt wird. Bei einer naturgemäßen Haltung lehnen wir freilich eine Mast in Form von Bewegungsbeschränkung und Futter nach Belieben ab und geben zugunsten einer besseren Qualität getrost den vollen Auslauf und das gewohnte Futter. Jedenfalls kommen uns die Zuchtziele auch so zugute: eine problemlose Aufzucht und am Ende ein »pfundiger« Braten. Darüber hinaus zeichnen sich die schweren Rassen noch durch einen guten Daunen- und Federertrag aus.

Mittelschwere Rassen. Sie sind die eigentlichen Wirtschaftsrassen. Sie liefern beides in befriedigendem Maße: Fleisch und Eier – unter Umständen mit unterschiedlichem Vorrang. Eine überragende Leistung auf der einen Seite wird womöglich auf Kosten der anderen gehen, wenn es sich nicht gerade um eine »Überente« handeln sollte. So dürfte die von Missis Campbell in englischer Tropenuniform-Farbe gezüchtete Zwieente (eine im Fleischertrag verbesserte Indische Laufente) beträchtlich vom Fleisch gefallen sein, als sie 1928/29 beim »Nationalen Legewettstreit« in Holland in 360 Tagen 354 Eier legte.

Leichte Rassen. Typische Vertreter der leichten Rassen, die Indischen Laufenten, verdienen ihren Namen zu Recht. Die »Indian Runner« sind außerordentlich bewegliche, schlanke Tiere, die aufrechten Ganges – ohne zu watscheln – dauernd unterwegs sind und längere Strecken im geordneten »Gänsemarsch« zurücklegen. Schwimmen sieht man sie dagegen selten; sie können auch ganz ohne Wasser auskommen. Um ihren Neigungen nachgehen zu können, brauchen sie einen großen Auslauf, in dem sie eifrig Futter suchen. Als leidenschaftliche und unermüdliche Schneckenjäger befreien sie uns von den gefräßigen Plagegeistern im Garten und räumen auf (feuchten) Schaf- und Ziegenkoppeln gründlich mit dem Zwischenwirt des gefährlichen Leberegels, der Zwergschlammschnecke, auf.

Genügsam und widerstandsfähig, strotzen sie vor Gesundheit und Lebenskraft und könnten als echte »Naturburschen« am ehesten ohne Stall auskommen. Sondergleichen versorgen sie uns bereits im Herbst und über den Winter hin mit Eiern. Die Aufzucht der Küken, der eine hohe Befruchtung der Eier und ein sicherer Schlupf vorausgeht, ist problemlos. Bei allen trefflichen Eigenschaften, deren Mannigfaltigkeit noch durch eine hervorragende Qualität des delikaten und fettarmen Fleisches abgerundet wird, gibt es auch eine, die zwar ganz ihrer (und aller Enten) Natur entspricht, uns aber wenig Freude bereitet: sie legen ihre Eier, wo sie gerade unterwegs sind. Es verlangt viel Geduld und Geschick, ihnen diese »Unart« abzugewöhnen. Eine Möglichkeit, sie mit dem Nest im Stall vertraut zu machen, ist, sie eine Zeit lang erst dann morgens herauszulassen, wenn sie gelegt haben.

Warzenenten. Die Warzenente (Bisam-, Moschus-, Türken- oder Flugente) bedarf einer besonderen Erwähnung, da sie sich in vielerlei Hinsicht von den anderen Enten unterscheidet. Schon das Aussehen läßt den Verdacht aufkommen, daß es sich womöglich um eine Gans handeln könnte. Tatsächlich nannte man sie auch früher Sporen-Gans, angesichts der kräftigen Krallen, die sie befähigt, sich auch auf Bäumen aufhalten zu können. Beheimatet ist sie in den Urwäldern und seenreichen Gebieten Südamerikas, insbesondere Brasiliens, Paraguays und Perus. Vermutlich haben die Inkas sie bereits als Haustier gehalten. Um das Jahr 1600 brachten die Spanier sie nach Europa.

Man hielt sie bei uns bisher seltener. Vielleicht, weil sie uns wegen mangelnder Anmut nicht so anheimelt wie die typischen Enten. Vielleicht auch, weil Warzenenten gute Flieger sind und auch gerne auf Bäumen übernachten oder weil man ihnen einen Moschusgeruch angedichtet hat? In Betragen und Leistung verdienen sie jedenfalls

Selbst im Winter vergnügen sich die Enten auf dem Wasser, wenn durch den Zulauf des Teiches eine Stelle noch eisfrei ist. – Anmutig wirbt der Warzenenterich um die Gunst seiner Auserwählten.

Übersicht über geeignete Wirtschaftsrassen

Rassen	Herkunftsland	Gefieder-Farbe	Fleischnutzung	Legeleistung	Besondere Eigenschaften
Aylesburyente	GB	weiß	+	–	eifrige Futtersucherin anpassungsfähig
Deutsche Pekingente	D	weißgelb	+	–	anspruchslos etwas scheu Bruttrieb selten später Legebeginn
Rouenente	F	wildfarben	++	–	brütet unzuverlässig beweglich rasch-wüchsig
Saschsenente	D	blaugelb	+	–	
Warzenente	BR	schwarz-weiß gefleckt	++	–	siehe Seite 78
Amerikanische Pekingente	USA	weiß	○	++	wie Deutsche Pekingente
Cayugaente	USA	schwarz	○	○	Wirtschaftlichkeit und Schönheit
Khaki-Campbell-Ente	GB	khaki	○	++	eifrige Futtersucherin vital
Orpingtonente	GB	ledergelb	○	++	eifrige Futtersucherin lebhaft
Pommernente	D	blau schwarz-grün	○	+	Landentenschlag anspruchslos beweglich
Indische Laufente	IND	wildfarben	–	++	siehe Seite 78
Streicherente	GB	silber-wildfarben	–	+	eifrige Futtersucherin sehr beweglich: großer Auslauf

Fleischnutzung ♂/♀ ++ 3,5/4,5 kg, + 3/3,5 kg, ○ 2,5/3,2 kg, – 2/2,5 kg
Legeleistung ++ 200 und mehr, + 100–140, ○ 80–100, – nur Brut

Während sich Enten mit Vorliebe auf dem Wasser aufhalten, in dem sie auch tierische Nahrung finden, bleiben die Gänse als reine Vegetarier mit Ausnahme eines gelegentlichen Bades eher an Land. – Auch bei den Sachsenenten ist der Erpel an der Schwanzlocke gut zu erkennen.

die besten Noten. Selbst das Fliegen ist harmlos und beschränkt sich auf ein paar Runden um den Stall. Es sei denn, wir hielten sie auf dem Trockenen und beim Nachbar befände sich ein attraktiver Teich. Obwohl sie sich mehr an Land, das entsprechend weitläufig sein sollte, aufhalten als die ausgesprochenen Schwimmenten, mögen sie auf das tägliche Bad denn doch nicht verzichten.

Es sind genügsame, widerstandsfähige und unternehmungslustige Tiere, die emsig Futter suchen. Sie brüten zwei- bis dreimal im Jahr (je 35 Tage lang), so daß wir von einem Elternpaar mit Sicherheit 25 bis 35 Jungtiere erwarten können, denn die Befruchtung ist hundertprozentig und die Mütter sind sowohl gute Brüterinnen als auch fürsorgliche Führerinnen. Das Fleisch ist sehr schmackhaft, fettarm und reichlich, mit einem auffallenden Unterschied zwischen den männlichen Tieren 4 bis 5 kg und den weiblichen Tieren mit 2,5 bis 3 kg. Und zu guter Letzt sind sie noch stimmlos, eine »Eigenschaft«, die für manchen potentiellen Entenhalter im Hinblick auf empfindsame Nachbarn von entscheidender Bedeutung sein kann (wenn man dann auch leider auf das fröhliche Geschnatter mitteilsamer Enten verzichten muß).

Auslauf und Futter

Der Auslauf sollte auch für die Entenrassen, die nicht das Prädikat »eifrige Futtersucherin« verdienen, nicht kleiner sein als der für Hühner. Am liebsten wäre es den Enten freilich, wenn er unbegrenzt wäre; nicht so sehr wegen der Bewegungsfreiheit, als vielmehr um des größeren und steten Futterangebotes willen. In der taufrischen Morgenstunde ist der Tisch in Garten und Flur am reichhaltigsten gedeckt. Sie danken es uns, indem sie so manchen Schädling vertilgen – allerdings auch die nützlichen Frösche. Für die Schwimmenten vermag ein größeres natürliches Gewässer mit reichlich Nahrung den »landläufigen« Bereich als Futterquelle zu ersetzen. Andererseits kann ein noch so großer Auslauf für sie kein Wasserersatz sein – nur die Indischen Laufenten machen da, wie gesagt, eine Ausnahme.

Die Ente ist nicht nur ein Allesfresser, sondern auch ein Vielfraß. Sie braucht etwa das doppelte an Futter wie ein gleichschweres Huhn. Jegliches Gewürm, Schnecken, Insekten, Käfer, Larven, Laich und jedwedes Wassergetier sowie Grünzeug und Wasserpflanzen (Entengrütze, Algen) werden fast wahllos verschlungen, wobei tierische Nahrung bevorzugt wird. Aber selbst bei ausgiebiger Wasserweide und großzügigem Auslauf sollte abends noch ein geschrotetes Körnerfutter gegeben werden. So bekommen wir sie leichter in den Stall und das langsam verdaute und länger vorhaltende Getreide läßt sie die futterlose Nachtzeit besser überstehen. Enten würden nämlich auch nachts fressen (was sich Mastbetriebe zunutze machen): ein Erbgut der Wildente, die erst in der Dämmerung zur Nahrungssuche auf das Gewässer einfällt.

Ansonsten hängt es vom natürlichen Futterangebot ab, wie oft und wieviel zugefüttert werden sollte. Bei bescheidenen Verhältnissen, künstlichem Teich und beschränktem Auslauf, in denen tierisches Futter bald knapp wird, muß morgens, mittags und abends gefüttert werden. Grundsätzlich gibt es keine Unterschiede zu den Futtermitteln für Hühner. Lediglich die Darreichungsform ist eine andere: Enten mögen es naß. Zum Anmengen eines feucht-krümeligen Futters nimmt man am besten eiweißreiche Mager- oder Buttermilch. Getreide, dessen Beliebheit bei Mais anfängt und nachlassend über Weizen, Gerste und Hafer beim Roggen aufhört, wird grob geschrotet. Wenn mit einer eigenen Mühle der Tagesbedarf morgens zubereitet werden kann, erhalten wir die wichtigen feinstofflichen Bestandteile des Korns, die, aufgeschlossen, bei Lagerung »verblühen«.

Das Frühstück für die Hühner (Seite 30) ist auch den Enten sehr willkommen. Mittags kann es dann ein Getreideschrot-Gemisch (mindestens 60%) mit Weizenkleie, geriebenen Möhren und gekochten Kartoffeln sein, aber es kommen auch ungesalzene, essig- und schimmelfreie Speiseabfälle infrage, zum Beispiel altes, eingeweichtes Brot. Die Ente ist – mit Verlaub gesagt – ein Schwein unter dem Geflügel.

Neben dem Futter muß stets frisches Wasser bereitstehen. Den Enten ist es eigen, die gelöffelten Bissen immer mit Wasser nachzuspülen, ähnlich dem Durchseihen beim Gründeln, das ja ihre artgemäße Futteraufnahme ist. Da geht es ziemlich naß und schlampig zu. Es wurde schon gesagt, daß es ratsam ist, einen leicht zu reinigenden Futterplatz, auf dem das verschlabberte Wasser versickern kann, einzurichten, um einer Verschlammung und Verschmutzung des Auslaufs zu begegnen.

Zuletzt ist noch zu erwähnen, daß die nahrhaften Regenwürmer (etwa 14% Eiweiß) zu den Leckerbissen zählen. Wer seinen Enten also etwas gutes tun will, richtet eine Regenwurmzucht ein; vornehmlich dann, wenn der Vorrat an Kleingetier im begrenzten Auslauf schnell erschöpft ist. Auch dem Komposthaufen bekommt das gelegentliche Plündern nicht. Ein Kasten, etwa 60 cm hoch, mit zwei oder drei Abteilungen, die jeweils mit einem Deckel geschlossen werden können, ist leicht gebaut. Die Größe richtet sich nach der Zahl der Enten. Nacheinander mit organischen Rückständen gefüllt, finden sich alsobald die Würmer ein, geradezu massenweise, wenn ihre Lieblingsspeisen reichlich vorhanden sind: Haferflocken und Kaffeesatz, dessen größere Mengen durch eine Sammelgemeinschaft gefördert werden könnten. Bevor der Inhalt einer Kastenabteilung aufgezehrt und, mit reichem Gewinn für unseren biologischen Garten zu einem hervorragenden Kompost verarbeitet worden ist, wird im steten Wechsel schon die nächste aufgefüllt. Sammelgut erdfeucht halten und »Raubbau« vermeiden.

Der lebenslustige Nachwuchs

Man möchte sich wünschen, daß sie nicht so schnell wüchsen: diese putzigen, pummeligen, kregeln und possierlichen Geschöpfe, um den Liebreiz, der kaum zu überbieten ist, möglichst lange auskosten zu können. Temperament und Lebensfreude kommen so recht zur Entfaltung, wenn es aufs Wasser geht. Da sind die Entlein schon beizeiten ganz in ihrem Element.

Den Vögeln, die im Wasser leben,
fettet Gott die Federn

Die Natur macht es möglich, daß sie sich dem bodenlosen Naß schon in den ersten Lebenstagen (wenn das Wetter danach ist) anvertrauen können. Unterm Bauch ist bis zur »Wasserlinie« der Flaum, der zunächst von der Glucke eingefettet wird, besonders dicht gewachsen. Auch die Befiederung beginnt dort zuerst, während an den Flügeln die überdeckenden Federn zuletzt hervorsprießen. Purzelt ein Entchen an Land hin, wenn es zu hastig nach dem Futter rennt, hat es Mühe, wieder auf die Beine zu kommen, weil die kurzen Stummelflügel ihm dabei wenig helfen können. Bei den wasserscheuen Hühnervögeln ist es dagegen umgekehrt. Die sich zuerst befiedernden Flügel ermöglichen den Küken ein zeitiges Fliegen oder Flattern.

Eine Brutente, die meistens zwei Jahre alt und ein ruhiges Tier sein sollte, sitzt in einem etwa 45 × 45 cm großen, etwas erhöhten, Nest auf 12 bis 15 Eiern. In der Regel brütet sie 28 Tage lang (Warzenenten 35 Tage). Bei ungünstiger Witterung, insbesondere bei frühem Brutbeginn, kann es auch ein paar Tage länge dauern. Da Enten etwas scheu sowie recht schreckhaft sind und sich mit wenigen Ausnahmen dem Brutgeschäft nur halbherzig zuwenden, umstellen wir das in einer dunklen Ecke liegende Nest weitgehend noch mit einer Strohmatte oder dergleichen und vermeiden, im Stall oder in dessen Nähe Unruhe oder Hast. Die Türe bleibt geschlossen und die Glucke geht durch das 35 × 35 cm große Schlupfloch.

Sollten wir Pech haben, weil sich beim besten Willen keine Ente zum Brüten überreden läßt, können wir auch 6 bis 10 Eier von einer brutlustigen Henne oder 15 bis 18 von den brutgewaltigen Puten ausbrüten lasen. Das macht die Aufzucht allerdings etwas schwieriger und wir werden uns um sie sorgen müssen. Denn es ist zweifelhaft, ob die Verständigung zwischen der Ziehmutter und ihren Pfleglingen, die vor dem Schlupf beginnt und für Prägung, Sozialempfinden und Erziehung so wichtig ist, im vollen Umfang möglich sein kann. Jedenfalls werden lautes Zetern und Jammern, Lock- und Warnrufe der Hennen- oder Putenglucke die Küken wenig kümmern, wenn sie sich – so gar nicht nach Hennenart – auf dem Wasser tummeln und vergnügen. Die verzagte Glucke wird freilich bald aufhören, die Kleinen noch weiter zu bemuttern. Das Schwimmen dürften wir solchen Sprößlingen erst nach einer geraumen Zeit erlauben. Da die Pflegemutter das Daunenkleid nicht einfettet, müssen wir warten, bis ihre eigenen Bürzeldrüsen genügend Fett absondern. Durch gelegentliche Wasserproben können wir feststellen, ob der Flaum bereits »wasserdicht« ist oder sich noch vollsaugt.

Mit der Entenglucke ist die Aufzucht mühelos und meistens auch ohne Sorgen zu bewältigen. Nur um das Futter müssen wir uns vom zweiten Lebenstag an kümmern. Es kann das gleiche sein, das Hühnerküken bekommen (Seite 38), es muß nur ebenfalls feuchtkrümelig dargereicht werden. Insbesondere sei an den Aufbaukalk, der bei keiner Aufzucht fehlen sollte, erinnert. Auf die Frage, wie oft Entenküken gefüttert werden müssen, wäre lapidar zu antworten: dauernd. Das soll heißen, daß die außerordentlich verfressenen Entchen in den ersten 2 bis 3 Wochen mindestens alle zwei Studen Futter bekommen sollen. Die Portionen sind nur so groß zu bemessen, daß immer alles gut aufgezehrt werden kann. Von der 6. Woche an werden sie dann wie die Alten ernährt.

Wer soviel frißt, wächst auch schnell. Das wird dem Entchen im allgemeinen zum Verhängnis, denn gewöhnlich ist es mit der Lebenlust schon nach 8 bis 10 Wochen vorbei. Das betrifft jedoch nur die handelsüblichen Mastenten, deren Leben nicht nur deswegen so früh beendet wird, weil sich eine Mast nach Abschluß des schnellen Jugendwachstums nicht mehr lohnt, sondern auch weil der Schlachttermin vor Beginn der Sommermauser liegen muß, um zu vermeiden, daß der Absatz durch einen, mit Stoppelfederchen übersäten, unansehnlichen Schlachtkörper erschwert wird. Zu unserem und der Tiere Wohle ist für den eigenen Schlachttermin erst die Wintermauser maßgeblich; mit Ausnahme der Pekingenten, die alle 8 bis 10 Wochen erneut mausern, nachdem zum erstenmal die Weide voller weißer Federn liegt.

Wer Jungtiere zur Weiterzucht behalten will, muß die Geschlechter zu unterscheiden wissen. Bei mehrfarbigen Rassen ist das durch das prächtige Federkleid des Erpels leicht möglich. Bei einfarbigen Rassen sieht der Enterich der Ente dagegen zum Verwechseln ähnlich. Jedoch im Alter von 6 bis 8 Wochen macht »er« sich durch ein heiseres, tiefes Quäken bemerkbar, während »sie« das uns so vertraute Quaken und Schnattern hören läßt. Das arttypische Erkennungsmerkmal des Erpels, die gelockten Bürzelfedern (Schwanzlocken oder zwei aufgerollte Schwanzdeckfedern), fehlt noch im Jugendkleid.

Enten untereinander

Die Rangordnung im Sinne einer strengen Hackordnung und Bereitschaft zur Unterordnung, wie wir sie bei den Hühnervögeln beobachten, hat bei den Enten nur geringe Bedeutung. Lediglich während der Paarungszeit tritt sie mäßig in Erscheinung, wenn mehrere Enten und Erpel beieinander sind. Sonst leben sie unbekümmert in einem lockeren Verband und billigen sich gegenseitig. Die Küken werden rasch selbständig, sobald sie befiedert sind und der Obhut nicht mehr bedürfen. Aber das Zusammenleben ist äußerst wichtig. In der Gemeinschaft fühlen sich die etwas ängstlichen Tiere geborgen und sicher. Je weniger es sind, desto näher rücken sie zusammen, und ein einzelnes Pärchen lebt unzertrennlich miteinander. Geht eins von beiden Tieren verloren, ist das Unglück groß, und das andere kommt sich einsam und verlassen vor.

Wir haben es erlebt, daß ein Stockenten-Erpel, dessen Lebensgefährtin eines Tages spurlos verschwand, anstatt sich in einem anderen Revier ein neues Weibchen zu suchen, bei der Entenhaltung blieb und sich ausgerechnet einer Laufenten-Familie (ein Erpel und drei Enten) anschloß, obwohl auch schwimmende Rassen auf einem natürlichen Teich gehalten wurden. So legte er mit ihnen täglich eine ziemliche Strecke zurück, als letzter eilig hinterherwatschelnd, aber immer auf »Tuchfühlung«. Wie denn auch der »Gänsemarsch« ein Sinnbild für Verbundenheit und Schutzbedürfnis ist: so wie sich Kinder an die Hand nehmen, wenn sie sich in einem düsteren Wald oder im Gedränge nicht verlieren wollen und sich Mut zusprechen.

Wenn die Enten ausgehen,
geht die erste voraus

Eine rührende Anhänglichkeit kann sich auch an den Menschen ergeben, wenn er in den ersten Lebenstagen mangels mütterlicher Pflege zur Bezugsperson wird oder sich durch besonders liebevolle Behandlung diese Zuneigung eingehandelt hat. Wenn aber gar durch mißliche Umstände ein Einzeltier gehalten wird, das sich einsam und schutzlos fühlt, kann es zu einer Gefolgschaftstreue kommen, wie wir es bei dem Wildenten-Erpel erlebt haben. Es wäre daher zu empfehlen, vorsorglich mehrere Enten zu halten und sie jeweils – mit Ausnahme einer älteren, die sich als gute Brüterin erwiesen hat – durch Jungtiere zu ersetzen.

Die respektable Gans

Mit Gänsen zu leben, ist ein Ereignis besonderer Art. Von allen geflügelten Hausgenossen ist ihre »Individualität« am weitesten entwickelt. Wesen, Verhaltensweise und Fähigkeiten treten sowohl vielseitiger als auch einzigartiger in Erscheinung. Und nur wer sie lediglich als fulminanten Weihnachtsbraten kennt, mag tatsächlich glauben, daß sich das Schimpfwort »dumme Gans« von einer Beschränktheit der gleichnamigen Tiere herleitet. Gerade um die »gescheite« Gans ranken sich zahllose Erlebnisse und Anekdoten. Alles in allem ist sie ein respektabler Vogel: stattlich und wohlgestaltet, mannigfach begabt und anhänglich, robust und von hoher Wirtschaftlichkeit.

Bemerkenswertes über ihre Wesensart

Gänse haben einen ausgesprochenen Familiensinn. Der Ganter bewacht und umsorgt die brütende Gans. Wenn auch die strenge Einehe der Graugänse bei den Hausgänsen zur Vielehe verkommen ist, falls mehrere Zuchtgänse gehalten werden, so hält sie sich doch in Grenzen: allermeist wird eine Lieblingsgans bevorzugt, die gelegentlich Seitensprünge duldet (wegen eventuell unbefruchteter Eier sollte uns ihr Liebesleben nicht ganz gleichgültig sein; möglich, daß auch einmal ein Ausbund von Partnertreue vorkommt). Auch wenn die Gössel flügge geworden sind, gehören sie weiterhin zur Familie. Der Ganter ist das Oberhaupt und wird als solches respektiert. Stets ist er bemüht, seinen Clan fürsorglich zusammenzuhalten und ihn kraft seiner Größe und Stärke zu beschützen.

Drey frawen, drey gens vnd drey frösch machen einen jahrmarkt

Droht Gefaht, geht er unvermittelt, laut zischend, zum Angriff über. Selbst wenn es für ihn kritisch wird, denkt er nicht an Flucht, sondern leitet höchstens einen »geordneten Rückzug« ein. In jedem Fall wird er nach einem wagemutigen Unternehmen von seinen Lieben mit lautem Triumphgeschrei begrüßt, in das er auch selbst miteinstimmt. Das Kampfgebaren kann ihm allerdings auch zur Gewohnheit werden, vielleicht um zu prahlen oder den Lobgesang zu provozieren. Dann geht der »böse« Ganter, wie ihn mancher noch als Kind erlebt haben mag, ohne Not auf jeden Fremden los und verschont auch womöglich eines unserer Familienmitglieder nicht mit einem kräftigen Wadenbiß, wenn er es nicht mag oder wenn er Ängstlichkeit spürt.

Uns will es scheinen, daß Gänse mit ihrem empfindsamen Wahrnehmungsvermögen und ihrer scharfen Beobachtungsgabe nicht nur äußere Eindrücke nachhaltig aufnehmen, sondern auch Gemütsverfassungen des Menschen spüren, dem sie sich ohnehin eng anzuschließen vermögen, so daß ein gewisser Brückenschlag und Zuneigung zwischen ihnen und uns, wie bei keinem anderen Geflügel, aber auch Abneigung möglich sind. Über die Verständigung unter sich lesen wir in der Stuttgarter »Welt und Zeit« von 1822: »Äußerst komisch sind auch die Neugierde und Höflichkeiten, welche sich die Gänse bezeigen, wenn sie unvermutet fremd zusammenkommen, und dabei sieht man am deutlichsten, daß sie wirklich eine Sprache haben und diese auch reich an Worten ist.« Selbst zu Gemütsregungen sind sie fähig: sie trauern, wenn sie einen Partner verloren haben, indem sie sich zurückziehen und kaum noch fressen, und sie führen einen regelrechten Freudentanz auf, wenn sie ihn unverhofft wiedersehen.

Wo man Gäns' und Weiber hat,
findet auch Geschnatter statt

Zum guten Wahrnehmungsvermögen äußerer Vorgänge, zu dem sie ein bestentwickeltes Gehör und ein weitsichtiges Auge befähigen, gesellt sich Wachsamkeit. Berühmt und heilig sind die wachsamen Gänse des Kapitols in Rom geworden, die durch lautes Geschrei die Wachen alarmierten, als 388 v.Chr. gallische Belagerer nachts klamheimlich die Felsen erklommen. Zum Jahrestag trug man mit Gold und Purpur geschmückte Gänse auf Sänften durch die Stadt, während Hunde, die den Feind nicht bemerkt hatten, ans Kreuz geschlagen wurden. Selbst heute macht man sich noch die Wachsamkeit zunutze: in Schottland bewachen Gänseherden den zur Reife lagernden Whisky und bei uns Munitionslager der Bundeswehr. Auf unserem Geflügelhof geben sie frühzeitig Alarm, wenn sich Greifvögel, Krähen und Elstern nähern, so daß die Jungtiere rechtzeitig Schutz suchen können.

Die Gans wachet fleißiger dann der Hund

Im Vergleich zu anderen Geflügelarten können Gänse sehr alt werden. Acht - bis zehnjährig sind sie noch zuchtfähig, wenn auch die beste Legezeit zwischen dem 2. und 5. Lebensjahr liegt. 30 gute Sommer kann eine Gans schon erleben. Im vorigen Jahr ging ein Bild des vierzigjährigen »Hansi« und seiner 91jährigen Betreuerin durch die Zeitungen. Er durfte erstaunlicherweise die schlimmen Mangeljahre nach Kriegsende überleben und bewacht seitdem „aus Dankbarkeit" das bäuerliche Anwesen wie ein achtsamer und treuer Hofhund.

Die Stammgans siedelte in Norddeutschland

Unsere Hausgänse stammen von der wilden Graugans ab, die noch heute als größte Wildgansart, über weite Gebiete Nord-, Ost- und Südeuropas verbreitet, in Deutschland östlich der Elbe anzutreffen ist und in den Mittelmeerländern, bisweilen aber auch im Brutgebiet, überwintert. Es dürfte daher bereits unseren frühesten Vorfahren vor mehr als 2000 Jahren nicht schwergefallen sein, sie an Haus und Hof zu gewöhnen, zumal sich die Gössel der Graugänse leicht prägen lassen. Allerdings haben sich auch immer wieder »niedergelassene« Gänse im Herbst den südwärts ziehenden Wildgänsen angeschlossen, um im Frühjahr auf ihren Hof zurückzukehren. Darüber wird sogar noch in jüngerer Zeit berichtet. Erst als mit planvoller Züchtung die Urinstinkte verblaßten und die Tiere auch zu schwer für einen ausdauernden Flug wurden, haben sie die Mittelmeerflüge gänzlich aufgegeben.

Zieh'n die wilden Gänse bald,
kommt der Winter schnell und kalt

Kaum zu glauben, daß sie die weite Reise in den Süden auch zu Fuß gemacht haben. Über eine solche Wanderung berichtet jedenfalls ein römischer Schriftsteller im 1. Jahrhundert n.Chr. Riesige Herden weißer und graugescheckter Gänse seien von Nordgermanien aus über die Alpen nach Rom getrieben worden. Auch die Griechen schätzten schon einen zünftigen Gänsebraten. Menelaos, König von Sparta, Gatte der schönen Helena und gleichwohl der tapfersten Helden einer, soll seine Gänse selbst gemästet haben. Und in Homers Odyssee läßt uns Penelope, die Gemahlin des göttergleichen Odysseus, wissen: »Zwanzig Gänse hab' ich in meinem Haus, die fressen Weizen mit Wasser gemischt, und ich freue mich, wenn sich sie anseh'«. Sowohl bei den Römern als auch bei den Griechen waren die »klugen und intelligenten« Gänse Göttinen geweiht.

Ein Ganns, ob sie schon viel Federn hat, so kompt sie doch das auffschwingen viel schwerer an, als eim Spatzen

Sie stammt zwar nicht von unserer Graugans ab, aber sie sei beiläufig erwähnt, weil sie die älteste Hausgans ist, die wir kennen: die ägyptische Nilgans, ein wunderschönes Tier, das Epoche machte. Vor 5000 Jahren begründete sie eine regelrechte Gänseära in Ägypten, die über 2000 Jahre andauerte und später völlig an Bedeutung verlor. Das Gänseei wurde zum Symbol des Welteies, aus dem die ganze Schöpfung hervorgegangen sein sollte. Aus der Zeit des alten Reiches (2980–2475 v.Chr.) sind Gräber mit zahlreichen Gänsedarstellungen an den Wänden gefunden worden. Der Erdgott Keb, dargestellt mit der ihm heiligen Gans, wurde der »große Gackerer« genannt. Nicht zu übersehen, daß diese legendäre Gänsezucht auch eine nicht minder große wirtschaftliche Bedeutung hatte.

Geflügelladen im alten Ägypten mit teilweise gemästeten Gänsen (nach WILKINSON).

Unsere domestizierten Graugänse, die sich inzwischen von der germanischen Mythologie, in der sie ebenfalls eine hervorragende Stellung einnahmen, dem christlichen Sankt Martin zugewandt hatten, erlebten eine vergleichsweise bescheidene und kurze Blütezeit im Mittelalter. Karl der Große trug maßgeblich dazu bei, indem er verordnete, auf den Höfen und Gütern eine Mindestzahl von Gänsen zu halten. Abgaben an den Hof und an Klöster konnten so durch Zinsgänse abgedeckt werden. Auch die günstigen natürlichen Gegebenheiten, Wasser und Weide, die als Gemeindeanger genutzt werden konnten, trugen zur starken Ausbreitung der Gänsezucht bei. Doch der unselige Dreißigjährige Krieg zerstörte jede Hoffnung auf ein beständiges Wachstum.

Gänse sollen einen Hirten haben oder einen Stall

Von da an ging es bergab mit der Gänsehaltung. Hatte der Krieg die Bestände so gut wie vernichtet, gingen nun im Laufe der Zeit mehr und mehr Weideflächen verloren. Die allmähliche Aufteilung der Dorfanger bzw. die Aufhebung der gemeinsamen Nutzung des Gemeinde-Weidelandes, das Verschwinden der Brachflächen durch die zunehmende Intensivierung der Landwirtschaft und das hemmungslose Ausräumen der Landschaft durch Flurbereinigung und Fluß- bzw. Bachregulierungen haben den Gänsen und auch allen anderen weideabhängigen Tieren wie Schafen, Ziegen und Bienen nach und nach ihre Daseinsgrundlage entzogen.

Auch den Anger, den ich noch als Bub vor dem Krieg im Harz erlebt habe, wird es vermutlich nicht mehr geben. Ich sehe ihn noch lebhaft vor mir: eine weitläufige Wiese am Bach mit einer stattlichen Gänseherde, verstreute weiße Daunenfedern auf dem saftigen »kurzgeschorenen« Grün und das hütende Gänseliesel mit ihrer Gerte. Die Gänse marschierten, von den Dörflern morgens hinausgelassen, laut schnatternd alleine zur Weide; abends auf die Dorfstraße getrieben, fanden sie selbständig nach Hause, wo sie mit einer Hand voll Hafer empfangen wurden.

Ausreichende Weideflächen braucht aber auch ein neuzeitlicher Gänse-Mastbetrieb, wenn er wirtschaftlich arbeiten soll – im Gegensatz zu den anderen Geflügel-Intensivhaltungen, wo meist darauf verzichtet wird. Denn nachdem die Jugendmast im Frühjahr abgeschlossen ist, müssen die Tiere bis zur Endmast im Oktober, ehe sie, frühestens im November, geschlachtet werden, ohne Zusatzfutter auskommen.

Eine Gans, die Fastnacht erlebt hat, taugt nichts mehr

Selbst wenn die leichtere Jungmast-Gans bis Martini tiefgefroren würde, bliebe es ein Saisongeschäft. Die Nachfrage beschränkt sich nun einmal bloß auf die Monate November bis Januar. So wird auch verständlich, daß die Menge des in der BR Deutschland 1985 erzeugten Gänsefleisches nur noch 0.5% der gesamten Schlachtgeflügel-Versorgung ausmachte und 90% der verzehrten Gänse vor allem aus Polen und Ungarn eingeführt wurden.

Einige Edelrassen und viel Landvolk

Im großen und ganzen sind Gänse eben Gänse, deren Rasse-Status sich mit der »Deutschen Hausgans« eigentlich erschöpft, denn mit wenigen Ausnahmen, wie der vierschrötigen Toulouser oder der schwanenähnlichen Höckergans mit ihrem Schnabelhöcker sehen sie quer durch die deutschen Lande mehr oder weniger gleich aus, einmal größer einmal kleiner, weiß oder graugescheckt, mit oder ohne Bauchwamme. Nur der »Profi« wird genau zu unterscheiden wissen, um welche »Rasse« es sich jeweils handelt, oder er wird sich gar unter den zahllosen Landschlägen auskennen. Wir wollen damit sagen, daß derjenige, der keinen Wert auf Ausstellung-Trophäen legt, um jede Gans froh sein darf, die er in seinem Umkreis bekommen kann. Federn und Fleisch bringen sie alle, auch der leichteste Schlag wenigstens 5 kg – mit dem Nachwuchs multipliziert: mehr als genug.

Alle – auch die sogenannten Hauptrassen – stehen der Wildgans noch recht nahe, und deshalb gibt es nur wenige Merkmale, durch die sie sich voneinander unterscheiden lassen. Wenn wir einmal von der Größe und dem Gewicht absehen, sowie von geringfügigen Besonderheiten des Äußeren, gilt eigentlich nur das Vorhandensein oder Fehlen der Bauchwamme, einer herunterhängenden Hautfalte, als prägnantes Rassekennzeichen.

Natürlich ist ein solches Merkmal auch der Höcker der Höckergans, die aber gar nicht von der Graugans abstammt und ebenfalls ihrer wilden, in Asien beheimateten, Stammform im erheblichen Maße gleicht. Sie ist übrigens eine herrliche Gans, die schon seit Jahrhunderten bei uns lebt. Nicht nur wegen des Höckers, sondern ebenso wegen des langen, dünnen Halses und ihrer Haltung sieht sie dem Schwan sehr ähnlich. Aber wegen ihres lauten Geschreies und des gellenden Trompetens, das der Ganter fast fortwährend hören läßt, ist sie nur für die Haltung in der Einöde geeignet.

Die »Hauptrassen« sind im Grunde genommen einige wenige Land- oder Lokalschläge (wie es ihre Namen schon sagen), die überregionale Bedeutung erlangt haben.

Vermutlich waren es auch wirtschaftliche Erfolge, die Anlaß zu einer besonders intensiven Zucht gaben. Das menschliche Streben nach Leistung und Gewinn ließ sie dabei immer größer und draller werden. Das kann man von unserer ältesten Edelgans, der Emdener, sagen, die seit 2000 Jahren in Ostfriesland heimisch ist und deren enge Blutsverwandtschaft mit den Wildgänsen noch heute dadurch auffällig wird, daß die Junggänse, mit Ausnahme des Ganters, ein Jahr lang ein graues oder graugescheckte s Federkleid tragen, ehe sie weiß werden. Ein beachtliches Gewicht erreicht auch die Pommersche Gans, die um das Jahr 1500 in hervorragender Weise die Wirtschaft Rügens und den Handel in Stralsund belebte. Emdener und Pommersche Gans gehören zu den schweren Schlägen, die wie die Toulouser Gans nur bei bester Weide und nahrhaftestem Futter gehalten werden können.

Die Toulouser Gans stieß beim Dickerwerden an die Grenzen des Machbaren. Als sie 15 kg wog, war sie wegen ihrer Schwere und Unförmigkeit nicht mehr begattungsfähig. Obschon das Gewicht wieder zurückgenommen wurde, ist die Befruchtung durch die, oft bis zum Boden reichenden, Bauchfalten immer noch erschwert. Überhaupt ist diese Gans ein Beispiel für eine übertriebene und absurde, art- und naturwidrige Züchtung – und das seit dem 14. Jahrhundert. Wir würden sie für eine artgemäße Liebhaberhaltung nicht empfehlen. Sie ist zwar besonders füllig an Daunen, und sie ist auch sehr friedlich, aber letztlich deshalb, weil sie sich nur schwerfällig bewegen kann. Auch ihr plumpes, zum Grotesken neigendes, Aussehen widerspricht wohl unserer Vorstellung von einer gefälligen Gans, die eher einem eleganten und majestätischen Schwan ähneln sollte. Dann müssen wir noch wissen, daß die Massigkeit insbesondere wegen der Fettleber gezüchtet wurde. Auch bei einer artgemäßen Haltung (ohne Mast), aber hohem Futteranspruch, ist daher mit einer frühzeitigen Verfettung der Leber und somit einer Qualitätsminderung des Fleisches zu rechnen.

Die anderen zahlreichen Land- und Lokal-Schläge, von denen eigentlich nur noch die Diepholzer Gans (Hannover) eine grenzüberschreitende Bedeutung erlangt hat – wahrscheinlich auch deshalb, weil sie schon im Herbst zu legen beginnt und so genügsam ist, daß auch mindere Weiden nicht verschmäht werden – blieben im Lande und nährten sich mehr oder weniger redlich, soweit es noch hinreichende Weiden gab. Die »Provinzler« sind allesamt von leichterer Beschaffenheit: anspruchslose, bewegliche Weidetiere und gute Brüterinnen. Die nahe Verwandtschaft zur Wildgans, die sich auch heute noch in ihren Brutgebieten mit Hausgänsen häufig paart, sowie die freizügige und natürliche Haltung, vor allem in wasserreichen Gegenden, ließen sie über Jahrhunderte beständig und regenerationsfähig werden. So gab es auch keine Veranlassung, »Verbesserungen«, gleich welcher Art, oder »Veredelungen« durch Kreuzungen zu erreichen, zumal sich dieses urwüchsige Federvieh auch in gar keiner Weise manipulieren läßt.

Von dem mindestens zwei Dutzend namhafen Schlägen, die je nach Klima, Weide, Wasser und Entwicklung ihre kleinen Eigenarten haben, seien nur einige genannt, um die Ausdehnung deutlich zu machen: Ostpreußische und Wendische Gans, Böhmische, Oberbayrische, Elsaß-Lothringische und Badische Landgans, Leinegans und Probsteier Gans (Schleswig-Hostein).

Wie lebt die Gänsefamilie?

Die Weide. Während sich Enten vornehmlich *auf* dem Wasser tummeln, ergehen sich Gänse mit Vorliebe *am* Wasser, wo sie sich als reine Vegetarier auf saftiger Weide gütlich tun und bisweilen ein Bad nehmen können. Gänsehalter dürfen sich zu den Großgrundbesitzern zählen, wenn sie ihre Tiere

Übersicht über überregionale »Rassen«

Rassen	Herkunftsland	Gefiederfarbe	Fleischnutzung	Futteranspruch	Brutverhalten	Aufzucht	Besondere Eigenschaften
Emdener Gans	D	w	++	++	○	○	fettreich frohwüchsig, doppelte Bauchwamme
Toulouser Gans	F	wf	++	++	○	○	sehr fettreich, wenig beweglich, doppelte Bauchwamme, Brustkiel
Pommersche Gans	D	w	+	+	++	+	gute Fleischgans (Brust) ruhig marschfähig, wetterfest, einfache Bauchwamme
Diepholzer Gans	D	w	○	○	+	+	munter zutraulich, Legebeginn im Herbst möglich
Höcker-Gans		w wf	○	○	+	+	lebhaft, leichtfüßig, Fleisch fettarm und zart – Stimme!

Fleischnutzung	♂/♀ ++ 10–12/9–11 + 9/7 ○ 6–7/5–6 kg
Gefiederfarbe	w weiß wf wildfarben/gescheckt
Futteranspruch	++ beste Weide + gute Weide ○ anspruchslos
Brutverhalten	++ bestens + gut ○ unzuverlässig
Aufzucht	+ leicht ○ empfindlich gegen Nässe und Kälte

artgemäß leben lassen, denn Gänse wollen als ausgesprochene Weidetiere freizügig herumwandern und sich – mit einem ausgeprägten Geschmackssinn begabt – wohlschmekkende Gräser und Kräuter suchen.

Wenn die Ganns Wasser sieht, dann poppert ihr der Arsch

Kaum hat ein Gänslein das Ei durchbrochen, hat's ein grün Kräutlein schon ausgestochen

Bei einem Mindesbestand von einem Elternpaar und sechs Gösseln kommt da schnell ein Bedarf von 1000 m² zusammen, denn für jede Zuchtgans müssen wir mindestens 200 m² und für die Junggänse jeweils 100 m² rechnen – vorausgesetzt, wir haben eine vorzügliche Weide. Empfehlenswert ist es, wenigstens noch eine oder zwei »Reservegänse« dazu zu halten, und vielleicht möchte man auch noch weitere Jungtiere in der Bratpfanne haben, denn das Brutgelege besteht aus 12 bis 15 Eiern – und womöglich brütet die Gute noch ein zweites Mal.

Das Gras sollte immer jung und kurz sein. Bis zu einer Höhe von etwa 12 cm fressen sie es am liebsten. Im Frühjahr, wenn das Graswachstum am größten ist, wird man möglicherweise einmal (nicht zu kurz) mähen müssen, um zu vermeiden, daß der Aufwuchs überständig wird. Im Sommer kann man durch ein morgendliches Zusatzfutter den Appetit etwas dämpfen, so daß der langsamere oder gar durch Trockenheit stagnierende Aufwuchs nicht zu stark strapaziert wird, denn Gänse »rasieren« die Weide, wenn sie knapp wird.

Die beste Weide ist weiter draußen hinter den Scheunen, sagte der Fuchs zu den Gänsen

---

Das Futter. Es richtet sich nach dem Zustand der Weide. Können die Tiere sich satt fressen, genügt abends eine Hand voll Hafer (75 g), ihr Lieblingsgetreide, nützlich zugleich für eine zwanglose Einstallung und als »Betthupferl«. Wird die Weide karger, bekommen sie, wie gesagt, ein gutes Frühstück, und ist sie verschneit, werden wir sie in Vollpension nehmen: morgens und mittags ein Weichfutter aus Mohrrüben (50%), Weizenkleie, Hafer-, Gerste- oder Maisschrot und Brenneseln (im Winter getrocknet), mit Mager- oder Dickmilch angemengt, und abends Körner. Sechs Wochen vor der Eiablage wird die Haferration auf 150 g/Tier erhöht. Wie für alle Geflügelarten steht stets frisches Wasser und Muschelkalk zur beliebigen Aufnahme bereit.

Wer gerne Gänseschmalz ißt oder das Gewicht noch etwas abrunden möchte, kann den Tieren etwa vier Wochen vor dem Schlachttermin auch den Hafer nach Belieben überlassen. Weiter gehen wir aber nicht. An eine regelrechte Mast, gleich welcher Art, für die sich Gänse ganz besonders eignen, denken wir nicht im Traum. Seit eh und je wurden sie auf barbarische Weise gemästet, und es ist ein rechter Aberwitz zu glauben, erst wir hätten die brüderliche Liebe zu den Tieren verleugnet. Schon die alten Römer malträtierten die Tiere. Es sträubt sich die (Gänse-) Feder bei der Wiedergabe der Methoden der Gänsemast, denen ein ganzes Kapitel in einem Fachbuch vor dem 1. Weltkrieg gewidmet ist. Dies genügt: »Ist die Gewichtszunahme nur noch gering und werden die Tiere kurzatmig, erfolgt die Schlachtung«. Wenn auch das Stopfen oder Nudeln mittlerweile bei uns verboten ist, so sind die heutigen Mastverfahren immer noch gegen die Natur der Tiere.

Die Aufzucht. Dem Kapitel über die Aufzucht der Enten ist im Hinblick auf die Gänse nur weniges hinzuzufügen. Mit Ausnahme der Diepholzer Gans, die erst im September an den Nachwuchs denkt, können Gänse schon Anfang Februar mit dem Legen beginnen und nach der ersten Aufzucht ein zweites Gelege von jeweils 12 bis 15 Eiern ausbrüten. Das Nest ist 80 × 80 cm groß. Die Brutdauer beträgt 30 bis 32 Tage. Auch Gänse legen weiter, wenn man die Eier wegnimmt: im allgemeinen 30 bis 50 Stück, 120 bis 170 g schwer. Gewöhnlich sind die Eier der schweren Schläge zwar größer, dafür aber geringer an Zahl. Sie schmecken gut und ihr Genuß ist im Gegensatz zu Enteneiern unbedenklich. Von einem Ei läßt sich gerade ein schönes Omelett zubereiten.

Ein gans legt ein gross ay vnd schweiget stille, ein hun gackelt vil bey den kleinen

---

Die vorgeburtliche Verständigung ist ausgeprägter. Wie sonst keines der Küken anderer Geflügelarten, äußern die Gössel schon im Ei zwei verschiedene Tonfolgen: einen ein- bis zweisilbigen Wi-Laut der Zufriedenheit, sei es bei Erwärmung nach vorausgegangener Abkühlung, als Antwort auf die Lockrufe der Mutter oder auf Äußerungen der um den Schlupf bemühten Geschwister, und ein leises »Weinen« oder Pfeifen, das sie bei Abkühlung oder Schlupf-Schwierigkeiten hören lassen.

Ebenso ist die Prägungsbereitschaft intensiver, wenn auch nicht so typisch wie bei den Graugänsen, mit deren Verhalten uns Konrad Lorenz ausführlich bekannt gemacht hat. Während der ersten drei Tage sollte man sich etwas zurückhalten, obwohl es dann gerade am schwersten fällt, sich mit den wonnigen Federbällen nur auf Abstand, nüchtern und beherrscht zu befassen. Zwar sind sie natürlich in erster Linie auf die Mutter geprägt, aber Gänse sind an sich sehr anschlußfreudig. Die Römer vermerkten es belustigt, daß Gänse einem Menschen durch die Stadt folgten. Auch heutzutage noch ist es ein nettes Erlebnis, wenn sie bisweilen ihren Betreuer auf einem Spaziergang begleiten.

Sën man die Gääse weant, sën goët se
(wie man die Gänse gewöhnt, so gehen sie)

Wer das als Anregung nehmen will, braucht keine Bedenken zu haben: sie sind gute Marschierer, vor allem die Pommersche, und sie schrecken auch vor weiten Wegen nicht zurück. Ließe man sie allein, fänden sie selbständig wieder nach Hause.

Eine bunte Produktionspalette

Jede Gans hat ihren heiligen Märten

Ob die Gans in früheren Zeiten zu Ehren des Heiligen Martin verspeist wurde oder ob sich gerade der 11. November von der kühleren Jahreszeit her für einen schweren Braten anbietet, jedenfalls beginnt gewöhnlich mit der Martinsgans oder in Bayern mit der Kirchweih im Oktober die Gänsesaison, die mit dem Weihnachtsbraten ihren Höhepunkt erreicht und danach sachte ausklingt. So steht uns also Anfang November das schreckliche Geschäft einer Massenschlachtung bevor. Da muß dann schon die ganze Familie mit Hand anlegen, um die zum Verzehr vorgesehenen Tiere für die Tiefkühltruhe fertig zu machen. Schon beim Schlachten muß jemand helfen, die schweren Tiere zu halten, während sie betäubt werden. Ihnen wird nicht der Kopf abgeschlagen, sondern man tötet sie mit einem spitzen Messer durch einen Stich an der Stelle, wo die Hirnschale sich an das Genick anschließt. Soll das Blut verwertet werden, wird es in etwas Essig aufgefangen.

Um Martini begann auch in Danzig, meiner Heimatstadt, der Gänsemarkt. Auf dem Dominikanerplatz standen an den Markttagen bis kurz vor Weihnachten schmale Tische in langen Reihen, auf denen die gerupften Gänse lagen, fein säuberlich eine neben der anderen, während ihre Hälse über die Vorderkante der Tische herabhingen. Die Marktfrauen saßen mit der Geldtasche an den Schmalseiten. Gegen Entgelt wurden ihnen von cleveren Zuträgern von Zeit zu Zeit heiße Ziegelsteine zum Aufwärmen unter die knöchellangen Rücke geschoben und heiße Getränke gereicht. Ein unvergeßliches Bild.

Vielseitige Fleischverwertung ...

Vielleicht ist der Verzehr auch deshalb zurückgegangen, weil viele den fetten Braten mit einem empfindlich gewordenen Magen nicht mehr so gut vertragen wir früher. Das Fleisch ist im Vergleich mit den anderen Geflügelarten dunkler und schwerer verdaulich: bis zu sechs Stunden »liegt die Gans im Magen«. Auch eine reine (schwere) Weidegans setzt bis zu einem gewissen Grade Fett an. Das hat sie mit der Wildgans gemein, die als Vegetarierin mit dem Flomen besser durch den Winter kommt. Wie auch immer – etwas Fett sollte die Bratgans schon unter der Haut haben, damit sie schön knusprig wird. Vorsorglich mag man sich beizeiten einen kräftigen Wermutschnaps (aus dem eigenen Kräutergarten) ansetzen, der wahre Wunder wirkt, wenn es einmal mit der Bekömmlichkeit etwas hapert.

Ein scharrenden Vogel brate mit eyl,
eim schwimmenden aber laß die Weil

Neben den gewöhnlichen Füllungen der großräumigen Gans mit Äpfeln, Maronen oder Kartoffeln gibt es die verschiedenartigsten Feinschmecker-Kreationen. Vom Gänseklein, dem Schwarzsauer, von der Blutwurst, dem gefüllten Hals und anderen Genüssen aus Kleinteilen, die in den gänseträchtigen Landstrichen nach unterschiedlichen Rezepten zubereitet werden, wollen wir weiter kein Aufheben machen. Aber die Leibesfülle der Gans bietet darüber hinaus noch mehr: Spezialitäten, die wir vornehmlich von den schweren Schlägen gewinnen und die auch auf dem Markt teuer angeboten werden.

Womöglich denken wir zuerst an die Leberpastete. Von sechs gleichzeitig geschlachteten Gänsen können wir uns nach verschiedenen Rezepten einen schönen Vorrat zulegen, und wir haben den Vorzug, sie von gesunden Lebern gut ernährter Tiere zubereiten zu können. Die im Handel angebotene Leberpastete stammt gewöhnlich von gezielt gemästeten Tieren: je weißer und fetter die Leber, desto »besser« wird die Pastete, und je größer sie ist, desto höher ist der Gewinn im Verhältnis zur Zahl der Tiere. Wiederum waren es die Römer, die Gänse mit Feigen mästeten, bis die Leber so groß war »wie die Gans selbst«, wie Juvenal um die 1. Jahrhundertwende n.Chr. lästerte; ein römischer Dichter, der die Verkehrtheiten der Menschen mit äußersten Schärfe angriff. Dessen ungeachtet werden heute noch viel mehr Gänse solange weit über ihren natürlichen Nahrungsbedarf hinaus mit grausamen Methoden zwangsgefüttert, bis ihre Lebern – völlig verfettet und entartet – etwa 3 kg schwer geworden sind. Die Toulouser Gans wurde eigens zu diesem Zweck gezüchtet. Lange vor der (Not-) Schlachtung beginnt die Funktion der Leber nachzulassen. Mit zunehmender Beeinträchtigung des Stoffwechsels wird das Fleisch in Mitleidenschaft gezogen. Deshalb essen Franzosen die Fettleber-Gänse auch nicht, wohl aber die Leber in der Straßburger Gänseleberpastete.

Die geräucherte Gänsebrust ist eine Köstlichkeit, die zunehmend auch auf dem Markt angeboten wird. Von der Pommerschen Gans erhalten wir das größte und beste Stück. Das Fleisch wird vom Brustknochen gelöst und mit Salz eingerieben. Die Brusthälften werden zusammengenäht und nach drei Tagen dem Metzger zum Räuchern gegeben. Länger als 8 Tage sollte das Fleisch nicht im Rauch hängen und während dieser Zeit mehr Luft als Rauch bekommen. In Pommern räucherte man auch sogenannte Spickgänse: halbierte Gänse mit Salz eingerieben und drei Tage in ein zugedecktes Gefäß eingelegt, dann in Weizenkleie gewälzt, acht Tage in den Rauch gehängt und danach von der Kleie gereinigt, halten sich die wohlschmeckenden Gänsehälften relativ lange.

Schließlich wäre da noch das herzhafte Gänseschmalz. Dafür eignet sich sowohl das Flaumfett (Flomen) als auch das Darmfett einer schweren Gans, die davon einiges übrig hat. Die Stücke werden eine Nacht in Magermilch gelegt, danach in kleine Würfel geschnitten, mit Äpfeln, Zwiebeln und Beifuß (evtl. mit einem Viertel Schweineflomen, falls wir das Fett fester mögen) solange langsam in der offenen Pfanne ausgeschmolzen, bis die Grieben goldgelb geworden sind, und dann in vorgewärmte kleine Steintöpfe gegossen: ein herrlicher Brotaufstrich, dessen reichlicher Genuß tunlichst mit einem Wermut-Schnaps beschlossen werden sollte.

... und ein Bett voll Federn

Die Gänsehaltung erlebte schon einmal – sehr früh – eine gewisse Blütezeit, als man die Federn wegen ihres hohen Wärmeschutzes und ihrer enormen Leichtigkeit (eine Flaumfeder oder Daune wiegt 0,001–0,002 g) als bestgeeignetes Polster- und Füllmaterial für Betten und Kissen entdeckte. Hauptsächlich in ihrem friesischen Ursprungsland entwickelte sich die Federerzeugung zu einem florierenden Wirtschaftszweig. Das mag zu der Zeit gewesen sein, als die Römer – auf die wir nun zum letztenmal zurückkommen dürfen – Germanien heimsuchten. Ganze Kohorten schickte man, statt auf die Wache, nach Federn aus, die sie sich auch von erjagten Wildgänsen holten. Und in Rom klagte man über die Verweichlichung der Männer, die kaum noch schlafen könnten, wenn ihr Kopf nicht auf Kissen mit Gänseflaum ruhe. Womöglich haben wir es den Daunen zu verdanken, daß wir die römischen Legionen so gründlich wieder losgeworden sind.

Die Gans wird erst gegessen, dann schläft man auf ihr

Die Gänse rupft man auf dem Dorfe und die Bauern in der Stadt

---

Bis in unsere jüngste Vergangenheit hielten sich Bauersfrauen Gänse ebenfalls wegen der Federn. Im Alter von einem Vierteljahr wurden erstmals und bis zum August noch einmal die Daunen und beim Schlachten außerdem die Deckfedern gerupft. Nach Weihnachten kamen die Weibsleut dann zum Federschleißen zusammen. Zunächst eingestimmt durch Kannen voll Bohnenkaffee und Berge von Streuselkuchen, dann gestärkt mit Knoblauchwurst und Kartoffelsalat – wenn die Männer sich nach Feierabend dazugesellten, die auch einen zünftigen Schnaps nicht verabscheuten –, saßen sie bei Dorfklatsch und Schnurren bis tief in die Nacht hinein beisammen und zogen die Fahnen von den Kielen tauglicher Deckfedern, die für einfache Federbetten den Daunen beigemischt wurden. Diesen schönen Brauch gab es noch bis zum zweiten Weltkrieg in der Oberlausitz.

Wer sich aus Liebhaberei Gänse hält, sollte auch eines Tages stolz eine selbstgerupfte Daunendecke sein eigen nennen können. Selbstverständlich verwenden wir, weil wir es uns ja leisten können, nur die reinen Daunen, von denen jede Gans etwa 100 g spendet, 50% beim Lebendrupfen und 50% beim Schlachtrupf. Für eine 155 × 200 cm große Decke mit einem Füllgewicht von 750 g, wie sie im Handel angeboten wird, brauchen wir 8 bis 9 Gänse, je nachdem wie hoch der Reinigungsverlust ist.

Das Rupfen oder, wie man in manchen Gegenden sagt, Raufen der Daunen wird nicht immer gleich auf Anhieb gelingen. Es bedarf einiger Übung, sowohl die Gans in die richtige Stellung zu bringen als auch die Daunen mit »leichter Hand« zu lösen. Sobald sich die ersten Daunen im Stall und auf der Weide zeigen, gehen wir der Gans an den Brust- und Bauchflaum. Sie wird so auf den Schoß gelegt, daß die Füße nach oben zeigen und der Kopf seitwärts nach unten hängt. In dieser Lage verhält sie sich ganz ruhig. Nun werden mit gebotenem Fingerspitzengefühl nur die leicht herausziehbaren Daunen gerauft. Wird es mit Feingefühl und Fingerfertigkeit getan, tut es der Gans nicht weh. Sie würde die gerauften Daunen ohnehin verlieren. So hatte man zum Beispiel in Pommern, wo große Gänseherden gehalten wurden, auf das Raufen verzichtet und es mit dem Einsammeln der Daunen auf der Weide bewenden lassen. Auch heute wird noch gesammelt: in den großen Eiderenten-Kolonien auf Island. Mit ihrem Flaum, der zu dem wertvollsten zählt, polstern die Vögel ihre Brutnester aus. Die Mühsal der Gewinnung macht die superleichten Daunen noch kostbarer, da nur wenige aus den Nestern genommen werden können, um das weiche und warme Nistbett nicht zu beeinträchtigen.

Schließlich und endlich mögen wir uns daran erinnern, daß mit der Gänsefeder etwa 1400 Jahre lang geschrieben wurde. Die »penna« löste bereits zuzeiten Theoderichs des Großen das Schreibrohr (calamus) ab und war seit dem 7. Jahrhundert in ganz Europa bis in das ausgehende 19. Jahrhundert in Gebrauch. Heute werden gelegentlich an Waldorfschulen Gänsefedern geschnitten und mit ihnen geschrieben, um ein Jahrtausend altes Kulturgut verstehen und seine Anwendung kennen zu lernen.

Anhang: Geflügeltes in Zahlen

Einige Zahlen zum Vergleich	Huhn	Pute	Perlhuhn	Ente	Gans
Brutdauer (Tage)	21	28	26–28	28	30–32
Eine Glucke brütet ...					
Hühnereier	12–15	–			
Puteneier	–	14–16			
Perlhuhneier			12–15		
Enteneier	6–8	14–16		12–14	18–20
Gänseeier	3–5	8–12		5–7	12–14
Eigewicht (g)	60	85	45	70	160
Zusammensetzung des Eies (%)					
Eiklar	58	56	48	54	52
Eidotter	32	33	37	36	35
Schale	10	11	15	10	13
Mist im Jahr (kg)	8	11	8	10	12
Nährstoffe (%)	Huhn	Pute	Rind	Ente	Gans
Stickstoff	1,60	1,30	0,40	1,00	0,55
Phosphor	1,50	0,70	0,20	1,40	0,55
Kali	0,85	0,50	0,50	0,60	0,95
Kalk	2,40		0,30	1,70	0,85
Magnesium	0,75		0,18	0,35	0,20

Zusammensetzung des Hühnereies in %	Wasser	Eiweiß	Fett	Kohlenhydrate	Mineralstoffe
Insgesamt	73,6	12,8	11,8	1,0	0,8
Eiklar	87,9	10,6	–	0,9	0,6
Eidotter	48,7	16,6	32,6	1,0	1,0

Schlachtgeflügelversorgung in der BR Deutschland (in 1000 t)	Jahr	Erzeugung		Einfuhr	Insgesamt	
		%	%	t	%	%
Hähnchen	1975	189.0	67,0	162.0	351	69,0
Suppenhühner	1975	55.0	19,5	17.0	72	14,2
Hähnchen + Suppenhühner	1985	244.0	78,6	37.0	281	75,3
Enten	1975	19.0	6,7	19.0	38	7,5
	1985	10.5	3,4	11.5	22	5,9
Gänse	1975	2.0	0,7	16.0	18	3,5
	1985	1.5	0,5	12.5	14	3,8
Puten	1975	17.0	6,1	13.0	30	5,9
	1985	54.5	17,5	1.5	56	15,0
Insgesamt	1975	282.0	100,0	227.0	509	100,0
	1985	310.5	100,0	62.5	373	100,0

Die Vierbeiner

Mit der vierbeinigen Kleintierhaltung kommen wir bereits in den Grenzbereich zum bäuerlichen Betrieb. So verlockend es wohl sein mag (falls es an Grün- und Ackerland nicht mangeln und die Familie groß genug sein sollte), einen Schritt weiterzugehen und eine Kuh zu halten, so unbestreitbar würden damit die Grenzen einer Liebhaber-Tierhaltung überschritten werden.

Wenn auch die höheren Investitionen und der größere Arbeitsaufwand verkraftet werden könnten – Schaf und Ziege entsprechen durch ihre geringe Größe, ihren feingliederigen Körperbau und ihrem zugänglicheren Wesen eher unseren Vorstellungen vom umgänglichen bäuerlichen Haustier einer Liebhaberhaltung. Vergleichen wir die Erträge, zum Beispiel die Milchleistung, dann sind die Ziegen der Kuh haushoch überlegen, denn schon drei Ziegen geben soviel Milch wie eine Kuh; sie brauchen aber nur ein Drittel des Futters, das eine Kuh fressen muß, um die gleiche Menge zu erzeugen.

Schaf und Ziege haben gemeinsame Ahnen und Urformen. Der Urahn »Gelocus« ist in den Schichten des Miozäns (Jungtertiär) gefunden worden, zu einer Zeit, da der Mensch den Erdenplan noch gar nicht betreten hatte. Im Laufe der Entwicklung haben sich zwar die beiden Arten herausgebildet, die sich hauptsächlich durch ihre Wesensart, Stimme, ihren Geruch und im mitteleuropäischen Raum auch durch ihr Erscheinungsbild unterscheiden. Hinsichtlich ihres Körperbaus sind die Verschiedenheiten jedoch nicht so groß, daß man sie auf den ersten Blick nicht auch verwechseln könnte. Zumal wenn ihr Aussehen durch das Haarkleid bestimmt wird. So gibt es in weiteren Lebensbereichen Haar-Schafe und Woll-Ziegen, bei denen eine Zuordnung (auch hinsichtlich der Schädelform und der Ohren) schwerfällt. Das nordafrikanische Mähnenschaf ist gar eine Zwischenform von Schaf und Ziege. Wir kennen aber glücklicherweise ein untrügliches Merkzeichen zur Bestimmung der beiden Tierarten: Ziegen tragen den Schwanz hoch erhoben, zumindest aber gestreckt, während Schafe ihn ohne Ausnahme hängen lassen.

Schaf und Ziege sind Weidetiere

Eine völlige Übereinstimmung finden wir in der unverändert gebliebenen Lebensweise als wiederkäuende Paarhufer. Die hochspezialisierten Pflanzenfresser sind typische Weidetiere, die – auf Zehen laufend – weite Strecken zurückzulegen vermögen. Tiere dieser Gattung leben seit ihrer Entstehung in Gruppen oder Herden. Wir könnten uns vorstellen, daß sie mit ihren Artgenossen: Gemse und Steinbock, Gazelle und Antilope, Rind, Auerochs, Wisent und Büffel, Reh, Hirsch, Rentier und Elch, Giraffe und vielen anderen dieser Gattung in mächtigen Herden die üppig wuchernde Pflanzenwelt grauer Vorzeit überwanden. Indem sie die Wälder durchlichteten, den Busch bewältigten und die Steppen beweideten, bereiteten sie den Boden für den seßhaft werdenden Menschen.

Seit jeher sind die weidenden Tiere mit dem bäuerlich tätigen Menschen in besonderer Weise verbunden. Eine Domestikation ist hier eher auf ein Aufeinanderzugehen, mit gebührender Distanz die Nähe des anderen suchend, oder auch als ein Aufeinander-angewiesen-sein zu verstehen. Seit Menschengedenken leben sie mit ihm in einer Schicksalsgemeinschaft. Sie halfen ihm, die Erde urbar zu machen, unterstützen ihn auch heute noch als Zug- und Lasttier, umhüllen ihn mit Haut und Haaren und vermögen jegliches Grün in gute Milch und wohlschmeckendes Fleisch zu verwandeln. Andererseits bleibt ihnen durch die Fürsorge und Betreuung des Menschen der harte Kampf ums Dasein erspart.

Vor 5000 Jahren waren in Ägypten neben Rindern, Schafen und Ziegen auch noch Herden von Gazellen, Antilopen, Stein- und Wasserböcken in Hege und Pflege. Im Laufe der Zeit sind nur noch die Arten in unserer Obhut geblieben, die sich für die Haustierhaltung, für das Herauszüchten ertragreicher Besonderheiten, wie Milch und Wolle, sowie für die jeweiligen klimatischen Verhältnisse besonders eigneten.

Obschon unsere Haustiere über Jahrtausende zum Lebensbereich des Menschen gehören und obwohl immer neue Züchtungen nicht nur die Erträge steigerten, sondern auch zur Formenvielfalt und zu teilweisen Formveränderungen geführt haben, sind die arteigenen Lebensäußerungen, Instinkte und Verhaltensweisen, die das Dasein und Überleben in ihren ursprünglichen Lebensräumen ermöglichten, lebendig geblieben, denn die wesenseigene Empfindungsfähigkeit, eine seelische Qualität, ist unveränderbar, während im physischen Bereich bis zu einem gewissen Grade Anpassungen möglich sind.

Selbst der in hohem Grade domestizierte Hund, dessen Formenvielfalt kaum noch zu überschauen ist, lebt noch immer in der Meute (der zum Hause gehörenden Menschen), respektiert seinen Herrn als Leittier und reißt wildernd seine Beute, wenn man ihn streunen läßt. Er leitet seine Fähigkeiten und Instinkte noch ungeschmälert von der Wildform her, die durch bestimmte Lebensbedingungen geprägt wurde, sofern es sich nicht um eine Rasse handelt, die bereits weitgehend entartet ist.

Um wieviel mehr läßt sich das urtümliche Naturell bei den Tieren finden, die in der bäuerlichen Umwelt leben, zumal wenn sie wie Schaf und Ziege körperlich für die Lebensweise als Weidetier besonders veranlagt sind. Magen, Füße und Gebiß sind diesen Verhältnissen so ausschließlich und einzigartig angepaßt, daß sich andere Lebensumstände, die ihrer jeweiligen Eigenart nicht entsprechen, nachteilig auf das Wohlbefinden der Tiere auswirken. Eine artgerechte Haltung wird daher ihre Bedürfnisse soweit wie möglich berücksichtigen. Schaf und Ziege gedeihen besser, sind gesünder, fühlen sich wohler und erfreuen uns letzten Endes auch durch einen höheren Ertrag, wenn sie den täglichen Weidegang zur Genüge auskosten können.

Wiederkäuer haben vier Mägen

Ein hochentwickeltes, vierhöhliges Verdauungssystem ist in der Lage, besonders rohfaser- und zellulosereiches Futter (stengeliges Grünfutter, Heu, Stroh, Zweige, Rinde), das von Tieren mit einem einhöhligen Magen kaum oder gar nicht verwertet werden kann, in hochwertig verdauliche Nährstoffe umzuwandeln.

Das zunächst mit nur wenigen Kauschlägen grob zerkleinerte Rauhfutter gelangt vorerst in den großräumigen, bis zu 20 Liter fassenden, Pansen (Rumen, Wanst, Ranzen), wo es von unzähligen Wimpertierchen (bis zu 900 000 je cm^3, beim Rind nur etwa 50 000 je cm^3), die einen Teil des Futters als Nährboden für ihre Vermehrung verwenden, aufgeschlossen und von Bakterien ver-

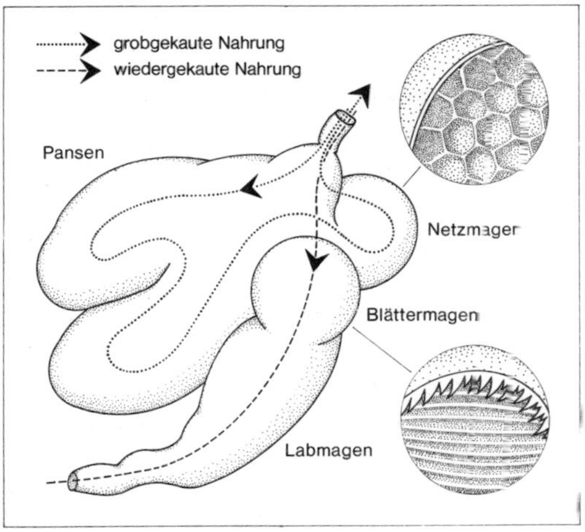

Mehrteilige Magen des Wiederkäuers
Durch den mehrteiligen Magen der Wiederkäuer kann schwerverdauliche Pflanzennahrung wieder in das Maul gelangen, um nochmals durchgekaut und durchgespielt zu werden: nachdem die grob zerkleinerte Nahrung zunächst im Pansen vergoren wird, gelangt sie über den mit netzartigen Schleimhautfalten ausgestatteten Netzmagen wieder in die Mundhöhle zurück; nach dem Wiederkäuen durchläuft der Speisebrei dann den blattartigen Blättermagen und den eigentlichen Hauptmagen (Labmagen). (Verändert nach dtv-Lexikon: »Wiederkäuer«)

goren wird. Die dabei entstehenden Gase werden durch Rülpsen abgeführt. Nach etwa 30 bis 45 Minuten wird das angedaute Futter portionsweise über den mit netzartigen Schleimhautfalten ausgestatteten Netzmagen (Haube) in das Maul zurückbefördert und nun in aller Ruhe gründlich durchgekaut. Dabei wird es weiter zerkleinert und mit Speichel (bis 12 Liter täglich) angereichert, der die Gärungssäuren neutralisiert. Nach dem Wiederkauen durchläuft der Speisebrei den mit blattartigen Falten versehenen Blättermagen (Psalter, Kalender, Löser), in dem er zerrieben und ausgepreßt wird.

Nach den mikrobiellen und mechanischen Prozessen in den Vormägen sind die schwer verdaulichen Stoffe soweit aufgeschlossen worden, daß sie schließlich im eigentlichen Hauptmagen, dem Labmagen (Käsemagen), der etwa dem einhöhligen Magen anderer Tierarten entspricht, in üblicher Weise verdaut werden und als wertvolle Nährstoffverbindungen zur Verfügung stehen können.

Hochwertige Nährstoffe sind gleichwohl auch die eiweißreichen Pansenmikroben (Wimpertierchen) selbst, die nach getaner Arbeit ebenfalls im Labmagen verdaut werden, und das von ihnen produzierte Eiweiß. So kann der Eiweißbedarf der Wiederkäuer zum großen Teil aus »eigener Herstellung« gedeckt werden, vorausgesetzt die Pansentierchen können sich durch reichlich aufgenommenes Rauhfutter gut entwickeln. Der körpereigene Eiweißaufbau ist dem natürlichen Futteraufkommen angepaßt. Die Weide – und besonders das Heu – ist rohfaserreich, aber eiweißarm. Tieren mit einhöhligem Magen muß Roheiweiß in weit größeren Mengen mit dem Futter zugeführt werden.

Die besonderen Stoffwechselvorgänge in dem aufwendigen Magensystem der Wiederkäuer sind wesentlich komplizierter, als sie mit wenigen Sätzen dargestellt werden können. Für die Praxis ist es wichtig zu wissen, daß sich die Vernachlässigung einer gleichmäßigen, wiederkäuergerechten Fütterung verhängnisvoll auswirken kann. Rohfaserarmes und eiweißreiches Futter, wie Kraftfutter (Getreide, Ölsaatenrückstände), junges Grünfutter, Rübenblätter, Klee oder überdüngte Weide, die in größeren Mengen oder gar ausschließlich und übergangslos verfüttert werden, verursachen Verdauungsstörungen. Mangels Rauhfutter wird der Reflex zum Hochbringen des Wiederkäubissens nicht ausgelöst. Unterbleibt aber das Wiederkäuen, wird zu wenig Speichel produziert. Der Panseninhalt übersäuert. Die Mikroben gehen ein. Die Abläufe des ganzen Verdauungssystems geraten ins Stokken. Schaumige Gärungen blähen den Pansen auf und führen in schweren Fällen

(Trommelsucht) zum Tode. Schon ein paar Hände voll Hafer, die wir unseren Schafen eines Tages aus lauter Liebe beim abendlichen Stallgang gaben, verursachten Durchfall, eine noch verhältnismäßig harmlose Verdauungsstörung.

Zehenspitzengänger brauchen Fußpflege

Paarhufer sind ausgezeichnete Lauftiere, die sich auf jeweils zwei Zehenspitzen besonders behende und ausdauernd fortbewegen können. Die Antilope fliegt gleichsam, die Schwere überwindend, über die Steppe und legt Hunderte von Kilometern auf ihren zyklischen Weidezügen zurück. Gemse und Steinbock springen schwerelos über den Fels, mit sicheren Hufen den Halt ertastend. Die Natur hat sie für diese leichtfüßige Art der Fortbewegung bestens ausgerüstet. Die 3. und 4. Zehen sind zu Klauen ausgebildet. Eine kräftige Hornkapsel umhüllt schützend die Endglieder. Sie wächst verhältnismäßig schnell nach, um die Abnutzung durch die harten Böden der Steppe und des Gebirges auszugleichen.

Der kleinhufige, kantige Tritt vieler Tiere kommt auch dem kultivierten Boden zugute. Im alten Ägypten wurden nach der Aussaat Schafe über den Acker getrieben, damit sie die Samenkörner in den Erdboden treten. Durch die »goldenen Klauen« werden leichte Sandböden fruchtbarer und geringfügig feuchte Wiesen trockener. Wir sind gut beraten, wenn wir im zeitigen Frühjahr, sobald das Gras zu sprießen beginnt, die Tiere über die ganze Weide laufen lassen. Durch die »Trippelwalze« wird der aufgefrorene Boden besser gefestigt als durch die Bearbeitung mit der üblichen Walze. Das kommt auch den Hufen zustatten, denn je weicher der Boden, desto weniger nutzt sich das nachwachsende Horn der Hufe ab. Ohnehin ist die Bewegungsfreiheit unserer weidenden Haustiere gegenüber denen, die in freier Wildbahn leben, stark eingeschränkt. Das besonders rasch wachsende Horn der äußeren Klauenwand biegt sich nach vorne und rollt sich dabei ein: es entsteht die tütenförmige Rollklaue oder Doppelsohle. Ganz abgesehen davon, daß die verbildete Klaue die

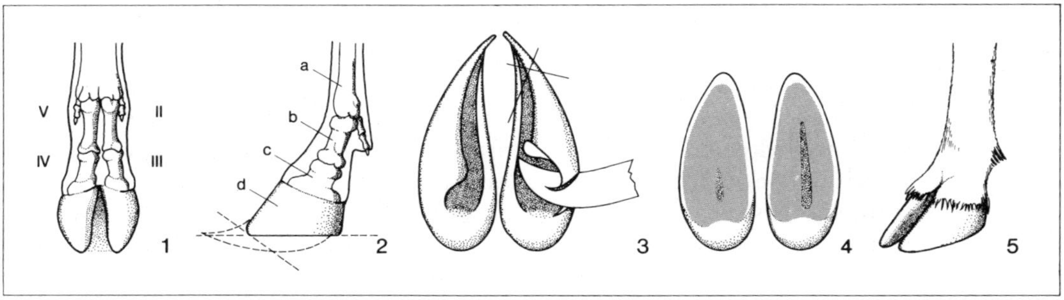

»Zehenspitzengänger« brauchen Klauenpflege

1 Vorderlauf von vorn: III + IV entwickelte klauentragende Zehen, II + V zurückgebildete Zehen; Daumenzehe I fehlt (nach dtv-Lexikon: »Paarhufer«)

2 Vorderlauf von der Seite: a Mittelhandknochen, b Fesselbein, c Kronbein, d Klauenbein (nach dtv-Lexikon: »Paarhufer«)
gestrichelte Linie: mögliches Überwachsen der Hornwände bei mangelnder Pflege und Rückschnitt

3 bei stark vernachlässigter Klaue mit eingerolltem Tragrand muß schichtweise und vorsichtig geschnitten werden (Ansicht von unten)

4 geschnittene Klaue von unten gesehen: Tragrand, Sohle und Ballen bilden eine glatte Fläche

5 Laufkante nach dem Schnitt

Tiere am Laufen hindert, bilden sich durch die in den Zwischenräumen eingedrungenen Fremdstoffe Infektionsherde, die zu den verschiedensten Erkrankungen der Füße führen und durch das zwangsläufige Auftreten so starke Schmerzen verursachen können, daß die Tiere in ihrem Wohlbefinden und ihrer Widerstandskraft überaus beeinträchtig werden.

Die beste Medizin gegen Moderhinke: den Schäfer entlassen

Die besonders bei Schafen auftretende Moderhinke ist die gefürchteste Klauenerkrankung. Sie ist eine ansteckende Entzündung, die durch Bakterien verursacht wird und letzten Endes zur Auf- und Ablösung des Hornschuhes führt. Die Erreger finden in überwachsenden Klauen beste Lebensbedingungen, können aber auf freiem Boden nicht länger als 14 Tage überleben Wenn durch die Beweidung nasser Wiesen das Horn obendrein aufgeweicht wird, vermögen sie es noch schneller zu zersetzen. Die erkrankten Tiere erleiden beim Gehen so hochgradige Schmerzen, daß sie nur noch im Knien zu fressen vermögen.

Sorgen wir also dafür, daß durch eine gewissenhafte Klauenpflege unsere Vierbeiner immer gut zu Fuß sind. Von Zeit zu Zeit entfernen wir überschüssiges Horn. Die Zeitabstände können verschieden sein. Helles Horn ist weicher als pigmentiertes und neigt eher zum Einrollen. Wenn die Tiere ausschließlich stationär auf einer verhältnismäßig weichen und ebenen Wiese sowie winters ganztägig im Stall gehalten werden, muß wegen der geringen Abnützung der Klauen öfter (etwa alle drei Monate) geschnitten werden, als wenn man mit ihnen zum Beispiel jeden Tag nach einem frühen Feierabend (bei gleitender Arbeitszeit) eine Runde wandern würde, was nicht nur der Gesundheit der Tiere und des Halters, sondern auch dem Miteinander außerordentlich förderlich wäre. (In dieser Weise sahen wir lange Zeit einen Dorfbewohner bei gutem Wetter mit Schaf und Hund durch die Flur ziehen).

Jedenfalls macht es keine Mühe, sich hin und wieder zu vergewissern, ob der Klauenzustand noch in Ordnung ist. Versäumnisse sind kaum einzuholen. Sind die Klauen verformt, ist zumindest die weitere Pflege sehr aufwendig. Lämmer sind besonders gefährdet. Falls sie wegen schlechter Witterung im Stall gehalten werden, müssen die Klauen das erste Mal schon im Alter von sechs Wochen geschnitten werden.

Profis schneiden mit einem Hufmesser, dessen Klinge gebogen ist. Weniger Geübte nehmen eine gute Obstbaum-(Rosen-)Schere. Es sollte jedenfalls kein Blut fließen, wenn das an den Außen- und Innnenseiten der Klauen überstehende Horn soweit weggeschnitten wird, daß es mit dem Ballen etwa in einer Ebene liegt. Außerdem werden die Klauenspitzen ausreichend gekürzt. Sollte es dennoch zu Schnittverletzungen kommen, müssen die Wunden desinfiziert und behandelt werden. Lämmer und Jungtiere kann man noch leicht zum Klauenschneiden auf den Rücken legen. Erwachsene Tiere schneidet man während sie stehen, indem man die Beine jeweils aufhebt. Sie werden dabei von einem Familienmitglied gehalten oder man »arretiert« sie, indem man sie anbindet und gegen die Wand stellt.

Das besondere Gebiß

Das Gebiß der Wiederkäuer ist der Nahrungsaufnahme auf der Weide angepaßt. Im Oberkiefer fehlen die Schneidezähne. An deren Stelle haben die Tiere eine derbe Hornplatte mit knorpeliger Kante. Zwischen dieser Gaumenplatte und den unteren Schneidezähnen klemmen sie die Weidepflanzen fest und rupfen oder knabbern sie ab. Bei Überbeweidung können sie das Gras mit »giftigem Zahn« so tief verbeißen, daß die Narbe geschädigt wird. Kürzeres Gras wird besser erfaßt als langes. Ideal ist eine Wuchshöhe von etwa 10 bis 15 cm, zumal es

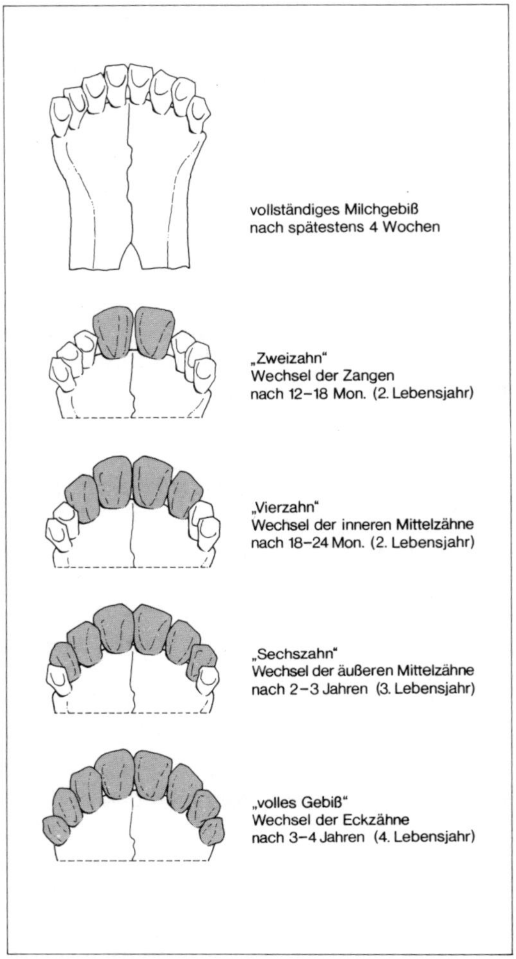

An dem jeweiligen Wechsel der Schneidezähne, mit denen bei den Wiederkäuern nur der Unterkiefer ausgestattet ist, kann man in den ersten vier Lebensjahren das Alter des Tieres bestimmen.

bis zu dieser Höhe auch einen guten Nährwert hat.

24 kräftig entwickelte Backenzähne, jeweils 2 × 6 im Ober- und Unterkiefer zerkleinern die Nahrung. Im Unterkiefer ist zwischen ihnen und den Schneidezähnen eine Lücke. Falls es gelänge, den Daumen in diesen Zwischenraum zu stecken, ohne daß man gebissen wird, könnte man auf diese Weise auch ein weniger fügsames Tier festhalten, da es sich dann nicht würde bewegen können – so wird es jedenfalls erzählt.

Der Zahnwechsel der acht Schneidezähne – der Ersatz der Milchzähne durch breitere, sogenannte Schaufeln – beginnt nach etwa einem Jahr mit den Zangen (den beiden mittleren Schneide-Zähnen) und setzt sich im Laufe von etwa drei Jahren über die jeweils benachbarten inneren und äußeren Mittelzähne bis zu den Eckzähnen fort. Da die Zähne in bestimmten Abständen gewechselt werden, läßt sich das jeweilige Alter des Tieres ermitteln. Die Dauer des Zahnwechsels hängt allerdings auch von der Rasse, der individuellen Veranlagung und dem Futterzustand ab (gut ernährte Tiere wechseln die Zähne früher). Der jeweilige Wechsel kann auch früher oder später einsetzen.

Weide

Es ist noch gar nicht so lange her, daß selbst in der Fachliteratur die Weidehaltung von Ziegen, als Ausnahme, nur kurze Erwähnung fand. Die allgemein übliche ganzjährige Stallhaltung entstand zweifelsohne durch die sozialen Verhältnisse der Ziegenhalter. Denn vornehmlich Häusler, Tagelöhner mit kleinstem Grundbesitz, versorgten sich durch die anspruchlose Stallhaltung einer Ziege in wirtschaftlichen Notzeiten mit Milch und Fleisch.

Dagegen gilt das Schaf, gleich wie es gehalten wird, als Sinnbild des grasenden Tieres, wenngleich – dem Zug der Zeit folgend – in Großbetrieben mit intensiver Lammfleisch-Produktion die ganzjährige Stallhaltung zur Erzielung eines größeren Umsatzes empfohlen wird. Es bleibt jedoch zu hoffen, daß nicht zuletzt durch eine Zunahme der Zahl der Selbstversorger der Markt weiterhin stagniert. So dürfte sich der hohe Kapitalaufwand für eine weitergehende Massenschafhaltung, wie sie bereits in Frankreich praktiziert wird, nicht lohnen: die industrielle Fleischproduktion in fensterlosen und vollmechanischen Ställen, in denen die Brunst zugunsten einer Verkürzung der Zwischenlammzeit durch Lichtprogramme gesteuert wird.

In der wandernden Herde, unter der Obhut eines guten Hirten, werden sich unsere Weidetiere am wohlsten fühlen. Bei der Haltung nur weniger Tiere können wir diese idealen Verhältnisse nicht erreichen. Aber vielleicht gibt es auch heute noch Dörfer, wie vor dem Kriege im Harz und sicher auch noch anderswo, in denen sich allmorgendlich einzelne Schafe aus allen Richtungen hinter dem durchziehenden Schäfer zu einer Herde sammelten und bei der abendlichen Rückkehr selbständig wieder ihr Anwesen aufsuchten, wo sie mit einer Scheibe Brot empfangen wurden. Jedenfalls sind der tägliche Weidegang, soweit es die Jahreszeit und die Witterung zulassen, und gute Weideverhältnisse unabdingbare Voraussetzungen für eine artgemäße Haltung.

Beim täglichen Weidegang werden ausgewählte Pflanzen auf natürliche Weise je nach Verlangen und Sättigungsbedarf aufgenommen. Er kommt dem gesamten Stoffwechsel und Kreislauf zugute, unterstützt die Verdauungsbewegungen, gewährleistet ein unbeschwertes Ablammen und fördert die Muskel- und Knochenbildung. Unter Einwirkung ultravioletten Lichtes wird das wichtige Vitamin D_3 gebildet, das an der Regulierung des Calcium- und Phosphor-Stoffwechsels beteiligt ist und dadurch die Knochenbildung beeinflußt. Vitamin-D_3-Mangel führt zu Rachitis bei aufwachsenden und zu Knochenweiche bei erwachsenen Tieren.

Wenn wir die Weide gleichzeitig als Obstanlage nutzen, können die Tiere an heißen Sommertagen im kühlen Schatten ruhen und gemächlich wiederkäuen. Allerdings müßten wir dann altbewährte Hochstämme pflanzen und die Stämme durch eine haltbare »Drahthose« oder dergleichen schützen. Vor allem die Ziegen gelüstet es nach saftigen eiweißreichen Blättern, und die junge Rinde gehört zu ihren besonderen Leibspeisen. Der Nachteil hochstämmiger Obstbäume, ein relativ später Ertragsbeginn, wird weitgehend wettgemacht durch reiche Ernten, Starkwüchsigkeit, Frosthärte und eine wesentlich größere Widerstandsfähigkeit gegen Pilz- und Schädlingsbefall, während die niederen Buschformen einer ständigen aufwendigen Pflege bedürfen. Und wer überdies noch alte Apfelsorten mit ihrem unwiederbringlichen Reichtum an wertvollen Aroma- und Inhaltsstoffen bevorzugt, dessen Wiese ist dem Paradiese schon ein ganz schönes Stückchen nähergekommen.

Denke erst and die Weide und dann an das Vieh

Gute Weideverhältnisse sind das A und O einer naturgemäßen, gesunden und gedeihlichen Haltung. Das Verweilen der Tiere im natürlichen Lebensraum mit einem vielseititen Futterangebot ist nicht nur hinsichtlich ihrer Gesundheit, sondern auch in Hinblick auf einen befriedigenden Ertrag gar nicht hoch genug einzuschätzen. Wir sollten daher höchste Ansprüche an die Weide als artgerechte Daseinsgrundlage für unsere Tiere stellen. Ihre verschiedenen Gesichtspunkte sollen deshalb ausführlich erörtert werden, wobei die jeweils besten Möglichkeiten gerade gut genug für unsere Viecher sein sollten. Denjenigen, die sie wegen ihrer sprichwörtlichen Genügsamkeit und ledendären Anpruchslosigkeit anschaffen wollen (und womöglich Hochleistungen erwarten), ist ein klärendes Wort zu sagen.

Wohl vermögen Schaf und Ziege im Gegensatz zu anderen Tieren auch minderes Futter hervorragend zu verwerten. Wenn jedoch nicht gleichzeitig mit den begrenzt aufnehmbaren Futtermengen (10 kg Gras je Tier je Tag) auch der Nährstoffbedarf gedeckt werden kann, bleiben die Erträge weit hinter den Erwartungen zurück, insbesondere bei den neuzeitlichen Milch- und Fleischrassen, die heute weitaus dominieren.

Eine Haltung auf Flächen mit »absolutem Schaffutter«, das heißt Ödland, das anderweitig nicht genutzt werden kann, war nur in den Zeiten rentabel, als Schafe vor allem wegen der Wolle gehalten wurden (1831 kostete 1 kg feine Wolle mehr als 9 kg Schaffleisch; hinzu kam noch, daß die Wolle magerer Schafe von besonders feiner Qualität war). Die Stallziege gab in schlechten Zeiten trotz mangelnder Ernährung immer noch soviel Milch, daß die ärgste Not gelindert werden konnte. Schon die Fähigkeit der Tiere zu wissen, was wohlschmeckend und nahrhaft ist und es mit schleckigem Maule auszuwählen (wobei sie für Grünspargel-Spitzel einen besonders feinen Geschmacksinn entwikkeln), widerspricht einem anspruchslosen Naturell.

Wer also glaubt, er könne einfach ein paar Tiere, die heute überwiegend als »veredelte Kulturrassen« gezüchtet werden, auf ein kleines verstepptes Stück Land stellen (wie man es recht häufig sieht), wird eine herbe Enttäuschung erleben. Wer nicht nur »Tierliebhaber« ist, sondern auch eine liebevolle Beziehung zu seinen Tieren hat, um ihr Wohlbefinden bedacht ist und schließlich auch die materiellen Vorteile zur Genüge genießen will – und wer wollte nicht ausreichend gute Milch, einen befriedigenden Fleischertrag und eine günstige Ablammquote – muß die Tiere auf einer fruchtbaren Weide grasen lassen, und wenn er sie auch erst mit viel Mühe im Schweiße seines Angesichts erschaffen und erhalten müßte.

Je besser die Weide,
je fetter die Schafe

Wer auf schlechte Weide treibt die Kuh,
verliert die Milch und den Mist dazu

Zugegeben – es gibt Böden, die einfach nicht »mit sich reden lassen«, zum Beispiel karge Hänge in einem miserablen Klima. Hier werden die auf einen erklecklichen Fleischertrag gezüchteten Schafrassen und die auf hohe Milchleistungen getrimmten Deutschen Edelziegen nicht gedeihen. Deshalb brauchen wir jedoch den Gedanken zumindest an eine Schafhaltung nicht aufzugeben. Wenn wir uns auf die weniger empfindlichen und genügsameren alten Landrassen besinnen, die noch die Fähigkeit besitzen, auch bei dürftiger Weide – wenn sie nur groß genug ist – noch einigermaßen genügende Leistungen zu erbringen (wofür sie allerdings mit einem gehaltvollen »Nachtisch« belohnt werden sollten), werden wir sogar in solchen Lagen den Traum von einer bäuerlichen Tierhaltung verwirklichen können. Dennoch sollten wir den Versuch nicht aufgeben, die Weideverhältnisse zu aller Zufriedenheit ständig zu verbessern.

Die Größe der Weide hängt auch von deren Güte ab

Die Fläche, die ein Tier braucht, um seinen Grundnahrungsbedarf sommers wie winters decken zu können, hängt ab von der Bodenqualität, dem Klima, der Vegetationsdauer, dem Artenreichtum und der Qualität der Nahrungspflanzen sowie der Pflegeintensität, der Art der Beweidung und dem Nahrungsbedarf der Tiere. Auf fetten Wiesen können verhältnismäßig mehr Tiere satt werden als auf kargen Weiden mit spärlichem Aufwuchs oder mit kurzer Vegetationszeit in höheren Lagen. Die Zahl der Muttertiere, die jeweils mit ihren Lämmern auf einem Hektar Weidefläche – einschließlich Heugewinnung – gehalten werden können (Besatzstärke), kann also je nach Futteraufkommen verschieden sein.

Eine mittlere Weide ernährt je Hektar zehn Schafe beziehungsweise sieben Ziegen oder Milchschafe jeweils mit Nachzucht rund um das Jahr. Die kleinste Weidefläche muß also 2000 m^2 = 20 ar = 0,2 ha groß sein, wenn wir davon ausgehen, daß mindestens zwei Tiere – in diesem Falle zwei Schafe – gehalten werden. Bei kleinerer Besatzstärke auf schlechteren Weiden müßte die Mindestfläche entsprechend größer sein. Zeigt es sich mit zunehmender Erfahrung, daß der Weideertrag falsch eingeschätzt wurde, muß die Besatzstärke entsprechend geändert werden.

Eine nahrhafte Weide hat eine vielfältige Flora

Wer eine urige Wiese besitzt, auf der sich noch Bienen, Hummeln und Schmetterlinge tummeln, kann sich glücklich schätzen. Bietet sie doch unseren Schafen und Ziegen die ergiebigste und wohlfeilste Nahrung, sei es als Grünfutter oder als Heu. Leider gehört sie schon fast der Vergangenheit an: diese Wiese, die mit einer Vielzahl von Pflanzengemeinschaften – Gräsern, Wiesenpflanzen, Kleearten und Kräutern – ein artenreiches und mäßig feuchtes Biotop bildet. Solche Pfründe sind in der Regel durch intensive Bewirtschaftung, vor allem duch Überdüngung zu Monokulturen weniger Gräser verarmt, in denen sich unerwünschte Weideunkräuter breit machen, wie Rasenschmiele, Quecken, Sauergräser und Seggen sowie Wiesenstorchschnabel, Sauerampfer, Hahnenfuß und Disteln.

Ein Schaf auf der Weide sucht sich die besten Kräuter

Schafe und Ziegen sind Feinschmecker. Mehr noch als das Rind lieben sie einen gut gedeckten Tisch mit einem reichhaltigen Angebot wohlschmeckender und nahrhafter Gräser (Weidel-, Liesch- und Knaulgras, Wiesenschwingel und -rispe), vielerlei Leguminosen (Weiß-, Rot-, Hornschoten- und Gelbklee, Luzerne und Esparsette) und vor allem die verschiedensten Wildkräuter, die wegen ihrer würzigen und heilenden Wirkung besonders wertvoll sind. Ihr Reichtum an ätherischen Ölen, Enzymen, Vitaminen, Gerbstoffen, Bitterstoffen u. a. tragen wesentlich zur Belebung und Förderung des Stoffwechsels, des Blutkreislaufes, der Drüsenfunktionen und der Verdauung bei.

Ausgesprochene Heilkräuter, die ohnehin schon zu unserem eigenen Wohl und auch dem der Gemüsekulturen im Garten wachsen, werden für die Tiere im größeren Umfang angebaut. Ihr hoher diätischer Wert und ihre Bedeutung für die Gesundheit der Tiere wird im Kapitel »Futter« besonders erwähnt.

Eine Traumwiese mit gehaltvollem Futter wird uns auf die Dauer nicht geschenkt. Um sie über Jahre ertragreich und fruchtbar zu erhalten, bedarf es einer sinnvollen Weidetechnik, intensiver Pflege und einer ausreichenden Versorgung mit organischen Düngern. Selbst eine vernächlässigte Weide vermag sich durch diese Maßnahmen noch zu regenerieren. Ein minderwertiger Zustand wäre zunächst noch kein Grund, an einen Umbruch zu denken, der immer mit einem Humusverlust einhergeht. Durch Einsaaten in die aufgerissene Narbe kann man versuchen, eine Verbesserung zu erreichen. Mangelt es allerdings weitgehend an ergiebigen Futterpflanzen, breitet sich zum Beispiel an deren Statt die Rasenschmiele stark aus, ist ein Umbruch nicht mehr zu umgehen. Für Neueinsaaten empfiehlt es sich, von einschlägigen Samenhandlungen für die jeweilige Lage und die gegebenen Bodenverhältnisse geeignete Weidepflanzen in der für die Fläche erforderlichen Menge zusammenstellen zu lassen. Auch spezielle Kräutermischungen sind erhältlich. Freilich wird man bei Ein- und Neusaaten mit der Anschaffung der Tiere solange warten müssen, bis die Pflanzen ein- bzw. gut aufgewachsen sind.

Verschiedene Weideführungen

Um die engen wechselseitigen und lebenswichtigen Beziehungen zwischen Tier und Pflanze in einer wünschenswerten Intensität zu erhalten, müssen wir zwischen beiden auf der uns zur Verfügung stehenden Weidefläche möglichst ausgewogene Verhältnisse anstreben. Das heißt, wir sollten die Tiere so weiden lassen, daß sie während der ganzen Weideperiode immer über ausreichendes und qualitätsvolles Futter verfügen können, daß aber andererseits die Weide nicht geschädigt, sondern noch verbessert werden kann. Es gilt, sowohl eine Über- als auch eine Unterbeweidung zu vermeiden und eine Art der Beweidung zu praktizieren, die sich der jahreszeitlichen Vegetation rhythmisch anpaßt. Während im Frühjahr dem Tier »das Gras ins Maul wächst«, tritt gewöhnlich Anfang Juli eine Wachstumshemmung ein, der im August wiederum ein neuer, aber schwächerer, Wachstumsimpuls folgt, ehe der Aufwuchs in den Herbst hinein langsam nachläßt.

Wenn die Schafe sich abends (im Oktober) nicht gern eintreiben lassen, so fällt im Winter viel Schnee

---

Tüdern. Das Anbinden der Tiere mit einer etwa 3 m langen Kette an einen Pflock, ist von den verschiedenen Möglichkeiten der Beweidung die schlechteste. Die Bewegungsfreiheit der Tiere wird hierbei soweit eingeschränkt, daß man nicht mehr von einer artgerechten Haltung sprechen kann. Außerdem bedarf es einiger Mühe, durch fortlaufendes Umpflocken das ausgewogene Verhältnis zwischen Futterangebot und Weidepflege herzustellen. Ganz abgesehen davon muß man ständig darauf bedacht sein, zum Beispiel die empfindlichen Ziegen vor zu starker Sonneneinstrahlung (wenn schattenspendende Bäume fehlen) oder aufkommendem Wetter durch Aufstallung zu schützen. Ganz zu schweigen von streunenden Hunden, die den Tieren gefährlich werden können.

Die Standweide. Sie scheint zunächst die beste Art der Beweidung zu sein: die Tiere können sich auf der gesamten Weidefläche vom Frühjahr bis zum Herbst frei bewegen. Schließt die Weide an den Stall an, bedarf es auch nicht der Hege.

Aber die Nachteile überwiegen. Durch das selektive Weideverhalten der Tiere wird die Weide allmählich zugrunde gerichtet. Mit spitzem Maul suchen sie sich zunächst – und immer wieder – die schmackhaftesten und nahrhaftesten Kräuter heraus, bis der »giftige Zahn« sie soweit verbissen hat, daß sie eingehen. Die Grasnarbe verliert an Wuchskraft, wenn sie durch ununterbrochen lange Freßzeiten dauernd kurz gehalten wird. Weniger gern gefressene Gräser und Kräuter werden überständig. Auch durch Kotansammlungen entstehende Geilstellen werden nicht abgefressen und bleiben zunehmend stehen. Was verschmäht wird, geht in Samen über und vermehrt sich. Ständig sind Neuinfektionen mit Innenparasiten möglich, da die gleiche Fläche beweidet wird, auf der sich ausgeschiedene Wurmeier zu ansteckungsfähigen Larven entwickeln. Schließlich ist die Heugewinnung ein schwieriges Unterfangen.

Zwar können durch regelmäßige Reinigungsschnitte der Bewuchs ausgeglichen und die Samenausbreitung minderwertiger Pflanzen verhindert werden. Im Laufe der Zeit ist jedoch eine Verarmung der Weide durch den Verlust an wertvollen Kräutern nicht zu vermeiden. Dem Parasitenproblem ist nur durch wiederholte Wurmkuren beizukommen, die nicht nur die Tiere, sondern auch Wolle, Milch und Fleisch zunehmend belasten. Um eine vernünftige Heuwerbung durchführen zu können, müßte die dafür notwendige Fläche bis zum ersten Schnitt den Tieren vorenthalten werden. Sinnvoll wäre es dann auch, während einer anschließenden Beweidung des gemähten Teiles, die bisher beweidete Fläche zur Schonung für den zweiten Schnitt zu sperren. Damit haben wir aber bereits den ersten Schritt zur Umtriebs- und Mähweide getan.

Die Umtriebs- und Mähweide. Sie erlaubt nicht nur eine ordentliche Gewinnung des Winterfutters, sondern man vermeidet durch einen geregelten Weidewechsel die Nachteile der Standweide. Nach der golde-

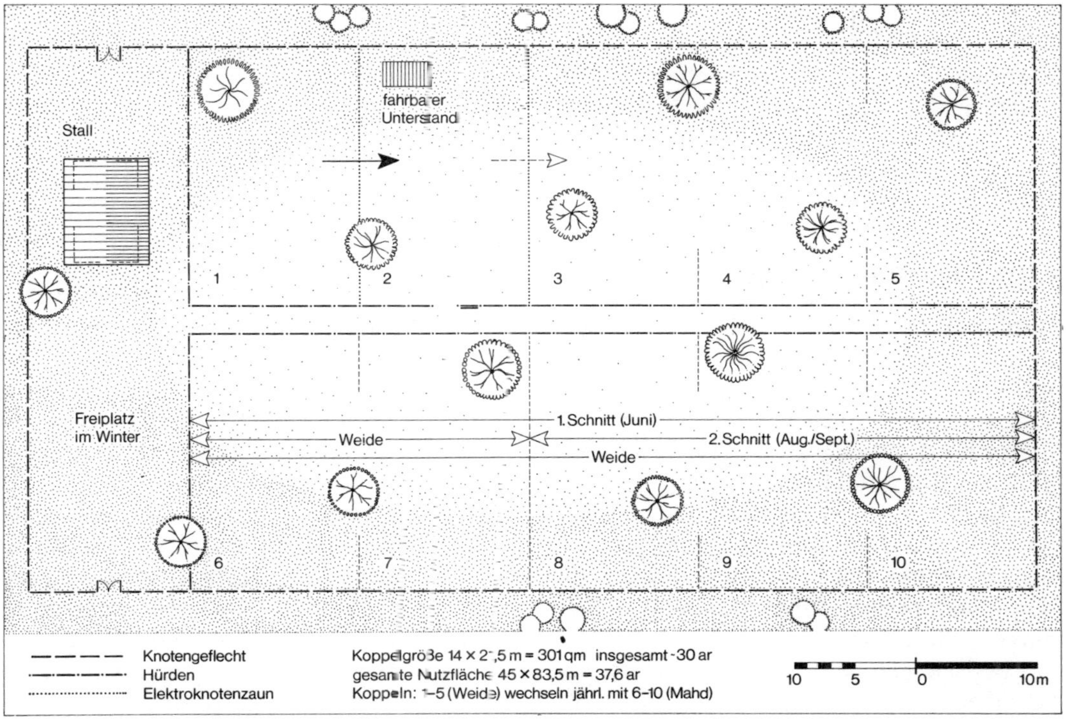

Wer sich an die goldene Weideregel »kurze Freßzeiten – lange Ruhepausen« halten möchte, sollte eine Umtriebsweide mit 10 Koppeln betreiben, von denen jede je nach Aufwuchs durchschnittlich 5 Tage beweidet wird: hier weiden 2 Ziegen oder 2 Milchschafe samt ihrem Nachwuchs, außerdem werden einige Koppeln zeitweise zur Heugewinnung für den gesamten Wintervorrat genutzt. *(Siehe auch Seite 141 und 152)*

nen Weideregel »kurze Freßzeiten – lange Ruhepausen« wird den Tieren nach der Abweidung eines angemessenen Weideteiles eine neue Teilfläche zugewiesen. Dabei können der Futterbedarf und der, je nach Jahreszeit und Witterung unterschiedliche Aufwuchs durch verschieden lange Weidezeiten oder variierte Flächengrößen in Einklang gebracht werden.

Eine dem Aufwuchs angepaßte Weidezeit auf begrenzter Fläche gewährleistet eine gleichmäßige Beweidung und vermeidet ein weiteres Verbeißen bevorzugter Pflanzen. Für den erneuten Aufwuchs bleibt eine ausreichende Zeit: mindestens drei Wochen und entsprechend länger, wenn die Wuchskraft im Jahreslauf nachläßt. In der dreiwöchigen Mindestruhezeit stirbt auch durch die Sonneneinstrahlung, Temperatur u. a. ein Großteil der Wurmbrut ab, so daß eine Ansteckung verhindert oder zumindest vermindert wird. Andererseits wird die Weide gewechselt, ehe die ansteckungsfähigen Larven schlüpfen.

Diese weitaus beste Weideführung, die sowohl den Tieren als auch der Weide zugute kommt, bedarf einer Unterteilung der gesamten Weidefläche in mehrere Koppeln. Die einfachste Umtriebsweide umfaßt 2, die optimale 8 bis 10 Koppeln. Dazwischen gibt es weiter Möglichkeiten, sich mit einer bestimmten Anzahl an die bestehenden Verhältnisse anzupassen, wobei auch der Zeitaufwand eine Rolle spielen kann. Da wir uns vorgenommen haben, hohen Ansprüchen gerecht zu werden, streben wir die Führung über zehn Koppeln an. Ausführliche Vorschläge werden, jeweils für Schafe und Ziegen getrennt, in den ihnen eigenen Kapiteln gemacht, weil sie sich durch Freßverhalten, durch die Jahres-Weidezeit und den Heubedarf geringfügig voneinander unterscheiden.

Das Frühjahr ist die beste Weidezeit

Bereits im März, wenn das Gras zu sprießen beginnt, werden die ersten sonnigen Vorfrühlingstage für einen Weidegang ausgekostet. Er kommt nicht nur den Tieren, sondern auch der Weide zustatten. Anstelle der üblichen Walze festigen sie den aufgefrorenen Boden, beißen die ersten frischen Triebe frühschossender Pflanzenarten ab und sorgen so für einen späteren dichten Bestand mit hohem Untergrasanteil. Allerdings sollte diese Frühjahrs-Vorbeweidung mit Bedacht geschehen. Sie darf nicht zu lange dauern und muß wegen eventueller Trittschäden unterbleiben, solange der Boden noch zu naß ist. Am besten läßt man das Vieh zunächst nur stundenweise in angemessenen Zeitabständen grasen.

Nach einer gebotenen Pause beginnt der eigentliche Austrieb im allgemeinen Mitte April, wenn der Aufwuchs die erwünschte Höhe von 10 bis 15 cm erreicht hat. Der Übergang von der winterlichen Stallfütterung zum Grünfutter sollte langsam vor sich gehen. Das junge, saftige Grün ist sehr eiweißhaltig und rohfaserarm, vor allem wenn ein reicher Kleebesatz vorhanden ist. In der Regel wird es gierig gefressen. Um Verdauungsbeschwerden, eventuell sogar mit tödlichem Ausgang, vorzubeugen, füttert man zum Ausgleich reichlich Heu, Stroh oder auch Trockenschnitzel vor dem Austrieb und beweidet nur stundenweise oder halbtags. Jegliche Kraftfuttergaben wären eine zusätzliche Belastung und in dieser Zeit höchster Nährstoffangebote eine Verschwendung.

Im Sommer nimmt, besonders in niederschlagsarmen Jahren, der Rohfasergehalt zu und der Mineralstoffgehalt ab. Mineralstoffhaltige Lecksteine sollten daher auch auf der Weide immer bereitgehalten werden.

Er hat sein Schäfchen im Trocknen

Der tägliche Weidegang beginnt erst, wenn Tau und Regen abgetrocknet sind. Die Larven verschiedener Eingeweideparasiten wandern nachts in die feuchten oberen Teile der Pflanzen und werden dort von den Tieren aufgenommen. An ausgesprochen nassen Stellen treibt gar die streichholzkopfgroße Zwergschlammschnecke, der Zwischenwirt des berüchtigten Leberegels, ihr Unwesen. Aus diesem Grunde wäre auch eine feuchte oder an einem Bach gelegene Wiese für die Schaf- oder Ziegen-Weidehaltung sehr problematisch. Indische Laufenten, rastlose und unersättliche Schneckenvertilger, könnten hier Abhilfe schaffen. Auch Ätzkalkgaben verringern die Wurmbelastung. Vorsorglich sollte man regelmäßig den Kot untersuchen. Unter Umständen wäre eine zweimalige Wurmkur im Jahr, die bislang leider noch mit chemischen Mitteln durchgeführt werden müßte, nicht zu umgehen.

Einrichtungen für eine Koppel

Ein ausbruchsicherer Zaun ist die beste Gewähr für eine unbekümmerte Koppelschafhaltung und eine gute Nachbarschaft. Für die Einzäunung der gesamten Weidefläche eignet sich am besten ein mindestens 1 m hohes Drahtknotengeflecht (Schafgitter) mit einem Abstand der senkrechten Drähte von 15 cm und einem unten kleiner werdenden Abstand der Längsdrähte. Dadurch wird verhindert, daß Tiere den Kopf durch das Zaungeflecht stecken, um außerhalb des Zaunes wachsende wohlschmeckende Kräuter zu erreichen. Dabei könnten sie sich verletzen, möglicherweise sogar erhängen oder den Zaun nach außen drücken.

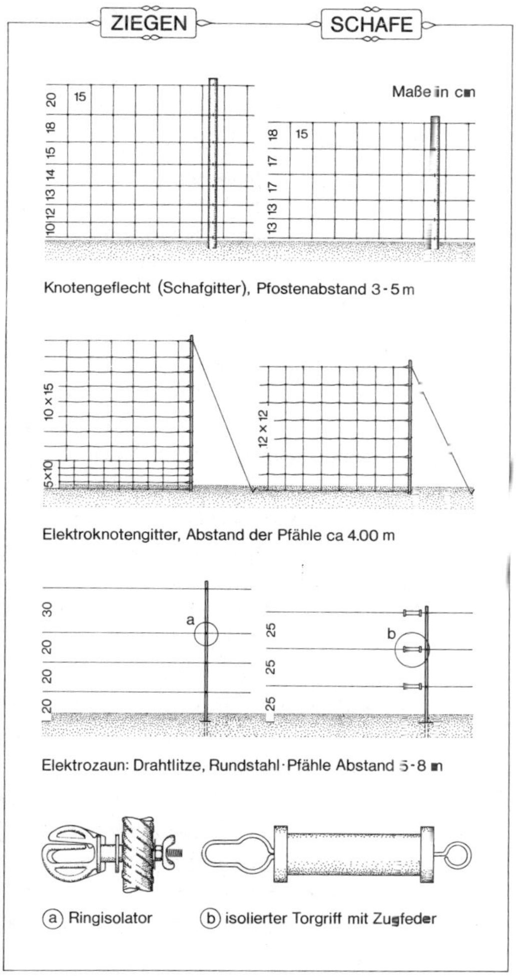

Für ortsfeste Einzäunungen eignet sich ein handelsübliches Knotengeflecht; beweglich und schnell ist man mit dem Elektroknotengitter mit eingearbeiteten Kunststoffpfählen; wo ein Knotengeflechtzaun nicht zulässig ist, werden im allgemeinen die weniger auffälligen Elektrozäune mit Drahtlitze und Rundstahl-Pfählen geduldet.

Um von vorneherein Schwachstellen zu vermeiden, die auch die vermeintlich weniger gewitzten Schafe eines Tages entdecken, muß das Knotengitter an den Innenseiten der etwa 3 bis 5 m auseinanderstehenden Pfähle angebracht und straff gespannt werden. Der unterste Draht sollte ziemlich dicht am Boden verlaufen.

In Gebieten, in denen eine feste Einzäunung nicht zulässig ist, bietet sich der Elektrozaun an. Eine Drahtführung an stabilen Pfählen aus Rundeisen mit Isolatoren ist dem leichteren und erheblich teureren Elektro-Knotengitter vorzuziehen. Allerdings reicht ein Draht, der bei den weniger naschhaften Kühen genügt, nicht aus. Es sollten drei Drähte in 25, 50 und 75 cm Bodenabstand für Schafe und mindestens vier Drähte in 20, 40, 60 und 90 cm Bodenabstand für die lebhafteren Ziegen gespannt werden.

Die Anschaffung eines starken Elektrogerätes zahlt sich aus. Beträgt die Hütespannung über 5000 Volt, wird sowohl die isolierende Wirkung der Wolle bei den Schafen aufgehoben als auch durch das Verbrennen des den unteren Draht berührenden Weideaufwuchses eine Erdung mit Spannungsabfall verhindert. Damit ist man der Mühe enthoben, dauernd den Aufwuchs im Drahtbereich kurzhalten zu müssen. Trotzdem sollte man regelmäßig den Ladezustand der Batterie mit einem Kontrollgerät überprüfen. Ein Netzanschluß würde nicht nur die Wirkung erhöhen, sondern auch Überprüfungen erübrigen. Im Handel gibt es geeignete Netzgeräte, die hundertprozentig bewuchsvernichtend sind.

Für die Unterteilung in einzelne Koppeln benutzt man am besten ein handelsübliches Elektroknotengitter, das wegen seines leichten Gewichtes und der bereits montierten Stäbe leicht zu handhaben ist. Bei Schafen könnte es auch ohne Stromführung Verwendung finden.

Im Frühjahr könnte eine Hürde in den Elektrozaun gestellt werden, durch welche die Lämmer, aber nicht die Mutterschafe, auf das als nächstes zuzuteilende Weidestück gelangen können (Lämmerschlupf). Der frische Aufwuchs, aus dem sie unbehindert die nahrhaftesten Pflanzen aufnehmen können, ist eine natürliche Kraftfutterquelle.

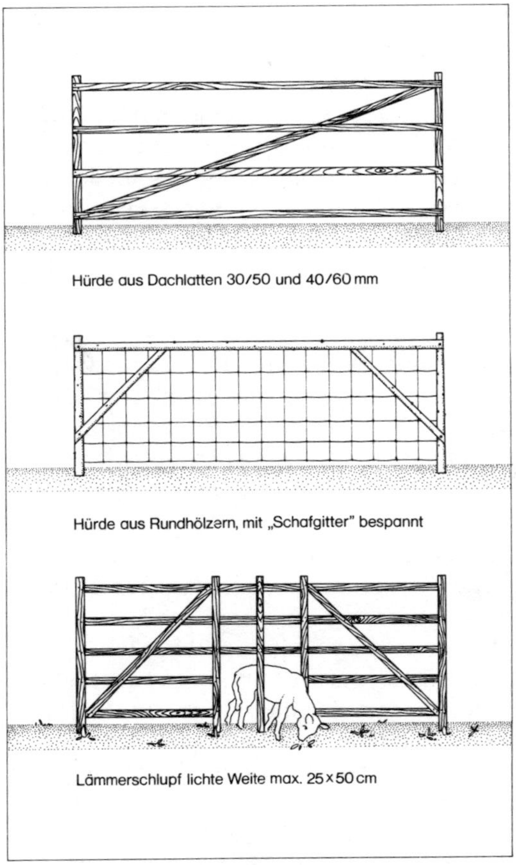

Hürden haben den Vorteil, daß sie stabil sind und nach Bedarf verstellt werden können; ein Lämmerschlupf erlaubt den Jüngsten, sich von der noch unberührten Nachbarweide die besten und nahrhaftesten Kräuter zu holen.

Wenn von der Weide über eine Triebweg der Stall nicht selbständig erreicht werden kann oder wenn keine schattenspendenden Bäume vorhanden sind, sollte man zum Schutz der Tiere und zur Erleichterung der Hege einen fahrbaren Unterstand schaffen. Ein der Zahl der Tiere entsprechend großer und angemessen hoher Tafelwagen wird zum jeweiligen Aufenthalt der Tiere gefahren. An mindestens einer Längsseite sollte ein Windschutz angebracht werden. Am Wagen kann auch der Behälter mit Wasser, das täglich erneuert werden muß, sowie der Leckstein oder ein Trog mit Mineralfutter befestigt werden. Bei längerer Beweidung einer Koppel kann der Standort des Unterstandes, der auch als Ruheplatz bevorzugt aufgesucht wird, leicht gewechselt werden, wenn die Gefahr besteht, daß die Kotansammlung überhand nimmt (Parasitenbefall) oder bei feuchtem Wetter Trittschäden entstehen.

Das beste Heu ist gerade gut genug

Natürlich kann man auch das Rauhfutter kaufen. Wenn man ohnehin in ländlicher Gegend lebt, wird man bei einem Bauern einen verhältnismäßig geringen Bedarf (für 2 Schafe etwa 5 dt = 25–30 Preßballen) dekken können. Dadurch könnte man auch mit einer kleineren Weidefläche auskommen.

Heu ist aber nicht immer gleich Heu. Was man da aus zweiter Hand verfüttert, kann völlig wertlos sein: wenn zu spät gemäht wurde, die Bodentrocknung verregnete, die Wiese einen kärglichen Pflanzenbestand hatte oder wenn zwar eine Wiese mit vielfältigem Pflanzenbestand geschnittten wurde, aber durch unsachgemäßes Wenden der Mahd die feinen Blätter nahrhafter Kräuter und Leguminosen verlorengegangen sind. Qualitätseinbußen, unter Umständen bis zum Totalverlust, betreffen nicht nur die Nährstoffe, sondern auch Geruch und Geschmack. Die besonders wählerischen Ziegen verschmähen minderwertiges Heu. Je mäßiger die Heuqualität, desto mehr muß Kraftfutter zugefütter werden. Das ist nicht nur teuer, sondern entspricht auch nicht den ernährungs-physiologischen Grundsätzen.

Da wir uns mit nicht nachlassendem Eifer bemühen, eine Weide mit hervorragenden Pflanzenbeständen zu erhalten, wäre es nur folgerichtig, die vorzügliche Qualität auch mit einem selbst bereiteten Heu einfahren zu können. Wenn wir einige wichtige Punkte beachten, werden wir das auch gut zuwege bringen. Geerntet wird das Rauhfutter, wenn die Pflanzen ihr Wachstum mit einem hohen Futterwert voll entfaltet haben. Das ist kurz vor der Blüte. An einem strahlenden Sonnentag gehen wir ans Werk, sobald der Tau abgetrocknet ist. Der zünftige Schnitt mit der Sense belebt Herz und Gemüt, läßt den Alltag vergessen und legt den Schnitt in leicht aufzunehmende Schwaden.

Um ein schnelles Trocknen mit möglichst wenig Verlusten zu erreichen, muß das Schnittgut so locker und luftig wir möglich gelagert werden. Das gelingt am besten durch Hochschichten auf ein Holzgerüst. Nach kurzem Anwelken wird die Mahd auf einen Reuter (Heuhütte, Dreibock, Heinze u. a.), ohne daß dabei Hohlräume entstehen, mit einer abschließenden, dicht gepackten Kappe aufgesetzt. So brauchen wir das Wetter nicht zu fürchten, denn der Regen läuft außen ab. Beim Bergen, je nach Wetterlage nach 1 bis 3 Wochen, verrät uns allein schon der würzige Duft, der sich durch eine leichte Gärung während der Trockenzeit entfaltet hat, daß das Heu von unübertrefflicher Beschaffenheit ist. Durch die wenigen Arbeitsgänge (Aufreutern und Bergen) bleibt ein hoher Blattanteil erhalten.

Ein solchermaßen gewonnenes Heu versorgt die Tiere mit allem, was sie benötigen – wozu die Handarbeit, von der es heißt, daß sie noch niemandem geschadet hätte, einen guten Teil beiträgt. Heu aus gemischten Gräsern, Kräutern und Klee, rechtzeitig geschnitten, gut getrocknet, nicht zu stark der Sonne ausgesetzt und ohne Verluste geborgen, ist als Winterfutter durch nichts zu ersetzen. Es wird von den Tieren gerne gefressen, sie bleiben gesund, verfetten nicht und bringen mit Leichtigkeit einen guten Ertrag an Lämmern.

Zur Weidepflege gehört die naturgemäße Düngung

Fassen wir zusammen, was zu tun ist, um den Ertrag der Weide zu erhalten, womöglich zu steigern und den Pflanzenbestand vor Schaden zu bewahren:

- eine richtige Besatzstärke entsprechend der Weidebonität (Vermeidung von Über- oder Unterbeweidung);
- die »Trippelwalze« durch die Frühjahrs-Vorbeweidung;
- eine geordnete Weideführung nach der Devise »kurze Freßzeiten – lange Ruhepausen«;
- Nachsaaten von ergänzenden Gräsern und Kräutern;

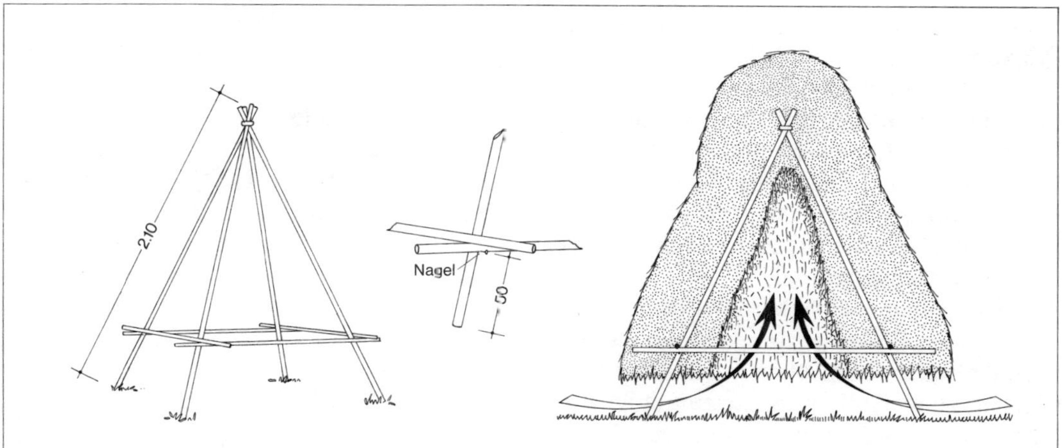

Anstelle des Vierbock-Reuters kann auch ein Dreibock-Reuter Verwendung finden; beim Packen des angewelkten Schnittgutes muß man darauf achten, daß Hohlräume vermieden werden, aber die Luftdurchlässigkeit gewährleistet ist.

- Reinigungsschnitte (Nachmähen), auch bei Umtriebsweiden zu empfehlen;
- Vermeidung von Trittschäden;
- Verteilen von Maulwurfshügeln, Mäusebekämpfung.

Mit biologisch-dynamischen Feldpräparaten, welche die Stoffwechsel- und Wachstumsvorgänge günstig beeinflussen, können der Ertrag und die Qualität der Weidepflanzen als Futtermittel gesteigert werden. Das Hornmist-Präparat wirkt auf das die Pflanzennährstoffe aufbauende Bodenleben in der Wurzelzone. Es wird im Herbst nach Abschluß der Weideperiode, im zeitigen Frühjahr, wenn sich das erste frische Grün zeigt, und nach jedem Schnitt bzw. Abweiden nachmittags ausgespritzt. Während das Hornkiesel-Präparat durch Steigerung der Lichtwirkungen im Blattbereich die qualitätsbildenden Prozesse in der Pflanze fördert, so daß zum Beispiel hochwertige Eiweiße aufgebaut werden können. Es wird in den Morgenstunden ausgebracht, nachdem der Aufwuchs zügig fortgeschritten ist. Gesteigerte Lichtwirkungen tragen auch zur Verminderung der Parasitenlarven bei. Bei einer möglichen Wurmbelastung sollte daher das Kieselpräparat möglichst oft ausgespritzt werden.

Die sich ergänzenden Wirkungen beider Präparate – die Bildung hoher Nährwerte durch ein harmonisches Pflanzenwachstum – sind um so sicherer, je mehr wir natürliche Wachstumsverhältnisse unterstützen und von willkürlichen Eingriffen in die Pflanzenentwicklung absehen. Das trifft insbesondere auf die Düngung zu, die im hohen Maße zur Weidepflege beiträgt.

Unter Düngen verstehen wir, die Lebensvorgänge im Boden anzuregen, den natürlichen Kreislauf vom Abbau organischer Substanzen zum Aufbau pflanzenverfügbarer Nährstoffe zu födern, den Humus zu mehren und Stoffe auszubringen, die in natürlichen Kreisläufen entstanden sind und sich in die Lebensprozesse Boden-Pflanze unbedenklich integrieren lassen.

Folgen wir den Empfehlungen der Fleischproduzenten, so müßten wir 200–400 kg Reinstickstoff je Hektar im Jahr ausbringen. Schon geringere Stickstoffmengen lassen aber den Leguminosenanteil zurückgehen. Je höher die Gaben, deso mehr schwindet die Artenvielfalt, wird die Weide ärmer an Futterkräutern mit wertvollen Arzneiwirkungen und feinen Gräsern, geht gleichzeitig der Rohfaseranteil zurück und wird die Resistenz der Tiere gegen Parasiten herabgesetzt.

Durch wasserlösliche Düngemittel getriebenes Weidegras muß viel Wasser aufnehmen, um den Zellhaushalt im Gleichgewicht zu halten. Da die Wurzeln dieser Pflanzen dicht unter der düngergestättigten Bodenoberfläche bleiben, vermögen sich nicht die wichtigen Mineralstoffe aus tieferen Schichten aufzunehmen.

Der Bedarf an Stickstoff, der dominierenden Nährstoffkomponente für die Weide, kann durch »Selbstversorgung« gedeckt werden. Besondere, in guten Humusverhältnissen beheimatete, Bakterienarten und vor allem die mit den Leguminosen in Symbiose lebenden Knöllchenbakterien sind in der Lage, den Stickstoff der Luft zu binden und ihn für das Pflanzenwachstum nutzbar zu machen. Ein guter Kleebesatz kann also die Weide weitgehend mit natürlich gebundenem Stickstoff, der sich als »biologisches Erzeugnis« den Wachstumsverhältnissen anzupassen vermag, versorgen.

Besonders bei der Umstellung auf eine naturgemäße Bewirtschaftung der Weide ist eine Düngung mit Algenkalk und Gesteinsmehlen eine gute Hilfe. Der kohlensaure

Die schwanenähnlichen Höckergänse sind im asiatischen Raum beheimatet, als einzige Gänserasse stammen sie nicht von der europäischen Wildgans ab. – Bei Gänsen ist der »Familiensinn« besonders stark ausgeprägt, so leben sie auch im allgemeinen in einer Einehe.

Kalk organischer Herkunft mit einem hohen Gehalt an Magnesium und Spurenelementen, in Mengen von 4–6 dt/ha ausgebracht, regt die biologischen Umsetzungen im Boden an und gleicht Mangelerscheinungen aus. Gesteinsmehle, wie Basalt- oder Lavamehl, sind als langsam fließende Mineraldünger reich an Kieselsäure (45–48%) sowie Spurenelementen und fördern nachhaltig die Entstehung der wertvollen Ton-Humus-Komplexe, was hauptsächlich humusarmen Böden zustatten kommt. Erstmalig kann man (für mehrere Jahre) bis zu 20 dt/ha ausbringen. Später genügen 2–3 dt/ha.

Wer den Kompost schont,
dem wird schlecht gelohnt

Kompost ist der beste Dünger. Ist er erst einmal genügend vorhanden, kann auf die «Hilfsdünger« getrost verzichtet werden. Das regelmäßige Ausbringen eines gut verrotteten Kompostes ist das vorteilhafteste, was wir zum Gedeihen der Weide als ergiebigste Futterquelle unserer Tiere tun können. Ganz und gar in die biologischen Ordnungen einbezogen, hat er als stabiler Humus unübertreffliche Eigenschaften. Er bietet alle Voraussetzungen für eine harmonische und gedeihliche Pflanzenernährung, verhindert durch sein Vermögen, Wasser zu speichern, die Auswaschung eingelagerter Nähr- und Wirkstoffe, steigert die biologische Aktivität durch eine artenreiche Mikrolebewelt und verhindert Mangelerscheinungen und Einseitigkeiten. Das bedeutet: Pflanzengesundheit, Ansiedlung und Bestand einer artenreichen Wiesenflora, Qualität und Schmackhaftigkeit des Futters, Gesundheit der Tiere und hochwertige Erträge an Milch und Fleisch.

Einen kraftvollen Kompost erhalten wir durch eine Mischung pflanzlicher und tierischer Rohstoffe. Obsttrester (Preßrückstände aus dörflichen Obstpressen, die üblicherweise unbehandeltes Mostobst verarbeiten) ist ein vorzügliches Kompostmaterial, das bei der Umsetzung einen hohen Regenwurmbesatz erreicht. Gewöhnlich kann man jede gewünschte Menge erhalten, wenn man sie nicht mit einem Schafhalter am Ort teilen oder gar streitig machen muß, denn Trester sind auch ein begehrtes Winterfutter. Neben Trestern sind natürlich alle pflanzlichen Rückstände und organische Bestandteile (zum Beispiel Kaffeesatz, aber kein Sägemehl) als Ausgangsstoffe geeignet.

Den tierischen Anteil liefert der Stallmist von Schaf und Ziege, der im Vergleich zum Rinderdung ungleich höhere Nährstoffgehalte hat.

Nährstoffgehalte in Stallmist

	Schaf	Ziege	Rind	Pferd
Stickstoff	0,85	0,40	0,40	0,58
Phosphor	0,25	0,40	0,20	0,25
Kali	0,67	1,12	0,50	0,53
Kalk	0,33	0,73	0,30	0,30

Sinnvoll und in der Praxis bewährt ist die Anlage von zwei Komposthaufen. Da die günstigsten Zeiten für die Ausbringung des Kompostes der frühe Herbst und das zeitige Frühjahr sind – also nach und vor der Beweidung –, ist es zweckmäßig, zu diesen Zeiten auch den Stall auszumisten und jeweils einen neuen Haufen zu setzen. Bei fachgerechter Arbeitsweise dürfen wir erwarten, daß die Rotte nach 12 Monaten beendet ist, so daß wir sowohl für die Herbst- als auch für die Frühjahrsversorgung einen reifen Kompost zur Verfügung haben.

Der sprichwörtliche »Gänsemarsch« wird auch von den Enten in unübertrefflicher Ordnung zuwege gebracht. – Die Warzenenten-Familie ist in ihrem »Hausboot« vor räuberischen Nachstellungen gut geschützt; damit es nicht an Land treiben kann, muß es verankert werden.

Um das Rohmaterial ohne arbeitsaufwendiges Umsetzen im Jahresrhythmus in einen gediegenen Kompost zu verwandeln, bedarf es einiger Erfahrung, mindestens aber guter Ratschläge.

Wenn wir beim Aufsetzen des Haufens bereits über angerottetes Material verfügen, ist das sehr hilfreich. Es beeinflußt den Rotteverlauf günstig und beschleunigt ihn. Für die Vorrotte pflanzlicher Rückstände eignet sich ein Sammelplatz, auf dem die Abfälle aus dem Garten und der Küche laufend abgelegt werden. Größere Mengen (zum Beipiel Rasenschnitt) werden schichtweise mit Branntkalk eingepudert, um Stickstoffverluste zu vermeiden und den Abbau zu aktivieren.

Eine weitgehende Rotte mit optimal verlaufenden Umsetzungsprozessen entwikkelt sich bereits im Mist des Tiefstreustalles, wenn regelmäßig das »Fladenpräparat« eingestreut wird. Es besteht aus reinen Kuhfladen, die unter Zusetzung der biologisch-dynamischen Präparate, Gesteinsmehlen und organischem Kalk in einer Birkengrube einen Reifeprozeß durchmachen und anschließend getrocknet und zu Pulver gemahlen werden. Auch regelmäßige Rohphosphat-Gaben (Hyperphos, nicht gekörnt) etwa 8 kg je Tier über das Jahr verteilt, fördern die Rotte im Tiefstreustall. Die Anreicherung des Kompostes mit Phosphat, das während der Rotte in den organischen Prozeß einbezogen wird, regt überdies das Leguminosen-Wachstum an und trägt zur Entfaltung einer dichten und artenreichen Narbe bei.

Dennoch hängt der Erfolg einzig und alleine davon ab, wie sachverständig und gewis-

Auf schwerem, wenig luftdurchlässigen, Boden kann es im Kern des Komposthaufens wegen Sauerstoffmangels zu Faulprozessen kommen; für eine zusätzliche Belüftung der kritischen Zone hat sich das Verlegen von Tonrohren (Durchmesser 15 cm) auf 24 cm hohen Lochziegeln bewährt.

senhaft der Haufen aufgesetzt wird, dessen mikrobielle Rotteprozesse im Prinzip mit den Verdauungsvorgängen im Pansen vergleichbar sind, nur daß die turbulente Gärungsphase im Kompost wesentlich milder verläuft. Die sauerstoffliebenden Kleinstlebewesen brauchen reichlich Luft und ein feuchtes Klima, um Höchstleistungen vollbringen zu können. Um ihnen die rechten Lebensbedingungen zu verschaffen und die Arbeit zu erleichtern, sollten wir wenigstens vier wichtige Regeln beachten:

1. Materialien luftdurchlässig aufsetzen: Tiefstreu-Mist auflockern, Tresterplatten zerkleinern, 1,20 m Höhe und 1,80 m Basisbreite nicht überschreiten, nicht festtreten. Bei Luftmangel tritt Fäulnis auf.
2. für ausreichende Feuchtigkeit sorgen: sämtliche Stoffe sollen mit Wasser vollgesogen sein, aber beim Pressen darf kein Tropfen herausfallen: eventuell während des Aufsetzens ganzflächig Wasser zugeben, eine nachträgliche Bewässerung über eine auf dem Haufen verlaufende Rinne ist sinnlos.
3. Pflanzliche und tierische Substanzen sowie Zusatzstoffe gleichmäßig miteinander vermischen: eine homogene Struktur anstreben, Kohlstrünke, Wurzelballen und ähnliches Material zerkleinern, keine Schichten bilden.
4. Den fertigen Haufen schützen: eine umhüllende Erdschicht auftragen und mit Stroh, altem Heu oder ähnlichem gegen Hitze und Kälte sowie Austrocknen bedecken, keine nährstoffentziehenden Bepflanzungen als Beschattung

Als Zusatzstoffe müssen reichlich organische Stickstoffdünger (zum Beispiel Oscorna) zugegeben werden, wenn kohlenstoffhaltiges Material (strohreicher Mist, Obsttrester) überwiegt, sonst kommt die Rotte nicht richtig in Gang. Ebenso sollte ein Anteil von 10–30% guter Erde, Stammkompost oder Gesteinsmehlen (bis zu 10 kg je m^3) gleichmäßig verteilt werden (keine Schichten). Weiterhin sind Holzasche (Kalium) bis zu 5 kg je m^3, Knochenmehl (Phosphor) bis zu 8 kg je m^3 und Bentonit (Ton-Humus-Bildung) bis zu 2 kg je m^3 wertvolle Zuschläge.

Die biologisch-dynamischen Düngerzusatz-Präparate sind keine Kompoststarter im üblichen Sinne, die sich ohnehin bei einer richtig aufgesetzten Miete erübrigen. In kleinsten Mengen dem Komposthaufen zugesetzt, greifen sie regulierend und fördernd sowohl in die Kompostierungs- und Boden- als auch in die Wachstumsprozesse ein: Harmonisierung der Wärmeentwicklungen, Anregung der biologischen Tätigkeit, Beschleunigung der Stoffumwandlung und Humusbildung im Haufen, Förderung richtiger Stoffwechselverhältnisse durch ein aktives Bodenleben sowie Steigerung des kräftigen Wurzelwachstums, der Frohwüchsigkeit und der Widerstandsfähigkeit der Pflanzen.

Boden – Pflanze – Tier: diesen natürlichen Kreislauf so zu pflegen und zu fördern, daß sie sich im Laufe der Zeit einander anzupassen vermögen, sollte Grundlage einer naturgemäßen bäuerlichen (Klein-) Tierhaltung sein.

Stall

Wie weit wir uns mit der Schaf- und Ziegenhaltung bereits im kleinbäuerlichen Bereich befinden, wird deutlich, wenn es darum geht, unseren Tieren eine angemessene Behausung bereitzustellen. Selbst bei einer Kleinsthaltung ist die artgemäße Unterbringung von zwei Tieren und deren Lämmern mit dem notwendigen Bergeraum für Vorräte und Einstreu ohne ein gediegenes Stallgebäude nicht denkbar. Äußerst vorteilhaft, ist es, wenn schon geeignete Baulichkeiten vorhanden sind, die lediglich geringfügig um- oder ausgebaut werden müssen. Ein neuer Stall kostet einiges; selbst bei kleinen Abmessungen und einfacher Ausführung sind 10 000 DM schnell verbraucht. Außerdem bedarf er einer baurechtlichen Genehmigung. Die Errichtung eines Stallgebäudes im Außenbereich (dort, wo möglicherweise die Weide liegt) ist nur Vollerwerbs-Landwirten gestattet, zumal der genehmigungsfreie umbaute Raum von 15 m^3 weit überschritten wird.

Gutes Stallklima – gesunde Tiere

Hier sind nur die für ein gesundes Stallklima wichtigsten Gesichtspunkte genannt, die natürlich in einem Neubau am vorteilhaftesten berücksichtigt werden können. Fragen einer geeigneten Bauausführung werden am besten mit einem örtlichen Bauverständigen besprochen.

Insbesondere wird sich der Grad der Wärmedämmung nach den jeweiligen örtlichen Klimaverhältnissen richten müssen. Ziegen fühlen sich bei Temperaturen zwischen 10 und 15 °C am wohlsten. Schafe sind gegen Kälte relativ unempfindlich, so daß in milden Gegenden eine einfachere Bauausführung (einschaliges Fachwerk) ausreicht.

Gestaltung des Bodens. Tiefstreu bildet mit der Zeit ein ausgezeichnetes warmes Polster gegen Bodenkälte, so daß ein gewöhnlicher Betonboden auf einer Lage Kies (gegen aufsteigende Nässe) genügt. Die das Streubett begrenzende Außenwand wird bis mindestens 80 cm über dem Stallboden (bei zweimaliger Mistentnahme im Jahr) massiv ausgeführt und mit einem Isolieranstrich versehen. Wird regelmäßig ausgemistet, sollte ein wärmedämmernder Bodenaufbau vorgesehen werden. In diesem Falle muß man wegen der geringeren Einstreudichte für einen Jaucheabfluß sorgen.

Ob wir uns für Tiefstreu mit klimatisch guten Liegeplatz-Eigenschaften oder für laufendes Ausmisten entscheiden, wird letztlich auch von unserer körperlichen Verfassung abhängen. Selbst wenn wir zweimal im Jahr eine relativ niedrige, aber duch den Tritt der Tiere stark verdichtete Tiefstreu-Matratze mit der Mistgabel abräumen, ist das jedesmal eine Knochenarbeit. Ohnehin sollte möglichst kurze und gut saugbare Einstreu, wie Weizen- oder Haferstroh, verwendet werden. Wesentlich bekömmlicher wäre die Pflichtübung, wenn wir gehäckseltes Stroh einstreuen würden, das dann in einen torfähnlichen Zustand übergeht.

Fenster. Um dem Lichtbedürfnis der Tiere gerecht zu werden, sollte die Fensterfläche 10–20% der Stallgrundfläche betragen. Ein durchgehendes, hochliegendes Fensterband schafft die besten Lichtverhältnisse. Wenn die Längsseite des Stalles nach Süden liegt und das Dach so weit vorsteht, daß die Traufe zur Unterkante des Fensters einen Winkel von etwa 60 °C bildet, wird im Sommer eine lästige Wärmeentwicklung durch Sonneneinstrahlung verhindert; im Winter gewinnen wir dagegen eine wünschenswerte Durchsonnung des Stalles.

Belüftung. Besondere Beachtung schenken wir der Be- und Entlüftung. Der einwandfreie Abzug des Stalldunstes ist eine der wichtigsten Bedingungen für ein gesundes Stallklima und das Wohlbefinden der Tiere. Können wir Zugluft und Feuchtigkeit verhindern, vertragen selbst Ziegen noch eine Temperatur von 0 °C. Wenn die Frischluft über nach innen aufgehende Kippflügel hochstehender Fenster eintreten und die Abluft an der höchstgelegenen Stelle des Daches abziehen kann, wird die Be- und Entlüftung am besten funktionieren. Vorteilhaft ist, wenn der Stall aus diesem Grunde keine Zwischendecke hat und die verbrauchte Luft über die Firsthauben eines Satteldaches abgeführt werden können. Über mehr oder weniger geöffnete Kippflügel-Fenster läßt sich die Zuluft nach Bedarf regulieren.

Da ein wünschenswerter hoher Luftumsatz auch mit der Größe des Luftraumes in Zusammenhang steht, sollte – auch wegen der steigenden Tiefstreu – die Stallhöhe mindestens 3 m betragen. Ein großer Luftraum erwärmt sich zwar schwerer, trägt aber wesentlich zur Verbesserung der Stalluft bei, zumal auch der Luftraum-Bedarf mit 6 m^3 je Tier verhältnismäßig hoch ist.

Reinigung. Schließlich trägt auch die gründliche Reinigung zum Stallklima wesentlich bei. Am besten wird diese Arbeit nach dem jeweiligen Ausmisten vor und nach dem sommerlichen Austrieb ausgeführt.

Lauf- und Liegeplätze

Ziegen brauchen wegen ihres größeren Bewegungsdranges etwas mehr Platz als Schafe. Wenigen Tieren sollte zudem relativ mehr Fläche zur Verfügung stehen als einer größeren Anzahl: zwei Ziegen brauchen 3 m² je Tier, zehn Ziegen kommen mit einer Fläche von 2 m² je Tier aus. Für Jungtiere werden 1,5 m² je Tier berechnet. Das ergibt also für unsere Mindestbesatzung von zwei Tieren mit drei Jungtieren (bei einer Ablammquote von 150%) 10,5 m² Lauf- und Liegeplatzfläche bei der Ziegenhaltung und etwa 8 m² bei der Schafhaltung.

Eine etwa 2,5 m² große Ablammbox für jeweils zwei bis drei Muttertiere verbessert die Betreuung des Nachwuchses und fördert die Mutter-Lamm-Bindung. Sie erleichtert die Aufsicht bei der Geburt und die Hilfestellung bei eventuellen Komplikationen. Der unmittelbare Kontakt zwischen Mutter und Lamm wird, vor allem bei rasch aufeinander folgenden Mehrlingsgeburten, schneller und sicherer gefunden. Und die Geborgenheit der »Klause« erlaubt die Muße zur mütterlichen Fürsorge, die mit dem Ab- und Trockenlecken beginnt. Auch für ein erkranktes Tier ist die Box ein geeigneter Aufenthaltsort.

Für die Begrenzung der Lauf- und Liegeplätze eignet sich am besten ein Gatter aus senkrechten Latten (3 × 5 cm), 1 m hoch mit einem Abstand (lichte Weite) von 7 cm, das heißt so weit, daß die Luft zirkulieren kann und so eng, daß auch Jungtiere ihren Kopf nicht hindurchstecken können. Bei den lebhafteren Ziegen geben wir in der Höhe noch 20 cm zu und bei Tiefstreu weitere 80 cm. Es ist natürlich auch möglich, die 1 m bzw. 1,20 m hohen Hürden mit dem wachsenden Mist (zwischen Stahlrohren) höher zu stellen. Die Einzäunung der Ablammbox braucht nicht höher als 80 cm zu sein. Allerdings darf hier der Lattenabstand eine lichte Weite von 5 cm nicht überschreiten.

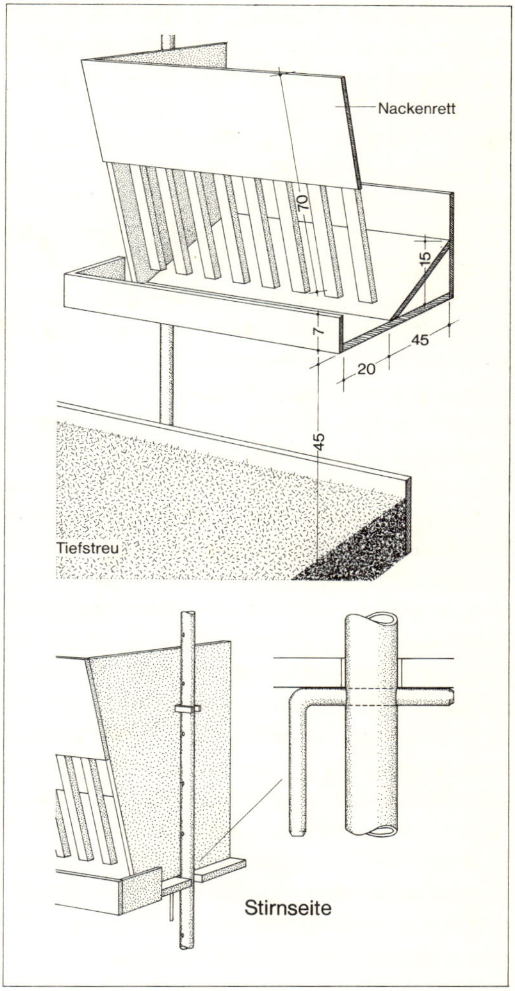

Im Tiefstreustall muß die Heuraufe mit dem Wachsen des Strohlagers in der Höhe verstellt werden können; zwischen zwei Stahlrohren mit Bohrungen für ein Steckeisen in Abständen von etwa 20 cm ist das leicht möglich.

Einrichtungen zum Füttern

Zur Verfütterung von Rauh-, Kraft- und Mineralfutter verwenden wir eine Heuraufe mit Trog, die in das Gatter zwischen den Tierplätzen und dem Gang als weiteres

Trennelement eingefügt werden kann. Sie sollte so konstruiert sein, daß sie vom Gang aus beschickt und das Heu zwischen senkrecht stehenden Sprossen mit einer lichten Weite von 5 cm von den Tieren entnommen werden kann. Über einen schrägen Boden können Heublumen in den Trog rutschen, in dem auch das Kraft- und Mineralfutter verfüttert wird. Die Breite der Trograufe wählen wir so, daß sich ein Heuballen hineinstellen läßt. Um alle diese Punkte zu berücksichtigen, wird man wohl um einen Eigenbau nicht herumkommen.

Die Freßplatzbreite beträgt für ein erwachsenes Tier 40 cm und für ein Jungtier bis zu einem Jahr 25 cm. Für zwei Muttern mit drei Lämmern ist die Raufe, einschließlich eines Reserveplatzes für ein weiteres Lamm, also 1,80 m lang und gerade noch einigermaßen handlich, um sie ohne große Beschwernis im Tiefstreustall zu zweit zur Höherstellung heben zu können. Das Aufstellen der Raufe auf den Mist ist etwas wakkelig, da er im Bereich des Flußgestells nicht festgetreten ist. Es ist daher empfehlenswert, sie zwischen zwei verzinkten Stahlrohren mit Steckmontage anzubringen.

Wenn keine Selbsttränke (mit Schwimmer) an eine vorhandene Wasserleitung angeschlossen werden kann, muß immer frisches Wasser im Eimer bereitgestellt werden. Um Verunreinigungen durch Kot zu vermeiden, sollte der Eimer so hoch stehen, daß die Tiere ihn nur erreichen können, wenn sie sich mit den Vorderbeinen auf ein etwa 30 cm über dem Mist stehendes Podest stellen. Noch besser ist es, wenn der Eimer oder ein Trog, durch eine Lücke erreichbar, außerhalb des Gatters steht. Das Wasser ist so einfacher zu ersetzen und der Liegeplatz bleibt trocken. Bei der Ablammbucht ist die äußere Wasserversorgung in jedem Fall anzuraten.

Ein geräumiges und luftiges Vorratslager

Die Größe des Bergeraumes, der stets wegen der Stall-Luft vom Stallraum getrennt und abgeschlossen sein sollte, hängt von den Einstreumengen, den Futterrationen, der Lagerhöhe der Vorräte und natürlich von der Anzahl der Tiere und der Zeit ihres Aufenthaltes im Stall ab. Für die Bedarfs-Berechnung ist maßgebend, wieviel Raum nach Gewicht veranschlagte Futtermittel benötigen. Die Angaben sind Durchschnittswerte (1 dt = 1 Doppelzentner = 100 kg):

Gewicht und Raumbedarf von Futtermitteln

Einstreu Futtermittel	Raumbedarf für 1 dt	Gewicht von 1 m^3
Stroh-Ballen	0,6 m^3	1,7 dt
Stroh gehäckselt	2,0 m^3	0,5 dt
Heu-Ballen	0,4 m^3	2,4 dt
Heu lose	1,7 m^3	0,6 dt
Futterrüben	0,2 m^3	6,6 dt
Trockenschnitzel	0,3 m^3	3,4 dt
Hafer	0,2 m^3	4,5 dt

Für zwei erwachsene und drei junge Tiere errechnet sich zum Beispiel der Flächenbedarf für die Lagerung von Einstreu und Futtermitteln unter Berücksichtigung folgender Gesichtspunkte:

- die Tiere halten sich im Sommer über Nacht und im Winter ganztägig im Stall auf;
- das Heu stammt aus eigener Ernte und wird lose gelagert;
- die Lämmer fressen nur wenig Heu und gar keine Rüben, da sie bis zum Beginn der Weide getränkt und im Herbst geschlachtet werden;
- Kraftfutter wird in Säcken gelagert, leicht Verderbliches wird in Etappen besorgt, so daß 4 m^2 ausreichen.

Die Plätze für Stroh und Heu werden wegen einer besseren Stapelung durch luftige Latten-Gatter getrennt. Da das Heu vom ersten und zweiten Schnitt (Grummet, Öhmd) sich gewöhnlich durch verschiedene Inhaltswerte unterscheidet, was bei der Fütterung be-

Beispiel für die Berechnung des Lagerflächenbedarfs

Einstreu Futtermittel	Tage	Menge je Tag + Tier	Tiere	Jahres-bedarf	Raum-bedarf	Lager-höhe	Fläche
Stroh-Ballen	365	0,8 kg	5	15 dt	9 m³	2,5 m	3,6 m²
Heu (lose)	365	verschieden		9 dt	15 m³	2,5 m	6,0 m²
Futterrüben	200	3,0 kg	2	12 dt	2 m³	1,0 m	2,0 m²
Kraftfutter							4,0 m²
							15,6 m²

rücksichtigt werden sollte, empfiehlt sich eine gesonderte Lagerung der beiden Schnitte, deren Verhältnis etwa 60:40 beträgt. Weiterhin ist es gut, Stroh und Heu, aber auch die Kraftfutter-Säcke, auf einem um etwa 15–20 cm erhöhten Holzrost zu legen, damit keine Bodenfeuchtigkeit hineinziehen und die Luft zirkulieren kann.

So könnte ein Grundriß aussehen

Der unten wiedergegebene Grundriß veranschaulicht die mögliche Anordnung der Funktionsbereiche und ihre Flächengrößen für zwei Ziegen oder Milchschafe und drei Lämmer. Für die Ausmaße sind die in diesem Kapitel erwähnten Bedarfswerte zu-

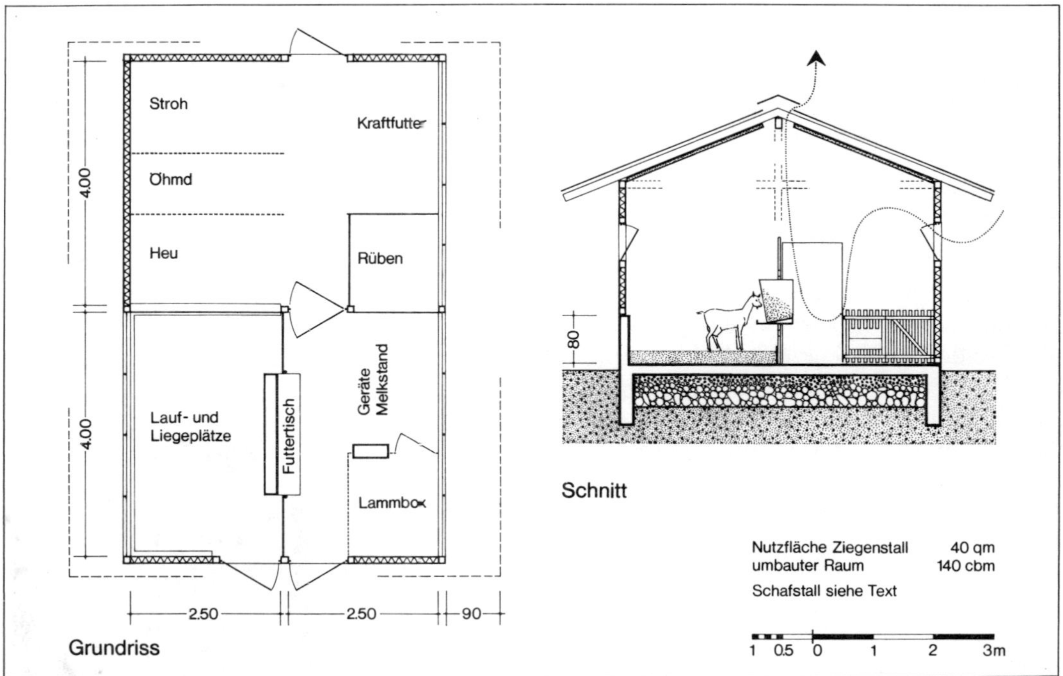

Ein Stall für 2 Ziegen oder 2 Milchschafe mit Nachwuchs bedarf schon eines gewissen Aufwandes, wenn die Tiere sich wohl fühlen sollen und es in praktischer und räumlicher Hinsicht an nichts fehlen darf; so sollten die Futtervorräte vom Stall durch eine durchgehende Wand getrennt sein, aber unmittelbar an ihn anschließen.

Schließt an den Stall die Weide an, haben wir in jeder Hinsicht ideale Verhältnisse: vornehmlich die empfindlicheren Ziegen können ihn bei anhaltendem Regen aufsuchen, das abendliche Aufstallen zum Melken bedarf keines Aufwandes und das Heu kann leicht geborgen werden.

grunde gelegt. Da Schafe nicht soviel Platz beanspruchen wie Ziegen, dazu länger auf der Weide bleiben und auch nur während der Tränkzeit im Stall mehr Futter benötigen, vermindert sich der Flächenbedarf für die Liegeplätze, Einstreu und Futtermittel insgesamt um etwa 20% bei der gleichen Anzahl Tiere.

Raumbedarf für Stall und Lager

	Ziegenstall	Schafstall
Lauf- und Liegeplätze	10,50 m^2	7,50 m^2
Lammbox	2,50 m^2	2,00 m^2
Geräte	3,50 m^2	3,50 m^2
Lagerraum	15,50 m^2	12,25 m^2
Grundfläche Ziegenstall 5,00×8,00 m	40,00 m^2	
Schafstall 4,50×7,25 m		32,50 m^2
Umbauter Raum	140,00 m^3	115,00 m^3

Futter

Ein hochwertiges und nahrhaftes Futter ist für den Organismus der Tiere und ihre Lebensprozesse, für ihre Gesundheit und Entwicklung entscheidend.

Futtermitteltabellen als Hilfestellungen

Futtermitteltabellen geben einen Überblick über die Stoffanteile, die in einem Futtermittel enthalten sind. Ins Gewicht fallen dabei

- die Energie erzeugenden Kohlenhydrate, die nach Stärke-Einheiten (StE) bemessen werden;
- das Substanz aufbauende verdauliche Eiweiß (vE);
- die Trockensubstanz (TS), von der höchstens etwa 2 kg je Tier und Tag aufgenommen werden;
- der Rohfasergehalt (RF), der in der Gesamtfutterration mindestens 20% betragen muß.

Die Tabellenwerte sind relativ grob, da naturgemäß nur der Durchschnittswert zum Teil weit auseinanderliegender (konventionell angebauter) Erträge ermittelt werden kann. Sie sagen nichts über die den Stoffen innewohnende Nährkraft und die eigentlich wertbestimmende Qualität (zum Beispiel über Aufbau und Reifestadien des Eiweißes) aus. Die verfütterte Pflanze bzw. ihre Produkte wirken als Ganzes auf den tierischen Organismus. Dabei kommt es nicht nur auf die Inhaltsstoffe und ihre chemische Zusammensetzung an, sondern insbesondere auf die in ihnen wirkenden Lebenskräfte (biologische Aktivität) und Gehaltswerte, die den Grad der Bekömmlichkeit und Verwertbarkeit des Futters mitbestimmen.

Dennoch können die im Anhang dieses Kapitels wiedergegebenen Futterwerttabellen für denjenigen, der auf die Schaf- oder Ziegenhaltung zugeht, eine Hilfe sein: zur Einstimmung in die »Nährstoff-Philosophie«, zum Kennenlernen eiweiß- oder energiereicher Futtermittel und ihrer Stoffverhältnisse sowie zur Vermeidung von schwerwiegenden Fütterungsfehlern im Hinblick auf die heikle Pansenverdauung. Am Anfang können sie uns durchaus die Zusammenstellung von ausgeglichenen Futterrationen erleichtern, die den Nährstoffbedürfnissen gerecht werden können, bis wir im Umgang mit den Tieren selbst zu erkennen vermögen, was ihnen zuträglich ist.

Rauhfutter ist die Grundnahrung

Man kann davon ausgehen, daß bei täglichem Weidegang und guten Weideverhältnissen der Nährstoffbedarf eines Muttertieres mit einem säugenden Lamm gedeckt wird und der Nährstoffausgleich (Eiweiß/Energie) sowie die Rohfaseraufnahme mit mindestens 20% der Trockensubstanz gewährleistet ist.

Im Winter ist die wichtigste Futtergrundlage das Heu mit gleichermaßen gutem Nährstoffausgleich und einem noch höheren Rohfasergehalt.

Es ist günstiger, wiederholt frisches Heu in kleineren Mengen vorzulegen. Der Duft und das Aroma, wesentliche Anreize für die Futteraufnahme, werden bei größeren Vorratsgaben durch den Atem der Tiere beeinträchtigt. Durch eine von den Ernten des ersten und zweiten Schnittes zusammengestellte Futterration kommt man dem selektiven Freßverhalten entgegen, da Heu und Grummet sowohl in der Struktur als auch durch Art und Anzahl der Kräuter sich voneinander unterscheiden können.

Die Zufütterung von Haferstroh bietet sich vor allem dann an, wenn das Heu knapp ist und die Eiweißkomponente gedämpft werden sollte. Da es sowieso zur Einstreu verwendet wird, die Tiere aber weniger gerne vom Boden aufnehmen, empfiehlt es sich, die Einstreu über die Futterraufe laufen zu lassen, von der sie dann, soviel sie mögen, aufnehmen können.

Was sie sonst noch fressen

Kraftfutter. Wenn leicht verdauliches Kraftfutter zugefüttert wird, um einen erhöhten Nährstoffbedarf zu decken, muß man an den Nährstoffausgleich denken. Die damit verbundene hohe Eiweißaufnahme beschleunigt die Gärungsprozesse im Pansen, was auf die Dauer zu Stoffwechselstörungen führen kann. Die bekömmlichste Eiweißquelle ist für die Wiederkäuer das eigene Mikrobeneiweiß aus dem Vormagen, dessen gutes Funktionieren hinwiederum von einem relativ schwer verdaulichen, groben und rohfaserreichen Futter abhängt.

Da wir keine Höchstleistungen an Fleisch und Milch anstreben, werden wir mit dem Kraftfutter, auch wegen der höheren Kosten, sparsam umgehen und hauptsächlich solches verwenden, das energiereich ist und einen relativ hohen Rohfasergehalt hat: Trockenschnitzel, Hafer oder auch Weizenkleie.

Vorsichtshalber sollten die Tiere an die Zufütterung von Kraftfutter gewöhnt werden, da sich die Pansenverdauung nur allmählich auf eine solche veränderte Futterzusammenstellung umstellen kann. Das kann schon im frühen Herbst geschehen, wenn die Tiere noch auf der Weide sind und der nur noch geringe Aufwuchs und eine zunehmende Trächtigkeit eine Zufütterung ohnedies ratsam erscheinen lassen. Im Frühjahr wird die Umstellung auf eiweißreiches, leicht verdauliches Grünfutter durch entsprechende Heugaben vor dem Weidegang reguliert.

Beifutter. Rüben und andere Wurzelfrüchte sind ein preiswertes und schmackhaftes Beifutter, das die Futterration belebt und auch einen Eiweißüberschuß auszugleichen vermag. Ganz abgesehen davon, daß auch das erdhafte Organ der Pflanze in der Tiernahrung nicht fehlen sollte. Möhren und Rote Bete wären natürlich besonders wertvoll. Durch ihren hohen diätischen Wert wird die Fruchtbarkeit und vor allem die Jungtier-Entwicklung gefördert sowie dem Wurmbefall vorgebeugt.

Ein eigener Anbau ohne Schadstoffbelastung könnte die Gehaltswerte noch wesentlich verbessern. Auf 1 ar (100 m^2) Land mittlerer Bonität könnten wahlweise folgende Futtermittel geerntet werden:

3,5–6,0 dt Möhren oder Rote Beete
8,0–10,0 dt Rüben
1,5–3,0 dt Kartoffeln
35–50 kg Hafer oder
40–60 kg Gerste

der Strohertrag ist etwa gleich dem Körnertrag.

Gemüseabfälle, Äpfel und Rübenblätter sind eine willkommene Abwechslung. Am besten sind natürlich die aus dem eigenen biologisch gepflegten Garten oder Anbau. Sie müssen sauber und frisch sein.

Jeglicher Hecken- oder Obstbaumschnitt (Laub und die Rinde einjähriger Triebe) wird von den Tieren gerne gefressen. Vorsicht ist jedoch bei Eiben geboten. Sie sind für die Tiere hochgiftig. Auch zwischendurch können wir ihnen eine Freude machen, wenn wir ab und an einen belaubten Zweig an den Weidezaun oder die Futterraufe klemmen.

Mineralstoffe dürfen nicht fehlen

Zur Deckung des Mineralstoffbedarfs empfiehlt es sich, Schafen und Ziegen ein Mineralstoffpräparat aus Heilkräutern zu geben. Es aktiviert den Stoffwechsel und erhält die Widerstandskraft gegen Stoffwechselstörungen und Parasitenbefall des Darmes. Besonders bei noch unzulänglichen Weiden und einem entsprechend weniger guten Heu vermögen die Heil- und Wirkstoffe der aufeinander abgestimmten Heilkräuter Mängel auszugleichen und die Gesundheit der Tiere bei besten Leistungen zu fördern. Werden die üblichen Mineralstoffmischungen (ohne Kupfer) verfüttert, wäre es gut, je Tier täglich etwa 20 g getrocknete Brennesseln mit ihrem hohen Gehalt an Eisen, Kieselsäure und natürlichen Vitaminen zuzugeben.

Vielleicht haben wir auch die Möglichkeit, einen Kräutergarten mit einer Auswahl aromatischer und heilkräftiger, appetit- und verdauungsanregender Kräuter zu kultivieren: Kümmel, Anis, Dill, Kerbel, Liebstökkel, Melisse, Pfefferminze, Majoran, Dost,

Bohnenkraut, Basilikum und die unübertreffliche Kamille. Eine vielfältige Zusammenstellung ist günstig, aber es müssen beileibe nicht alle Kräuter Verwendung finden. Und auch hier gilt letzten Endes: weniger ist mehr.

Die heikle Silage

Auf das an sich nahrhafte und gerne gefressene Gärfutter verzichten wir, weil es den Wohlgeschmack und die Qualität der Milch erheblich beeinträchtigt, wenn es nicht von einwandfreier Qualität ist. Gerade die Herstellung in kleinen Mengen ist problematisch. Es gibt einfach zu viele Möglichkeiten dafür, daß die erwünschte Qualität ausbleibt, Nährstoffe verloren gehen oder die Milchsäuregärung völlig mißlingt. Außerdem besteht immer die Gefahr, daß es durch die täglich nur geringe Entnahme für die Versorgung weniger Tiere zu Nachgärungen und Schimmelbildung kommt. Mißratene, unausgereifte und verdorbene Silagen führen in der Regel zu schweren Verdauungsstörungen und anderen Krankheiten.

Die täglichen Rationen

(Beispiele siehe Seite 135)

Während »güste« oder nicht trächtige Tiere nur Futter brauchen um eine gute körperliche Verfassung zu erhalten (Erhaltungsfutter) müssen trächtige oder milchgebende Muttertiere besser ernährt werden, um die erhöhten Energieleistungen auszugleichen (Leistungsfutter). Die Futteransprüche sind natürlich auch bei schweren Tieren höher als bei leichtgewichtigen. Der Futter- und Nährstoffbedarf richtet sich nach Leistungsgrad, Gewicht und Futterverwertung. Hier sollen einige Hinweise genügen. Schließlich ist der Futterzustand der Tiere maßgeblich dafür, ob wir mit dem Futter zulegen müssen oder des Guten zuviel tun.

Erhaltungsfutter. Das Erhaltungsfutter entspricht etwa natürlichen Gegebenheiten. Eine gute Weide deckt den täglichen Bedarf. Art und Maß des Winterfutters hängt von der Heuernte ab. War sie gut und reichlich, können wir es bei einem absoluten Heufutter zur beliebigen Aufnahme bewenden lassen, obwohl wir den Viechern ab und an auch eine Abwechslung gönnen sollten. Ließ die Ernte zu wünschen übrig, muß zugefüttert werden: am besten Wurzelfrüchte oder Trockenschnitzel.

Wer Heu genug im Stalle hat,
dem wird das Schaf nicht mager,
wer eine schöne Schwester hat,
bekommt bald einen Schwager

Gewichten wir sicherheitshalber unseren Heuvorrat nach seinem Umfang vor der Aufstallung und überschlagen den möglichen Verbrauch nach der Zahl der Tiere, gibt es keine bösen Überraschungen. Denn Heu läßt sich nicht ersetzen. Geht es unversehens zu Ende, ist guter Rat teuer, wenn wir nicht einen freundlichen Bauern mit einem gut gefüllten Heustadel in Reseve haben. Und denken wird daran: auch während des Frühjahrs-Auftriebes brauchen wir noch Heu.

Leistungsfutter. Das Futter muß um so gehaltvoller sein, je höher die Belastungen durch den jeweiligen Zustand der Tiere sind. Während in den ersten Monaten der Trächtigkeit eine geringfügige Steigerung der Grundfutter-Ration (Erhaltungsfutter) ausreicht, muß in den letzten sechs Wochen vor dem Ablammen kräftiger gefüttert werden. In dieser Zeit hat die Futterversorgung den größten Einfluß auf das Geburtsgewicht der Lämmer. Wegen des eingeengten Verdauungsraumes sollte von einer Fütterung mit Rüben möglichst abgesehen werden. In der Säugezeit legen wir noch weiter zu, jeweils nach der Zahl der Lämmer.

Milchschafe und Ziegen stehen ständig in der Leistungsphase. Entweder sie sind trächtig oder sie werden gesäugt bzw. gemolken. Die Milch »strömt« nur, wenn gut gefüttert wird. Je besser, desto mehr. Obwohl unter besonders günstigen Umständen bis zu 1500 kg bei Schafen und 2100 kg bei Ziegen (je Tier und Jahr) möglich sind, streben wir zuträgliche (und realistische) Milchleistungen von 600 kg je Schaf und 900 kg je Ziege im Jahr an. Das sind im Mittel der gesamten Laktationsdauer von etwa 300 Tagen 2 kg bzw. 3 kg je Tier und Tag. Für die Leistungen, die übrigens den (derzeitigen) Zuchtzielen entsprechen, müssen auch im Sommer täglich etwa 0,5 kg Heu und 0,5 kg Kraftfutter (60% Hafer und 40% erdfeucht angerührte Weizenkleie) zugefüttert werden.

Rationen mit relativ hohem Kraftfutter-Anteil sollte man möglichst auf mehrere Portionen über den Tag verteilen. Lassen wir die Tiere das Kraftfutter aus dem Eimer fressen, haben wir eine bessere Übersicht über die Zuteilung. Und sollte es bislang noch nicht geklappt haben: über den Kraftfutter-Eimer und die dadurch bedingte Fütterungsnähe werden die Bande zwischen Mensch und Tier leichter geknüpft. Auch dem Rufen folgen die Tiere um so freudiger, wenn dabei der geliebte Eimer geschwenkt wird.

Aufzuchtfutter. Aufzuchtfutter im Sinne von Mastfutter, mit dem man, die Wachstumsintensität des Lammes voll ausnutzend, in einem möglichst kurzen Zeitraum ein hohes Mastendgewicht zu erreichen sucht, ist in einer naturgemäßten Haltung verpönt. Gesunde Weidelämmer erbringen ohne Mastfutter hervorragende Fleischqualität.

In einigen Fällen ist ein Aufzuchtfutter mit einem verhältnismäßig engen Eiweiß-Energie-Verhältnis allerdings unerläßlich: mutterlose Lämmer, Problemlämmer (Dritt- und Viert-Lämmer) oder solche, die wegen mangelnder Milch nicht satt werden, erhalten 3 bis 5 mal täglich etwa 200–300 ml Milchaustauscher (Seite 133) je Mahlzeit (200–225 g auf 1 l Wasser). Nach etwa zehn Tagen werden dazu gutes Heu und geringe Mengen Kraftfutter gegeben, die bis zum Absetzen des Milchaustauschers stetig bis auf etwa 300 g je Tag gesteigert werden. Süße Melasse-Schnitzel und gequetschte Gerste werden besonders gerne gefressen und tragen wesentlich dazu bei, daß »feste Kost« frühzeitig aufgenommen wird, die Pansenbakterien sich entwickeln können und das Wiederkäuen beginnen kann.

Bei schwächerer Weide, die durch rauhe Lage, mangelnde Bodenverhältnisse oder geringe Umtriebsmöglichkeit und fehlenden Lämmerschlupf bedingt ist, bekommen auch Sauglämmer nach dem Absetzen Aufzuchtfutter, an das sie behutsam gewöhnt werden müssen und das – nach und nach zunehmend – 500 g je Tag nicht übersteigen sollte.

Unentbehrlich für jegliche Aufzucht sind Mineral- und Kalk-Gaben. Sie tragen wesentlich dazu bei, die Lämmer gesund heranwachsen zu lassen und sie vor Mangelzuständen und Fehlentwicklungen zu bewahren.

Beurteilung des Futterzustandes

Das Tier lebt nicht von dem, was es frißt, sondern von dem, was es verdaut und gut verwertet. Die Futteraufnahme hängt ab

Aufzuchtfutter-Rationen in besonderen Fällen

	Absetzen nach	Gewicht	Aufzuchtfutter etwa 1:5, je Tag
Tranklämmer	6–8 Wochen	15 kg	300 g zunehmend bis 500 g
Sauglämmer			
Milchschaf / Ziege	10–13 Wochen	25 kg	400 g zunehmend bis 500 g
Fleischschaf	16–20 Wochen	35 kg	500 g

von der Qualität, Struktur und Verdaulichkeit des Futters und kann stark schwanken. So nützlich Futterberechnungen und Empfehlungen sein können, die »Sinnenprüfung« des vorrätigen Futters ist unerläßlich. Letztlich bestimmen das Aussehen, der Griff, Geruch und Geschmack das Maß der Rationen. Sowohl die Beurteilung des Futters als auch die ständige Beobachtung der Tiere sind wichtige Ergänzungen zum Thema Fütterung: Rüstzeug und Richtschnur des erfahrenen Praktikers.

Nachlassende Futteraufnahme, langsames Wiederkäuen, Mattigkeit, können auf Ernährungsmängel hindeuten. Eine frierende Ziege mit aufgestellten rauhen Haaren weist uns darauf hin, daß der Pansen wegen unzureichender Füllung nicht genügend Gärungswärme entwickeln kann, die auf den Wärmehaushalt einwirkt. Untrügliche Hinweise auf ein unausgeglichenes Futter gibt auch die Form des Kotes. Jede Abweichung von dem normalen Zustand – einzelne feste Kügelchen – ist ein Anzeichen für Stoffwechselstörungen.

Die körperliche Beschaffenheit (Konditionswert) der Ziege ist an der Bemuskelung im Bereich der Lendenwirbel augenfällig zu erkennen, beim bewollten Schaf muß man sie abtasten: bei einer normalen Kondition dürfen die (oberen) Dorn- und die (seitlichen) Querfortsätze der Lendenwirbel gerade nicht mehr zu fühlen sein. Können sie auch unter Druck nicht mehr ertastet werden, hat sich allerdings eine starke Fettabdeckung gebildet, die wir ebenfalls zu vermeiden suchen.

Nicht zu vergessen, ja beinahe das Allerwichtigste ist, daß letztendlich auch die tägliche Bewegungsrunde, zumindest was den Appetit angeht, zum Kapitel Fütterung gehört.

Nachwuchs

Freilich kann man sich im Frühjahr ein abgesetztes Lamm kaufen, es mästen und im Herbst als Mastlamm schlachten. Dieser Teilaspekt einer Tierhaltung zum Zwecke eines schnellen »Ertrages« ohne großen Aufwand und ohne eigentliches Interesse am Tier ist nicht unser Thema. Wer die Tiere wirklich in seinen Lebensbereich miteinbezieht, läßt sie sich auch in ihren natürlichen Lebensrhythmen ausleben. Und dazu gehören auch die Lämmer. Wir halten Tiere nicht nur wegen des Nutzens, der delikaten Lammgerichte und der nicht minder erlesenen Milch, sondern weil wir Freude an den Tieren haben.

Kleine Schaflämmer oder Zickel sind schon ein besonderes Erlebnis. Sie sind nicht nur reizvoll wie alle jungen Säugetiere. Durch ihre temperamentvollen und lustigen Sprünge sind sie der Inbegriff ausgelassener Lebensfreude. Es wird einem ordentlich warm ums Herz, selbst wenn man es zum soundsovielten Male erlebt. Es ist sehr wichtig, allen Lämmern einmal täglich die Gelegenheit zum gemeinsamen Spiel und Kräftemessen zu geben, solange sie sich noch mit ihren Müttern in der Lammbox aufhalten.

Das Zickel bockt manchmal ärschlich

Kinder gewinnen rasch ein ungezwungenes Verhältnis zu den »Spielgefährten«, zumal auch die Lämmer recht zutraulich sind. Für ältere Kinder bietet sich die Gelegenheit, eine Beziehung zum Tier aufzubauen, vor allem, wenn ihnen die Lämmer zur Versorgung und Pflege anvertraut werden. Verantwortung und Beständigkeit können so als nützliche Tugenden erfahren werden. Nur sollte man keinen Zwang ausüben, wenn keine Neigung zu den Tieren vorhanden ist.

Rund um das Fortpflanzungsgeschehen

Für eine Kleintierhaltung lohnt es sich nicht, einen Bock anzuschaffen – auch für den Bock nicht, wenn man bedenkt, daß er in der Regel 50 bis 60 Muttertiere in der Saison betreut. Da aber weder ein Lammbraten noch Milch ohne die Mitwirkung eines männlichen Tieres denkbar ist, kommen wir an einen weiteren Punkt, den wir ebenso sorgfältig bedenken müssen wie eine ausreichende Weide und eine gesunde Unterkunft, bevor wir auf eine Schaf- oder Ziegenhaltung zugehen.

Es geiht as mit den Siegenböcken; der onne verleit sick oppen annern, un de Hitte bleiv güst

---

Wenn ein Bock im Orte ist, gibt es keine Probleme. Aber schon für den Transport des Muttertieres in den Nachbarort brauchen wir ein geeignetes Fahrzeug. Sind wir allein auf weiter Flur, sollten wir uns dort, wo wir die Tiere kaufen, vergewissern, ob wir jedes Frühjahr ein Bocklamm erhalten können. Da diese nach etwa 8 Monaten geschlechtsreif werden, können wir sie dann im Herbst zum Decken verwenden. Auch Bocklämmer aus eigener Aufzucht sind dafür geeignet, wenn eine Inzucht ausgeschlossen werden kann. Danach werden sie geschlachtet. Bis zum Alter von 12 Monaten haben sie noch Lamm-Qualität. Wenn während der Schlachtung sauber und umsichtig vorgegangen wird, bleibt das Fleisch frei von Bockgeschmack, der vornehmlich bei Ziegen sehr unangenehm sein kann. Er ist nicht im Fleisch enthalten, sondern wird durch Berührung mit dem Drüsensekret der Haut übertragen. Bei Burenziegen ist der Bockgeruch nicht wahrnehmbar.

Fortpflanzungszeit. Mit Ausnahme weniger Schafrassen (mit asaisonalem Brunstverhalten) ist die Fortpflanzungszeit bei Schafen und Ziegen im Gegensatz zu Rindern noch in die jahreszeitlichen Rhythmen eingeflochten. Wie bei ihren Vorfahren und den heutigen Wildformen verlaufen Brunst, Trächtigkeit und Ablammen zeitlich so, daß die Lämmer in das üppige Nahrungsangebot des Frühjahrs hinein- und mit den zunehmenden Sonnenkräften aufwachsen können.

Die Brunst wird durch die Sonnenrhythmen des Jahres angeregt. Sie beginnt im August bis September wenn die Tage im Herbst deutlich kürzer werden und läßt mit wieder spürbar zunehmender Tagelichtlänge nach. Die unterschiedlichen Lichtempfindungen werden durch das Auge in die Hirnanhangdrüse geleitet, die den Hormonstoffwechsel reguliert. Die hitzige Phase dauert etwa 30 bis 36 Stunden. Sie läßt sich in erster Linie am Verhalten der Muttertiere erkennen: häufiges Blöken bzw. Meckern, Rückwärtsschauen und Harnen; Unruhe und auffälliges Schwanzwedeln bzw. -wackeln; Anschwellen und Rötung der Schamlippen.

Der zweite Tag nach Auftreten der Brunstsymptome ist der günstigste Decktag. Eine zweimalige Bedeckung im Abstand von einigen Stunden sichert den Erfolg. Verpassen wir die Paarungsbereitschaft oder ist der Deckakt erfolglos geblieben, haben wir nach jeweils 17 bis 19 Tagen immer wieder die Chance, die Trächtigkeit einzuleiten, die etwa 5 Monate dauert.

Geschlechtsreife. Da die Geschlechtsreife bei den weiblichen Tieren nach 5 bis 7 Monaten eintritt, könnten sie bereits im ersten Lebensjahr gedeckt werden. Wenn wir im Januar Geborene im November decken lassen, sind sie bei der Lammung im April zwar wenigstens 15 Monate alt. Aber dieses intensive Zuchtgebaren ist wenig empfehlenswert. Ein Tier, das weniger als 40 kg wiegt, sollte man nicht zum Bock lassen.

Aber auch bei ausreichendem Gewicht ist die körperliche Entwicklung mit 15 Monaten noch lange nicht abgeschlossen. Durch die Belastung aus der frühen Trächtigkeit werden sowohl das Gedeihen des Muttertieres als auch der Ertrag beeinträchtigt (schwache Lämmer, geringe Milchleistung). Eine fürsorgliche Haltung nimmt gerne das »verlorene Jahr« in Kauf und erfreut sich dafür gesunder und kräftiger Muttern und Lämmer.

Fruchtbarkeit. Unsere werdenden Mütter wollen wir mit gutem Futter etwas verwöhnen. Es wäre aber unsinnig, durch eine forcierte Fütterung während der Paarungszeit (das sogenannte flushing) die Fruchtbarkeit beeinflussen und Mehrlingsgeburten bis zu Vierlingen erzwingen zu wollen. Das Euter hat zwei Zitzen. Der Nachwuchs sollte sich daher auch auf höchstens zwei Lämmer beschränken, um Streitereien und Euterverletzungen zu vermeiden, um eine robuste und widerstandsfähige Entwicklung zu sichern, um die Geburt nicht zu komplizieren und um sich den Aufwand einer künstlichen Aufzucht zu ersparen. Im Allgemeinen beträgt die Fruchtbarkeit bei einer gediegenen Haltung denn auch im Durchschnitt der Lebensjahre und der Rassen 150%, bei Heidschnucken etwas weniger und bei Milchschafen und Ziegen etwas mehr.

Mit acht Jahren nimmt die Fruchtbarkeit merklich ab, obwohl die Lebenserwartung etwa bei 15 Jahren liegt, wenn nicht die Zähne schon wesentlich früher so abgenutzt sind, daß auch das Gnadenbrot nicht mehr gebissen werden kann.

Ein Lämmchen wird geboren

In den allermeisten Fällen verläuft die Geburt (145–150 Tage nach der Paarung) so glatt, daß keine Hilfestellung erforderlich ist. Man muß jedoch immer damit rechnen, daß es zu Komplikationen kommt. Um sie zu beschreiben und die entsprechenden Hilfen zu erläutern, müßte man ein neues Kapitel aufschlagen. Und auch das würde wenig nützen, denn »grau, teurer Freund, ist alle Theorie ...«. Die richtigen Handhabungen bei einer Vielzahl von möglichen Fehllagen lassen sich nur durch praktische Unterweisungen eines Tierarztes oder eines erfahrenen Schäfers bzw. Ziegenhalters erlernen. Bis wir selbst alte Hasen geworden sind, versichern wir uns lieber eines fachkundigen Helfers, begleiten das Muttertier mit erhöhter Aufmerksamkeit und Fürsorge und tun alles, was eine normale Geburt mit kräftigen Lämmern fördern kann.

So stärkt die tägliche Bewegung der trächtigen Tiere Muskeln, Herz und Lunge, beschleunigt dadurch den Geburtsverlauf und verringert das Auftreten von Fehllagen. Wenn wir es uns nicht ohnehin zur Pflicht gemacht haben, alle Tiere auch im Winter im Freien laufen zu lassen, sollten wir auf jeden Fall die werdenden Mütter wenigstens in den letzten sieben Wochen vor dem Lammen täglich mindestes eine halbe Stunde im Freien zügig bewegen, soweit nicht gerade ein schneidender Wind zugange ist. Die typischen Schwergeburten bei Stall-Ziegen sind fast ausschließlich darauf zurückzuführen, daß ihre Muskulatur wegen Bewegungsmangel die für den Geburtsverlauf notwendige Elastizität eingebüßt haben, so daß das Lamm ohne Geburtshilfe steckenbleiben muß.

Vorbereitungsphase. In Erwartung des freudigen Ereignisses wird die Lammbucht gründlich gereinigt, mit frischem Stroh versorgt und alle Holzelemente werden desinfiziert, um mögliche Infektionen frisch geborener Lämmer auszuschließen. Da der Ablammtermin sich durch verschiedene Einflüsse um gut eine Woche verschieben kann und es der Mutter gut tut, wenn sie schon eine Weile vor ihrer schweren Stunde ihre Ruhe hat, bringen wir sie bereits am 140. Tag nach der Bedeckung in die Box, spätestens aber dann, wenn die Anzeichen der Vorbereitungsphase, die einige Stunden bis Tage dauern kann, erkennbar werden. Dies sind zum Beispiel: Vergrößerung bis Prallwerden des Euters, häufiges Niederlegen und Wiederaufstehen, Unruhe, Kopfwenden zum Hinterteil, Einfallen der Flanken, Rötung und Anschwellen der Schamlippen. Von nun an sollte das Tier ständig beaufsichtigt werden.

Eröffnungsphase. Mit der Eröffnungsphase wird der eigentliche Geburtsvorgang eingeleitet. Eine Verlegung in die Lammbox wäre nun nicht mehr möglich. Ruhe und das Vermeiden jeglicher Störung sind von jetzt an, bis die Geburt vollendet ist und die Mutter ihr Lamm durch Ablecken angenommen hat, oberstes Gebot. Grelles Licht, lautes Sprechen, hastige Bewegungen, fremde Personen können die Geburt um Stunden verzögern und das Risiko von Fehl- oder Totgeburten ansteigen lassen. Mit dem Eintritt der Wehen wird der Geburtsweg durch Hindurchpressen der Fruchtblase erweitert, die sichtbar wird und auf keinen Fall aufgestoßen werden darf.

Austreibungsphase. In der Austreibungsphase wird das Lamm etwa 20 Minuten nach Erscheinen der Fruchtblase geboren. Bei einer normalen Geburt kommt das Lamm in Vorderendlage zur Welt, mit dem auf den Vorderbeinen liegenden Kopf und ausgestreckten Hinterbeinen. Die Lage ist an der Stellung der zuerst erscheinenden Klauen zu erkennen, die wir von oben sehen. Bei Steißgeburten (Hinterendlage) treten die Hinterbeine mit nach oben zeigenden Sohlen aus. Geschieht etwa 60 Minuten nach Erscheinen der Fruchtblase noch gar nichts oder wird das Lamm nicht vollends ausgetrieben, ist unverzüglich der Tierarzt zu benachrichtigen, wenn wir es nicht vorgezogen haben, ihn vorsorglich – zumindest bei unserer ersten Lammung oder der Erstgeburt eines Tieres – schon früher um Hilfe zu bitten.

Gibt es keine Schwierigkeiten, leckt die Mutter ihr Lämmchen ab. Dadurch wird die Atmung angeregt, sein Kreislauf belebt, das Fell getrocknet und die Mutter-Kind-Bindung aufgrund des Geruches, den die Mutter durch das Ablecken auf das Lamm überträgt, aufgebaut. Die Nabelschnur reißt von selber ab. Da durch die Nabelöffnung sehr leicht Infektionskeime eintreten können, muß der Nabelstrang in Jodtinktur getaucht werden, und zwar so, daß sie in das Nabelinnere eindringen kann. Die Nachgeburt geht etwa 1 bis 2 Stunden nach der Geburt ab. Mit ihrer Entfernung aus dem Stall und der Einstreu mit frischem Stroh ist die Geburt – gottlob – überstanden. Der Mutter gönnen wir ein paar Leckerbissen und versorgen sie mit frischem Wasser.

Wir müssen uns aber noch um das Lämmchen kümmern, ehe wir leicht erschöpft und glücklich, von dem Wunder neuen Lebens ganz erfüllt, die Kinderstube verlassen. Ist es gesund und kräftig, wird es sich schon nach einer halben Stunde auf die Beine stellen können und das Euter suchen, deren beide Striche (Zitzen) tunlichst vorher angemolken werden, um etwa vorhandene Zitzenpfropfen zu entfernen. Es ist für die Lebensumstände des Lammes außerdem wichtig, daß es die erste Muttermilch so bald wie möglich und ausreichend aufnimmt. Womöglich müssen wir da ein wenig nachhelfen.

Diese Biest- oder Kolostralmilch enthält nicht nur hohe Zucker-Konzentrationen zur Ergänzung der geringen Energievorräte des Neugeborenen (die zur Aufrechterhaltung der Köperwärme schnell verbraucht werden), sondern vor allem Vitamine und lebenswichtige Schutzstoffe (Antikörper), deren Vorkommen nach der Geburt am größten ist und die nur in den ersten 24 Stunden unverdaut durch die Darmwand aufgenommen werden können. Bis zum 5. Tag nach der Geburt hat die Milch ihre normale Zusammensetzung erreicht, die dann auch für den Verzehr geeignet ist.

Da die Biestmilch durch nichts zu ersetzen ist und ein Mangel das Überleben des Lammes in Frage stellt, tut man gut daran, einen Vorrat einzufrieren, um bei eventuellen Ausfällen gewappnet zu sein. Für die Entnahme dieser Reserve bleibt bei guter Verfassung der Mutter genügend Milch übrig. Ohnedies muß täglich ausgemolken werden,

Ziegen sind kapriziöse Tiere: ob die große Bunte dem staunenden weißen Lämmchen gewagte Kunststücke vormacht oder Burenziege und Bunte sich spielerisch gegenseitig die Stirne reiben – ihr munteres Wesen trägt viel dazu bei, daß wir sie nicht nur wegen der Erzeugnisse, sondern auch als liebenswerte Haustiere schätzen.

wenn das Euter von dem Lamm nicht vollständig geleert wird, um Euterentzündungen zu vermeiden.

Naturgemäße Aufzucht

Eine künstliche Aufzucht ist nicht zu umgehen, wenn die Mutter die Geburt nicht überlebt, keine Amme zur Verfügung steht oder bei Mehrlingsgeburten die Milch nicht ausreicht. In diesen Fällen wird 6 bis 8 Wochen lang Tränke mit einem speziellen Lämmer-Milchaustauscher gegeben, eine handelsübliche Pulvermischung aus Magermilch, Molke, pflanzlichen und tierischen Fetten, Weizenquellstärke, Spurenelementen und Antibiotika, die in 35 °C warmem Wasser angerührt wird. Das Verfahren ist sehr aufwendig. Es bedarf äußerster Sorgfalt bei der Verabreichung häufiger und zuträglicher Mengen sowie penibler Reinlichkeit, um Verdauungsstörungen durch angesäuerten Trank zu vermeiden.

Eine generelle künstliche Aufzucht jedoch, wie sie als Intensiv-Mast üblich ist, bei der Schaflämmer nach dem ersten Tag oder nach etwa 5 Wochen abgesetzt werden, und – nach Fahrplan gemästet – bei einer täglichen Zunahme bis zu 400 g bereits im Alter von etwa drei Monaten ein Gewicht von 40–50 kg erreichen oder bei der Ziegen- bzw. Milchschaf-Lämmer nach dem 5. Tag abgesetzt werden, um so früh wie möglich einen vollen Milchertrag auszunutzen, wird für uns zweifellos nicht infrage kommen. Vielmehr ist es unser Bestreben, neben einer brüderlichen Fürsorge um das liebe Vieh, einen qualitativ hochwertigen Ertrag an Fleisch und Milch von gesunden Tieren zu gewinnen, die in natürlicher Weise aufgezogen werden.

Ein fahrbarer Unterstand, der beim Wechsel der Portionsweiden mitgeführt wird, spendet den Tieren an heißen Tagen Schatten während der Mittagsruhe und versorgt sie mit Wasser und Lecksteinen. – Ziegen bekommen öfter zwei Lämmer; in einer naturgemäßen Haltung dürfen sie mit der Mutter weiden.

Die natürliche Aufzucht erspart Zeit und Arbeit. Die mütterliche Nahrungsquelle sprudelt ständig und ist unmittelbar zu erreichen. Die Muttermilch enthält hochwertige Nahrungsstoffe, die durch nichts zu ersetzen sind, so daß in der Regel gesunde Tiere heranwachsen. Etwaige Verdauungsstörungen werden in der Obhut der Mutter besser auskuriert. Solcherart aufwachsende Tiere wissen wir auch besonders zu schätzen, wenn wir unseren Viehbestand ergänzen oder erweitern wollen.

Schaflämmer lassen wir ihre Kindheit uneingeschränkt ausleben. Sie saugen so lange wie ihre in Freiheit lebenden Verwandten. Während die Muttermilch nach 3 bis 5 Monaten allmählich versiegt, bildet sich der Pansen vollständig aus. Wenn sie über einen Lämmerschlupf vor den erwachsenen Schafen im frischen Aufwuchs weiden können, brauchen sie kein Kraftfutter.

Gott schickt das Lämmchen und dann sein Wieschen

Da Ziegen und Milchschafe auf Milchüberschuß gezüchtet sind, müssen ihre Lämmer eines Tages nach und nach abgesetzt werden. In der Regel ist das nach etwa drei Monaten möglich, ohne daß ein gesunder Aufwuchs darunter leiden würde. Das ist nicht immer ganz einfach, auch wenn wegen des niedrigen Mineralstoffgehaltes der Muttermilch das Verlangen nach anderem Futter geweckt wird. Wichtig ist, daß nach der zweiten Lebenswoche bereits Heu und Beifutter angeboten werden, damit die Pansenentwicklung frühzeitig in Gang kommt.

In hartnäckigen Fällen kann die Entwöhnung bis zu 6 Wochen dauern, währendessen Mütter und Lämmer getrennt werden müssen. Die Lämmer werden nur von Zeit zu Zeit zu den Müttern gelassen und langsam abgesetzt. Besser ist es, sie mit der Muttermilch zu tränken. Dann haben wir es in der Hand, die Milch nach und nach in geringer werdenden Mengen zuzuteilen. Um sie an das Trinken aus einem (kleinen) Eimer zu gewöhnen, taucht man die (saubere) Hand in die Milch und nimmt einen herausschauenden Finger langsam in die Milch hinein, sobald sie an ihm zu saugen beginnen.

Wenn wir keine Zucht betreiben, müssen wir uns bald entscheiden, wann wir ein Bocklamm schlachten wollen. Soll es länger als drei Monate aufgezogen werden, sollte es beizeiten kastriert werden. Bis zu einem Alter von vier Wochen ist das noch durch Anlegen von Gummiringen oder mit der sogenannten Burdizzo-Zange verhältnismäßig einfach durchzuführen. Mit erwachendem Geschlechtstrieb (ab 3. Monat möglich) kommt Unruhe unter den Tieren auf. Außerdem läßt sich ein etwaiger (Ziegen-) Bocksgeschmack durch eine frühzeitige Kastration am sichersten vermeiden. Später ist sie nur durch einen Tierarzt unter Narkoseanwendung möglich.

Wer schlachtet unsere Weggenossen?

Wie immer man dazu stehen mag: je fürsorglicher wir uns um ein Tier kümmern, je mehr wir es dadurch lieb gewinnen – desto nachdrücklicher sind »Heulen und Zähneklappern«, wenn es ans Schlachten geht. Einerseits verbinden wir uns mit den Tieren durch eine herzliche Zuneigung, andererseits denken wir insgeheim an den leckeren Braten. Um die zwei Seelen in unserer Brust nicht allzu sehr in Widerstand geraten zu lassen und den Schmerz möglichst gering zu halten, geben wir die Tiere – wenn es denn sein muß – in die Hände eines verständigen Metzgers. Damit erledigen sich auch alle amtlichen und fachlichen Erfordernisse.

Robuste Frohnaturen, die es sich zutrauen (ohne mit der Wimper zu zucken), die Schlachtung selbst auszuüben, sollten wenigstens über die wichtigsten Bedingungen Bescheid wissen und sich das fachliche Rüstzeug im Laufe der Zeit durch Augenschein und Teilnahme an einer Schlachtung bei einem Metzger, Schäfer oder erfahrenen Tierhalter aneignen, ehe sie das Messer wetzen und einem schnuckeligen Lämmchen oder einer alten Vertrauten an die Gurgel gehen:

- das Tierschutzgesetz verbietet die Tötung eines Wirbeltieres ohne vorherige Betäubung;
- das Fleischbeschaugesetz schreibt eine amtliche Untersuchung von lebenden Schlachttieren und deren Schlachtkörper vor;
- für Hausschlachtungen von Lämmern bis zu 3 Monaten ist jedoch keine Fleischbeschau erforderlich;
- mit Schlachttieren wird besonders vorsichtig, ruhig und behutsam umgegangen (auch der Schlachtkörper bleibt dadurch vor nachträglichen Einflüssen bewahrt);
- geeignete Einrichtungen und eine einwandfreie Hygiene sind unerläßlich;
- das Fell muß sehr sorgfältig abgezogen werden, um Fellverletzungen und -mängel zu verhindern;
- Geschmacksbeeinträchtigungen des Schlachtkörpers entstehen durch Berührungen mit der Fellaußenseite oder durch die Hände, die das Fell angefaßt haben;
- nicht zuletzt ist die Zerlegung des gut abgehangenen Schlachtkörpers eine heikle Sache, deren fachgerechtes Gelingen nicht nur vom Vorhandensein des erforderlichen Werkzeuges abhängt.

Anhang: Futtermitteltabelle

Durchschnittlicher Nährstoffgehalt in 1 kg Futtermittel		TS g	vE g	StE	vE/StE	RF g	RF %
Grünfutter	Weide jung hoher Kleeanteil						
	Gemüseabfälle (im Mittel)	150	20	100	1: 5	30	20
	Gehalts- und Futterrübenblätter	130	20	100	1: 5	20	15
		150	20	90	1: 5	20	13
Rauhfutter	Haferstroh						
	Heu (1. Schnitt) im Schossen	860	6	230	1:38	380	44
	Grummet (2. Schnitt) jung weich	860	60	420	1: 7	230	27
		860	80	380	1: 5	220	26
Wurzeln + Knollen	Kartoffeln	220	11	170	1:16	6	3
	Topinambur	220	12	170	1:14	10	5
	Futterrüben gehaltvoll	140	7	90	1:13	10	7
	Möhren	120	8	90	1:11	11	9
	Rote Beete	150	10	90	1: 9	10	7
Kraftfutter energiereich	Trockenschnitzel	900	50	660	1:13	180	20
	Melasseschnitzel 16% Zucker	900	70	650	1: 9	140	16
	Gerste (Sommer)	870	80	700	1: 9	50	6
	Hafer	880	80	610	1: 8	100	11
Kraftfutter eiweißreich	Sojaschrot	880	420	710	1: 2	60	7
	Ackerbohnen	880	220	720	1: 3	80	9
	Weizenkleie	880	110	440	1: 4	110	13

Die Angaben sind Richtzahlen. Sie gelten nicht allgemein, sondern sind von mehreren Faktoren abhängig: Wirtschaftsgebiet, Boden, Düngung, Vegetationsstadium, Futterwerbung, Witterung. Der Futterwert kann deshalb für jedes Grundfutter sehr stark schwanken und muß entsprechend der unterschiedlichen Qualität (Sinnenprüfung) unbedingt abgestuft werden.

Beispiele für Futterrationen je Tier (50–60 kg) und Tag

Leistung	Nährstoffbedarf				Futtermittel (Winter)					
	vE g	StE	vE/StE	Mineralstoffe g	Heu kg	Grummet kg	Rüben kg	Melasse kg	Hafer kg	Wz.-kleie kg
Erhaltung	65	570	1:9	20	1.0	–	2.0	–	–	–
					1.0	–	–	0.2	–	–
hochtragend	120	950	1:8	30	1.5	–	–	0.3	0.2	–
1 Lamm	160	1100	1:7	35	1.0	0.5	3.0	–	0.3	0.2
2 Lämmer	210	1300	1:6	35	1.0	0.5	4.0	–	0.3	0.5
2 kg Milch	160	1200	1:7	30	1.5	–	–	0.4	0.5	–
3 kg Milch	210	1500	1:7	30	1.5	–	3.0	–	0.5	0.5

»Grundlagen zur Futterberechnung« Bayer Landesanstalt für Tierzucht, Grub 1981 – »Futterwerttabellen« der DLG aus verschiedenen Jahren. – (Werte sind abgerundet)

Das gesellige Schaf

Prähistorische Funde bezeugen, daß das Schaf bereits in vorgeschichtlicher Zeit (wobei es auf ein paar tausend Jahre früher oder später nicht ankommt) rund um den Erdball weit verbreitet war. Die verschiedenen Klimaverhältnisse prägten eine Vielfalt anpassungsfähiger Rassen. So ist es verständlich, daß der Mensch, kaum daß er seßhaft und einer mangelhaften Fellbekleidung überdrüssig wurde, das nützliche und friedliche Schaf in seinen unmittelbaren Lebensbereich einbezog, lange bevor Rind, Pferd, Schwein und das Geflügel sich dazugesellten.

Unsere Schafrassen haben, wie bisherige Untersuchungen ergaben, zwei Stammväter, die sich besonders gut der Haustierhaltung anzupassen vermochten. Sie sind heute noch als Wildformen in ihren Ursprungsgebieten anzutreffen. Der Mufflon, der in den südeuropäischen Bergländern und den angrenzenden Inseln (Korsika, Sardinien) beheimatet ist, kommt als Vorfahr für alle kurzschwänzigen Formen infrage. Dazu gehören die Heidschnucken, die sich bis heute eine unverkennbare Ähnlichkeit mit ihrem Urahn erhalten haben, die Marschschafe (unter anderem das Milchschaf) und die Landschafrassen. Auf den langbeinigen Akral, der in den unermeßlichen Steppen östlich des Kaspischen Meeres bis zum Himalaja in großen Herden lebt, gehen alle langschwänzigen Merino-Rassen zurück.

Die Abkömmlinge des Akral, die schon im 8. Jahrhundert v. Chr. unweit ihrer Heimat in Kleinasien (Phrygien und Karien) zu einer besonders feinwolligen Rasse, dem vorderasiatischen Wollschaf, hochgezüchtet wurden, verbreiteten sich wegen ihres hochgeschätzten Wertes für feine Tuche weit über ihre angestammten Gebiete. Durch die Aktivitäten der Assyrer kamen sie vor etwa 3500 Jahren nach Ägypten, wo sie die dort gehaltenen Rassen verdrängten. Zahlreiche in Stein gehauene Abbildungen zeugen von ihrer großen Beliebtheit. Und es liegt nahe, die griechische Sage vom »goldenen Vlies« so zu verstehen, daß Jason mit seinen Argonauten nicht nur nach Kolchis, einer Landschaft am Ostufer des Schwarzen Meeres, fuhr, um das von einem Drachen bewachte Widderfell zu erbeuten, sondern er wird eigens dessen Träger zur Zucht nach Griechenland geholt haben, um nicht länger auf teure Importe vorderasiatischer Feinwolle angewiesen zu sein.

Die »Langschwänzigen« gelangten mit der griechischen Kolonisation nach Italien. Auf ihrem weiten Weg in die römischen Kolonien bis nach Spanien verdrängten sie die Mufflon-Abkömmlinge nach Norden. Unter der maurischen Herrschaft, die auch die Landwirtschaft überaus förderte, entwickelte sich die Schafzucht zu einer Jahrhunderte währenden Hochblüte. Die Araber veredelten die eingewanderten vorderasiatischen Wollschafe, die auf den trockenen Hochsteppen in Wanderherden prächtig gediehen, zu den weltberühmten Merinos, ursprünglich so genannt nach dem königlichen Ritter, der insbesondere Weiderichter und als solcher Schirmherr der Wanderschafe, der Ovejas merinos, war. Erst im 18. Jahrhundert wurde das streng gehütete Monopol spanischer Feinwollzucht gebrochen. Seitdem haben sich die Merinoschafe in vielfältigen Variationen über die ganze Erde verbreitet, ausgenommen der Gebiete, in denen maritime Klimate vorherrschen.

Rassen

Mit zunehmender Kunstfaserproduktion sanken die Wollpreise. Als schließlich mit der Schafwolle keine Gewinne mehr erzielt werden konnten, wurde die Schafhaltung auf Fleischerträge umgestellt. Ökonomische Zuchtziele streben pflegeleichte Hochleistungsschafe mit übermäßiger Fruchtbarkeit an, deren Lämmer in einer schnellen Mast möglichst viel Fleisch ansetzen. So entstanden durch unermüdliche Kreuzungen wenige hochgezüchtete »veredelte Kulturrassen«, deren respektable Fleischleistungen die Schafhaltung wieder zu einem rentablen Wirtschaftszweig werden ließen.

Auf der Strecke blieben dabei die alten Landschafrassen, von denen zum Beispiel das Kärtner Brillenschaf und andere Bergschafrassen, das Bentheimer Landschaf, das Coburger Fuchsschaf mit seinem »Goldvlies«, die den Heidschnucken ähnlichen Skudden und die Moorschnucke mittlerweile Seltenheitswert erlangt haben. Der Bund für Umwelt und Naturschutz Deutschland hat es dankenswerterweise übernommen, Patenschaften für Moorschnucken anzubieten, um dieser für die Erhaltung und den Schutz der Moore in der Diepholzer Niederung unersetzlichen Rasse eine Überlebenschance zu gewähren, da eine Vermarktung mangels eines respektablen Fleischansatzes nicht infrage kommen kann. Inzwischen sind die Schutzwürdigkeit seltener Rassen und der Nutzen möglichst großer Rassenvielfalt unbestritten. Manchen vorherrschenden Fleisch-Schafrassen könnten außerdem die alten Rassen für eine genetische Auffrischung nützlich sein.

Zur Aufzählung kommen in diesem Buch Rassen, die sich für eine Koppelhaltung eignen und nach ihrer Verbreitung relativ gut zu beschaffen sind sowie die in bestimmten Landesteilen vorherrschenden Landschafrassen, die aber von Liebhabern inzwischen auch mit gutem Erfolg in »fremden Gefilden« gehalten werden. Selbst Bergschafe sind dabei, in Niederungen herabzusteigen.

Während sich das Milchschaf am besten für eine kleine Haltung eignet, sollten die Merinoschafe, die sich über Jahrtausende die Lebensweise ihrer Urahnen bewahrt haben und zu deren Wohlbefinden deshalb die Herde und rund um das Jahr der tägliche Wanderweg gehören, in größeren Beständen gehalten werden. Aber auch bei den anderen Rassen sind der Herdentrieb und die Liebe zum geselligen Miteinander zwar unterschiedlich hoch, aber immer noch soweit ausgeprägt, daß es gut wäre, jeweils mindestens fünf Muttertiere zu halten.

Das Milchschaf gehört zur Familie

Das ostfriesische Milchschaf, dessen sicherstes Erkennungszeichen der unbewollte Schwanz ist, könnte sogar als Einzeltier gehalten werden. Allerdings sollte es dann wegen seiner hohen Ansprüche an Betreuung sozusagen zur Familie gehören. Es ist außerordentlich anhänglich, folgt auf Zuruf und könnte ohne Koppelzaun gehalten werden, wenn soviel Weidefläche zur Verfügung stünde, daß die Nachteile einer Standweide nicht wirksam werden können. Jedenfalls fühlt es sich zu zweit oder unter nur wenigen Tieren sehr wohl und hat kein unbedingtes Bedürfnis nach einer Herde. Zu seinen unbestrittenen Vorzügen gehören Widerstandsfähigkeit, Frühreife, eine hohe Fruchtbarkeit und Frohwüchsigkeit. Neben einer guten Milchleistung, die im Durchschnitt etwa 600 Liter je Jahr beträgt, kann sich auch der Fleischertrag durchaus sehen lassen; allerdings nur dann, wenn dem Tier Klima und Weide behagen. Aufgrund seiner

Abstammung vom Marschschaf, das die fetten Weiden und ein gemäßigtes Klima liebt, wird es sich schwerlich an Hitze und Trokkenheit gewöhnen können.

Edelrassen für Fleischliebhaber

Das Deutsche Texelschaf ist auf der holländischen Insel Texel beheimatet. Es ist erst seit kurzem in Deutschland »eingebürgert« und erfreut sich zunehmender Beliebtheit. Es besticht durch seinen vorbildlichen Charakter und durch seine hohe Fleischqualität. Da die Lämmer in erster Linie vom Halter selbst und seinen genußsüchtigen Freunden und Bekannten verspeist werden, sind sie auf dem Markt nur selten zu finden. Um die wertvollen Anlagen voll entfalten zu können, bedarf es bester Weidevoraussetzungen.

Auch die schwarz- und weißköpfigen Fleischschafe passen sich der Koppelhaltung und auch verschiedenen klimatischen Verhältnissen gut an. Es sind relativ schwere, frohwüchsige Schafe, die eine hohe Fleischleistung mit vorzüglicher Schlachtkörperqualität erreichen, wenn sie eine gute Futtergrundlage vorfinden. Da das schwarzköpfige Schaf zur Verfettung neigt, sollte es verhältnismäßig früh geschlachtet werden.

Landschafrassen werden seltener

Sie sind für eine naturgemäße Haltung von besonderem Interesse. Die alten Landschläge, die auf jahrhundertealte Bodenständigkeit zurückgehen, haben eine robuste Natur, sind genügsam und passen sich auch ungünstigen Klima-, Haltungs- und Futterverhältnissen hervorragend an. Sie sind unempfindlicher gegen erhöhte Kupferaufnahme und können mit festen Klauen auch kargere Hutungen ausnutzen, ohne daß man ihnen eine mangelnde Fleischleistung nachsagen könnte.

Das Bergschaf ist ein Sammelbegriff für verschiedene Landschafschläge, die vor allem im Alpengebiet zuhause sind. Zu ihnen gehören das Bergamasker Schaf, das Kärtner Brillenschaf, das Goggel- oder Zackelschaf und das Steinschaf. Allen gemeinsam ist die große Widerstandsfähigkeit gegenüber Unbilden der Witterung und ihre außerordentliche Genügsamkeit hinsichtlich Ernährung und Haltung. Ihre langen Schlichthaare (Grannen) schützen sie selbst vor starken Niederschlägen, die im Gebirge gewöhnlich 1000 mm im Jahr übersteigen. Wegen ihrer Härte, Steige- und Trittfestigkeit sowie ihrer Schwindelfreiheit eignen sie sich vortrefflich für die Haltung bis in Höhen von 2600 m. Trotz ihrer Anspruchslosigkeit ist der Fleischertrag relativ gut.

Die Heidschnucken, von denen es vor gut 100 Jahren noch über 1 Million gegeben haben dürfte (inzwischen sind sie auf rund 26 000 Tiere zurückgegangen) sind eine Schafrasse, die – ihren (Mufflon-)Urvätern gleich – schneckenförmige Hörner tragen. Sie sind zwar in der Lüneburger Heide beheimatet, können aber durchaus auch in anderen Landschaften gehalten werden, wenn sie nicht gar zu naß und kalt sind. Von besonderem Wert für alle Feinschmecker ist das delikate, zarte und fettarme Fleisch, das einen wildähnlichen Geschmack hat.

An weiteren Rassen mit besonders hervorzuhebenden Eigenschaften ist das Leineschaf zu nennen (sehr gutes Aufzuchtvermögen, hohe Säuge- und Fleischleistung) und das Rhönschaf (besondere Eignung für rauhe Mittelgebirgslagen, gute Säugeleistung und beste Futterverwertung mit hohem Fleischertrag).

Die beste Wolle hat das Merinoschaf

Das Merinolandschaf (früher Deutsches veredeltes Landschaf) ist eine Kreuzung des alten württembergischen Landschafes mit Merinoböcken. Die Veredelung begann bereits Ende des 18. Jahrhunderts. Die günstigen Ergebnisse führten zu einer raschen Ausdehnung der Kreuzungszucht über ganz

Süddeutschland und zu einer völligen Verdrängung der reinrassigen Merinos. Wegen seiner vorzüglichen Weide-, Marsch- und Pferch-Eigenschaften ist das »Bastardschaf« bestens für die Wanderschäferei geeignet. Noch heute ziehen die Herden von den ausgedehnten Weideflächen der Schwäbischen Alb winters in die Rheinebene.

Das Merinolandschaf ist wegen seiner weiten Verbreitung verhältnismäßig leicht zu erwerben. Ist die Anschaffung einer für die Einzelschafhaltung tauglicheren Rasse nicht möglich, vermag die hohe Anpassungsfähigkeit des Schafes, die zumindest dann bei der am Standort geborenen zweiten Generation zur Geltung kommt, auch Abweichungen von besonders charakteristischen Haltungsformen zulassen. Jedoch lehrt die eigene Erfahrung, daß tunlichst mehr als nur fünf Muttertiere dieser Rasse gehalten werden sollten und ab und an ein Wandertag eingelegt werden muß. Noch heute hören wir das gottsjämmerliche Schreien, mit der unsere »Gretel« ihre Sehnsucht nachhaltig auszudrücken vermochte, wenn Schafherden auf der von der Gemeinde als Hutung verpachteten Flur vorbeizogen, an die unsere Weide grenzt, obwohl sie noch den »Hansel« zur Gesellschaft hatte. Das Merinolandschaf ist widerstandsfähig und frohwüchsig. Es hat

Übersicht über einige Schafrassen für die Koppelhaltung

Rassen	Anteil am Gesamtbestand	Gewicht	Ablammquote	Brunstverhalten	Geschl. Reife Mon.	Wollfeinheit	Ø Schurgewicht	Futteransprüche
Milchschaf	1,6	+	++	s	7	+	+	sh
Texelschaf	8,8	++	+	s	7	+	+	h
Schwarzköpfiges Fleischschaf	24,9	+	+	slg	7	+	+	h
Weißköpfiges Fleischschaf	7,5	++	+	slg	7	○	++	h
Bergschafe	1,9	○	+	as	10	○	+	g
Heidschnucke	2,1	–	–	slg	7	–	–	g–m
Leineschaf	0,1	+	○	s	7	+	○	g–m
Rhönschaf	0,6	○	○	slg	10	+	○	g–m
Merinolandschaf	41,7	++	+	as	10	++	+	m–h

Gesamtbestand BR Deutschland 1985: 1 297 516 Tiere (1948: 2 490 916)

Gewicht	++ 70–80	+ 60–70	○ 50–60	– 40–50 kg
Ablammquote	++ 200–230	+ 160–180	○ 130–160	– 110–130%
Brunstverhalten	s saisonal	slg sais. mit langer Brunstsaison	as asaisonal	
Wollfeinheit	++ 26–28	+ 33–35	○ 35–38	– 40–50 Mikron
Ø Schurgewicht	++ 5,5	+ 4,5	○ 3,5	– 2,5 kg
Futteransprüche	sh sehr hoch	h hoch	m mittel	g gering

eine gute Säugeleistung und einen hohen Fleischertrag. Besonders hervorzuheben ist die verhältnismäßig feine Wollqualität.

Das Schaf lebt mit der Herde

Die friedvoll grasende Schafherde mit dem (guten) Hirten ist in allen Zeiten ein Sinnbild für die dem Menschen anvertraute Kreatur, dem es obliegt, sie fürsorglich zu behüten, sie in seine Obhut zu nehmen. Die Idylle, wo immer wir ihr zufällig begegnen, hat auch heute trotz – oder gerade wegen – unserer hochzivilisierten Umwelt an Reiz nicht verloren.

Ein Schaf gesellt sich gern zum andern

Es ist nicht jeder ein Schäfer, der einen Stab trägt

Schäfchen zur Linken,
das Glück tut dir winken

Schafe leben ganz aus der Herde, mit der sie über die Erde ziehen und in die sie sich mit dem Hirten zu einem Ganzen fügen. In ihr suchen sie sich bei Gefahr zu bergen, weil sie – wie kaum ein anderes Tier – weder mit wehrhaften Eigenschaften noch mit solchen, die ihnen eine sichere Flucht, ein schützendes Verbergen oder eine Täuschung ermöglichen, ausgestattet sind. Und dennoch sind nur die Tiere im Innern geschützt. Der Zug zur Geborgenheit im Schoße ihrer Lebensgemeinschaft, das Zusammenscharen bei einem drohenden Angriff, macht es einfach, Schafe mit Hunden zu überwachen und zu lenken. Ein »verlorenes Schaf« ist nicht fähig zu überleben und auch einzelne Schafe, abgesprengt von der Herde, gehen im Gegensatz zu Ziegen zugrunde.

Die Herde, die das Leben trägt und in der das notwendige Nebeneinander und die Geselligkeit des Miteinander erlebt wird, prägt die Wesenszüge des einzelnen Schafes, die wir als duldsam, friedfertig, sanftmütig, fügsam und geruhsam empfinden – als leidensfähig, wenn es wehrlos am Rande der Herde gerissen wird. Soweit man überhaupt mit Begriffen menschlicher Eigenschaften die Wesensart eines Tieres, das mit seinen Instinkten lebt, charakterisieren kann. Unsinnig ist denn auch und gleichwohl bestürzend, wenn man – wie Brehm es in seinem »Tierleben« tat – dem Schaf Wesenszüge zuschreibt, die fraglos nur dem Menschen eigen sind. Weit entfernt davon, sich dem Wesen des Tieres nähern zu können, schrieb er: »Das Hausschaf ist ein ... einfältiges, knechtisches, willenloses, furchtsames und feiges, kurzum ein langweiliges Geschöpf ... Es begreift nichts und lernt nichts ... Seine Furchtsamkeit ist lächerlich, seine Feigheit erbärmlich.«

Wem die Schafe wohl stehen
und die bösen Weiber wohl gehen
und die Bienen wohl schwermen,
der darf sich nicht hermen

In der Haustierhaltung versuchen wir die Geborgenheit der Herde durch ein stetes Umsorgen zu ersetzen, indem wir zu den Tieren sprechen, wenn wir uns ihnen auf der Weide nähern oder wenn wir den Stall betreten, durch einen gemeinsamen Ausflug oder durch einen Leckerbissen. Ist erst einmal die natürliche Scheu überwunden, sind Schafe zutrauliche Tiere, die unsere Zuneigung und Liebkosungen lebhaft erwidern (vor allem, wenn wir die Böckel an der Stirne kraulen). Sie kommen auf Rufen herbei (besonders eilig, wenn man den Kraftfutter-Eimer oder ein Stück Brot in der Hand hält), und verdienen es, mit Namen gerufen zu werden.

Faule Schäfer haben gute Hunde

Ein Schaf, das nicht zur Herde hält, frißt der Wolf

Wir erinnern uns gerne an den treuherzigen Hansel und die etwas scheue Gretel, obwohl

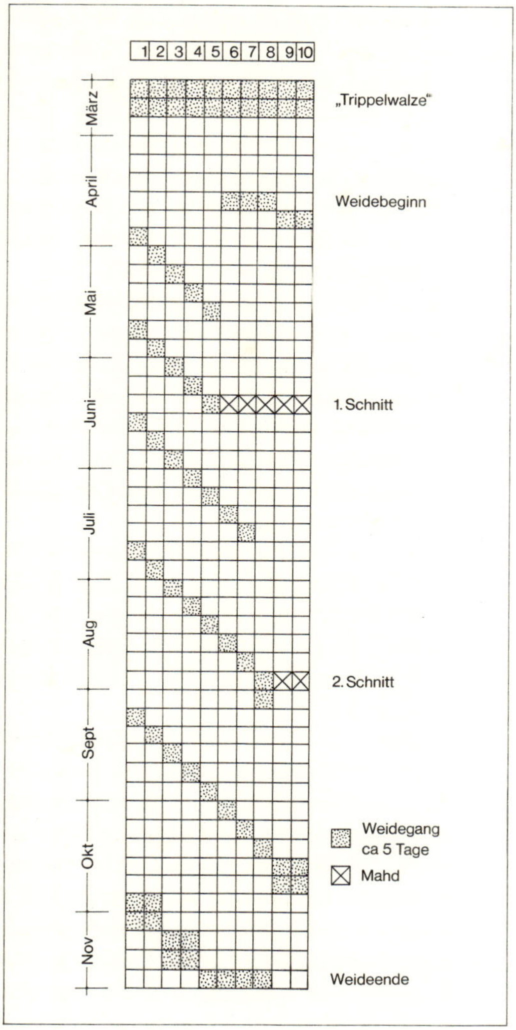

Beispiel für die systematische Nutzung einer Umtriebsweide mit 10 Koppeln für 2 Schafe mit Nachzucht und Winterfutter-Gewinnung.

Umtrieb	etwa 5 Tage je Koppel	
Besatzstärke	10 Schafe je ha	
	2 Schafe je 2000 m^2	
Koppelzahl	10	
Koppelgröße	200 m^2	
Weidefläche	20 m^2 je Tier und Tag	
Heuertrag	67 dt je ha	
Heubedarf		
(Sommer	215 Tage Weide)	
Winter	150 Tage Stall	
	2 × 1,5 kg je Tag	4,5 dt
Heuertrag	150 m^2 je dt	
1. Schnitt	5 Koppeln × 200 m^2	
60%	$\frac{1000\ m^2}{150\ dt} \times \frac{60}{100}$	4,0 dt
2. Schnitt	2 Koppeln × 200 m^2	
40%	$\frac{400\ m^2}{150\ dt} \times \frac{40}{100}$	1,1 dt
		5,1 dt

es ihnen immer wieder gelang, die Grünspargelparzellen in der Obstanlage trotz umfangreicher Schutzmaßnahmen leer zu fressen, obschon sie freimütig den Heckenschnitt zur Unzeit besorgten und auch sonst sämtliche Sträucher und Büsche kahl fraßen. Die Stunden bleiben unvergessen, die wir mit ihnen in die Flur zogen, am Wegrand saßen und ihnen beim Weiden saftiger Gräser und Kräuter zuschauten. Es war ein friedvolles Verweilen, in dem die Betriebsamkeit des Tages innehielt, und sich die Ruhe der Tiere auf uns übertrug. Dabei kam Hansel immer wieder zu uns, beschnupperte unsere Gesichter und strich auch hin und wieder liebevoll mit der Zunge über die Wange. Wenn solche Beziehungen durch den Metzger beendet werden müssen, ist es nicht jedermanns Sache, die Schafhaltung weiterzubetreiben.

Fleisch, Wolle, Milch und ein kuscheliges Fell

Wir werden von unseren Schafen reich beschenkt. Wohl kaum ein anderes Haustier ist von so vielseitiger Wirtschaftlichkeit, und unsere vielfältigen Bemühungen um eine artgerechte Haltung tragen wesentlich dazu bei, daß alles zum besten gerät.

Das Fleisch. Das Fleisch von Weidelämmern unterscheidet sich nicht nur durch seine rosa bis rötliche Farbe, sondern auch durch die Gehaltsstoffe und den Geschmack von dem solcher Tiere, die nach dem Absetzen im Alter von 3 bis 4 Monaten im Stall noch etwa 3 Monate gemästet werden (Wirtschaftsmast).

Mit zunehmendem Alter verändern sich Beschaffenheit und Geschmack des Fleisches. Das »Osterlamm«, nur mit Muttermilch aufgezogen, ist fürwahr eine Delikatesse, während Schaffleisch sich besser zum Eintopfgericht (zum Beispiel mit Grünen Bohnen) eignet und so auf der Wärmeplatte auch gut heiß gehalten werden kann, denn das Fett älterer Tiere wird schon bei etwa 35 °C fest, was nicht jedermanns Geschmack ist.

Nach den altersbedingten Unterschieden sind auch die Handelsklassen bestimmt worden:

Milchlammfleisch	bis zu 1/2 Jahr (Höchstgewicht 23,5 kg)
Lammfleisch	bis zu 1 Jahr
Hammelfleisch	bis zu 2 Jahren (männliche kastrierte und weibliche nicht zur Zucht verwendete Tiere)
Schaffleisch	über 2 Jahre (männliche kastrierte und weibliche Tiere)

In der Praxis der Haustierhaltung werden zwei bis drei Altersstufen, je nach Art der Fleischverwertung, infrage kommen, wobei natürlich die Zahl der Tiere, die Größe der Familie und die Geschmäcker eine Rolle spielen:

- etwa drei Monate alte, 15–20 kg schwere, Milchlämmer (zum Beispiel als österlicher Festbraten)
- bis 45 kg schwere Lämmer (je nach Rasse), die im Herbst oder im folgenden Frühjahr geschlachtet werden (zum Beispiel für den einzufrierenden Fleischvorrat, der 45–50% vom Lebendgewicht ergibt).
- Von den Muttertieren werden diejenigen frühestens nach drei Jahren geschlachtet – nachdem sie das erstemal gelammt, gesäugt und sich erholt haben – mit denen man nicht so recht zufrieden ist.
- Seinen Lieblingen, die einen freundlichen Charakter haben, gut ablammen, robust und munter sind, gönnt man ihre Jahre. Luftgetrocknete Schafwurst aus Fleisch älterer Tiere kann eine nicht minder lekkere Delikatesse sein als das Osterlämmchen, dessen frühes Ende den Genuß erheblich mindern kann.

Übrigens: der Pro-Kopf-Verzehr von Schaffleisch (alle Klassen) belief sich 1978 in der BR Deutschland auf 0,8 kg pro Jahr bei insgesamt 88,7 kg Fleischkonsum. Eine andere Quelle gibt für das Jahr 1980 300 g je Kopf und Jahr an.

Die Wolle. Die Wolle des Schafes ist eine großartige züchterische Leistung. Es ist erstaunlich, daß es im Laufe von Jahrtausenden nicht nur gelang, durch zielstrebige Selektion den Haarwuchs zu verdichten, zu verfeinern und zu verlängern, sondern auch den jahreszeitlichen Rhythmus des Haarwechsels soweit einzuschränken, daß er kaum mehr in Erscheinung tritt. Wahrscheinlich hat das Hausschaf des Steinzeitmenschen, das kleine »Torfschaf«, noch ein normales Fell besessen, dessen Überreste man im vertorften Gelände damaliger Pfahlbauten gefunden hat. Seine Nachfahren leben, seit eh und je nur wenig verändert, im Bündner Oberland munter fort. Aber schon in der Bronzezeit, von der wir wissen, daß dazumal anstelle der Fell- und Pelzbekleidung Wollkleider in Mode kamen, muß die Züchtung des Woll-Schafes bereits beachtliche Fortschritte gemacht haben. Zwar konnte durch Zucht der jahreszeitliche Haarwechsel – das dünne Sommerfell und der wärmere Winterpelz – weitgehend ausgeschaltet werden. Auch die

Länge und Dichte der Wolle sind kaum noch zu überbieten. Der Züchtung feiner Unterhaare (Wolle) mit der typischen Kräuselung als ausschließlichen Bestandteil des Vlieses hat die Natur jedoch dort einen Riegel vorgeschoben, wo es um das Schutzbedürfnis des Tieres geht. Bei Rassen in Landschaften mit starken Niederschlägen (zum Beispiel bei Bergschafen) lassen die noch vorhandenen langen Oberhaare (Grannen) das Wasser ablaufen. Fehlten sie, würden sich die Wollhaare trotz des wasserabweisenden Wollfetts (Lanolin) allmählich vollsaugen. Auch Heidschnucken haben noch ein markhaltiges, bis zu 25 cm langes Oberhaar über ihren etwa 6 cm langen Flaumhaaren.

Deshalb sind die »Mischlinge« als Woll-Lieferanten nicht minder interessant. Ohnedies hat auch das Vlies des Merinolandschafes, das nur aus Wollhaaren besteht, durch die Einkreuzung mit den württembergischen Landrassen nicht mehr den Feinheitsgrad der Merino-Wolle, der unter 26 Mikron liegt (1 μ = 1/1000 mm). Die darüberliegende »Grossbred-Wolle« ist aber ebenfalls sehr gefragt, zum Beispiel für die Verarbeitung zu Tweedstoffen oder als Teppichwolle. Allerdings erzielt jegliche Wolle nach dem massiven Einbruch der Kunstfaser in den Wollhandel nur noch relativ niedrige Preise. Deshalb wird es auch nicht in unserer Haushaltskasse klingeln, wenn wir die Wolle verkaufen. Der Erlös würde nicht einmal die Schurkosten decken.

Zum »Verhökern« ist unsere Wolle aber allemal zu schade, wenn man bedenkt, daß ihre Güte und Verträglichkeit von der Haltung und Ernährung des Tieres abhängt, die ja bei uns in den allerbesten Händen liegt. So mindert zum Beispiel die unsachgemäße Behandlung mit Insektiziden nicht nur die Qualität der Wolle, sondern die im Protein gebundenen Chemikalien können beim Tragen solcher Wollerzeugnisse Allergien hervorrufen.

Also behalten wir die Wolle und widmen uns dem vielseitigen Gebiet der eigenen Aufbereitung und Verarbeitung. Manch langer Winterabend bekommt einen neuen Inhalt, und seit jeher hat das besinnliche Spinnen geschundene Nerven am nachhaltigsten wieder ins Lot gebracht. Welch stolze Befriedigung: Wollsachen, die sich durch eine hohe Elastizität auszeichnen, für die ganze Familie von eigenen Schafen – selbst gesponnen, gefärbt, gestrickt oder gewebt. Wolle ist der beste und gesündeste Rohstoff, den es für unsere Bekleidung gibt: isolierend, saugfähig und durchlässig schützt er vor Wärmeverlusten, vermeidet aber auch ungesunde Wärmestauungen, begünstigt er die Hautatmung, läßt aufgenommene Feuchtigkeit verdunsten, ist hautfreundlich und als Naturprodukt und naturbelassen unserem Wohlbefinden besonders zuträglich.

Handgesponnen, handgewebt
hält, solang der Bauer lebt.

Das Scheren werden wir vorläufig von einem Fachmann ausführen lassen. Es gehört zu den Fertigkeiten, die erfahren werden müssen. Wer die Schur selbst ausführen will, sollte sich von einem einschlägig erfahrenen Schäfer gründlich einweihen lassen oder einen der Kurse mitmachen, die in der Regel von den Schafzuchtverbänden durchgeführt werden.

Wer seine Schafe schert vor Servaz (13. 5.),
dem ist die Wolle lieber als das Schaf

Die geschorenen Schafe soll der Schäfer im Hemd austreiben

Üblicherweise wird nach den Eisheiligen geschoren. Die Winterschur nach der Aufstallung hat aber einige Vorteile:

- die Wolle füttert nicht ein und verschmutzt nicht, was bei der Stallhaltung über den Winter durch Futterteilchen (wenn an der Raufe kein Nackenbrett angebracht ist), Einstreu und Kot leicht möglich ist und die Qualität erheblich beeinträchtigt;

- die Wolle verschwitzt nicht, was bei zu hohen Stalltemperaturen im Winters auftreten kann und ein Gelbwerden zur Folge hat, das nicht mehr zu beheben ist;
- bessere Kontrolle des Futterzustandes nach der Schur;
- leichtere Übersicht beim Ablammen;
- professionelle Schafscherer haben mehr Zeit;
- geringere Infektionsgefahr durch Fliegen bei Hautverletzungen.

Freilich müssen wir für eine reichliche Einstreu sorgen, viel Rauhfutter zur Eigen-Wärmeentwicklung geben und auch sonst auf eine gute Temperaturregelung im Stall bedacht sein.

Auch die Nachteile des unzeitgemäßen Haarwechsels sollen nicht verschwiegen werden: lange Wolle im Sommer und Einschränkung winterlicher Ausflüge.

Das Fell. Das Fell ist ebenfalls vielseitig verwendbar. Da die Gerbkosten jedoch verhältnismäßig hoch sind, lohnt es sich nur, Rohfelle allerbester Qualität gerben zu lassen, um sie einigermaßen gut verkaufen zu können. Auch für die eigene Verwendung sollte man Wert auf eine einwandfreie Beschaffenheit legen. Hier gelten die gleichen Voraussetzungen wie bei der Wolle. Qualität und Aussehen leiden sowohl unter »futtriger« Wolle durch Verwendung falscher Fütterungseinrichtungen und unbedachten Umgang mit Heu und Stroh als auch durch nicht zu beseitigende Verfärbungen, die durch Kot und Urin unsauber gehaltener Tiere entstehen. Außerdem sollte der Metzger, oder wer auch immer das Schaf abhäutet, mehr mit den Händen als mit dem Messer hantieren, um Löcher zu vermeiden. Nach der Schlachtung muß das Fell, mit der Haarseite auf dem Boden liegend, mindestens eine Stunde abkühlen und abtrocknen können. Danach wird es auf der Innenseite mit etwa 1 kg Salz eingerieben und am nächsten Tag Innenseite gegen Innenseite zusammengelegt und für den Versand an die Weißgerberei eingerollt.

Die Milch. Die Milch des Schafes ist fett und eiweißreich. Vergleichen wir sie mit der Kuh- oder Ziegenmilch, so fällt der ungewöhnlich hohe Gehalt an Orotsäure auf: 350–450 mg je Liter gegenüber jeweils etwa 100 mg je Liter. Mit diesem Wirkstoff, der dem Vitamin B-Komplex zugeordnet wird, werden hochwertige Eiweiße gebildet, die sowohl im jugendlichen Organismus des Menschen aufbauend als auch im alternden regenerierend zu wirken vermögen. Diesem Wirkstoff werden überdies besondere Heilwirkungen bei verschiedenen Krankheiten nachgesagt. Nur sollte man sich davor hüten, von der Schafsmilch als vielseitigem Wunder-Heilmittel zu schwärmen.

Viel wichtiger ist, daß wir nur durch eine entsprechende Haltung und Fütterung in den Genuß einer so überaus gesunden, wertvollen und nahrhaften Milch kommen – die sonst nur schwer erhältlich ist. Das Befinden des Tieres und die Futterqualität fließen augenblicklich und uneingeschränkt in den subtilen Milchbildungsprozeß. So werden zum Beispiel durch triebig gedüngte Weiden, schadstoffbelastetes oder minderwertiges Futter oder durch Streß nicht nur der Wert der Milch als Lebensmittel, sondern auch die Wirksamkeit hochwertiger Wirkstoffe erheblich beeinträchtigt.

Das ungetrübte und vollmundige Behagen schenkt uns aber auch die Milch der Ziege, wenn sie unter gleich guten Bedingungen umsorgt wird, denn außer dem höheren Orotsäure- und Fettgehalten unterscheidet sich die Milch des Schafes nicht von der Ziegenmilch, die ebenfalls heilend zu wirken vermag. Wenden wir uns deshalb, da noch einiges zum Thema Milch zu sagen ist, dem eigentlichen Milchproduzenten unter den bäuerlichen Kleintieren zu, der Kuh des kleinen Mannes. Weitere Informationen zur Milch s. Seite 152 und zum Melken s. Seite 153.

Die kapriziöse Ziege

Unsere Hausziege stammt von der mit imponierenden Hörnern ausgestatteten Bezoar-Ziege ab, einer der fünf Wildziegen-Arten, die heute noch reinrassig in Kleinasien und auf den griechischen Inseln vorkommt. Seit der Mensch den Pflug nahm, um das Land urbar zu machen, auf dem er seßhaft geworden war, begleitet sie ihn. So ist sie bereits im 5. Jahrtausend v. Chr. in den aufkommenden Bauernkulturen Mesopotamiens, Syriens und Ägyptens anzutreffen (Funde bei Jericho werden sogar in das 7. Jahrtausend v. Chr. datiert), und auch in Mitteleuropa zählt sie mit dem Schaf zum Viehbestand des frühen Bauern der Jungsteinzeit (4000–1800 v. Chr.). Denn neben dem »Torfschaf« wurde auch die »Torfziege« im Bereich damaliger Pfahlbauten gefunden.

Das Hauptverbreitungsgebiet wurde Griechenland, das wegen seines ariden Klimas und gebirgigen Charakters von den Ziegen geradezu in Besitz genommen wurde (bis auf den heutigen Tag hat es in Europa mit Abstand dem höchsten Bestand: Im Jahr 1979 kamen 4470000 Ziegen auf 9460000 Einwohner). Im Laufe der Zeit haben sie dieses einstmals reich bewaldete Land buchstäblich kahl gefressen. Auf vielen Inseln, wohin sie mit Schiffbrüchigen gelangten, verwilderten sie nach deren Rettung und vermehrten sich zu Tausenden: nachfolgenden Gestrandeten eine willkommene Nahrungsquelle.

Der ruhmreiche Odysseus wird auf seinen abenteuerlichen Irrfahrten an ein (noch) »waldichtes Eiland« verschlagen,

> »... welches unzählige Scharen von Ziegen durchstreifen ...
> Nirgends weidet ein Hirt, und nirgends ackert ein Pflüger;
> Unbesäet liegt und unbeackert das Land,
> Ewig menschenleer, und nähret nur mekkernde Ziegen.«

Da ist es auch nicht verwunderlich, daß der große Donnerer und Göttervater Zeus von der Ziegen-Nymphe Amalthea mit Ziegenmilch aufgezogen wird, als ihn seine Mutter vor seinem Vater, dem Titanen Kronos, zu dessen Lieblingsspeise die eigenen Kinder zählen, auf der Insel Kreta verbirgt. Zum Dank wird die hilfreiche Ziege von ihm als »Capella« (lat. die Ziege) unter die Gestirne versetzt (Stern 1. Größenordnung im Sternbild Fuhrmann). Ein abgebrochenes Horn der Ziege wird zum segenspendenden Füllhorn, dem die Kraft innewohnt, alles, was man wünscht, zu gewähren.

Der Zug nach Norden ist der Ziege nicht gut bekommen. Nirgends fand sie dort mehr das Eldorado ihrer griechischen Gefilde. Anders als das Schaf, das in der Herde geborgen blieb und sich deshalb immer und überall anzupassen vermochte, fiel die Ziege aus den ihr vertrauten Lebensumständen heraus, sie wurde heimatlos. Hauptsächlich von »kleinen Leuten« wegen der Milch gehalten, fristete sie ihr Dasein als Einzeltier ohne Gesellschaft und ohne die notwendige Pflege, womöglich in feuchten und kalten Niederungen und im Laufe der Zeit zunehmend als Stalltier. Schon bei den Pfahlbauern war der stattliche Wuchs der Bezoar-Ziege durch widerwärtige Lebensbedingungen verkümmert und bis in die nahe Vergangenheit war sie drauf und dran, durch lebenslange Stallhaltung (mit Ausnahme der Schweizer Berge und auch des Harzes) und unsachgemäße Pflege vollends zu degenerieren.

Mit Recht schrieb ein Berliner Zoodirektor: »In unserem Vaterland ... ist die Ziege zwar überall zahlreich vorhanden, aber was sachgemäße Züchtung und Behandlung anlangt ... das am meisten vernachlässigte Haustier .... Die ›Kuh des armen Mannes‹ nennt man sie halb scherzhaft, halb verächtlich .... Das ist freilich nicht zu verwundern, daß unter der ›Pflege‹ der Armut bei kargem Futter, in schlecht verwahrtem Stall aus der Hausziege die fast sprichwörtliche ›magere Zicke‹ wurde, deren Haltung kaum mehr lohnt.« Und ein Zeitgenosse sagt es noch deutlicher: »Wer mochte sich vor 1890 um jenes körperlich unschöne und heruntergekommene Haustier kümmern, denn meistens verließ die Geiß nur einmal im Jahr ihren dunklen Stall, wenn sie zur Brunstzeit struppig, dreckig und verlaust, wegen langer Schnabelschuhe nur mit Mühe vorwärtskommend, zum Bock gebracht wurde.«

Trotz der glücklichen Wende zum Besseren Ende des 19. Jahrhunderts liegt auch heute noch vieles im Argen.

Die ›Weiße‹, die ›Bunte‹ und die Burenziege

Der Landwirt Christian Dettweiler aus Wintersheim am Rhein fuhr häufig zum Viehkauf in die Schweiz. Dort lernte er, wahrscheinlich baß erstaunt, Ziegen kennen, die – ihrem Lebenselement entsprechend – vornehmlich in den voralpinen Bergländern den größten Teil des Jahres im Freien zubrachten und einen hohen Zucht- und Leistungsstand hatten: rassig, ansehnlich, robust, gesund und ergiebig in der Milchleistung.

Seit seinem ersten Import schweizer Ziegen im Jahre 1884 ging es mit Deutschlands Ziegen aufwärts. An der Befreiung aus den desolaten Verhältnissen waren hauptsächlich die weiße Saanen-Ziege aus dem Berner Oberland und die braune Toggenburger Ziege aus dem St. Galler Oberland beteiligt. Der rührige Dettweiler blieb die treibende Kraft. Ihm ist es zu verdanken, daß die Deutsche Landwirtschaft-Gesellschaft (DLG) 1890 erstmals in Straßburg Ziegen ausstellte und 1892 der erste Ziegenzucht-Verein in Pfungstadt gegründet wurde, dem 1894 weitere in Hessen folgten. 1895 schließlich setzte die DLG einen Sachverständigen-Ausschuß für Ziegenzucht ein.

Von Hessen, wohin bis 1924 insgesamt fast 1000 Böcke und rund 2400 Ziegen aus der Schweiz eingeführt wurden, breitete sich der Impuls mit entsprechendem Zuchtmaterial über ganz Deutschland aus. Mit deutscher Gründlichkeit sowie dem Hang zum intensiven Vereinsleben, straffer Organisation und natürlich züchterischem Ehrgeiz wurden die vielfach verkommenen Landschläge so perfekt saniert, aufgefrischt, veredelt, ausgewählt, umgezüchtet und vereinheitlicht, daß nur noch zwei (Neu-)Rassen zu bestehen vermochten, die 1927 »verbands-amtlich« als Weiße und Bunte Deutsche Edelziege auch einheitliche Bezeichnungen erhielten. Eigenwillig, wie die Ziege selbst, haben sich dagegen die Schweizer mit Erfolg gegen jede Vereinheitlichung gewehrt, ihre urständigen acht Rassen bedurften aber auch keiner »Sanierungsmaßnahmen«.

Obwohl der Ziegenbestand in der BR Deutschland von 1,3 Millionen im Jahre 1951 im Zuge des prosperierenden Lebensstandards auf 36 000 im Jahre 1985 zurückgegangen ist, hat sich an den Bestrebungen einer planmäßigen Herdbuchzucht, den Zuchtzielen (futterdankbar, widerstandsfähig, fruchtbar, langlebig, gute Milchleistung) und der züchterischen Betreuung durch Landes-Zuchtverbände nichts geändert.

Die Weiße Deutsche Edelziege (WDE) ist aus der Kreuzung der weißen deutschen Landziegen mit der schweizer Ziege aus dem Saanetal hervorgegangen. Sie ist eine verhältnismäßig schwere und tiefe Ziege mit mittlerem Rahmen. Die Behaarung ist rein weiß, kurz und glattanliegend. Mit Ausnahme von Württemberg und dem Rheinland wird sie im allgemeinen hornlos gezüchtet (mit dem bekannten Nebenerscheinungen der Zwitterbildung). Ihre Hauptverbreitungsgebiete sind Norddeutschland, Niedersachsen, Rheinland, Hessen, Nord- und Südbaden.

Die Bunte Deutsche Edelziege (BDE) kommt in drei Farbvarianten vor:
1. die rehfarbene Ziege in dunkler Zuchtrichtung geht auf die ehemalige Frankenziege zurück, sie hat auf dem Rücken einen schwarzen Aalstrich, einen schwarzen Bauch und schwarz »gestiefelte« Beine (DDR: rehfarbene Erzgebirgsziege);
2. die rehfarbene Ziege in heller Zuchtrichtung (ehemalige Schwarzwaldziege) hat einen hellen Bauch und einen an der Vorderseite der Beine verlaufenden (»geschienten«) schwarzen Strich (DDR: Harzziege);
3. die Thüringerwald-Ziege, die ehemalige Deutsche Toggenburger, ist besonders hübsch gezeichnet: schokoladenbraun mit scharf abgesetzter heller Gesichtsmaske, Ohren und Schwanz weiß gesäumt, der Bauch ist dunkel und die Unterbeine sind weiß.
Alle ›Bunten‹ sind etwas kleiner und haben feinere Knochen als die weiße Ziege. Sie gelten als anspruchsloser und sind für Höhenlagen besser geeignet. Ihre Hauptverbreitungsgebiete sind Württemberg, Bayern, Südbaden, Hessen und Niedersachsen.

Die Burenziege, »Boer Bok«, ist in Südafrika beheimatet und stammt von der eingeborenen Hottentotten-Ziege ab. Sie ist eine große, bis zu 100 kg schwere (Kastraten), gehörnte Ziege, die seit dem Beginn des 20. Jahrhunderts auf Fleischleistung gezüchtet wird. Sie ist weiß mit rotem Kopf, möglichen roten Flecken an Hals, Brust und Bauch sowie langen und breiten Hängeohren. In der Haltung bewährt sie sich durch Anspruchslosigkeit und gute Futteraufnahme; sie ist friedlich und neigt zur Bequemlichkeit. Ihre gute Schlachtkörper-Qualität und hohe Fruchtbarkeit ist für die Halter interessant, die mehr auf Kitzfleisch als auf Milch Wert legen.

Ihre geringe Verbreitung in der Bundesrepublik hängt vor allem damit zusammen, daß nur wenige Burenziegen bisher zur Zucht vorhanden sind. Seit 1979 wird sie in Württemberg neben der Vermehrung weniger Tiere in Reinzucht hauptsächlich durch Verdrängungskreuzungen aufgebaut.

Übersicht über die deutschen Ziegenrassen

		WDE	BDE
Anteil am Gesamtbestand	%	33	67
Gewicht	kg	55–65	50–60
Milchmenge/Jahr	kg	1000	980
Fettgehalt der Milch	%	3,6	3,7
Ablammquote (Zahl der Lämmer)	%	200	200
Ablammrate (Zahl der Geburten)	%	97	97

Launenhaft und eigenwillig, aber liebenswert

Es ist schon erstaunlich, wozu die Ziege herhalten muß, um menschliche Schwächen ins rechte Bild zu setzen. Keiner Tugend wird sie für würdig befunden, wie etwa die Bienen sich des Übermaßes beispielhafter und reputierlicher Eigenschaften rühmen dürfen. Da ist jemand nicht einen Ziegendreck wert, eine Ziegenbibke (Ziegenwarze, Taugenichts), Zimtzicke, zickig, auf die faule Ziege gekommen (treibt sich herum) oder er hält die Ziege beim Schwanz (wenn er keinen Erfolg hat). Der Bock kommt besonders schlecht weg: schon im alten Testament wird alle Schuld auf ihn geladen (Sündenbock), Hexen satteln ihn zum Ritt und ein Klapperbock (Schabbuck), ein Monstrum mit einem Ziegenkopf lehrt uns das Fürchten; mancher macht ihn zum Gärtner, andere verbocken etwas oder machen Bockmist und stinken oder sind stur, geil, störrisch (bockbeinig) und steif wie ein Bock: allerorts gängige Redensarten, wie wir auch gelegentlich alle gerne meckern, wenn uns etwas nicht paßt. Was auch immer aus der Fülle beziehungsreicher Sprüche und Metaphern noch aufzuzählen wäre – kein gutes Wort wird der Ziege gegönnt.

Wer den Bock zum Gärtner setzet, den Hund nach Schmehr und die Katze nach Bratwürsten, kriget selten etwas heimb

---

Mag sie auch zickig, wenn nicht gar boshaft scheinen wie jene Ziege, um deretwillen ein Schneidermeister seine drei Söhne nacheinander davonjagte, weil das liebe Tier, wohlversorgt auf saftiger Weide und treulich gehütet, jedem von ihnen versicherte

»Ich bin so satt, ich mag kein Blatt, meh, meh«,

daheim aber dem Vater gegenüber die Redlichkeit der Söhne in Abrede stellte und heuchelte

»Wovon sollt' ich satt sein?
Ich sprang nur über Gräbelein
Und fand kein einzig Blättelein – meh, meh.«

So ist es doch immer problematisch, Tiere nach den moralisch-sittlichen Wertvorstellungen des Menschen zu beurteilen.

Vielmehr kommt es darauf an,welche sittliche Einstellung und Gesinnung wir dem Tier gegenüber haben, mit welchen Augen wir es ansehen und wie weit wir es vermögen, auf die Bedürfnisse gerade der sensiblen Ziegen durch eine ihnen entsprechende Haltung einzugehen. Jeder, der sich mit ihnen anfreunden möchte, sollte sich darüber im Klaren sein, daß sie sich von allen Haustieren ihre Selbständigkeit noch am meisten bewahrt haben, das heißt, frei und ungebunden zu leben wie in ihrer heimatlichen Gebirgswelt und ihre eigenwilligen Ansprüche durchzusetzen.

Gott weiß wol, warumb er der Ziege den schwantz nicht soll lassen zu lang wachsen, dann sie würde zu hoffertig vnd fürwitzig

---

Würden wir ihre Weide nicht mit einem sicheren Zaun umgeben, wären sie unseren Blicken alsbald entschwunden. Seit jeher mußten Hirten behende und klettergeübte Burschen sein. Gingen trotzdem Tiere verloren, so war das zwar ein herber Verlust. Um die Tiere selbst brauchte man sich aber nicht zu sorgen, denn anders als Schafe können sie sich wehrhaft behaupten und in kürzester Zeit verwildern.

Es ist nicht verwunderlich, wenn jemand, der das natürliche Freiheitsbedürfnis seiner Tiere ungemäß einschränkt, sie in einem dumpfen Stall hält, ihnen verleumderische Sprüche anhängt und sie beschimpft – kurz, sie jegliche Zuneigung, Fürsorge und Anteilnahme entbehren läßt, über launische, eigensinnige, streitsüchtige, widersätzliche und hochmütige Geißen zu klagen hat. Wer hingegen durch eine freizügige und natürli-

Weidende Schafe sind seit jeher ein Bild des Friedens, sie lassen uns die Unruhe des Tages vergessen. – Neugierig und ohne Scheu mustert uns die Bunte Deutsche Edelziege. – Gretel, das schwarzköpfige Fleischschaf, dessen schwarze Beine ebenfalls Merkmale der Rasse sind.

che Haltung ihrem Wesen und ihren Eigenarten entgegenkommt, wird seine helle Freude an den liebenswerten Geschöpfen haben, die kapriziös und apart, agil und stets auf Entdeckungen aus (die besseres Futter versprechen), von munterer Natur und regen Sinnen, steter Aufmerksamkeit und wacher Neugier, launig und immer zu Kapriolen (Bocksprünge, lat. caper = der Bock) aufgelegt sind.

Durch eine besonders gewissenhafte Pflege und individuelle Betreuung können wir sie für den Verlust uneingeschränkter Freiheit entschädigen und dadurch möglichen »Unarten« wirksam begegnen. Unterschätzen wir dabei auch nicht die kleinen Gefälligkeiten, die ganz wesentlich zum Wohlbefinden beitragen, wie das regelmäßige Striegeln des Felles, die tägliche Ansprache oder das Kraulen an Hals, Brust und Rücken, das sie gerne mögen und wozu sie uns durch sanftes Schieben mit dem Kopf gelegentlich auffordern.

Drei Dinge gehören nicht an drei Orte: Ziegen in den Garten, Diener in die Tür und Mädchen ans Fenster

---

Wenn auch im allgemeinen durch fortlaufende Züchtung in gebirgsfreien Landschaften der vehemente Charakter der Ziege mildere Formen angenommen hat, eine Wesensart hat sie sich fast ungebrochen erhalten: die Genäschigkeit. Wir würden sie (ein zweites Mal) aus den Augen verlieren, wenn die Weide keinen Zaun hätte. Denn während sie noch dabei ist, sich ein schmackhaftes Kräutlein einzuverleiben, hält sie bereits

Eine Obstanlange als Schafweide bietet den Tieren, die hier gleichzeitig das notwendige Mähen besorgen, den an heißen Tagen willkommenden Schatten. – Das Heidschnucken-Lämmchen wurde gerade geboren; kaum kann es auf den Beinen stehen, sucht es das milchspendende Euter.

Ausschau nach einem weiteren Leckerbissen, wendet sich aber von diesem auch rasch wieder ab, um nach einem neuen, noch besseren zu suchen. Was uns als kapriziös, lüstern und schleckig erscheint, ist aber ernährungsphysiologisch sehr sinnvoll. Auf diese Weise stellt sich die Ziege aus den verschiedensten Pflanzen ein »Menü« mit vielseitigen Nährwerten zusammen, sowohl mit eiweiß- als auch mit rohfaserreichen »Gängen«.

Mäkelig oder futterdankbar?

Auch bei der Stallfütterung, bei der die Auswahl nicht so vielseitig sein kann, neigen Ziegen dazu, zunächst einmal die besten Teile des Futters herauszufressen und das zu verschmähen, was ihnen nicht zusagt. Füttert man zurückhaltend, so daß es schließlich »der Hunger reintreibt« und alles aufgefressen wird, ist die Futteraufnahme geringer und man muß sich damit zufrieden geben, daß die Milch nicht gerade strömt. Legt man so reichlich vor, daß über die ausgewählten gehaltvollen Bestandteile ein optimaler Nährstoffbedarf gedeckt werden kann, muß eine relativ hohe Futterverschwendung in Kauf genommen werden, die je nach Qualität bis zu 30% betragen kann. Hinzu kommt, daß Ziegen beim Fressen gerne zurücktreten und dabei Futter auf den Boden fällt. Von dort nehmen sie es, etepetete wie sie nun einmal sind, nicht mehr auf.

Sie sind aber nicht immer so »typisch«. Auf jeden Fall sollten wir das Freßverhalten unserer Ziegen aufmerksam beobachten. Vielleicht haben wir das Glück, futterdankbare Tiere zu besitzen. Wenn nicht, dann versuchen wir es mit dem goldenen Mittelweg: nicht zu wenig und nicht zu viel Futter. Hierbei können folgende Hinweise recht hilfreich sein:

- hochwertiges Heu verfüttern: mit gutem Blattanteil, artenreich und mit wenig Stengeln wird es gut aufgenommen;

- Heu und auch andere Futtermittel in mehreren Rationen über den Tag verteilen und möglichst Reste entfernen;
- in Raufen füttern: in Krippen, Trögen und Kästen häuft sich verschmähtes Futter an;
- Futtermittel abwechseln: Heu–Öhmd, Rüben–Kartoffeln–Möhren–Rote Bete, Melasseschnitzel (besonders schmackhaft) –Kleie–Hafer (gequetscht);
- Wurzeln und Knollen einwandfrei säubern;
- nicht zu sehr mit Kraftfutter verwöhnen.

Wenn unsere Weide an Artenreichtum (hoffentlich) nicht zu wünschen übrig läßt, können die Tiere sich ausgiebig ihrer Leidenschaft hingeben. Da aber auch hier Futterverluste durch stehengelassene Pflanzen möglich sind, setzen wir die Besatzstärke vorsorglich herunter, so daß je Tier mehr Weidefläche mit größerer Auswahl zur Verfügung steht, und mähen gegebenenfalls nach.

Die Milch ist besser als ihr Ruf

Während bei der Schafhaltung die Fleischerzeugung im Vordergrund steht, mit der auch meistens die unbehagliche Vorstellung des Schlachtens verknüpft ist, werden die Ziege und das Milchschaf in erster Linie wegen der Milch gehalten, die im Gegensatz zum Fleisch täglich und rund um das Jahr gespendet wird. Freilich werden wir auch

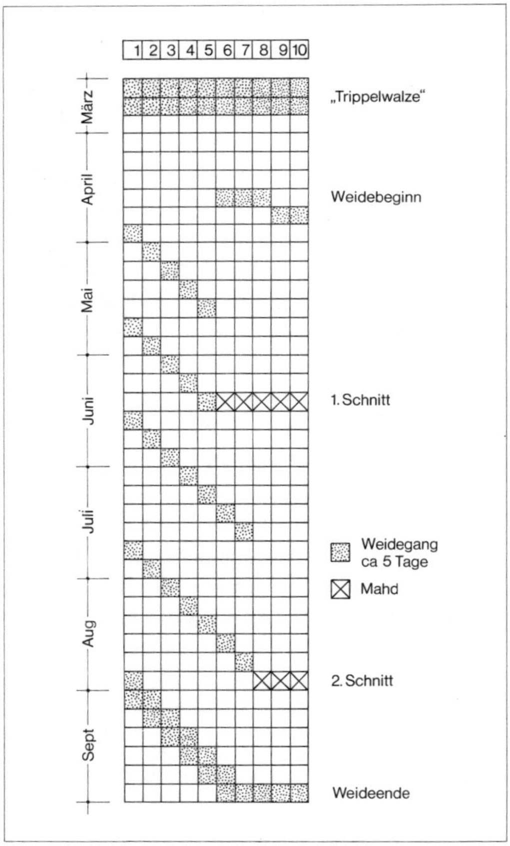

Umtrieb	etwa 5 Tage je Koppel	
Besatzstärke	7 Tiere je ha	
	2 Tiere je 3000 m^2	
Koppelzahl	10	
Koppelgröße	300 m^2	
Weidefläche	30 m^2 je Tier und Tag	
Heuertrag	67 dt je ha	
Heubedarf		
(Sommer	165 Tage Weide)	
	2 × 0,5 kg je Tag	1,7 dt
Winter	200 Tage Stall	
	2 × 1,5 kg je Tag	6,0 dt
		7,7 dt
Heuertrag	150 m^2 je dt	
1. Schnitt	5 Koppeln × 300 m^2	
60%	$\frac{1500\ m^2}{150\ dt} \times \frac{60}{100}$	6,0 dt
2. Schnitt	3 Koppeln × 300 m^2	
40%	$\frac{900\ m^2}{150\ dt} \times \frac{40}{100}$	2,4 dt
		8,4 dt

Beispiel für die systematische Nutzung einer Umtriebsweide mit 10 Koppeln für 2 Ziegen oder 2 Milchschafe mit Nachzucht und Winterfutter-Gewinnung.

das Fleisch der Ziege nicht verachten und ihr Fell zu schätzen wissen, wenn wir eine hinreichende Verwendung dafür haben.

Im Vergleich zur Kuh ist besonders die Schafmilch gehaltvoller an Fett und Eiweiß:

Zusammensetzung der Milch bei Schaf, Ziege und Kuh

		Schaf	Ziege	Kuh
Fett	%	6,1	4,0	3,5
Eiweiß	%	4,6	3,5	3,4
Milch-zucker	%	4,4	4,0	4,6
Orot-säure	mg/l	400	100	100
Mineral stoffe	%	1,0	0,8	0,7

Darüber hinaus wurden Wirkstoffe von hohem diätischen und möglicherweise auch heilkräftigen Wert, wie die Orotsäure in der Schafmilch oder die Ubichinone in der Ziegenmilch gefunden (und noch weitere vermutet), die in der Kuhmilch zumindest nicht in dem Maße vorhanden sind.

Eine weitere Besonderheit der beiden Milcharten besteht darin, daß sich das Fett aus wesentlich kleineren Kügelchen zusammensetzt. Infolgedessen rahmt die Milch weniger auf, ein Vorteil, der bei der Kuhmilch erst durch die Homogenisierung erreicht werden kann. Möglich, daß die kleineren Fettkügelchen (im Schwebezustand) zur Geschmacksverbesserung und zur leichteren Verdauung des Milchfettes beitragen, ohne Zweifel sind sie aber der Herstellung von Milchprodukten wie Quark, Joghurt und Käse außerordentlich förderlich. Beim Buttern muß allerdings für die Entrahmung eine Zentrifuge verwendet werden.

Für den berüchtigten Ziegenmilch- oder Bocksgeschmack ist nicht die Ziege, sondern der Halter verantwortlich. Bereits während des Milchbildungs-Prozesses wirken sich eine artwidrige Haltung und minderes oder schlecht siliertes Futter auf den Geschmack aus (Seite 144). Mangelnde Stall- und Melkhygiene beeinträchtigen ihn, sobald die Milch gemolken ist. Die empfindliche Ziegenmilch nimmt durch Berührung oder über die Luft besonders leicht Schmutzbakterien auf (aber auch die Milch schlecht gehaltener Kühe schmeckt »stallig«).

Sauberkeit ist daher bei der Gewinnung von Qualitätsmilch, die ein hervorragendes Aroma hat, oberstes Gebot, sowohl was die Stallverhältnisse angeht als auch was die Melkvorgänge betrifft. Neben allgemeiner Reinlichkeit sollte der Stall auch im Winter, während die Tiere ihren täglichen Auslauf haben, gut durchgelüftet werden. Bei einem horizontal zweigeteilten Tor kann der obere Teil in sommerlichen Nächten offen bleiben. Sobald die Böcke geschlechtsreif werden, sind sie von den Milchtieren zu trennen. Sie sollten möglichst von einem Familienmitglied betreut werden, das nicht melkt, denn der Bocksgeruch, der über Hautdrüsen abgegeben wird, ist außergewöhnlich anhänglich.

Melken. Für das Melken richtet man sich so ein, wie man auf die Dauer am besten damit zurecht kommt. Wir können von hinten oder von der Seite melken, in der Hocke oder im Sitzen mit einem umgeschnallten Melkschemel. Leichter und sauberer geht es, wenn die Tiere auf einem etwa 80 cm hohen Melkstand stehen. Unruhige Tiere befriedet man mit einer Gabe guten Futters. Notfalls hilft auch ein Fanggatter, das sie auf dem Melkstand festhält. Es kommt letztlich darauf an, daß einmal angenommene Gewohnheiten strikt beibehalten werden. Auch der Melker (oder wahrscheinlich die Melkerin), an dessen Eigengeruch sich die Tiere gewöhnen, sollte immer derselbe sein. Dann ist das Melken, das am besten morgens vor dem Austrieb und abends nach der Heimkehr besorgt wird, kein Problem. Wird nur einmal am Tag gemolken, vermindert sich die

Milchleistung auf etwa die Hälfte, da 18 Stunden nach dem Melken die Milchsekretion allmählich nachläßt.

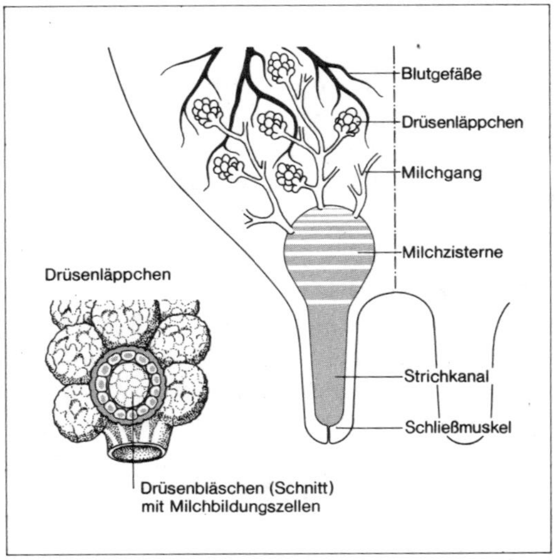

Das Euter

Das Euter wird durch eine innere Hautfalte, die gleichzeitig als Aufhängeband dient, in zwei jeweils selbständig arbeitende Hälften geteilt. Ein Drüsenläppchen enthält bis zu 150 Drüsenbläschen (jeweils mit einem Durchmesser von 0,1 bis 0,3 mm), deren Wände mit Milchbildungszellen ausgekleidet sind. Blutgefäße umspannen die Drüsenbläschen und führen den Milchbildungszellen Rohstoffe für die Milchbildung zu. Das Euter muß von etwa 300 bis 400 Liter Blut durchströmt werden, bis 1 Liter Milch gebildet wird. (Vereinfachte Darstellung, nach BOGNER).

Das Melken selbst beginnt mit dem »Anrüsten«, der Eutermassage, unter Verwendung von etwas Melkfett. Während bei der Kuh »gestrippt« wird, »fausteln« wir bei den milchspendenden Kleintieren. Das Strippen, bei dem die Zitze mit den an der Haut herabgleitenden (und ziehenden) Daumen und Zeigefinger ausgepreßt wird, würde ihr Euter und ihre Zitzen verformen und ihnen außerdem Schmerzen verursachen. Beim schonenden Faustmelken drücken Daumen und Zeigefinger die Zitze am Euteransatz ab; danach werden Mittel-, Ring- und kleiner Finger nacheinander geschlossen, ohne die Zitze herabzuziehen, so daß die Milch aus dem Strich herausgedrückt wird.

Ein gutes Ausmelken kommt sowohl dem Tier als auch seinem Nutznießer zugute, denn die letzte Milch ist immer die fettreichste. Dazu schlagen wir mit der flachen Hand

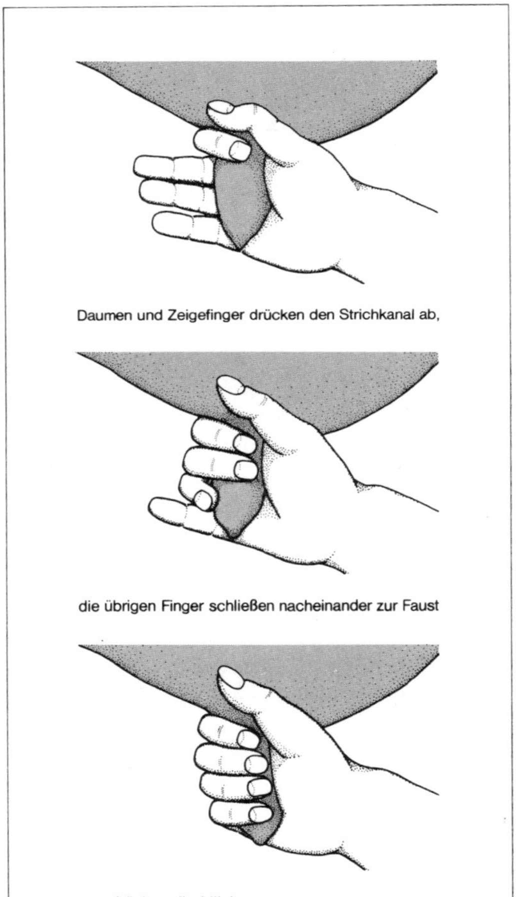

Melken

Für die empfindlichen Schaf- und Ziegeneuter kommt nur das schonende Faust-Melken, das »Fausteln«, infrage. Das Strippen, wobei der Strich zwischen Daumen und Zeigefinger von oben nach unten gestreift wird, würde leicht zu schmerzhaften Entzündungen des Striches führen.

von unten gegen das Euter, etwa so, wie es die Lämmer tun, wenn mehr Milch einschießen soll. Auch ein nochmaliges Massieren des Euters, diesesmal von den Schenkelhöhlen abwärts (»Abrüsten«), kann förderlich sein.

Nach dem Melken wird die Milch sofort der Stallatmosphäre entzogen, durch ein Seihtuch gefiltert, und wenn sie nicht gleich verbraucht oder verarbeitet wird, rasch gekühlt und bei 4 °C gelagert, um die Entwicklung der Milchsäurebakterien zu hemmen. Sie darf nicht dem Sonnenlicht ausgesetzt werden, da die ultravioletten Strahlen Veränderungen bewirken, die den Geschmack beeinträchtigen, sie wird leicht »räß«.

Ein sicheres Mittel, um nicht nur Geschmacksfehlern, sondern auch Infektionen durch eventuelle Krankheitskeime vorzubeugen, ist das rasche Abkochen bzw. Pasteurisieren. Im Gegensatz zur landläufigen Meinung können auch Ziegen an Tuberkulose erkranken. Für die Herstellung von Käse, für dessen Aroma und Geschmack hinwiederum die hitzeempfindlichen Milchsäure-Bakterien wichtig sind, kann auf ein Pasteurisieren verzichtet werden, da mögliche Krankheitskeime im Laufe des längeren Reifeprozesses zugrunde gehen.

Die Laktations-Dauer beträgt bei Tieren, die während der Laktation (Milchabsonderung) wieder trächtig werden, etwa 270–300 Tage. Bei anhaltender Laktation müssen sie mindestens 60 Tage vor dem Ablammen trockengestellt werden. Dies geschieht dadurch, daß täglich nur noch einmal gemolken und allmählich ganz aufgehört wird.

Um während der Trockenstellung nicht ganz milchlos zu sein, nutzt man die gesamte Dauer der Deckzeit zum Decken aus. Sollen zwei Tiere gedeckt werden, wird ein Tier am Anfang und ein anderes am Ende gedeckt. Da besonders Ziegen zu anhaltender Laktation neigen – eine gute Milchziege gibt ohne weiteres zwei Jahre hindurch fast gleichbleibende Mengen Milch – werden sie abwechselnd nur jedes zweite Jahr zum Bock gelassen. Im übrigen kann auch das säugende Muttertier (mit Maßen) gemolken werden, wenn man die Lämmer tagsüber säugen läßt und nachts von der Mutter trennt, so daß die Morgenmilch verwertet werden kann.

Und schließlich gibt es noch die Möglichkeit, Milch auf Vorrat einzufrieren. Um die Eiweißqualität zu erhalten, muß sowohl das Einfrieren als auch das Auftauen so rasch wie möglich vor sich gehen. Nach dem »Schockfrieren« kann der Milchziegel aus der Form genommen werden und, in Folie verpackt, raumsparend 5 bis 6 Monate in der Tiefkühltruhe gestapelt werden. Beim Auftauen im Wasserbad sollte die Milchtemperatur 34 °C nicht übersteigen.

Fleisch und Felle

In Anbetracht dessen, daß die beste Milchleistung vom 4. bis zum 8. Lebensjahr erbracht wird und bei einer Ziege mit zweijähriger Laktationsdauer auf deren Lämmer jeweils ein Jahr verzichtet wird, ist der Fleischertrag um einiges geringer als beim Fleischschaf. Interessant ist ohnehin nur das Kitzfleisch. Das Kitz wird wie das Schaf als Osterlamm, das mit 10 Wochen etwa 8–10 kg wiegt, von skrupellosen Genießern verspeist. Ähnlich wie bei den Fleischschafen wandern die Lämmer bis zu einem Alter von etwa 9 Monaten, etwas leichter als Schaflämmer, in die Tiefkühltruhe, wenn sie nicht das Glück haben, zur weiteren Aufzucht verwendet zu werden.

De Zege drögt dat Fett innewennig

Alte Ziegen haben zähes Fleisch

Ziegenfleisch ist so gut wie fettfrei. Das bereichert zwar den Genuß von Lammfleisch, kommt aber dem Fleisch älterer Tiere weniger zustatten, denn mangels Fettkomponente wird es zäh. Allenfalls lagert sich das Fett, mehr als Schmer, in der Bauch- und Bekkenhöhle ab, wo es sich jedoch nicht auf die Fleischqualität auswirkt. Das Fleisch abgehender Altziegen kann daher bestenfalls noch, zusammen mit Schweinefleisch, zu Wurst verarbeitet werden.

Ziegenfelle sind zu einem Welthandels-Artikel geworden. Die Felle der Schlachtlämmer sind die wertvollsten. Sie liefern zartestes und weichstes Leder, das als Nappa-, Glacé-, Chevreau-, Saffian- oder Narben-Leder verarbeitet und zur Herstellung von Oberbekleidung, Handschuhen, Schuhoberleder u. a. verwendet wird. Leider wird das Fell völlig unterbezahlt, so daß es sich für uns nicht einmal lohnt, besonderen Wert auf einen guten Rohzustand zu legen, der – falls er denn doch für uns nützlich sein könnte – für den Versand zur Leder- oder Fellverarbeitung faltenfrei durchgetrocknet sein sollte.

Wer Ziegen hat, hat Häute;
wer Töchter hat, hat Bräute

Die Zeiten, da für den eigenen Bedarf aus dem kurzhaarigen Sommerfell Schläuche für Wein und Wasser und aus dem Winterfell Gebetsteppiche gemacht wurden, sind längst vorbei. Wenn wir und unsere Freunde also mit Bettvorlegern versorgt sind, auch sonst kein Bedarf vorhanden ist, überlassen wir es mit guten Wünschen dem Metzger.

Die wundersamen Bienen

Das Leben der Bienen gleicht einem Zauberbrunnen: je mehr man aus ihm schöpft, um so reichlicher fließt er. Der Naturwissenschaftler und Bienenforscher Karl von Frisch, dem wir grundlegende Erkenntnisse über Verhaltensweisen und Sinnesleistungen der Bienen verdanken, verneigt sich mit diesem Satz bewundernd vor der Unergründlichkeit und Weisheit der schöpferischen Natur.

Schon das Alter unserer Immen ist schier wundersam und läßt uns einen Hauch der Schöpfung spüren. Sie leben auf der Erde, seit es blühende Pflanzen gibt, von denen sie sich ernähren. Wenn wir der Wissenschaft Glauben schenken wollen, dann wurden jene Bienen, die wir im Bernstein finden, vor 50 Millionen Jahren vom Harz der Urweltbäume eingeschlossen. Und seit der Mensch die Erde bevölkert, was vergleichsweise noch gar nicht so lange her ist, gehört der Honig zu seiner Nahrung. Zu den ersten bildlichen Darstellungen des jagenden und sammelnden Steinzeitmenschen, die in Höhlen Frankreichs und Spaniens gefunden wurden und deren Alter auf etwa 15 000 Jahre geschätzt wird, gehört auch ein Wandbild, auf dem ein Mann mit einem Behältnis auf einen Baum klettert und aus einer Höhlung wilden Honig erbeutet. Die um ihn herumfliegenden Bienen sind deutlich (übertrieben groß dargestellt) zu sehen.

In Ägypten, dem Ursprungsland der Bienenzucht, wo wahrscheinlich bereits im 5. Jahrtausend v. Chr. die Bienenhaltung praktiziert wurde, genossen die Bienen mythische Verehrung. In der den Ägyptern rätselhaft und mystisch erscheinenden Lebensweise offenbarte sich ihnen göttliche Weisheit. Seit dem 3. Jahrtausend v. Chr. ist die Biene in den heiligen Bildinschriften, den Hieroglyphen, das Bildzeichen für den Pharao, dem König, der einen Gott zum Vater hatte und dessen Statthalter er auf Erden war.

Auch in den Mythen der alten Griechen, die zu ihren Göttern eher ein lockeres, geradezu menschliches Verhältnis hatten, spielten die Bienen eine Star-Rolle. Denn kein geringerer als Gottvater Zeus, der weiseste der Götter und Herrscher der Welt, wurde nicht nur von Amalthea mit Ziegenmilch (Seite 145), sondern von der Bienennymphe Melitta auch mit Honig aufgezogen. Von dieser göttlichen Aufbaunahrung, die gleichwohl die Grundstoffe für die menschliche Ernährung enthält, ist ebenfalls in der israelitischen Religionsgeschichte die Rede. Etwa zur gleichen Zeit, als der Knabe Zeus hilfreich gefüttert wird – sagen wir vor 3000 Jahren – beauftragt Jahve, der alleinige Gott Israels, seinen priesterlichen Vertreter, Moses, sein Volk aus Ägypten, wo es als Minderheit in Fron und Not lebte, »in ein Land, darinnen Milch und Honig fleußt«, zu führen.

In dem gelobten Land Palästina, wo der Honig floß, das heißt wo Honig im Überfluß vorhanden war, muß also die Bienenhaltung und -zucht gleichfalls in hoher Blüte gestanden haben. Die Mitteilungen aus vorgeschichtlicher Zeit lassen auch den Schluß zu, daß man Honig nicht nur als süße Gaumenweide schätzte, sondern sich durchaus über seinen hohen Nahrungswert im klaren war. Da der Honig wildlebender Bienen, der aus natürlichen Höhlungen und Spalten manches Mal nur mühsam zu erlangen war, den großen Bedarf nicht decken konnte, lag es nahe, den Bienen in der Nähe des Hofes geeignete Behausungen anzubieten, um sie bequemer und in beliebiger Zahl halten zu können. Im Mittleren Osten wurden dafür gebrannte Tontöpfe, -krüge, -glocken oder -röhren verwendet. In Israel und im Libanon sind sie heute noch zu finden. Auch im gesamten nordafrikanischen Raum wird die bodenständige Bienenhaltung in Röhren aus Ton oder Tunnelstöcken aus Stroh (Jibah) betrieben.

Als die Nomadenstämme Mitteleuropas des Umherziehens müde wurden und sich dem Ackerbau und der Viehzucht zu widmen begannen, holten auch sie, der Bequemlichkeit halber und um die Zahl der Völker steigern zu können, die Bienen auf ihre Gehöfte. Aus deren Kulturkreis erreichen uns allerdings keine Nachrichten über eine Verehrung der Bienen und ihr segensreiches Wirken. Die Germanen waren da etwas nüchterner, und selbst in ihren Mythen neigten sie eher weltlichen Genüssen zu. Denn auch in Walhall wurde den Helden der beliebte Met, ein berauschendes Getränk aus vergorenem Honig, kredenzt, dem sie schon auf Erden so reichlich zugesprochen hatten, daß zu jedem Hof ein stattlicher »Immenzaun«, die meist doppelreihige Aufstellung von Strohstülpern, gehört haben muß, um den Rohstoffbedarf decken zu können.

In den riesigen Waldgebieten Osteuropas hatten die Bienen mannigfaltig Gelegenheit, sich in hohlen Bäumen oder Baumstumpen anzusiedeln. Man ließ sie daher dort. Auch als die Zahl der Völker nicht mehr ausreichte, blieb man beim Waldimkern. Durch Aushöhlen geeigneter Bäume schuf man künstliche Nistplätze und konnte so den Volksbestand nach Bedarf erweitern. Die Waldbienenzucht gelangte im Mittelalter zu hoher Blüte. Die Zeidler, wie die Waldimker genannt wurden, waren zwar dem feudalen Grundherrn verpflichtet und mußten Zins und Abgaben zahlen. Sie waren dennoch eine angesehene Zunft, durften Waffen tragen und hatten besondere Rechte, die fast denen der herrschaftlichen Jäger gleichkamen. Ein eigens eingerichtetes Zeidlergericht schlichtete Streitigkeiten und ahndete Verstöße gegen die zuhauf erlassenen Gesetze und Verordnungen. Mehrheitlich waren es Eigentumsdelikte. Denn zu Übergriffen wurde man leicht verleitet, wenn ein Schwarm, ein wertvolles neues Volk, sich beim Nachbarn niederließ. Eine Zeidlerweide umfaßte 60 Bienenbäume. Vom Umfang und der Bedeutung der Waldimkerei können wir uns ungefähr ein Bild machen, wenn wir erfahren, daß im Jahre 1769 die Zeidlerschaft von Muskau in der Niederlausitz 170 Mitglieder zählte, die zusammen 7000 Baumbeuten hatten.

Es ist erstaunlich – ja, schier unbegreiflich, daß die Zeidler Jahrhunderte lang diese mühsame Art der Bienenhaltung betrieben haben. Von ihrer Häuslichkeit weit entfernt, stolperten sie durch den unwegsamen Wald, kletterten am Seil auf die Bäume, höhlten mit der Zeidleraxt in 5 m Höhe die Stämme bis zu drei »Beuten« übereinander aus bzw. »erbeuteten« in denkbar ungünstiger Arbeitsstellung den Honig, schleppten ihn nach Hause – bis man eines Tages dann doch die Plackerei satt hatte, die besiedelte Beute einfach aus dem Stamm heraussägte und sie als Klotz zuhause aufstellte.

Die bewegliche »Klotzbeute«, die dann weiterhin aus Stammabschnitten gefertigt wurde, setzte sich vor allem bei den Bauern durch, zumal die Hausbienenhaltung nicht besteuert wurde, bis sie von den handlicheren und leichter herzustellenden Körben aus Stroh, Rohr, Binsen oder Ruten, zum Teil mit Lehm verstrichen, abgelöst wurde, die schon lange, vor allem in den waldärmeren Gebieten Deutschlands, in verschiedenen

Ausführungen verwendet wurden. Immerhin scheint man durch die Klotzbeute um die Mitte des 19. Jahrhunderts zum Kastenbau angeregt worden zu sein. Mit der beweglichen Rähmchenwabe gestattete er erstmals einen Einblick in die Lebensweise eines Bienenvolkes und ermöglichte durch die dadurch gewonnenen Erkenntnisse die neuzeitliche Bienenhaltung.

Wann immer ein Geheimnis der Natur gelüftet, aus dem Zauberbrunnen des Bienenlebens geschöpft wird, kann der Gewinn in ideellen oder materiellen Werten angelegt werden. Es scheint leider so zu sein, daß die profunden Erkenntnisse Karl v. Frischs und anderer maßgeblicher Bienenforscher eher dazu geführt haben, auch den Bienen Hochleistungen abzuverlangen, wie sie heute in der »Nutztier«-Haltung allgemein üblich sind. Dabei hat man andererseits durch die Argrarchemie und aufgeräumte Landschaften die Trachtverhältnisse rapide verschlechtert.

Aber solange der Raps blüht, der Wald noch honigt und der Imker gut zu Fuß ist, um mit seinen Bienen dorthin wandern zu können – womöglich noch ohne Rücksichtnahme auf ansässige Standortimker –, werden sich Erträge finanziell noch lohnen – wenn auch die Bienen durch solche einseitigen Massentrachten bis an die Grenze ihrer Lebenskraft gestreßt werden. So sind die ideellen Werte vielfach auf der Strecke geblieben.

Als es noch üblich war – und das ist noch gar nicht so lange her – auf den Bauernhöfen Bienen zu halten und der Braut einen bevölkerten Bienenstock als Hochzeitsgabe mitzugeben, war man davon überzeugt, daß zwischen dem Bienenvater und seinen Zöglingen gewisse seelische Beziehungen bestehen. Es war ein weit verbreiteter Brauch, daß man den Bienen den Tod des Bienenvaters anzeigte, indem man dreimal an das Bienenhaus klopfte und sprach: »Euer Vater ist gestorben!«. Aber auch heute noch mag ein rechter Imker, der sich um seine Immen mehr sorgt als um den Honig, ein inniges Verhältnis zu ihnen finden, wenn auch eine unmittelbare Erwiderung seiner Zuneigung wohl kaum zu erwarten ist.

Während unsere Haustiere sich in vielerlei Hinsicht den Erfordernissen der menschlichen Lebenshaltung angeglichen haben oder dazu gezwungen wurden, sind die Bienen immer noch der »wilde Wurm« geblieben, wie sie im Mittelalter (wohl angesichts eines Schwarmes) genannt wurden. Obwohl der Mensch sie schon immer in seinen Lebensbereich einbezogen hat, ihnen Unterkunft gewährt und sie betreut, sind sie Urtiere geblieben, die sich wenig von den Bienen im Bernstein unterscheiden. Sie leben nach den Naturgesetzen. Ihre Lebensrhythmen werden vom Lauf der Sonne geprägt, mit deren Wirken sie ihre Vitalität und Dynamik zu entfalten vermögen. So sind sie von allen Haustieren noch am meisten mit dem Paradies verbunden.

Von all dem unerschöpflichen Zauber, dem kreativen Einfallsreichtum der schöpferischen Natur, mögen wir uns zum besseren Verständnis des Bienenwesens wenigstens mit zwei der lebensgestaltenden und -ordnenden Kräfte vertraut machen, die für den Lebenswandel der Bienen eine besondere Bedeutung haben: die Sonne als unmittelbare Quelle ihres Daseins und die unsichtbaren, dienstbaren Geister der Düfte.

Lebens- und Ordnungskräfte

Ein Leben mit der Sonne

Alles irdische Leben bedarf der Sonne, aber den Bienen ist sie das Lebenselexier. Sie leben mit ihr und in ihr, und sie nehmen von ihr – so könnte man glauben – so viel mit in ihre »stockdunkle« Behausung, daß sie sich dort im mittelbaren Licht bei ihren vielfältigen Betätigungen zurechtfinden können. Lebenswichtige Vorgänge können sich nur unter dem Einfluß der Sonne vollziehen.

Schon an den ersten milden Sonnentagen im neuen Jahr starten die Bienen zum unerläßlichen Reinigungsflug. Denn nach der winterlichen Nahrungsaufnahme muß die Kotblase entleert werden. Für den Imker ist es ein freudiges Ereignis, wenn seine Immen eines möglichst frühen Tages in einer lichten Wolke vor den Fluglöchern schweben, denn eine Verzögerung des Reinigungsfluges kann wegen Überlastung der Kotblase zur tödlichen Ruhrerkrankung führen.

Hat eine Spurbiene (Suchbiene) eine ergiebige Tracht ausgekundschaftet, vermag sie ihren schwesterlichen Trachtbienen (Flugbienen) durch bestimmte Tanzbewegungen (Bienensprache) genau die Richtung, Entfernung und Ergiebigkeit der Futterquelle anzugeben. Für die Richtungsangabe dient der Stand der Sonne und das von ihr abhängige polarisierte Himmelslicht als Orientierungsfaktor. Dabei sind die Bienen in außerordentlicher Weise befähigt, die tageszeitlichen Änderungen des Sonnenstandes auf der Sonnenbahn mit einzubeziehen.

Wie könnte es anders sein, als daß nur an einem strahlenden Sonnentag zur Hochzeit geflogen wird, wenn die Sonne im Tageslauf am höchsten steht. Fällt die einige Tage dauernde Brunstzeit der jungen Königin in eine Schlechtwetter-Periode, findet der Hochzeitsflug nicht statt. Die Paarung bleibt aus. Die Königin legt zwar Eier. Da sie jedoch nicht befruchtet sind, entwickeln sich aus ihr nur Drohnen (Seite 170).

Die begattete Königin legt mit der steigenden Sonne im Jahreslauf bis zu ihrem Höchststand eine täglich wachsende Anzahl Eier. Dann verringert sich mit abnehmender Sonnenbahn die tägliche Legetätigkeit wieder. In völliger Angleichung eines wesentlichen Lebensprozesses an den Sonnenlauf beginnt die Kurve der Legetätigkeit mit zunehmender Wärmewirkung im Februar oder März, erreicht mit 1500 Eiern (täglich) um Johanni den Gipfel und endet mit nachlassender Sonnewärme im September oder Oktober.

Während der gesamten Brutzeit reagiert die Königin recht empfindlich auf einen zeitweiligen Rückgang der Sonnenwärme. Anhaltendes ungünstiges Flugwetter kann sogar zu einer vorübergehenden Einstellung der Legetätigkeit führen. Bei einsetzender Tracht fehlt dann die notwendige Anzahl Flugbienen. Es gibt Jahre, in denen uns die Sonne im Stich läßt. Das sind auch die Jahre, in denen wir die Honigschleuder ruhig im Winterquartier stehen lassen können.

Das Ausziehen eines Schwarmes erleben wir stets an einem vollen Sonnentag um die Mittagszeit.

Schließlich ist auch das Nahrungsaufkommen sonnenerfüllt. Empfinden wir die Blüte schon sonnenhaft, so ist der Nektar gesammelte Sonnenenergie (Photosynthese), die letztlich im Honig gespeichert wird. Bei bedecktem Himmel werden trotz günstiger Flugtemperaturen von 15 bis 18 °C selbst ergiebige Trachten wie Löwenzahn oder Obstbäume nicht oder nur wenig beflogen. Einige Blüten werden nur bei aufsteigender Sonne besucht, wenn mit dem Ausatmen der Erde sich der Nektar besonders reichlich bildet.

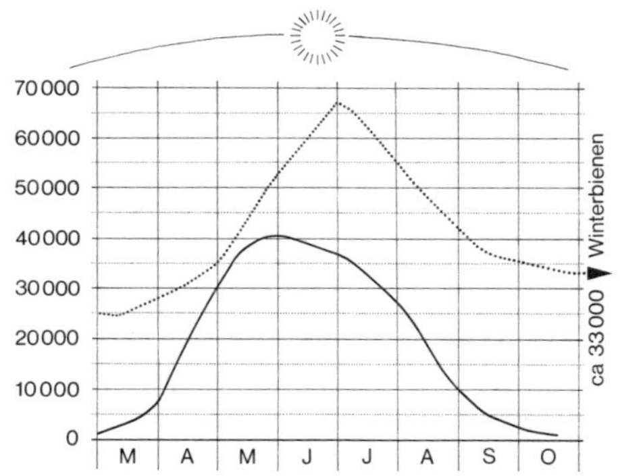

Brutkurve
.... *Zahl der Bienen*
(relativ gesicherter Zuwachsverlauf
—— *Zahl der Brutzellen*

nach BRETSCHKO, 1976

Verregnete Trachten oder kalte Ostwinde, die den Nektar versiegen lassen, können Futterprobleme auslösen. Sind keine Reserven vorhanden, hungert das Volk. Greift der Imker auch dann noch nicht helfend ein, wenn die Bienen bereits ihre reichlich Futter verbrauchenden Drohnen-Larven aus dem Stock werfen, um das nackte Leben zu retten, ist das Schicksal des Volkes besiegelt.

Düfte ordnen das Leben im Stock

Der Schöpfer aller Kreatur hat die Bienen mit besonders feinen Wirkstoffen ausgestattet, damit die biologischen Prozesse in einer Lebensgemeinschaft, die bis zu 70 000 Einzelwesen umfassen kann, sinnvoll ablaufen können. Es sind verschiedenartige Duftstoffe und ätherische Substanzen (Pheromone), die in kleinsten Spuren aus Drüsen ausgeschieden werden. In höchster, flüchtig werdender Verdünnung erzielen sie so große Wirkungen, daß man geneigt ist, von einem geistigen Prinzip zu sprechen, welches das Bienenvolk zusammenzuhalten vermag und ein reibungsloses Ineinandergreifen verschiedener Tätigkeiten, Aufgaben und Instinkthandlungen ermöglicht. In gleichsam intelligenter Weise können sich die Bienen darüber verständigen, was in einer bestimmten Situation getan werden muß, um den gesamten Organismus als ein einheitliches Lebewesen funktionsfähig und in einem ordnenden Gleichgewicht zu halten.

Was der Biene schadet,
schadet auch dem Volke

So vermag sich die einzelne Biene, die getrennt von ihrem Volk nicht lebensfähig wäre, auch außerhalb ihres »Regelmechanismus« (der Verhaltensweise je nach Alter und Aufgabe) jeweils außergewöhnlichen Bedürfnissen des Volkes anzupassen. Das kann sie um so leichter, als sie mit allen »Berufen« im Stock vertraut ist und entsprechend einspringen kann, wenn »Not am Mann« ist. Gewöhnlich reagieren die Bienen so logisch, wie wir es erwarten. Es ist aber nicht ausgeschlossen, daß sie es sich gelegentlich auch anders überlegen. Mit dieser Crux muß ein Imker leben können.

Die Befähigung zu einem weisheitsvollen Zusammenspiel aller Kräfte zur rechten Zeit und die Gemeinschaftsleistung, die in einer beispielhaften sozialen Ordnung gipfelt, grenzt für uns noch immer an ein Wunder. Was wir bislang wissen, ist, daß die Bienen einen hochempfindlichen Geruchssinn haben, dessen Organe in den Fühlern zu finden sind, mit denen sie Düfte und Pheromone (von denen einige auch Duftwirkungen haben) aufzunehmen vermögen.

Einer der wichtigsten dieser faszinierenden Wirkstoffe ist die sogenannte Königinnen-Substanz (Weiselstoff). Arbeitsbienen nehmen sie ständig vom Körper der Königin auf. An alle Geschlechtsgenossinnen weitergegeben, hemmt sie die Entwicklung ihrer Eierstöcke. Sie bleiben unentwickelte Weibchen, die keine Eier legen können, solange die Königin die Substanz abzugeben vermag. Der Verlust der Fruchtbarkeit wird ersetzt durch ein starkes Zugehörigkeitsgefühl zur Stockmutter und bewirkt dadurch den Zusammenhalt des ganzen Volkes.

Mit dem gleichen Wirkstoff vermag die Königin die Arbeiterinnen zu wichtigen Arbeiten anzuregen, sie zu fördern und zu steuern, wobei die Duftkomponente eine wesentliche Rolle spielt: die ständige Präsenz eines »Hofstaates« aus Jungbienen, die Brutpflege, den Bau von Arbeiterinnen- und Drohnenzellen, die Anlockung und den Zusammenhalt schwärmender Bienen sowie die Stabilisierung der Schwarmtraube. Weiterhin regen die Pheromone der Königinnen-Substanz den Geschlechtstrieb der Drohnen an und werden beim Hochzeitsflug auf Drohnen-Sammelplätzen als Sexual-Lockstoff wirksam.

Und schließlich enthält der Weiselstoff auch antibiotische Stoffe. Sie gelangen auf die Körperoberfläche aller Stockinsassen, sind im Honig, Pollen, und Futtersaft der Jungbienen nachweisbar und bilden mit den antibakteriellen Gehaltsstoffen der Propolis (Kittharz, Seite 199) gleichsam eine Schutzhülle gegen Krankheiten, die durch unbedachte Eingriffe verletzt und unwirksam werden kann.

Duftschleier werden von den Arbeitsbienen vor das Flugloch »gehängt«, um den erstmals ausfliegenden Jungbienen, die sich im sogenannten Vorspiel mit ihrer nächsten Umgebung vertraut machen, das Wiederauffinden ihres Stockes zu erleichtern. In typischer Sterzelstellung recken sie auf dem Flugbrett den hochaufgerichteten Hinterleib mit ausgestülptem Duftorgan den Stockschwestern entgegen und verteilen durch Flügelfächeln den stockspezifischen Duftstoff (Locksterzeln).

Durch Düfte können auch Einlaß begehrende fremde Bienen erkannt und von den Wächterbienen abgewehrt werden. Eine volle Honigblase läßt sie allerdings willkommen sein. Regelrechte Duftstraßen entstehen durch den häufigen Flug zu einer ergiebigen Futterquelle und geben nachfolgenden Bienen eine Orientierungshilfe. Duftmarken, die zum Beispiel durch das Ansetzen einer Schwarmtraube an einen Ast haften bleiben, sind so beständig, daß sie nach einem Jahr noch als Anziehung wirken.

Die hochentwickelten Geruchsorgane reagieren aber nicht nur auf bieneneigene Duftstoffe, sondern auch auf Düfte, die den Bienen Futter signalisieren: Blüten, Honigtau und – Honig. So werden die Nektarquellen eher durch den Geruchssinn als durch das Erkennen von Blütenfarben wahrgenommen. Dabei können die Bienen auch gleichzeitig ermitteln, ob der Zuckergehalt ihren Ansprüchen genügt. Ist die Lösung zu wässerig, wird sie verschmäht.

Selbst wenn wir in weiterer Entfernung vom Bienenhaus auf völlig unscheinbarer Unterlage etwas Honig tropfen lassen, sind schon nach kurzer Zeit die ersten Bienen da. Für die imkerliche Praxis ist es daher wichtig, peinlichst darauf zu achten, daß Geräte oder Waben mit Honigresten immer gut aufgeräumt werden. Versäumt man es, kann in trachtarmen Zeiten Räuberei entstehen. Die Bienen fallen ob des unerwarteten Fundes in einen Futterrausch, überfallen schwächere Völker, die sich der Eindringlinge nicht erwehren können und rauben sie bis auf den letzten Honigtropfen aus. Das beraubte Volk ist verloren.

Es sind böse (faule) Bienen, die sich vom Raube nähren

Wir erleben eine kunstvoll verflochtene und fein abgestimmte Lebensordnung, nehmen aber auch Unbezähmbares und Eigenwilliges wahr und daneben die Fähigkeit, den eigenen Hausstand zu besorgen und tausendfaches Leben meisterhaft zu bewältigen. Eine Lebensgemeinschaft, die auf einem so hochentwickelten Organismus gründet und deshalb auch sehr verletztlich ist, bedarf einer bedachtsamen Fürsorge und umsichtigen Pflege.

Der Umgang mit den Bienen

Bevor wir uns den einzelnen Gliedern des Volkes zuwenden, ihre Lebensweise, Aufgaben und Wohngepflogenheiten kennenlernen und rühmend ihre Wohltaten für den Imker und den Rest der Menschheit erwähnen, sollten wir erörtern, wie denn mit diesen hochgelobten Tieren umzugehen sei.

Bienen haben kurze Schnäbel
und scharfe Säbel
und machen kleine Wunden,
die schmerzen viele Stunden

Einem Lebewesen, über das wir keine Verfügungsgewalt haben und das sich unseres

Zuspruchs entzieht, dem wir uns eher mit Respekt als mit Zutraulichkeit nähern und auf dessen Erwiderung unserer Zuneigung wir bis zum Nimmerleinstag warten müssen, können wir, um seines Nutzens teilhaftig zu werden, nur begegnen, indem wir uns seiner Lebensweise anpassen.

Man muß nicht unbedingt zum Bienenvater geboren sein, wie manche dünkelhaften Imker es gerne wissen lassen, aber ein gutes Anpassungsvermögen sollte man schon haben. Obendrein erleichtert ein besonnenes und ausgeglichenes Gemüt den Umgang mit den Bienen. Jede gereizte oder verdrießliche Stimmung, Angst oder Hektik werden von ihnen wahrgenommen. Unruhe breitet sich im Volk aus. Die Stechlust erwacht. Aufruhr und Streß können für unverträgliche Partner nachteilige Folgen haben. Nur wer mit Geduld und Umsicht mit seinen Lieblingen umgeht, wird ihr friedfertiges Summen vernehmen können, Verständnis für ihre Bedürfnisse erlangen und nicht zuletzt auch die wohlverdiente Freude genießen können.

Bienen können das Fluchen nicht leiden

Ihre Lebenskreise sollten wir nur bei den wenigen notwendigen Durchsichten stören. Bezähmen wir unsere Neugier! Jeder Eingriff in die lebensbedingte Ordnung des Bienenvolkes hat eine Störung des empfindsamen Organismus und des leicht verletzbaren Immunsystems zur Folge. Wir überlassen das Volk am besten sich selbst – aber mit wachem Bewußtsein. Hinreichende Auskünfte können wir am Flugloch einholen. Ein sonores, gemütliches Brummen im Stock, ein emsiges, geschäftiges Treiben ab- und anfliegender Bienen sowie ein eifriges Eintragen von Pollen (Pollen-Hösel an den Hinterbeinen) deuten darauf hin, daß das Volk »weiselrichtig« – denn unsere größte Sorge gilt dem Leben der Königin (Weisel) – und in guter Verfassung ist. Wäre etwa die Königin abhanden gekommen (möglicherweise durch häufiges Herumstöbern), würde kein Pollen mehr gesammelt, der vornehmlich der Ernährung von Brut und Jungbienen dient, die Bienen würden unruhig und suchend auf dem Flugbrett umherlaufen und ein »Heulen« (Brausen) im Stock kündete von dem tragischen Verlust.

Ist der Weisel fort, so machen die Bienen kein Haus

Günstige Umstände erleichtern uns und den Bienen die notwendigen Arbeiten. Am besten nutzt man die Morgenstunden eines sonnigen, warmen Tages, wenn die Flug-Bienen bei guten Trachtverhältnissen im Feld sind. Um die Brut nicht nachhaltig zu schädigen, sollte bei der Überprüfung die Temperatur im Bienenhaus mindestens 15 °C betragen. Ein zügiges und zielstrebiges, aber bedachtsames Hantieren am geöffneten Volk trägt viel zum guten Einvernehmen mit den Bienen bei und vermeidet unliebsame Zwischenfälle.

Dazu gehört es auch, daß die notwendigen Gerätschaften griffbereit zur Verfügung stehen: Stockmeißel, Smoker oder Imkerpfeife, Rauchstoff, Abkehrbesen, eventuell Rähmchenzieher und Zerstäuber sowie gegebenenfalls Rähmchen mit gedrahteter Mittelwand, Leerwaben oder Futtergeschirr. Eine zünftige Imkerkleidung mit Schleier und Handschuhen hebt das Selbstbewußtsein, stärkt das Zutrauen und schützt den empfindlichen Imker vor Stichen, solange er noch nicht immun gegen sie geworden ist.

Wenn wir sofort nach der Öffnung des Volkes einige Stöße Rauch geben und dann ein paar Minuten warten, werden wir beim Umgang mit den Bienen an Lust und Zufriedenheit gewinnen. Es ist nämlich charakteristisch für sie, daß sie sich bei Störungen mit Futter versorgen. Lassen wir ihnen Zeit dazu, denn satte Bienen sind friedlich und ein wenig verlegen.

Diese kurzen Hinweise mögen genügen. Denn wer der Versuchung nicht widerstehen kann, sich mit Bienen zu beschäftigen, tut gut daran, eine geraume Zeit bei einem rechtschaffenen Imker mitzuarbeiten, um sich zunächst die Grundkenntnisse anzueignen sowie Erfahrungen zu sammeln, und dabei zu prüfen, ob er die notwendigen Fähigkeiten besitzt und ob das »innere Bedürfnis« standhält – bevor er sich leichtfertig in ein Unternehmen stürzt, das womöglich schon nach dem ersten Stich wegen einer schweren Allergie jäh beendet werden muß.

Mit Schafen und Bienen
kann man leichter verlieren als verdienen

Überhaupt ist es dem Umgang mit den Bienen förderlich, wenn man erst einmal gründlich mit sich zu Rate geht, ob man einen langen Lernprozeß durchzustehen vermag, im Eifer nicht ermüdet und alles unterlassen kann, was sich nachteilig auf das Wohlbefinden der Bienen auswirken könnte – ob man fähig ist, Erfahrungen umzusetzen, das Handwerk zu verstehen, den Umgang mit den Bienen als ein herrliches Abenteuer zu begreifen, in ihren Harmonien mitzuschwingen und zu ihnen eine aufrichtige Zuneigung zu empfinden, die auch dann nicht an Leidenschaft verliert, wenn es einmal ein mageres Jahr gibt, in dem alle Mühe umsonst gewesen ist.

Der Bien

In einem Bienenvolk (das Pfarrer Gerstung den »Bien« nannte) leben eine einzige Königin, zur Zeit seiner höchsten Entwicklung 50 000–70 000 und in der kalten Jahreszeit 20 000–30 000 Arbeiterinnen sowie während der Sommermonate 100–1000 Drohnen. Diese drei Wesensglieder bilden eine Lebensgemeinschaft, in der sie durch das Prinzip der Aufgaben- und Arbeitsteilung in vollendeter Weise zusammenwirken. Das Einzelwesen wird in ein soziales System eingeordnet, das die Aufrechterhaltung fließender Gleichgewichtszustände ermöglicht.

Einerseits bewundern wir die gigantischen Arbeitsleistungen und die Vollkommenheit des Zusammenspiels der einzelnen Glieder und ihrer Tätigkeiten sowie die Mittel und Wege, mit denen das bewerkstelligt wird. Nüchtern betrachtet, überrascht andererseits ein unerbittlicher Pragmatismus, der die Glieder des Biens als nützlichkeitsbezogene Dienstleistungsträger in Erscheinung treten läßt, die bei nachlassender Arbeitsleistung oder, wenn sie nicht mehr von Nutzen sind, gnadenlos abserviert werden.

Die Königin lebt am längsten; aber auch nur solange, bis ihre Eier- oder Samenvorräte erschöpft sind. Dann zieht das Volk eine junge heran. Die Drohnen werden dem Hungertod ausgeliefert, so bald die Paarungszeit vorbei ist und sie zu unnützen Fressern werden, falls sie nicht das »Glück« hatten, den lustvollen Tod bei der Begattung zu finden. Wenn sie im nächsten Jahr wieder gebraucht werden, zieht man neue heran. Die Arbeitsbienen rackern sich in einem kurzen Leben buchstäblich zu Tode, aber in unglaublich rascher Folge werden sie wieder ersetzt. Da ist kein Platz für poetische Anwandlungen, selbstloses Miteinander, Gnadenbrot und wohlverdiente Altersruhe.

Dennoch wäre es vordergründig, den ganzen Umtrieb eines Bienenvolkes nur als programmierte Regelmechanismen zu sehen, die nach Zweckdienlichkeit und Rentabilität automatisch ablaufen. Es käme auch der imkerlichen Praxis zugute, wenn wir den Bien (vermutlich von Gerstung so gemeint) als den ganzheitlichen Lebensleib eines Tierwesens verstünden, das, wie jedes andere Tier, mit einem gewissen Empfindungsspektrum begabt, auch zu bestimmten seelischen Reaktionen fähig ist. Ein wundersamer Leib, der unbegrenzt lebensfähig ist, soweit sich seine Glieder bzw. Organe stetig erneuern können.

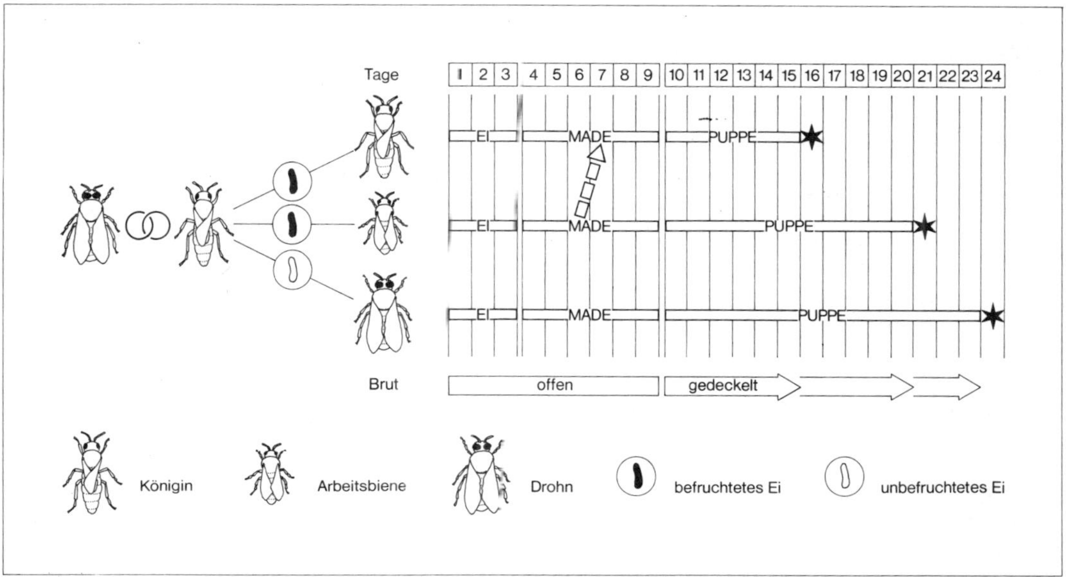

Die Entwicklung der einzelnen Wesensglieder des Biens vom Ei bis zum fertigen Insekt (Imango) ist zeitlich verschieden. Die Königin schlüpft bereits am 16. Tag. Als Made wird sie nur mit Königinnen-Futtersaft (Gelee royal) gefüttert, während die Maden der Arbeitsbiene und des Drohnen nach drei Tagen Futtersaft mit Honig und Pollen ernährt werden. Wird die Made der Arbeitsbiene auch nach dem dritten Tag ausschließlich mit Futtersaft gefüttert, entsteht aus ihr ebenfalls eine Königin.

Die embryonale Entwicklung der drei Wesensglieder verläuft von der Eiablage (dem »Bestiften«, da das längliche Ei während des ersten Tages wie ein Stift senkrecht auf dem Zellboden stehen bleibt) bis zur Verdeckelung der Zellen am neunten Tag gleich lang. Nach dem dritten Tag schlüpft jeweils aus dem Ei die Made (Larve), die sich im Verlaufe von vier Häutungen, auf dem Zellboden eingerollt, zur Rundmade entwickelt. Nach dem Schließen der Zelle mit einem luftdurchlässigen, porösen Deckel aus Wachs streckt sich die Made (Streckmade), spinnt sich ein (Puppe, Nymphe) und schlüpft nach weiteren zwei Häutungen, jeweils zu verschiedenen Zeiten, als fertiges Insekt (Imago).

Aus einem befruchteten Ei kann sowohl eine Königin als auch eine Arbeiterin erwachsen. Vermutlich sind es bestimmte (noch nicht nachweisbare) Inhaltsstoffe und Hormone in den verabreichten Futtersäften, welche die Geschlechtsform bestimmen. Wir wissen, daß die Königin-Made vom Schlupf bis zur Verdeckelung reichlich mit reinem Königinnen-Futtersaft (Gelée royal) gefüttert wird, während die Arbeiterinnen-Made bis zum dritten Tag nach dem Schlupf mit Futtersaft versorgt wird, dannach jedoch Pollen und Honig zugemischt werden. Wird aber bei einer ein bis drei Tage alten Arbeiterinnen-Made die Ernährung auf Königinnen-Futtersaft umgestellt und ohne Zumischungen bis zur Verdeckelung beibehalten, entsteht aus ihr eine Königin. Hat die Arbeiterinnen-Made am vierten Tag bereits Mischfutter erhalten, ist eine Umwandlung zur Königinnen-Made nicht mehr möglich.

Aus unbefruchteten Eiern entstehen Drohnen. Die Königin ist in der Lage, das zu legende Ei zu besamen oder unbefruchtet zu lassen; je nach dem, ob sie es in eine kleinere Zelle für die Arbeiterinnen- oder in eine größere für die Drohnenbrut legt. Über die Anzahl der aufzuziehenden Drohnen und den entsprechenden Bau von Drohnenzellen entscheidet vermutlich nicht die Königin, sondern das Volk.

Die fleißigen Bienlein
machen ein gut Säftlein
und genießen's nicht allein,
sondern theilen's allgemein

Die Königin ist keine Herrscherin

Die monarchistische Bezeichnung ist ungerechtfertigt. Die Königin ist zwar das einzige vollkommene Weibchen im Bien, die große Gebär-Mutter, deren Fruchtbarkeit sich auf den Bestand und die Leistungsfähigkeit des Volkes entscheidend auswirken, jedoch im übrigen dem Ganzen genau so unter- und eingeordnet wie die anderen Wesensglieder. Ihre Fähigkeit, durch die Königinnen-Substanz (Weiselstoff) das Volk zusammenzuhalten und einen ordnungsgemäßen Ablauf aller lebensnotwendigen Vorgänge zu gewährleisten, ist nicht nur für das Volk von existenzieller Bedeutung, sondern kommt auch ihrem eigenen Dasein zugute. Läßt nämlich die Wirkung des Weiselstoffes mit zunehmendem Alter (und sinkender Fruchtbarkeit) nach, trachtet das Volk danach, rechtzeitig eine neue Königin nachzuziehen. Eine schwarmfreudige Königin, noch in bester Verfassung, kann allerdings auch selbst für eine Nachfolgerin sorgen, bevor sie mit einem Teil des Volkes auszieht.

Die Königin entwickelt sich in einer besonderen Zelle, die als sogenanntes Weiselnäpfchen am Rande einer Brutwabe »angeblasen« und nach dem Bestiften zu einem abwärts hängenden Gehäuse ausgebaut wird, das der schlupfreifen Körpergröße (18–25 mm) entspricht. Nachdem bereits am dritten Tag nach dem Ausschlüpfen die Geschlechtsreifung begonnen hat, werden bald darauf die ersten Orientierungsflüge unternommen, bei denen sie sich die Abflugstelle und die Umgebung genau einprägt. Vom 8. bis 10. Lebenstag fliegt sie bei sonnigem und mindestens 20 °C warmem Wetter zum nächstgelegenen Drohnensammelplatz, wo sie von mehreren Drohnen einmal in ihrem Leben begattet wird. Vom erfolgreichen Hochzeitsflug zurückgekehrt, bei dem sie den Samenvorrat für die Dauer ihrer gesamten Legetätigkeit aufgenommen hat, beginnt sie nach 2 bis 3 Tagen mit der Eiablage und verläßt, falls sie nicht schwärmt, zeitlebens nicht mehr ihren Stock.

Die Legeleistung, die im Jahr bis zu 150 000 Eier betragen kann, nimmt mit zunehmendem Alter ab. Bei zuende gehender Legetätigkeit bleiben durch Samenmangel Eier unbefruchtet. Dies zeigt sich in der Regel durch ein lückenhaftes, mit Drohnenbrut eingestreutes Brutnest. Während ihres ganzen 3 bis 5 Jahre dauernden Lebens wird sie von stetig wechselnden Jungbienen (dem »Hofstaat«) umgeben, die sie mit dem hochwertigen Gelée royal füttern, umhegen und pflegen.

Stirbt die Königin vorzeitig oder geht sie durch irgendwelche Umstände verloren, wird das Volk weisellos. Sind zum Zeitpunkt des Verlustes ein- bis dreitägige Arbeiterinnen-Maden vorhanden, werden einige von ihnen zu Königinnen-Maden umgewandelt. Das Volk baut dann auf den betreffenden Arbeiterinnen-Zellen Weiselzellen (»Nach-

Krokusse spenden für die Ernährung der ersten Brut notwendigen Pollen zu einer Zeit, da er noch verhältnismäßig rat ist; durch vermehrte Anpflanzung dieser schönen Vorfrühlingsblüher können wir die zügige Entwicklung der Völker unterstützen. – Eine einfache und wirkungsvolle Bienentränke: ein Sack wird so über eine mit Wasser gefüllte Tonne gelegt, daß er sich bis zum Rand mit Wasser vollsaugen kann; die Bienen können so Wasser aufnehmen, ohne daß sie Gefahr laufen, zu ertrinken.

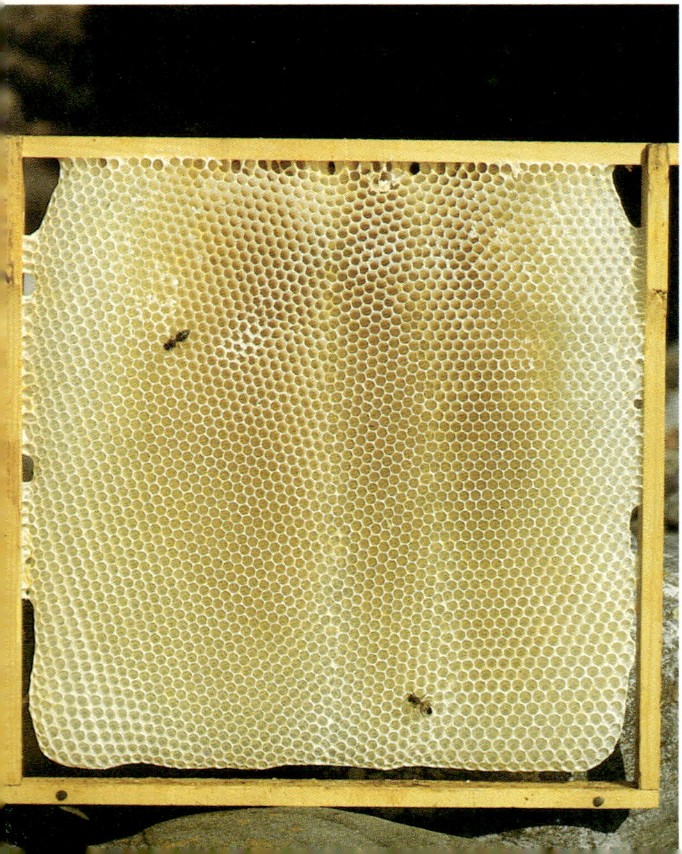

schaffungs-Zellen«). Sind keine entsprechenden Maden verfügbar und greift der Imker nicht durch Zusetzen einer neuen Königin ein, entwickeln sich die bisher durch die Königin-Substanz in ihrer Ausbildung behinderten Eierstöcke einiger Arbeiterinnen. Da sie nicht begattet werden, legen sie unfruchtbare Eier, aus denen nur Drohnen entstehen. Ist das Volk erst einmal drohnenbrütig (»buckelbrütig«, da die Zellen wegen der größeren Drohnen mit einem Buckel geschlossen werden), ist es verloren, denn eine zu diesem Zeitpunkt zugesetzte Königin wird von den »Ammen-Müttern« abgestochen.

Die Arbeiterinnen sind der Inbegriff der emsigen Bienen

Wir erbauen uns an ihren »nachahmungswerten Tugenden« wie ihrem Fleiß, ihrer Ordnungsliebe, ihrem Reinlichkeitssinn, ihrer Wehrhaftigkeit. Wir bewundern ihre kunstvollen Bauten und schätzen sie nicht zuletzt wegen ihres Vermögens, Blüten zu bestäuben. Nur mit der Fortpflanzung hapert es, da sie unentwickelte Weibchen sind. Aber was sie im Liebesleben entbehren müssen, wird durch geläuterte Liebesfähigkeit aufgewogen: die mütterliche Fürsorge um die Brut und die aufopfernde Hingabe an ihr Volk. Wir spüren etwas von der Liebeskraft, wenn wir erleben, wie durch Pflanzenschutzmittel vergiftete Bienen, vor ihrem Stock jeweils zu fünft einen Stern bildend, sich gegenseitig füttern, bevor sie sterben. Der heilige Augustinus hat es noch etwas anders gesehen: »Sie kennen keine Männer, die Blume ist ihr Bräutigam.«

Königskerzen werden früh aufgesucht, da die einzelne Blüte gegen Mittag verblüht ist. – Der Borretsch, eine Heil- und Gewürzpflanze, die sich freizügig selbst aussät und von Mai bis zum Frost blüht, spendet reichlich Nektar und sollte in keinem Imkergarten fehlen – Der (ohne Mittelwand) eingehängte Baurahmen wird von einem Volk, das sich in einem guten Zustand befindet, voll mit Drohnenwaben ausgebaut. – Markante Formen als Stockmarkierungen werden von Bienen besser erkannt als Farben.

Im Gegensatz zu anderen staatenbildenden Insektenarten, bei denen zum Beispiel einige der Ameisen ihr ganzes Leben lang nur als Soldaten tätig sind, nehmen die Bienen im Verlaufe ihres Lebens alle Tätigkeiten mit folgerichtig zuwachsenden Fähigkeiten (Drüsenfunktionen) wahr. In bestimmten Lebensabschnitten, in der Übersicht auf der folgenden Seite nach Lebenstagen angegeben, erledigen sie nacheinander die ihnen obliegenden Pflichten.

Die zeitlichen Abläufe der aufeinander folgenden Tätigkeiten fügen sich keiner starren Regelung. Sie können sich verkürzen, verlängern oder einzelne Verrichtungen können übersprungen oder wiederholt werden, wenn es die Umstände erfordern (Seite 185f). Entsprechend werden (an sich nur zu bestimmten Lebenszeiten tätig werdende) Drüsenfunktionen umdisponiert bzw. reaktiviert (Futtersaft, Wachsproduktion). Das Lebensgefüge des Biens erhält dadurch eine außerordentlich bewegliche und anpassungsfähige Plastizität.

Das Leben der Arbeiterinnen dauert im Sommer nur 4 bis 6 Wochen. Darüber entscheidet der mehr oder weniger hohe Kräfteverschleiß bei der Aufzucht der Jungbienen und beim Sammeln der Nahrungsstoffe. Da die letzte heranwachsende Arbeiterinnen-Generation im Jahr weder durch Brutpflege noch durch Trachtflüge in Anspruch genommen wird, haben diese Bienen eine wesentlich höhere Lebenserwartung. Die sogenannten Winterbienen leben 6 bis 9 Monate. Sie werden erst im kommenden Frühjahr bei wieder einsetzender Bruttätigkeit zu Ammenbienen, tragen die Frühtracht ein und bilden, wenn sie gut und zahlreich über den Winter gekommen sind, den Grundstock für ein vitales und leistungsfähiges Volk.

	Tage	**Ein Immen-Leben**
Stock-Biene	1–2	Körperpflege und Reinigen der Brutzellen für die Aufnahme eines neuen Eies
	3–4	Fütterung der älteren Maden mit Pollen und Honig
	5–8	Produktion von Futtersaft: Fütterung der Königinnen-, Arbeiterinnen- und Drohnen-Maden Allgemeine Brutpflege (Ammenbiene)
	9–11	Erste Ausflüge zwecks Orientierung
	12–14	Wachsproduktion: Wabenbau (Baubiene) Übernahme des eingetragenen Futters: Verarbeitung des Nektars zu Honig, Verstauen des Pollens
	15–17	Austragen von Unrat und kranke Bienen (Putzbiene) Dichtungsarbeiten mit Kittharz (Propolis)
	18–20	Wachdienst am Flugloch, gleichzeitig „Lock-Sterzeln" und Lüftung des Stockes
Flug-Biene	21–30 . . . . +	Sammelflüge und Eintragung von Wasser, Nektar, Honigtau, Pollen und Kittharz (Trachtbiene) Aufspüren von Futterquellen (Such- oder Spurbiene)

Drohnen lieben das süße Nichtstun

Die männlichen Wesensglieder des Biens beteiligen sich nicht am arbeitsreichen Leben des Volkes. Da sie keinen Stachel besitzen, sind sie auch nicht fähig, ihre Lebensgefährtinnen zu beschützen und zu verteidigen, was sonst im Tierreich allgemein üblich ist.

Die vaterlosen Gesellen, die sich noch nicht einmal ihrer Stockmutter verbunden fühlen, vagabundieren zeit ihres Lebens von Stock zu Stock, von Bienenstand zu Bienenstand. Trotz ihres asozialen Verhaltens werden sie überall verwöhnt. Ihre einzige nützliche Fähigkeit, eine Königin zu begatten, läßt die Faulenzer auch bei fremden Völkern wohl oder übel einziehen. Da sie weite Strecken zurücklegen können, kommt es dadurch zu einer kontinentalen Kommunikation, andererseits können sich aber auch Krankheiten oder Schädlinge (zum Beispiel die Varroa-Milbe) epidemisch ausbreiten.

Obwohl für die Begattung einer Königin nur wenige Drohnen genügen, ziehen gesunde Völker, die sich Freigiebigkeit und Großmut leisten können, einige hundert Drohnen in mehreren Generationen auf. Ein großes Drohnenaufkommen ist daher ein gewisses Kriterium für den guten Zustand eines Volkes. Eine alte Imkerweisheit besagt, daß ein Volk einen relativ hohen Drohnenbesatz für sein Wohlbefinden braucht. Bei schlechter Verfassung werden kaum Drohnen aufgezogen. Tritt durch irgendwelche Umstände eine existenzielle Gefährdung ein, wie Futtermangel, werden sie als Überzählige ausgestoßen und ihre Brut vernichtet. Nicht selten ziehen sie bei schwächer werdenden Völkern auch von selbst aus und quartieren sich bei kräftigeren Nachbarvölkern ein.

Neigt der Sommer sich dem Ende zu und erlischt der Vermehrungstrieb bei den Völkern, wird den entbehrlich gewordenen Schmarotzern die Rechnung für ihr ungeniertes Wohlleben präsentiert. Als lästige Mitesser des gutversorgten Wintervorrates werden sie aus dem Stock gedrängt und dem Hungertode preisgegeben. Wenn sie jedoch die Rückkehr in den Stock erzwingen wollen, kommt es zur »Drohnenschlacht«, in der die Wehrlosen abgestochen werden.

Ein achttägiger Aufenthalt nach dem Schlüpfen im warmen Brutnest, währenddessen sie gefüttert werden, fördert die Reifung der Samenfäden (Stockdrohnen). Nach 10 bis 14 Tagen werden sie geschlechtsreif und fliegen aus (Flugdrohnen). An warmen, sonnigen Tagen suchen sie bis zu 8 km entfernte Plätze auf, wo sie sich in kleinen Schwärmen sammeln. Vorwiegend auf diesen Drohnen-Sammelplätzen paaren sich die zufliegenden Königinnen mit den Drohnen. Vom königlichen Lockduft angezogen, der erstaunlicherweise nur im Bereich des etwa 50–200 m durchmessenden Sammelplatzes wirksam ist, folgen die Drohnen in kometenförmiger Flugformation. Nach der Begattung, bei der die Königin den gesamten Samenvorrat übernimmt, stirbt der Drohn. Seine allgemeine Lebenserwartung beträgt 30 bis 40 Tage.

Wabenbau und Nestordnung

Immer von neuem bewundern wir eine natürliche Bienenwabe, wie sie auch heute noch gelegentlich als Wildbau zu finden ist, als ein einzigartiges Kunstwerk. Zu beiden Seiten einer mittleren Wand (»Mittelwand«) werden von einem oberen Festpunkt senkrecht nach unten verlaufend sechseckige Zellreihen bei sparsamstem Materialverbrauch und größtmöglicher Raumausnutzung an- und ineinandergefügt. Mit absoluter Regelmäßigkeit und Genauigkeit entsteht eine Wabe wie die andere.

Die Tiefe und der Durchmesser der Zellen, die in einem Winkel von 4 bis 5 Grad leicht nach oben geneigt sind, werden nach der Körpergröße der Arbeiterinnen bzw. der Drohnen gebaut. So beträgt die Tiefe der Arbeiterinnen-Zelle 10–12 mm, der Durchmesser etwa 5,3 mm und die Wabendicke 21–26 mm. Für die dicken Brummer müssen dagegen größere Zellen gebaut werden. Mit einem Durchmesser von 6,9 mm sind sie 16 mm tief.

Mit gleicher Akkuratesse werden die Nachbarwaben in einem Abstand von mittlerer zu mittlerer Wand von 35 mm zu einem

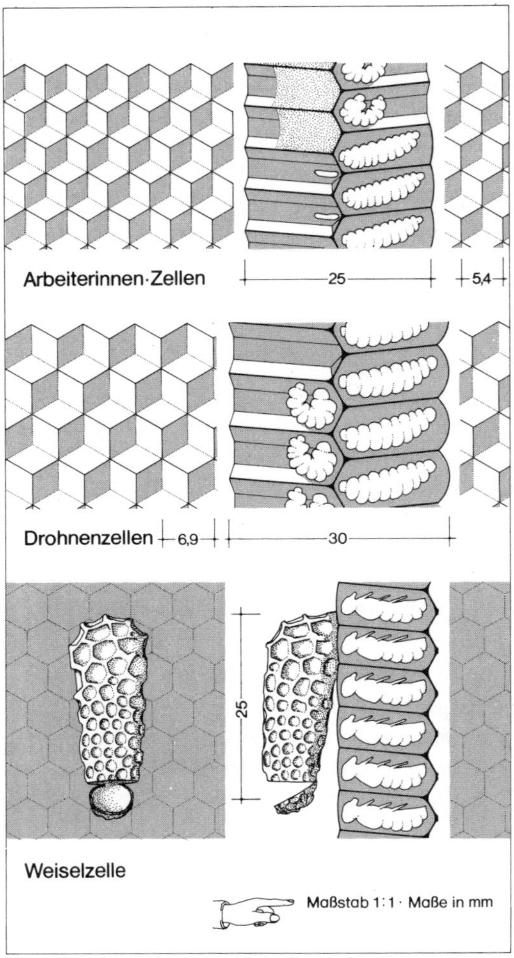

Wabenzellen

Die Zellen der Arbeiterinnen und der Drohnen unterscheiden sich lediglich durch ihre verschiedenen Größen, während die Weiselzelle entsprechend der königlichen Einzelstellung und Größe als besonderes Gehäuse gebaut wird. Sie ist als Nachschaffungszelle (Seite 187) dargestellt, aus der die Königin gerade geschlüpft ist, nachdem sie die Kuppe »abgesägt« hat. Die zu ihrer Entwicklung länger brauchenden Arbeitsbienen sind noch im Puppen-Stadium.

Gesamt-Bauwerk gefügt. Zwischen den Waben mit Arbeiterinnen-Brutzellen bleibt eine Gasse von etwa 10 mm, in der zwei Bienen jeweils auf einer Wabenseite Pflegearbeiten verrichten können und eine weitere noch zwischen ihnen hindurchlaufen kann. Bei mit Honig gefüllten Zellen, die in der Regel tiefer gebaut werden, ist die Gasse so schmal, daß nur eine Biene darin Platz hat.

Die Wabenzellen finden als »Universalzellen« für alle im Bienenleben möglichen Bedürfnisse Verwendung. Sie sind Brutzellen vom Ei bis zur schlüpfenden Biene, Nahrungsspeicher für Honig- und Pollenvorräte und Träger der Wintertraube. Sie werden überwiegend in einer Zeit gebaut, da für die Brut und die Einlagerung der Nahrung entsprechend Platz gebraucht wird. Das ist von April bis Juni oder Juli der Fall. Der sich entwickelnde Bautrieb geht einher mit der Stimulierung der Wachsdrüsen, die wiederum das Wachs nur bei guter Futterversorgung produzieren können.

In einem geschlossenen Wabenbau folgen die räumlichen Gruppierungen von Sommer-Brut und Winter-Traube sowie Futter und deren Veränderungen im Jahreslauf ganz bestimmten Gesetzen, der sogenannten Nestordnung. Von entscheidender Bedeutung nicht nur für die Lebenskraft des Volkes, sondern für dessen Existenz schlechthin ist der stete und unmittelbare Kontakt des jeweiligen Bienensitzes, sei es als Brutnest oder als Wintertraube, mit dem Futterlager. Aus dieser Wechselbeziehung und den sich dauernd verändernden Größenverhältnissen beider Bereiche im Jahreslauf ergeben sich charakteristische Bewegungsabläufe auf den Waben in vertikaler Richtung.

Das Brutnest wird, bei günstiger Witterung bereits im März, nahe dem Flugloch im bestdurchlüfteten Teil des Wabenbaues angelegt. Dabei bestiftet die Königin zunächst eine der mittleren Waben. Dann zieht sie immer weitere Kreise, sowohl in waagerechter als auch in senkrechter Richtung, so daß allmählich das ganze Brutnest in Form einer Kugel entsteht. Die Kugel bietet die günstigsten Voraussetzungen für die Aufrechterhaltung des erforderlichen Kleinklimas (Wärme: 34,8 °C), da sie bei größtmöglichem Volumen eine kleine Oberfläche hat.

Das Honiglager wird im entlegensten, oberen Teil der Behausung angelegt, wo es vor räuberischen Nachbarbienen oder Wespen am sichersten ist. In der Kontaktzone zwischen dem Brutnest und den Vorräten wird ein Gürtel mit Pollen angelegt, den die Natur zur Zeit des Brutbeginns reichlich spendet. Der Blütenstaub wird jetzt für die Zubereitung der Füttersäfte gebraucht.

Durch die Ausdehnung des Brutnestes und den gleichzeitigen Futterverbrauch vollzieht sich eine Bewegung nach oben. Mit der größten Brutausdehnung im Juni (etwa 40 000 Brutzellen) beginnt auch die Haupttracht. Hier kann es zu erheblichen Spannungen kommen, wenn nicht genügend Platz vorhanden ist. Doch da dann die Bruttätigkeit zurückgeht, kann sich das Honiglager wieder entsprechend ausdehnen, der kleiner werdenden Brutkugel folgend.

Auch in der brutfreien Winterzeit ändert sich an den Wechselbeziehungen zwischen Bienensitz und Futter nichts. Anstelle des Brutnestes tritt die Wintertraube. Dort, wo im Oktober die letzte Brut ausläuft, setzen sich die Bienen zur Wintertraube fest, die ebenfalls die Form einer Kugel annimmt, und rücken dann langsam dem eingetragenen Winterfutter nach oben nach. Während andauernder Kälte können die einmal besetzten Waben nicht gewechselt werden. Wenn der Vorrat in den belagerten Waben aufgezehrt ist, der Kontakt mit dem Futter verlorengegangen ist, muß das Volk verhungern, obwohl die Nachbarwaben noch voller Futter sind. Da es aber auch im Winter immer wieder einmal mildere Wetterperioden gibt, können die Bienen das Futter aus den entfernter hängenden Waben in die Wintertraube umtragen.

Die Nestordnung folgt bestimmten Gesetzen: um die allmählich anwachsende Brutkugel mit ihren verschiedenen Brutstadien liegt der Pollenring, im oberen Teil der Brutwabe (Ausschnitt) wird der Honigvorrat angelegt.

Die Rähmchen-Wabe ermöglicht den Mobilbau

Mitte des vorigen Jahrhunderts kam man auf den Gedanken, die Waben von den Bienen in einem rechteckigen Holzrähmchen bauen zu lassen, um sie bei der Honigernte nicht mühsam aus ihrer Behausung herausschneiden zu müssen. Eine bewegliche und handliche Rähmchenwabe, in einen Kasten eingesetzt, ermöglichte nicht nur das bequeme Herausnehmen der Waben und deren Wiederverwendung, sondern erlaubte nun auch Einblicke in den Haushalt und die Lebensweise des Bienenvolkes ohne Zerstörung des Wabenbaues. Damit wurden Voraussetzungen geschaffen, die mit den etwa zur gleichen Zeit gemachten Erfindungen der künstlichen Mittelwand aus Wachs und der Honigschleuder die Jahrtausende alte Bienenhaltung revolutionierten und zur neuzeitlichen Bienenzucht führten.

Die große Mobilität, die mit der Rähmchenwabe in Verbindung mit entsprechenden Kästen (Beuten) gewonnen wurde, entfesselte aber auch eine ungestüme Experimentierlust. Zahlreiche Erfindungen wurden gemacht, von denen nur wenige wirklich brauchbar waren und den Bienen zugute kamen. Noch heute gibt es recht verschiedene Auffassungen über Rähmchengrößen, Kastenmaße und Betriebsweise. Die bienengerechte Anordnung, von der sich unsere Immen nun einmal nicht abbringen las-

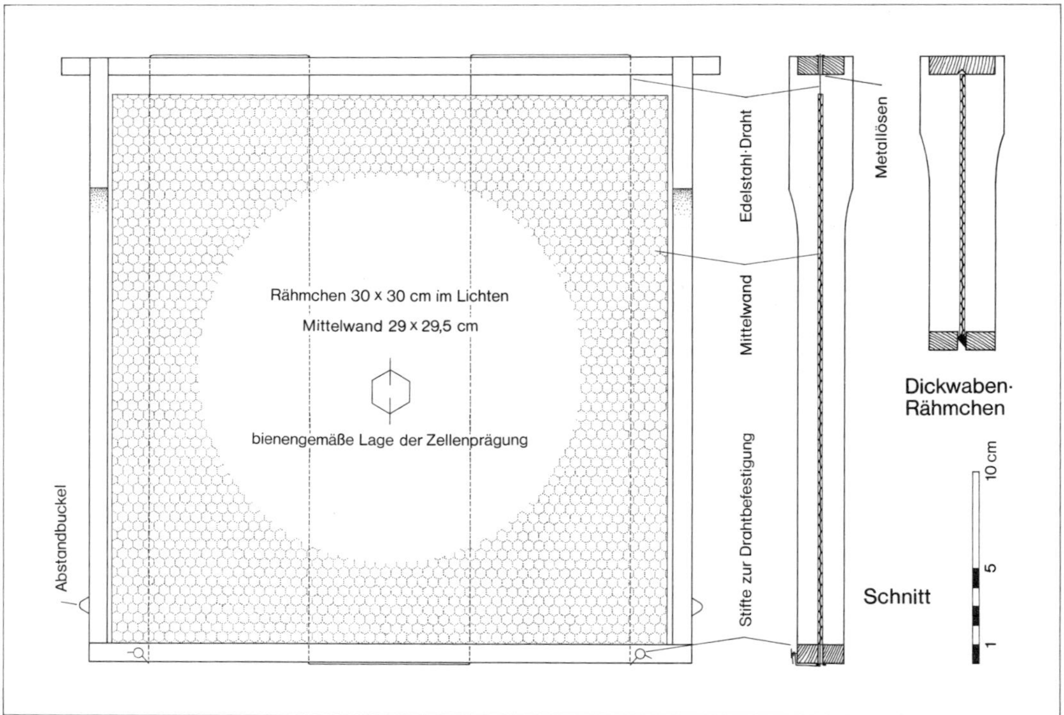

In die Mittelwand werden zur Stabilisierung Drähte durch Erhitzen mittels eines Trafo-Löters eingeschmolzen (»eingelötet«). Es empfiehlt sich, Edelstahl-Draht zu wählen, der nach dem Abschmelzen alter Waben nicht erneuert zu werden braucht. Dickwaben-Rähmchen werden nicht gedrahtet; die Mittelwand wird durch einen Sägeschnitt in der unteren Leiste eingeschoben, in einer mittig längslaufenden Kerbe der oberen Leiste gehalten und mit flüssigem Wachs im Sägeschnitt befestigt.

sen, darf jedoch nicht vernachlässigt werden. So betragen in jedem Fall der Abstand von Mittelwand zu Mittelwand 35 mm und der Zwischenraum zwischen den 25 mm dikken Waben 10 mm.

Im Prinzip wird die im Naturbau bis zu einem Meter hoch gebaute Wabe in der Beute parzelliert, indem man mehrere Rähmchen, deren gebräuchlichste Maße selten über eine Höhe von 20–23 cm und eine Breite von 33–42 cm hinausgehen, übereinander hängt. Dadurch wird einerseits die Nestordnung gewährleistet, andererseits kann man aber auch auf praktische Weise das im unteren Bereich liegende Brutnest, das möglichst in Ruhe gelassen werden sollte, vom oberen Honiglager, dessen Waben zum Schleudern herausgenommen werden müssen, auseinander halten. Im günstigsten Fall erhält man so reine Brutwaben und brutlose Honigwaben. Dieses Prinzip wird in allen Beuten-Systemen – in mehr oder weniger bienengerechten Ausführungen – angewandt.

Bevor wir zu den Bienenwohnungen kommen, noch ein Wort zur künstlichen (Wachs-) Mittelwand, einer »Bodenplatte«, auf der die Grundstruktur für den Aufbau der beiderseitigen Zellen eingeprägt ist. Obwohl die Bienen das Rähmchen auch ohne eine solche Schablone ausbauen würden, ist sie dennoch zu empfehlen. Da die Baubienen die Zellwände zum größten Teil aus dem Wachsboden hervorziehen, erleichtern wir ihnen die Wachsproduktion, wenn mehrere Rähmchen in relativ kurzer Zeit ausgebaut werden müssen. Zum anderen erhält die Wabe dadurch, daß in die Mittelwand ein in das Rähmchen mehrfach eingezogener Draht eingeschmolzen (»eingelötet«) wird, eine größere Stabilität, die sie den Schleudervorgang ohne Bruch überstehen läßt.

Beuten

Abgesehen von den Eigenkonstruktionen besonders tüfteliger Imker gibt es zahlreiche Beuten-Arten unterschiedlicher Größen und Betriebsweisen. Im wesentlichen können wir zwei Grundtypen unterscheiden: Hinterbehandlungs- und Oberbehandlungs-Beuten (und Mischlinge).

Hinterbehandlungs-Beuten sind Kompaktbeuten, die auf einen unteren Brutraum und einen oberen Honigraum fixiert sind. Ihre abgeschlossene Bauweise erlaubt eine zwei- bis dreireihige Stapelung auf engstem Raum. Die Bearbeitung der Völker ist bequem und ohne körperliche Anstrengung möglich, wenn auch sehr zeitaufwendig. Ein erheblicher Nachteil ist die Begrenzung des Raumes und die starre Einteilung in Brut- und Honigraum. Sie behindern die wünschenswerte Ausdehnung eines stark wachsenden Volkes und einen freizügigen Bewegungsablauf der Nestordnung. Um zu vermeiden, daß die Königin im Honigraum weitere Waben bestiftet, die dann als schleuderfähige Honigwaben ausfallen würden, kommt man nicht umhin, zwischen den Brut- und Honigwaben ein Absperrgitter zu legen, durch das zwar die Arbeiterinnen, nicht aber die Königin wegen ihres größeren Körpers hindurch können. Störungen biologisch bedingter Entwicklungsabläufe wirken sich immer nachteilig auf den Allgemeinzustand des Volkes aus.

Bei den Oberbehandlungs-Beuten werden die Waben von oben gezogen. Die Arbeitsweise ist einfacher und zügiger. Mit der Entwicklung dieses Beutentyps zum sogenannten Magazin ist das Stapeln von austauschbaren Wabenräumen (Zargen) zwischen einem losen Bodenbrett und Deckel möglich geworden, so daß der Beutenraum im Gegensatz zu Hinterbehandlungs-Beuten, dem Entwicklungstrend des Volkes entsprechend, erweitert oder eingeengt werden kann. Das »schnelle« und rationelle Magazin-System wird von Nebenerwerbsimkern, denen es oft an der notwendigen Zeit fehlt, außerordentlich geschätzt. In Amerika wird es noch durch den Versand von »Paketbienen«, mit denen jedes Jahr ein neues Volk

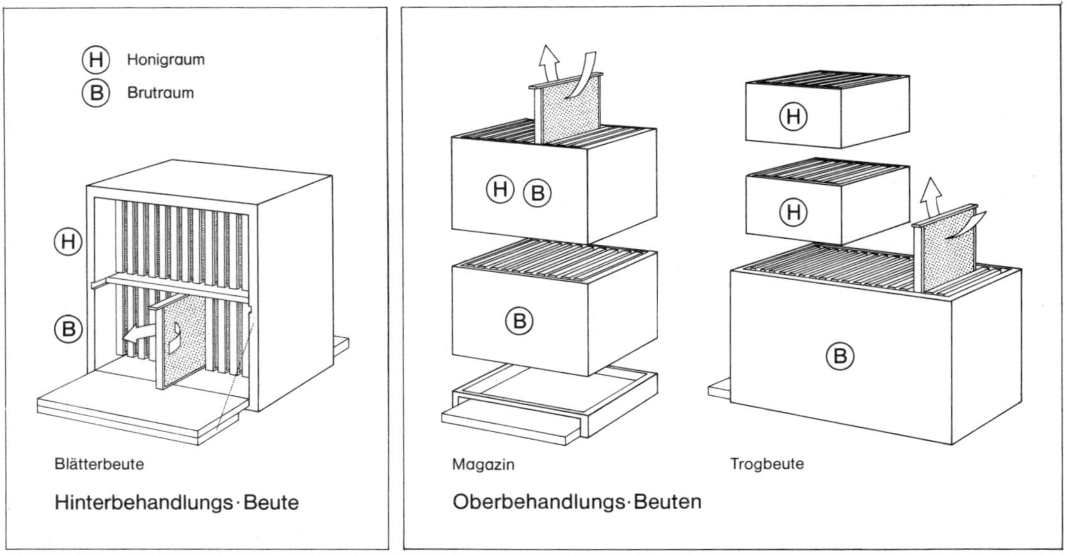

In der Hinterbehandlungs-Beute muß der Honigraum vom Brutraum durch ein Absperrgitter getrennt werden, wenn man brutfreie Honigwaben ernten will. Auch beim Magazin muß das Absperrgitter gelegentlich eingelegt werden. Verwenden wir jedoch halbhohe Dickwaben, wie zum Beispiel in der Trogbeute, können wir das nicht bienengemäße Gitter vermeiden, da die Königin in die langen Zellen der Dickwabe keine Eier legen kann.

von Wegwerfbienen installiert wird, perfektioniert.

Aber abgesehen davon, daß ein routiniert-flotter Magazinbetrieb einen beschaulichen Bienenvater verführen kann, zu einem überwiegend rechnenden, materiell denkenden und schonungslos arbeitenden Imker zu werden, der das Bienenvolk zu einer stark leistungsbezogenen Honigproduktion herausfordert (wenn er es nicht gar zur Ausbeutung mißbraucht), gibt es aus der Sicht des Imkers, der sich des sensiblen und beziehungsreichen Organismus eines Bienenvolkes bewußt ist und deshalb eher auf eine rücksichtsvolle und bienengerechte Pflege bedacht ist, auch sachliche Argumente gegen das Magazin: Brutnest oder Nestordnung werden gefährdet, Bienen gestreßt oder das Immunsystem verletzt durch

- das weitgehende Auseinandernehmen des Magazins bei Durchsichten;
- das Umsetzen von Zargen zur »Brutförderung«;
- die sprunghafte Erweiterung beim Aufsetzen einer neuen Zarge (Wärmehaushalt und Kleinklima);
- das gängige Umhängen einiger Brutwaben in neu aufgesetzte Zargen zur Anstachelung des Brutgeschäftes;
- mangelhafte Wärmedämmung bei üblicher (und gebotener) Freiaufstellung.

Auch das mühevolle Heben der Zargen, wenn sie mit bis zu 20 kg schweren Honigwaben besetzt sind, sollten wir nicht unterschätzen. Für ältere Imker, helfende Ehefrauen und Töchter sowie auch jüngere mit vorzeitig abbauender Wirbelsäule ein Grund zum Nachdenken!

Die Trogbeute fördert eine bienengerechte Haltung

Eine echte Alternative zum Magazin bietet die Trogbeute. Sie ist eine in vielfältiger Hinsicht verwendbare Beute, welche die Vorteile der Oberbehandlung und das Stapeln von Wabenräumen in glücklicher Weise mit einer ebenfalls einfachen, aber kraftsparenden und vor allen Dingen bienengerechten Arbeitsweise verbindet.

Sie ist die geeignete Beute für einen Liebhaber-Imker (in des Wortes eigentlicher Bedeutung), der das Interesse an den Bienen mit einem hohen Freizeitwert verbindet, neben einer fesselnden Freizeitbeschäftigung Erholung und Erbauung in der Bienenhaltung sucht und es sich leisten kann, mit seinen Immen einen »persönlichen Umgang« zu pflegen. Als fürsorglicher Bienenvater vermag er zu erkennen, welche Umstände für ihre Lebensbedürfnisse abträglich sind. Er rechnet sich seinen Gewinn nicht in Mark und Pfennig aus, sondern in Werten, die man nicht kaufen kann und begnügt sich demzufolge mit der Versorgung seiner Familie mit unverfälschtem Honig (Zuwendungen an Freunde, wohlgesonnene Nachbarn und sonstige liebe Mitmenschen eingeschlossen). Für diesen Imker ist die Trogbeute die ideale Beute, vor allem auch dann, wenn er die Möglichkeit hat, in seinem am Ortsrand gelegenen Garten mit ausgewogener Bienenweide (Blüte/Wald) ein Bienenhaus oder vergleichsweise einen ortsgebundenen Freistand in guter Trachtlage errichten zu können.

Die Trogbeute besteht aus einem etwa 80 cm langen, liegenden Kasten (Trog), der als Brutraum 18 parallel zum Flugloch hängende Waben (Warmbau) fassen kann und oben durch Deckbrettchen abgedeckt wird. Auf den vorderen Teil können beliebig viele stapel- und austauschbare Honig-Zargen aufgesetzt werden, deren Waben nur halb so hoch sind wie diejenigen im Brutraum.

Wer seinen Honig auf den Markt bringt, kann ihn nicht auf die Semmel streichen

Unterschiede und gleichzeitig Vorteile zum Magazin-System: sowohl der Brutraum als auch der Honigraum können, von einander getrennt, jeder für seine Zweckbestimmung von den Bienen erschöpfend genutzt werden, ohne daß natürliche Abläufe behindert werden oder Streßsituationen entstehen. Die funktionelle Trennung wird nicht durch ein als Fremdkörper empfundenes Absperrgitter erreicht, sondern durch Dickwaben im Honigraum, die nicht bebrütet werden können: die in einem 36 mm breiten Rähmchen beiderseits der Mittelwand 18 mm tief gebauten Zellen kann die Königin nicht bestiften, weil ihr Hinterleib nicht mehr bis zum Zellboden reicht. Unabhängig von dem Honigraum entwickelt sich das Brutnest als biologischer Grundstock des Bienenvolkes in seinem Brutraum, wobei sich die Nestordnung in 30 × 30 cm großen Waben (10 cm höher als im Magazin üblich) ungehindert ausdehnen kann, ohne daß die Königin ihre Bruttätigkeit unterbrechen oder einschränken muß. Unabhängig vom Brutraum kommt dem Imker voll und ganz der Honigraum zugute, dessen halbhohe Dickwaben

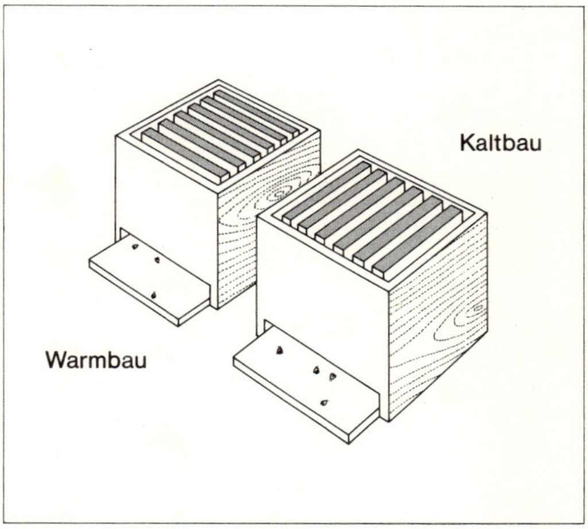

Die Anordnung der Waben als Kalt- oder Warmbau, wie sie zum Beispiel wahlweise in der quadratischen Magazin-Zarge getroffen werden kann, ist Ansichtsache; die Vor- und Nachteile der längs oder quer zum Flugloch hängenden Waben heben sich gegeneinander auf.

erfahrungsgemäß schneller vollgetragen werden.

Weit überlegen ist die Trogbeute jedoch dadurch, daß der Brutraum mit verhältnismäßig wenigen Eingriffen der, im Verlauf des Jahres zu- und abnehmenden, Volksstärke kontinuierlich angepaßt werden kann. Damit können wichtige Lebensbedingungen

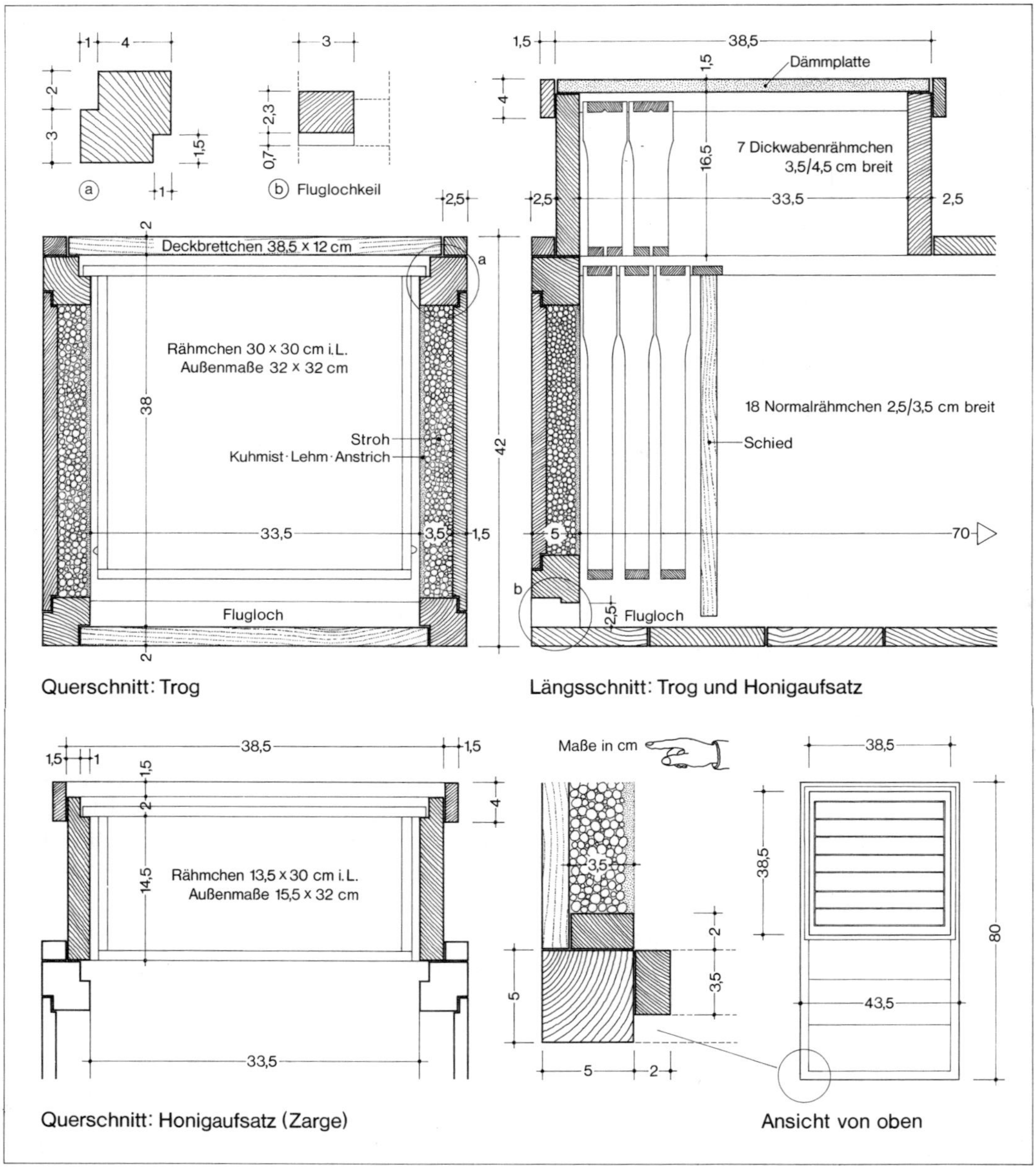

Der Bauplan für eine Trogbeute mit großflächigen Brutwaben und halbhohen dicken Honigwaben sieht einen Kastenbau vor, dessen Wände mit Stroh ausgefüllt sind. Der Bau einer Beute aus vollwandigem Stroh erfordert eine praktische Anleitung, die in einem Kurs vermittelt werden kann (siehe Bezugsquellen).

wie Wärmehaushalt, Kleinklima und überhaupt das gesamte biologische Milieu immer im notwendigen Maße erhalten werden. Wie eine Ziehharmonika können wir durch Zuhängen von Leerwaben oder Mittelwänden den Brutraum je nach Entwicklungstrend angemessen erweitern oder im Herbst, wenn die Brut zurückgeht, durch Herausnehmen von überzähligen Waben wieder verkleinern. Die individuelle Erweiterung geschieht ohne Schockerlebnis für die Bienen, ohne Wärmeverluste für das Brutnest, ohne Umhängen von Brutwaben oder sonstigen Störungen im Brutnest, da beim Zu- oder Abhängen von Waben nur das jeweils letzte Deckbrettchen entfernt werden muß. Die »Generalinspektionen« beschränken sich im allgemeinen auf die Frühjahrs- und Herbstdurchsichten.

Bienenfreundliches Baumaterial

Wenn wir unseren Immen etwas besonders Gutes angedeihen lassen wollen, bauen wir ihnen eine Wohnung, deren Wände aus einem 50 mm starken Roggenstroh-Kern bestehen, der beiderseits mit einer Kuhmist-Lehm-Mischung verputzt ist. Dafür werden drei Eimer reiner Kuhfladen, ein halber Eimer Lehm oder Ton und ein halber Eimer Holzasche mit 3 bis 5 l Molke – oder bei geringerem Bedarf die entsprechenden Anteile – zu einem sämigen Brei verrührt. Die Kuh sollte zur Zeit der »Lieferung« nur mit Heu gefüttert werden und keinen Durchfall haben. Diese Baustoffe ermöglichen nicht nur eine optimale Wärmehaltung, die sich sehr günstig auf die Überwinterung und die Frühjahrsentwicklung auswirkt, sondern sie fördern vor allem in hervorragender Weise das Kleinklima und bieten für alle Lebensverhältnisse der Bienen die natürlichsten Voraussetzungen.

Stroh vermag nicht nur die Wärme gut zu isolieren, es hat auch einen verhältnismäßig hohen Gehalt an Kiesel, ein Formelement der Pflanze. Die Struktur des Kiesels, wie sie uns am reinsten im Bergkristall begegnet, ist sechseckig – ebenso wie die Struktur der Waben. Durch dieselben Formkräfte läßt sich eine Beziehung herstellen zwischen dem Roggenstroh und der Wabe, die für die Bienen das Medium aller Lebensvorgänge ist. So unterstellen wir, daß die Formkräfte des Roggenstroh-Kiesels eine unterstützende Wirkung auf den Bau der Wabenzelle haben. Wir nehmen weiterhin an, daß der Kiesel auch als Träger von Licht- und Wärmekräften die physiologischen Vorgänge der Bienen günstig beeinflußt. Dieses wäre um so schlüssiger, als diese kosmischen Elemente zu den Lebenselixieren des Bienenwesens gehören.

Der Kuhmist ist weniger vieldeutig. Aber als leicht zu verarbeitender Baustoff vermag er den Strohkern vor Beschädigungen und Mäusefraß zu schützen. Der hohe Anteil an unverdauten Faserstoffen ist wiederum wärmedämmend und trägt als Armierung zur formstabilen Wand bei. Durch die Atmungsfähigkeit des Materials, die wesentlich größer als beim Holz ist, werden kritische Feuchtigkeitsgrade, die vornehmlich im Winter durch Schwitzwasser entstehen und zu Schimmelbildungen und Krankheiten führen können, vermieden.

Da der Kuhmist mit Lehm verarbeitet wird, ist die Beute auch wetterfest. Wir kennen einfach lebende Volksstämme, die ihre Hütten mit eben dem gleichen vorteilhaften Material verputzen, wenn sie es nicht überhaupt als Baustoff verwenden. Von einem afrikanischen Volksstamm wird berichtet, daß er den Hüttenboden mit einer Mischung aus Rindermist und Lehm stampft, weil er ihr eine desinfizierende Wirkung zuschreibt. – Übrigens haben die Heideimker früher auch ihre Stroh-Stülper sowohl innen als auch außen mit einer Lehm-Kuhmist-Mischung verstrichen.

Schließlich wäre noch darauf hinzuweisen, daß auch die Inhaltsstoffe des Mistes, hauptsächlich Kali, aber auch Kalk, Stickstoff, Phosphorsäure und Spurenelemente sicher eine günstige Wirkung haben. Kuhfladen sollten von Betrieben mit naturgemäßer Tierhaltung stammen und damit frei sein von chemischen Zusatzstoffen. Ebenfalls wäre zu beachten, daß das Stroh von Pflanzen aus naturgemäßem Anbau stammt.

Das Bienenjahr

Nach allgemeiner Auffassung soll das Bienenjahr mit der Einwinterung im September beginnen. Das mag vielleicht für den Imker zutreffen, der vorausdenkend bereits im Herbst seine Völker so ordnen und vorbereiten muß, daß sie in einem guten Zustand über den Winter kommen, um im nächsten Frühjahr wieder mit ganzer Kraft und voller Leistung für ihn tätig sein zu können.

Für die Bienen fängt das Jahr allemal an, wenn der Winter seinen Höhepunkt überschritten hat und die Sonne höher zu steigen beginnt. Mit zunehmender Sonnenwärme steigt die Bruttätigkeit, dehnt sich die Kugelgestalt der Wintertraube zur Brutkugel aus und weitet sich durch die Flugbienen über die Beute hinaus in den freien Raum. Das Volk ist bestrebt, möglichst viele Sammlerinnen zu erzeugen, um ausreichenden Vorrat einbringen zu können. Zur Zeit der größten Volksausdehnung um Johanni, wenn die Sonne am höchsten steht, beginnt die Brutkugel wieder kleiner zu werden. Von nun an wird gespart, um mit möglichst großen Vorräten in den Winter gehen zu können. Durch die abnehmende Volksstärke geht auch der Verbrauch des eingelagerten Honigs zurück. Im August kann die Brutkurve noch einmal leicht ansteigen, wenn es darum geht, unverbrauchte und überlebensfähige Winterbienen zu erzeugen, ehe sie kurze Zeit nach Michaeli, wenn die Sonne in die Winterregion abwandert, auf Null sinkt. Bei eintretender Kälte zieht sich das Volk zur Winterkugel zusammen und vermag mit einem guten Futterdepot die lange trachtlose Zeit zu überdauern.

Januar bis März: Brutbeginn und Reinigungsflug

Die Entwicklung setzt bereits im Januar ein, wenn eine wärmere Wärmeperiode aufkommt. Jedoch verläuft die Bruttätigkeit vorerst noch auf Sparflamme. Einerseits muß zwar der mögliche Abgang von Winterbienen ausgeglichen werden. Andererseits muß aber auch mit den Vorräten haushälterisch umgegangen werden. Die Brut verbraucht nicht nur Pollen, der für die Zubereitung des Futtersaftes benötigt wird, sondern es muß auch mehr Zucker verheizt werden, um im Brutbereich eine konstante Temperatur von 34,8 ± 0,1 °C (im Gegensatz zur Wintertraube von 20–30 °C) einhalten zu können.

Steigen die Außentemperaturen über 9 °C im Schatten, wird ein erster Reinigungsflug unternommen und der Imker wieder gefordert, sich um seine Bienen zu kümmern. Da mit der Entleerung der Kotblase auch eine erste Säuberung des Stockbodens durch die Bienen vorgenommen wird, sollte man noch vor dem zu erwartenden Reinigungsflug die bei der Einwinterung eingelegte Unterlage (Windel) ziehen. Aus der Lage und Größe der Gemüllwälle kann der Sitz, die Stärke und der Futterverbrauch abgelesen werden.

Bestehen Zweifel über den Futterbefund, ist eine flüchtige Überprüfung des Volkes anzuraten. Eine Futterverschiebung, zum Beispiel durch stille Räuberei, kann durch (Honig-) Vorratswaben, die wir uns im Herbst für diese Möglichkeit reserviert haben, ausgeglichen werden. Zu dieser Zeit Zuckerwasser oder -maische zu füttern, sollte vermieden werden. Die Umsetzung (Inversion) dieses Rohmaterials beansprucht den Eiweißhaushalt des Volkes, der ohnehin durch die Ernährung der ersten Brut belastet ist, solange noch kein frischer Pollen eingetragen werden kann.

Die Höhe des Totenfalls gibt weitere Aufschlüsse über den Zustand des Volkes. Wenige tote Bienen auf der gezogenen Windel sind kein Anlaß zur Besorgnis. Ist sie dagegen mit Toten übersät, womöglich auch stark verschmutzt, fallen zudem flugunfähige Bienen zuhauf vor dem Haus zu Boden, dann ist eine grassierende Seuche oder eine andere Gesundheitsstörung nicht mehr auszuschließen. Da ohnehin einige Bienenseuchen anzeigepflichtig sind, sollte unverzüglich der zuständige Bienen-Sachverständige zu Rate gezogen werden.

März bis April: erste Durchsicht und Einengung

Durch reiches Pollenangebot blühender Weiden und anderer Frühpollenspender wird das Volk angeregt, seine volle Brutätigkeit zu entfalten. Mit dem Beginn der Salweidenblüte ist daher der Zeitpunkt gekommen, die Völker einer Revision zu unterziehen, das heißt für Ordnung zu sorgen und die aufkommende Aktivität in geregelte Bahnen zu lenken. Überzählige Futterwaben werden entnommen und die Zahl der verbleibenden Waben der Stärke des Volkes angepaßt, das zu dieser Zeit 7 bis 8 Wabengassen besetzt halten sollte. Als letzte Wabe kann bereits jetzt ein Baurahmen für die Drohnenbrut eingehängt werden.

Das Anpassen des Raumes an die Volksstärke kommt dem bieneneigenen Raumgefühl und dem Wärmehaushalt zustatten. Die Bienen mögen es nicht zu eng. Aber auch zuviel Raum ist ihnen nicht angenehm. Es verwirrt sie und läßt sie ihre »Kontakt-Stimmung« einbüßen. Bei viel zuviel Raum bemerken wir eine regelrechte Resignation, die ihre Arbeitsfreude und ihren Sammeleifer nachhaltig beeinflußt. Da die Bienen selbst Wärme erzeugen, um an kalten Tagen die hohe Brutnest-Temperatur halten zu können, ist es ein großer Vorteil, wenn sie nicht einen größeren Raum heizen müssen als sie für ihre Lebensumstände gerade brauchen. Die Raumanpassung, die in der Trogbeute leicht praktiziert werden kann, ist so wichtig, daß ein guter Imker imstande sein sollte, sich das Raumgefühl seiner Immen zu eigen zu machen.

Sind am Standortbereich des Bienenhauses keine Frühpollenspender vorhanden, müssen sie angebaut werden. Weiden sind zu bevorzugen. Sie wachsen nicht nur schnell, sondern sind auch reich an qualitativem Pollen, der um diese Zeit den Bienen in besonders reichlichem Maße zur bestmöglichen Brutentwicklung zur Verfügung stehen muß. Pollen-Ersatzmittel wie Sojamehl, Trockenhefe oder im Handel erhältliche Präparate werden zwar angenommen, können aber den Naturpollen niemals ersetzen, da die bienenspezifischen Eiweiße und Vitalstoffe fehlen, die gerade in der Blüte als sonnenbezogene Nahrungsquelle vorhanden sind. Bedenken wir des weiteren, daß diese Eiweiße besonders der Blutbildung zugute kommen und daß bei einem geschwächten Blutsystem die blutsaugenden Schädlinge, wie die Varroa-Milbe, »regulierend« eingreifen.

Die Ausdehnung der Brut erhöht den Wasserbedarf. Für die Fütterung muß das eingedickte Winterfutter verflüssigt werden. Eine niemals versiegende Tränke soll an sonniger, windgeschützter Stelle abseits der Hauptflugrichtung liegen, damit sie nicht durch kotende Bienen verschmutzt werden kann. Da bei offenem Wasser die Gefahr des Ertrinkens besteht, legt man entweder einen Sack über eine mit Wasser gefüllte Tonne, der in der Mitte etwas durchhängt und sich so vollsaugt, oder einen genau passenden Holzrost auf die Wasseroberfläche, dessen Holzlättchen 2–3 mm voneinander abstehen. Das Wasser sollte ab und an aus hygienischen Gründen erneuert sowie Sack oder Rost gereinigt werden. Gelegentlich wird auch ein Vogelbad von den Bienen zweckentfremdet. Hat es ein flaches Ufer, wird keine Biene ertrinken. Vortrefflich ist eine Tränkevorrichtung, bei der aus einem höher stehenden Wasserbehälter durch ein nicht ganz geschlossenes Spundloch ein steter Tropfen auf ein geneigtes Brett fällt.

Im allgemeinen wird im Zusammenhang mit dem Einengungstermin eine generelle Reizfütterung mit Zuckerwasser oder -maische zur Steigerung der Bruttätigkeit empfohlen, um zur Frühjahrstracht (Löwenzahn, Obstblüte) über mehr Bienen zu verfügen. Vom gelegten Ei bis zur Flugbiene vergehen etwa 40 Tage. Eine Fütterung, die ausschließlich dazu dient, die Leistung vehement zu steigern, wie sie in der ertragsorientierten Nutztierhaltung üblich ist, widerspricht einer naturgemäßen Haltung. Schon der Begriff »Reiz«-Fütterung, mit dem nicht nur die Imker umgehen, sondern der auch in die Fachliteratur eingegangen ist, hat einen unangenehmen Beigeschmack. Die Kräfte, die für das durch Reizung erzwungene Brüten mobilisiert werden müssen, fehlen womöglich, wenn es darum geht, kommenden Anstrengungen gewachsen zu sein. So können aus guten Völkern schwache werden, die ausgangs des Jahres aufgelöst werden müssen.

Etwas anderes ist es, wenn wir die Bruttätigkeit nicht forcieren wollen, aber ein Nachlassen oder gar Unterbrechen wegen aussetzender Tracht bei einem nassen und bis unter den Gefrierpunkt gehenden Wettereinbruch oder bei allgemeiner Trachtlücke durch eine Hilfestellung überbrücken wollen. Aber auch dann verzichten wir auf den Zucker. Obwohl behauptet wird, daß er von den Bienen unmittelbar als Nahrung aufgenommen wird, weiß keiner genau zu sagen, wieviel doch in den Honig gelangt. Ein leichter Futterstoß läßt die Resignation überwinden: entweder hängt man eine Reserve-Honigwabe zu, deren gedeckelte Zellen man mit der Breitseite des Stockmeißels aufdrückt, streicht etwa 1 Pfund gut kandierten Blütenhonig unmittelbar auf die Rähmchenträger oder gibt den Honig in ein Futtergeschirr mit Holzwolle darüber, damit die Bienen einen Halt haben und nicht im weich werdenden Honig »ertrinken«.

April bis Mai: Erweiterung und Aufsetzen der Honigzargen

Ist mit der Weidenblüte das Brutgeschäft gut in Gang gekommen, werden 3 bis 4 Wochen später die Völker zusehends erstarken. Im gleichen Verhältnis muß nun der Raum nach und nach durch Zuhängen von Mittelwänden erweitert werden. Dabei verbleibt der Baurahmen immer als letzte Wabe vor dem Schied. Falls sich beim unerfahrenen Imker das bienengerechte Raumgefühl noch nicht eingestellt haben sollte, hilft eine Eselsbrücke: spätestens wenn die Bienen den Kastenboden besetzen, muß erweitert werden.

Die Frühjahre fallen recht verschieden aus. Meistens lassen sie zu wünschen übrig. Wenn der Löwenzahn nicht honigt, weil längere Zeit ein kalter, trockener Ostwind vorherrscht, wenn die Schlehenblüten erfrieren und die blühenden Obstbäume verregnen, fällt die Trühjahrstracht aus. Bei mittelprächtigen Trachtverhältnissen sollten wir nicht voreilig die Honigzargen bereitstellen. Es ist sorgfältig abzuwägen, ob es nicht besser wäre, statt einer mageren Honigernte (mit anschließenden Futterproblemen) die Entwicklung des Volkes weiter zu fördern, so daß wir mit vollbesetztem Trog und vitalen Bienen in die Haupttracht gehen können. Wir müssen nämlich noch darauf gefaßt sein, daß es gewöhnlich zwischen der Früh- und der Haupttracht eine Lücke gibt.

Wenn sich dagegen die Blütenpracht ungehindert entfalten kann, die Entwicklung der Völker zügig voranschreitet und die Bienen zu Beginn der Löwenzahnblüte mindestens 12 Waben belagern, dann können wir die halbhohen Honigzargen mit den Dickwaben aufsetzen. Sie haben den Vorteil, daß sie nicht nur verhältnismäßig schnell voll getragen werden, sondern daß wir auch mit dem relativ kleinen Raum hinsichtlich eventueller Trachtverschlechterungen kein großes Risiko eingehen. Wenn die Tracht anhält und die Zellen weitgehend mit Nektar gefüllt sind, setzen wir eine weitere Zarge unter die erste. Die Umschichtung regt den Sammeleifer der Bienen deutlich an. Schleuderreif sind die Waben, wenn sie etwa zu zwei Drittel gedeckelt sind; im Zweifelsfalle dann, wenn bei einem kurzen Schlag auf den Rahmen kein Nektar mehr aus den Zellen herausspritzt. Ernten wir zu früh, ist der Wassergehalt noch zu hoch. Beträgt er über 20%, vergärt der Honig. Verzögern wir die Ernte, müssen wir damit rechnen, daß Brutwaben voll getragen werden und dadurch die Brutentwicklung behindert wird.

Mai bis Juni: Schwarm und Ableger

Ein Bienenvolk vermehrt sich auf natürliche Weise durch Teilung. Sie dient der Fortpflanzung und Arterhaltung. Ein Schwarm, der sich vom Volk mit einer Königin abtrennende und ausziehende Teil, ist daher ein Zeichen für Gesundheit und Vitalität des Volkes. In der Regel ist der Schwarm in der letzten Phase der aufsteigenden Entwicklung zu erwarten, wenn das Volk auf dem Höhepunkt seiner Lebenskraft steht: Mitte Mai bis Mitte Juni.

De Immenschwarm im Me (Mai)
is werth en gonz Föhr Höh (Fuder Heu)

Für den wirtschaftlich denkenden Imker ist eine Vermehrung bzw. Verjüngung des Volksbestandes durch Schwärme nicht sehr erwünscht. Sie ist für ihn zeitraubend, arbeitsaufwendig und risikoreich. Wird der Schwarm eingefangen, muß er erst zu einem Volk aufgebaut werden. Der Sammeltrieb, der schon mit dem Erwachen der Schwarmlust erheblich nachläßt, ist erst wieder voll da, wenn das Volk nach geraumer Zeit erneut Tritt gefaßt hat. Geht der Schwarm verloren, entschwinden mit den Flugbienen auch die Honigsammler. In beiden Fällen ist die Entwicklung des Restvolkes mit einer jungen Königin zum starken und winterständigen Volk mit den Risiken des Königinnenschlupfes und der Begattung verbunden, wenn nicht eine begattete Königin zugesetzt wird. An Honig ist auch hier nicht zu denken. Die Schwarm-Verhinderung ist daher ein Imker-Thema mit Variationen.

Eine totale Schwarmverhinderung gibt es nicht. Auch dem, der mit gewaltsamen Methoden das Schwärmen zu verhindern sucht und mit künstlich aufgezogenen Königinnen imkert, die womöglich noch handbesamt sind, brennen immer wieder einige Völker durch. Jede Schwarmverhinderung ist problematisch. Sie greift in ein biologisch begründetes Verhalten ein, den natürlichen Vermehrungstrieb, der wie bei jedem Tier zu einer bestimmten Zeit wirksam wird.

Es wäre aber auch töricht, die Bienen einfach drauflosschwärmen zu lassen. Wenn wir nicht das Pech haben, erblich bedingte »Schwarmteufel« zu besitzen, einigen wir uns auf einen (gesunden) Kompromiß, der einerseits durch vorbeugende Mittel oder durch den Schwarm vorwegnehmende Maßnahmen einfühlsam die Bienen vom Schwärmen abhält und andererseits das Schwärmen bis zu einem gewissen Grad zuläßt – schon, um auf natürliche Weise ein neues Volk zu gewinnen. Auf jeden Fall sollten wir das Schwarmgeschehen nicht als lästiges Übel betrachten, das es auszumerzen gilt (mit unübersehbaren Folgen). Sondern wir sollten uns zu diesem Naturereignis positiv einstellen und das Unberechenbare, was ihm innewohnt, als eine reizvolle Erfahrung der imkerlichen Praxis wahrnehmen.

Es ist nie mit Sicherheit vorauszusagen, ob ein Volk schwärmen wird. Außer den naturgebundenen Voraussetzungen, nach denen der Schwarmtrieb bereits im März mit der ersten Drohnenbrut »programmiert« wird, hängt es auch von einer Reihe von Umständen ab, ob es letztlich zur Schwarmauslösung kommt.

Vorbeugung. Zur Vorbeugung gehört es, alles zu vermeiden oder zu beheben, was die Auslösung des Schwarms fördert. In erster

Linie sind es Raumnot und mangelnde Betätigung der Jungbienen, soweit sie auf eine mangelhafte Völkerführung zurückzuführen sind. Wenn es an Platz mangelt, der Bautrieb nicht befriedigt werden kann und ein Futtersaftüberschuß dadurch entsteht, daß zahlreich geschlüpfte Ammenbienen nur wenige Maden zu versorgen haben, kann Schwarmlust aufkommen. Um so mehr, wenn sich das Volk durch eine Frühjahrs-Reizfütterung übermäßig schnell und stark entwickelt hat. Wer die Reizfütterung unterläßt und rechtzeitig durch Zuhängen von Mittelwänden und eines Baurahmens den Raum erweitert und damit auch den Bautrieb zufriedenstellt und dafür sorgt, daß durch zahlreiche Drohnen-Maden der Futtersaft-Überschuß abgeschöpft wird, braucht so gut wie keine Schwarmneigung zu befürchten.

Um das Schwarmgeschehen in den Griff zu bekommen, wird mit Beginn der Frühjahrstracht in einem neuntägigen Rhythmus gearbeitet. Ein Volk schwärmt in der Regel, wenn die Weiselzelle verdeckelt wird. Das geschieht neun Tage nach dem Bestiften. So kann man, zweckmäßigerweise mit der gleichzeitigen Erweiterung, die Entwicklung laufend im Auge behalten und bleibt vor Überraschungen bewahrt.

Kommt Schwarmstimmung auf, können wir das meistens schon am Baurahmen ablesen. Im Vergleich zu den anderen Völkern wird er nicht weiter ausgebaut oder die normalerweise herzförmige Bauform wird unregelmäßig. An seinen Rändern werden »Spielnäpfchen« (noch unbestiftete Weiselnäpfchen) angeblasen. Das Volk wird müßig. Das Brutgeschäft geht zurück. Um die gedeckelte Brut finden wir »stumpfe« Zellen: Rundmaden und Eier fehlen als kontinuierliche Fortsetzung des Brutnestes nach außen. Der Flugverkehr erlahmt, da kaum noch Nektar und Pollen eingetragen werden. Untätig hängen die Bienen in Bärten am Flugloch. Der Schwarmtrieb kann auch wieder erlöschen: etwa durch Klimaverschlechterung oder das Aufkommen einer starken Tracht.

Ableger. Wenn die Königin jedoch die Weiselnäpfchen bestiftet, die nun auch an Arbeiter-Brutwaben angebaut werden, wenn bereits Königinnen-Maden gepflegt werden oder gar geschlossene Weiselzellen vorhanden sind, müssen wir schleunigst etwas unternehmen, wenn wir es nicht auf einen Schwarm ankommen lassen wollen. Das Ausbrechen der Weiselzellen als einzige Maßnahme zur Schwarmverhinderung ist immer ein gewaltsamer Eingriff, der die Harmonie auf empfindliche Weise stört, und die Mühe ist umsonst, wenn der Schwarmdusel wieder neue entstehen läßt. Dagegen bleiben die biologischen Vorgänge unangetastet, wenn wir durch Vorwegnehmen des Schwarms einen Ableger bilden. Hierzu bieten sich ganz im Sinne des Schwarmgeschehens wenigstens zwei Möglichkeiten an.

„Wenn man de Schwarmeri nich wör!“
Sagt Dralle – „Datt is dat Malheur!“
„Mein lieber Freund, das ist zum Lachen;
Ableger, Nachbar, müßt Ihr machen;
So habt Ihr, ehe man's gedacht,
Aus einem Stocke zwei gemacht;
Ableger, Freund, das heißt Methode!!“

„Adje! Dat is de nie Mode!!“

Wilhelm Busch, Schnurrdiburr oder Die Bienen.

Erstens: Nach dem Abnehmen des Honigaufsatzes werden alle Brutwaben, mit Ausnahme derjenigen, auf der sich die Königin befindet, mit den aufsitzenden Bienen der Reihe nach in einen freien Trog oder einen besonderen Ablegerkasten gehängt. An deren Stelle werden ausgebaute Waben und Mittelwände so zugegeben, daß sich die Brutwabe mit der Königin (im Anschluß an Leerwaben) in der Mitte befindet. Der Honigaufsatz, der noch ausreichend Honig in den Waben haben sollte, wird wieder aufgesetzt und der Trog geschlossen. Sämtliche Flugbienen kehren von den »abgelegten« Waben zur Königin zurück, die sofort wieder wegen der geschröpften Brut in Eiablage geht, wie es auch beim Schwarm der Fall wäre. Damit erlischt der Schwarmtrieb. Das Volk wird wieder aufgebaut, wobei die Flugbienen erneut die Aufgabe von Pflege- und Baubienen übernehmen. In dem (Ableger-) Trog oder Ablegerkasten, in den die Brutwaben (mit den Weiselzellen) gehängt wurden, ziehen die zurückgebliebenen Pflegebienen eine neue Königin heran, wie es auch beim zurückgebliebenen Teil eines abgeschwärmten Volkes der Fall ist. Da Flugbienen fehlen, muß der Ableger gefüttert werden.

Zweitens: Einem schwarmlustigen Volk werden ein oder zwei Brutwaben mit angebauten Weiselzellen entnommen, von denen wenigstens eine auch offene Brut zum Zeitvertreib für die Pflegebienen haben sollte. Mitsamt einer ausgebauten Leerwabe und einer Mittelwand werden sie ohne Bienen in einen Ablegerkasten gehängt, der vier Waben faßt und an der Stirnseite ein rundes Flugloch mit einem Durchmesser von 22 mm hat (Kaltbau). Bei den Bienen, mit denen nun der Kasten gefüllt wird, darf die Königin nicht dabei sein. Sie zu finden und an der Umsiedlung zu hindern, kann zu einer harten Geduldsprobe werden. Wir bedienen uns deshalb der »Ruck-Zuck«-Methode nach K. PFEFFERLE: ein Streifen der unteren Kasten-Längswand ist herausnehmbar und wird durch ein Absperrgitter gleicher Größe ersetzt, davor wird eine Einlaufschütte gehängt; nun werden vier beidseitig vollbesetzte Waben dem Volk entnommen und die Bienen in die Schütte nacheinander abgefegt; sollt die Königin dabei gewesen sein, so finden wir sie mit den Drohnen vor dem Absperrgitter, wenn alle Bienen in den Ablegerkasten eingezogen sind; vorsichtig läßt man sie in einen beidseitig verschließbaren Lockenwickler einlaufen und gibt sie ihrem Volk zurück. Der allseitig verschlossene Ablegerkasten wird mit den eingefüllten Bienen bis zum Abend stehengelassen. Dann stellt man ihn mindestens 2 km vom Bienenhaus entfernt auf, so daß die Flugbienen nicht mehr zu ihrer Stockmutter zurückfinden können. Auch hier zieht das Völkchen aus den Weiselzellen eine ihnen genehme Königin heran. Je nach Trachtenlage muß der Ableger gefüttert werden, oder man hängt statt der Mittelwand eine Reserve-Honigwabe hinzu. Im Hauptvolk bricht man noch eventuell vorhandene Weiselzellen aus. Der Aderlaß an Flug- und Pflegebienen läßt im allgemeinen die Schwarmlust abklingen.

Die Ableger werden nach erfolgreicher Begattung ihrer Königinnen im Trog zu einem neuen Volk aufgebaut und können dann zur Bestandserweiterung, als Ersatzvolk verwendet oder wieder mit ihrem Hauptvolk vereinigt werden, wenn die alte Königin in ihrer Legeleistung nachläßt.

Ein Bienenschwarm im Mai,
der ist werth ein Fuder Heu,
aber ein Schwarm im Juni,
der lohnet kaum der Müh'

Schwarm. Haben wir uns entschlossen, das Volk schwärmen zu lassen, bereiten wir uns auf das Ereignis vor. Der Brutraum wird zur besseren Wärmehaltung bis auf die letzte Brutwabe eingeengt, um hochwertige Königinnen heranreifen zu lassen. Am Alter der Königinnen-Maden können wir abschätzen, wann der Schwarm zu erwarten ist. Werden die Weiselzellen am 9. Tag verdeckelt, ist der Augenblick des Aufbruchs gekommen. Mit zunehmender Erregung stimmen sich 50 bis 60% der Flugbienen auf den Schwarmakt ein und füllen ihre Honigblase mit Reiseproviant, der etwa drei Tage vorhält. Zur mittäglichen Stunde ziehen sie bei Sonnenschein lawinenartig als »wilder Wurm« mit der Königin aus, die sie schon eine Zeit lang durch Diät und Lauftraining flugfähig gemacht haben. Dieser Vorschwarm läßt sich zunächst in der Umgebung des Bienenstandes an einer tauglichen Stelle, an Baumgeäst oder einem Bautenvorsprung, als Schwarmtraube nieder. Daraufhin suchen Spurbienen geeignete Plätze für eine dauernde Unterkunft. Dort errichtet das Schwarmvolk, ohne daß sich die Königin an der Standortwahl beteiligt hat, zwar einen vollständigen Wabenbau. Aber ohne eine schützende Hülle hat er keine Überlebenschancen.

Fehlen geeignete Ansatzstellen für die Schwarmtraube, die dem Imker ein günstiges Einfangen ermöglichen (bevor die Suchbienen den endgültigen Standort erkundet haben), können wir für einen Ersatz sorgen. Ein kleines Brett, dessen eine Seite dicht mit Propolis-Lösung (10 g Propolis auf 100 ml Alkohol von 72%) bestrichener Eichenrinde bestückt ist, wird so an einer Stange befestigt, daß die präparierte Seite nach unten zeigt. Zwei oder drei dieses sowohl imker- als auch bienengerechten Schwarm-Ansitzes werden rechtzeitig breitgefächert in einem angemessenen Abstand vor der Flugfront des Bienenhauses aufgestellt. Tun sie uns den Gefallen, sich dort anzusetzen, gönnen wir ihnen, die Hochstimmung des Schwärmens voll auszukosten, und warten, bis sie sich vollzählig gesammelt haben, ehe wir sie in einen Bienen-Fangkorb oder einen ähnlichen Behälter einschlagen. Durch Ansprühen mit einem Wasserzerstäuber wird vermieden, daß die äußeren Bienen auffliegen. Der Fangbehälter wird am gleichen Ort aufgestellt und schattig gehalten.

Am Abend wird der Schwarm in einen sauberen Trog einquartiert und an den endgültigen Platz gestellt. Da Schwarmbienen ihre Orientierung zum Muttervolk verlieren, kann der Ort beliebig gewählt werden (sonst kehren Flugbienen immer zu ihrem Volk zurück, selbst wenn man sie 1–2 km vom Stock aussetzen würde). Um den Schwarm zu bannen, empfiehlt es sich, als Stirnwabe eine Vorratswabe mit Pollen einzuhängen; weiterhin eine Leerwabe, damit die Königin gleich mit der Eiablage loslegen kann; ansonsten aber nur Mittelwände. Schwarmbienen, deren Drüsenfunktionen reaktiviert werden (Wachsproduktion, Brutpflege), haben einen enormen Bautrieb, der sie befähigt, innerhalb kürzester Zeit je nach Schwarmstärke bis zu 10 Mittelwände auszubauen. Eine Schlechtwetterperiode oder Trachtlücke müßte mit Fütterung überbrückt werden.

Im Restvolk, in dem die Jungbienen zur Pflege der Brut und der Weiselzellen zurückgeblieben sind, schlüpfen laufend junge Bienen und gleichen den Verlust an Schwarmbienen leidlich aus. Sieben Tage nach dem Schwarm schlüpfen in der Regel die neuen Königinnen nacheinander. Entweder sie ziehen nach und nach mit wesentlich kleineren Teilen des verbliebenen Volkes aus (Nachschwarm) oder die zunächst geschlüpfte Königin tötet weitere heranwachsende Rivalinnen, indem sie ihre Zellen seitlich aufbeißt und die Schwestern absticht. Sind mehrere gleichzeitig geschlüpft, wird so lange gekämpft, bis die stärkste übrig bleibt.

Zwei Weisel vertragen sich nicht in einem Korbe

Wir lassen es weder zum Nachschwarm noch zum königlichen Gemetzel kommen. Nach dem Abschwärmen brechen wir alle Weiselzellen bis auf eine, die eine entsprechend starke Königin erwarten läßt, aus und bauen mit ihr ein neues Volk auf. Dieses Vorhaben wird begleitet mit täglichen Stoßgebeten zum heiligen Ambrosius, dem Schutzpatron der Imker, daß die junge Königin den Schlupf gut überstehen, von ihrem Hochzeitsflug gesund zurückkommen und sicher das Flugloch ihres Stockes finden möge. Letzteres können wir ihr erleichtern, indem wir einen auffallenden Gegenstand als Orientierungshilfe auf das Flugbrett stellen. Bei nebeneinander stehenden Beuten, wie es im Bienenhaus üblich ist, kann sie das richtige Flugloch leicht verfehlen. Landet sie beim Nachbarvolk, wird sie unweigerlich abgestochen.

Stille Umweiselung. Zwar keine Volksvermehrung wie beim Schwarm, aber eine Verjüngung des Volkes mit einer alt gewordenen Königin kann auch durch eine stille Umweiselung geschehen. In der Regel sorgt die alte Königin noch für eine große Anzahl Trachtbienen, ehe sie dann zur Zeit der Haupttracht (im Juni oder Juli) spontan in ihrer Legetätigkeit nachläßt. Bevor sie ganz aufhört, bauen die Bienen zwei bis drei Nachschaffungszellen (Seite 166f). Die zuerst geschlüpfte Königin tötet die Nebenbuhlerinnen. Oft lebt die alte Königin noch so lange, bis ihre Nachfolgerin begattet ist. Es kann sein, daß die stille Umweiselung gar nicht bemerkt wird, da nach der Schwarmzeit das Volk auf Weiselzellen nicht mehr durchgesehen zu werden braucht.

Königinnenzucht. In einer artgemäßen Bienenhaltung hat die bienengerechte Völkervermehrung oder -verjüngung ein besonderes Gewicht. Es ist ein Unterschied, ob eine Königin aus dem Zusammenhängen ihres Volkes entsteht oder eine künstlich gezogene zugesetzt wird. Gewiß hat die künstliche Königinnen-Zucht, bei der ein bis drei Tage alte Arbeiterinnen-Maden in vorgefertigte Weiselbecher umgebettet und deren viele in einem Zuchtrahmen einem Pflegevolk zur weiteren Entwicklung überlassen werden, auf den ersten Blick gewisse (materielle) Vorteile:

- der »Zuchtstoff« wird einem ausgewählten, leistungsstarken, schwarmträgen und friedfertigen Zuchtvolk entnommen;
- die Verfügbarkeit der Königinnen kann terminiert werden;
- die Verwendung besonderer Begattungs-Kästchen gewährleistet eine sichere Heimkehr;
- eine eingeplante Reserve gleicht mögliche Verluste während des gesamten Zeitablaufes aus.

Eine Königin aber, die aus der Wesenskraft ihres Biens veranlagt wird und von Anbeginn ihrer Entwicklung unter den Fittichen ihres Volkes heranwächst, bringt ohne Zweifel, auf die Dauer gesehen, Eigenschaften mit, die den Lebensumständen des Biens förderlich sind und mehr zur Erhaltung des Bienenwesens beitragen.

Das Zusetzen einer fremden Königin stößt auch gelegentlich auf den Widerstand des Volkes. Es ist eigentlich immer mit der bangen Frage verbunden, ob die Fremde vom Volk angenommen wird. Das Risiko ist erst beseitigt, wenn die Brut der neuen Königin schlüpft oder, wie der zünftige Imker zu sagen pflegt, die Königin »im eigenen Fleische« lebt. Es kommt auch vor, daß ein Volk eine zugesetzte Königin absticht, nachdem sie die ersten Eier gelegt hat, und aus diesen die ihnen genehme Jungkönigin zieht.

Üblicherweise werden Zuchtköniginnen schon nach ein bis zwei Jahren, wenn die Hochleistung bereits nachzulassen beginnt, durch neue ersetzt, um den Erfolg einer wirtschaftlichen Bienenhaltung zu sichern. In der Wald-(Wander-) Imkerei werden die Völker gelegentlich so geschunden, daß auch den wenigen, die übrigbleiben, der Schwefeltod sicher ist. Indessen wurden daheim junge Völker mit neuen Königinnen aufgebaut, die im nächsten Jahr »verheizt« werden. Unser bodenständiges Naturkind wird dagegen seine Jahre ausleben können. Es gibt siebenjährige Königinnen in naturgemäßen Bienenhaltungen, die immer noch voll befriedigen: ein wahrer Schatz an bestem und langjährigem Erbgut.

Juni bis Juli: Haupttracht und Ordnung des Wabenbaues

Gelegentlich der letzten Schwarmkontrolle wird der Wabenbau so geordnet, daß bei der späteren Abräumung alte und schadhafte Waben frei von Brut und Pollen entnommen werden können. Ohne eine jährliche Entfernung von leeren Altwaben, die für ein Bebrüten untauglich geworden sind, weil sie durch das Verbleiben des Puppengespinstes und durch das wiederholte Beschichten mit Propolis-Firnis (Seite 199f) vor jeder neuen Eiablage immer enger und dunkler werden, wäre eine kontinuierliche Wabenbau-Erneuerung durch Zuhängen von Mittelwänden nicht möglich.

Wir gehen davon aus, daß die Waben nicht älter als vier Jahre werden, da in den kleiner werdenden Zellen auch kleinwüchsige, unterernährte Bienen schlüpfen. Da der Trog außer dem Baurahmen und einer älteren, verbleibenden Stirnwabe am Flugloch 16 Brutwaben faßt, werden in steter Rotation jährlich vier vierjährige Waben entnommen.

Beim stetigen hinteren Zuhängen der Mittelwände wandern allmählich die älterwerdenden Waben nach vorne zum Flugloch. Im Zuge des Wabenbau-Ordnens werden die vorderen Altwaben nach hinten gehängt, wobei um die Breite des Baurahmens, der nun entfernt werden kann, eine Gasse entsteht, welche die Königin, deren Brutgeschäft ohnedies zurückgeht, nicht überschreitet. Das Brutnest und damit der vorgesehene Wintersitz verbleiben in der für sie günstigen Nähe des Flugloches. Eventuell auf den Altwaben vorhandene Brut läuft aus und möglicher Pollen und Honig werden bis zum Abräumungstermin in die Brutzone umgetragen.

Die Haupttracht wird vornehmlich durch die im Juni beginnende Fichtentracht und im Juli und August sich fortsetzende Tannentracht sowie Himbeere, Brombeere und Wiese bestimmt. Bei voller Tracht werden die Honigzargen schnell gefüllt. Eine häufige Kontrolle und eventuelles Schleudern und Nachhängen leerer Honigwaben ist anzuraten, damit nicht bei Platzmangel Brutwaben vollgetragen werden. Wenn jedoch der Wald nicht summt und auch der Nektarfluß kaum noch ergiebig ist, tut man gut daran, vorzeitig zu räumen und bis zur endgültigen Einfütterung im August soweit zu füttern, daß die Winterbienen-Erzeugung gewährleistet ist, da die Bruttätigkeit bei Trachtlosigkeit rapide zurückgeht.

August bis September: Abräumen und Einfüttern

Mit dem Ende der Tracht werden die Honigaufsätze abgeräumt und der Brutraum inspiziert. Die zurückgesetzten Altwaben werden entfernt. Sind auch Brutwaben vollgetragen, werden sie als Reserve-Futterwaben zur Unterstützung der Frühjahrsentwicklung und Trachtenlücken-Überbrückung aufgewahrt. Sind es deren viele, können einige auch als Teil des Winterfutters belassen werden. Mit Waldhonig gefüllte Waben dürfen jedoch nicht zur Ergänzung des Wintervorrates verwendet werden. Die reichlich enthaltenen Mineralstoffe würden den Stoffwechsel belasten und bei mangelnder Reinigungsmöglichkeit ausgangs winters zur Ruhrerkrankung führen. Im Frühjahr ist ihre Verwendung als Futterreserve wieder möglich.

Noch am Tage des Abräumens wird gegen Abend mit der Fütterung begonnen. Einmal kann das Volk den Schock über den Verlust der Wintervorräte sehr viel besser überwinden. Zum andern ermuntert eine zwei- bis dreiwöchige langsam fließende Futtergabe in trachtarmer Zeit zur Eiablage, so daß die fallende Brutkurve wieder etwas ansteigt, zumindest aber der vorhandene Umfang des Brutnestes länger aufrechterhalten bleibt. Nun kommt es darauf an, ein starkes Wintervolk heranzuziehen, das ohne nennenswerte Verluste die kalte Jahreszeit zu überstehen, eine gute Frühjahrsentwicklung einzuleiten und mit einer großen Zahl von Flugbienen die Frühjahrstracht einzubringen vermag. Gefüttert wird zunächst eine Honig-Lösung 1 : 1 in allabendlich gegebenen kleinen Mengen (1/4 l), damit die Bienen durch die Verarbeitung des Futters nicht zu stark vom Brutgeschäft abgelenkt werden.

Da in den Wintermonaten keine Brut zu versorgen ist, wohl aber eine beständige Wärme von 20 bis 30 °C in der Wintertraube erzeugt werden muß, muß die hierfür notwendige Energienahrung aus reinem Zucker bestehen. Wegen seines hohen Reinheitsgrades belastet er die Kotblase nicht durch unverdauliche Rückstände. In der Regel sind bei der Einfütterung auf den Brutwaben obere Honigkränze vorhanden. Während der später eingetragene Zucker zuerst verbraucht wird, erreichen die Bienen bei Brutbeginn den für die Fütterung der Brut wertvollen Honig.

Ein normales Volk braucht von der Einfütterung bis zum Trachtbeginn etwa 10–12 kg Zucker. Um die Nachteile einer Unter- bzw. Überfütterung zu vermeiden, sollten wir uns wenigstens ein grobes Bild von den Vorräten des Volkes machen und Ungleichheiten durch Umhängen von Vorratswaben ausgleichen, um beim Einfüttern jeweils gleiche Mengen verabfolgen zu können. 100 cm^2 einer beiderseits gefüllten und verdeckelten Wabe enthalten 350 g Futter. Unsere 30 × 30 cm große Wabe faßt also 3 kg. Ungedeckelte Teile werden zur Hälfte gerechnet.

Das Haupt-Futter wird in einer Zuckerlösung im Mischungsverhältnis 3 : 2 (3 kg Zukker : 2 l Wasser) gegeben, um den Bienen die Wasserverdunstung beim Eindicken in die Zellen zu erleichtern. In 1 l Lösung sind 750 g Zucker und 500 g Wasser bzw. Tee enthalten. Wieviele Liter Zuckerlösung zu füttern sind, um die jeweils benötigte Vorratsmenge zu erhalten, zeigt die folgende Aufstellung:

Liter Lösung	1	2	3	4	5	6	7	8	9	10
kg Zucker	0,75	1,5	2,25	3,0	3,75	4,5	5,25	6,0	6,75	7,5

Die Verabreichung von Kräutertees zur Gesunderhaltung der Bienen in der kritischen winterlichen Ernährungsphase wird gerne als Aberglauben abgetan. Zweifellos enthalten Heilkräuter aber Wirkstoffe, die den Bienen zumindest vorbeugend zugute kommen. Bewährt hat sich zum Beispiel ein Tee von Kamille, Schafgarbe, Löwenzahn und Baldrian sowie Brennessel, Ackerschachtelhalm und zerstoßene Rinde alter Eichen. Mit Ausnahme der Eichenrinde wirken alle im Stoffwechselbereich, der am meisten gefährdet ist. Die Blütendrogen werden mit kochendem Wasser übergossen und nach 15 Minuten abgeseiht, die anderen Zutaten kalt angesetzt, nach kurzem Aufkochen 10 Minuten ziehen gelassen und ebenfalls abgeseiht. Es genügen von jeder Droge 1 g für 10 l Futterflüssigkeit. Der Zucker wird im heißen Tee gelöst. Eine Knoblauchzehe auf 10 l fertigen Futtertee rundet das Ganze ab.

Gefüttert wird am zweckmäßigsten im 5 l-Futtereimer auf dem Futterloch-Deckbrett mit bienenfreiem Absperrgitter. Der im Bienenhaus auf der Beute stehende Eimer erlaubt eine leichte Sichtkontrolle über die Abnahme des Futters. Je langsamer der Futterstrom fließt, um so mehr Bienen beteiligen sich an der »Futterkette«. Da jede Biene mit dem Speichel Fermente und Wirkstoffe abgibt, wird das Futter bei häufigerem Wechsel vermehrt mit bieneneigenen Stoffen angereichert und »veredelt«. Trotzdem bleiben immer noch genügend Bienen frei für das Eintragen von Nektar, der auch in kleinen Mengen das Zuckerfutter nachhaltig verbessert. So wäre es anzuraten, die weiteren 5 l Futter so zu verteilen, daß jeden zweiten Tag 1 l gegeben wird. Das Füttern sollte spätestens Mitte September beendet sein. Mit zunehmend kälteren Tagen wird das Futter schlechter verarbeitet.

Bevor wir nach einer letzten Kontrolle, ob nicht etwa durch stille Räuberei ein Volk leere Waben hat, das Bienenhaus abschließen, legen wir über die Trogbeute eine wärmedämmende Matte und bringen vor dem ganz geöffneten Flugloch ein Gitter mit einer Maschenweite von 7 mm an, um das Eindringen von Spitzmäusen zu verhindern. Im Winter hat sich die volle Öffnung des Flugloches bewährt, um Schimmelbildungen durch Schwitzwasser vorzubeugen (BRETSCHKO) sowie Frühbruten und dadurch einen vorzeitigen Totenfall der Winterbienen zu vermeiden. Dagegen sollte man in trachtarmen Zeiten das Flugloch mit einem Fluglochkeil verengen (s. Abb. Bauplan Trogbeute Seite 178), um die Abwehr eventuell räubernder Bienen zu erleichtern.

Das Bienenhaus

Trogbeuten können ebenso wie Magazine im Freien aufgestellt werden, wenn sie – wie diese – mit einer Blech- oder sonstigen wasserundurchlässigen Abdeckung geschützt werden. Hinsichtlich der Wärmeisolierung sind sie dank ihrer Stroh-Kuhmist-Lehm-Wände besser versorgt. Zweifellos unterliegen auch sie, zumal in niederschlagsreichen Gebieten, im Laufe der Zeit einem höheren Verschleiß als wenn sie in einem Haus stehen. Die Unterbringung im Gebäude bietet gerade für den Liebhaber-Imker, der nur wenige Völker zu versorgen hat, noch weitere Vorteile:

- unumgängliche Arbeiten (9 Tage-Rhythmus) bei jedem Wetter;
- Verminderung der Räuberei bei Futtergaben (verschüttetes Futter kann im Haus entfernt werden, der Zugang von außen ist den Bienen nicht möglich);
- leichteres Arbeiten durch Ablegemöglichkeiten (Tisch, Regal);
- Aufbewahrung der notwendigen Bearbeitungsgeräte und Kleidung an Ort und Stelle;
- Lagerung von Beutenbestandteilen wie Wabenkästen, Honigaufsätzen, Deckbrettchen, Futtergeschirr;
- und nicht zuletzt ein völlig unsachliches Argument: einen Ort zu wissen, wo seine Bienen »zu Hause« sind und man auch einmal in Ruhe verweilen kann, ohne an ihnen tätig zu sein.

Ehe wir an den Bau eines Bienenhauses gehen, müssen wir, um eine Fehlinvestition zu vermeiden, einige Punkte klären: die erforderliche Größe des Hauses, die baurechtliche Zulässigkeit, die Trachtlage und das »Beharrungsvermögen« des angehenden Imkers.

Die Größe des Hauses hängt von der Zahl der aufzustellenden Beuten ab; diese hinwiederum vom Honigbedarf, von der Ertragslage, von den möglichen Ausfällen und einer vorgesehenen Reservehaltung. Der Honigbedarf ist natürlich verschieden groß. Eine vierköpfige Familie wird mit 100 kg im Jahr auskommen. Wenn jeder täglich einen gehäuften Eßlöffel voll (etwa 50 g) ißt (man hat ihn ja und nimmt ihn doch in erster Linie aus Gründen der Gesundheit zu sich), bleiben noch 50 Pfund für »Spenden« übrig. Je nach Trachtlage kann man durchschnittlich mit einem jährlichen Ertrag von 25 kg je Volk rechnen. In besseren Jahren sollte man sich ein Polster für die mageren zulegen. Da Ertragsausfälle bei einzelnen Völkern, durch Schwärme oder den Verlust der Königin, immer möglich sind, stellen wir lieber zwei Völker mehr auf. Demnach wären sechs Beuten noch nicht zuviel, man könnte aber auch mit vier bis fünf auskommen.

Die baurechtliche Situation ist verhältnismäßig schnell bei der zuständigen Baurechtsbehörde abzuklären. Der Kleinimker, für dessen Bedarf vier bis sechs Völker ausreichen, hat insofern einen gewissen Vorteil, als der umbaute Raum eines für solche Verhältnisse notwendigen Hauses 15 m^3 nicht zu überschreiten braucht. Unter diesem Volumen sind Gebäude genehmigungsfrei, wenn keine örtlichen Sonderbestimmungen oder der Landschaftsschutz zu berücksichtigen sind. Wir gehen davon aus, daß im Wohnhaus geschleudert wird. Auch wenn das Bienenhaus nicht im Bereich des Hausgartens liegt, können bei diesen Größenverhältnissen die Honigwaben ohne größeren Aufwand mit dem Auto transportiert werden.

Die Frage, ob die Trachtlage am gewählten Standort ein sinnvolles und einträgliches Imkern erlaubt, ist schon schwieriger zu beantworten. Ideal wäre ein ausgedehntes Wiesengelände mit Obstbäumen und Wildhecken, im Umkreis von 1,5 km blumenreiche Gärten und ein nahe gelegener Wald. Zur Beurteilung der Trachtlage und des Standortes, der sonnig, trocken und windgeschützt sein muß, sollten ein erfahrener Imker aus dem Ort und der zuständige Bienenfachberater hinzugezogen werden.

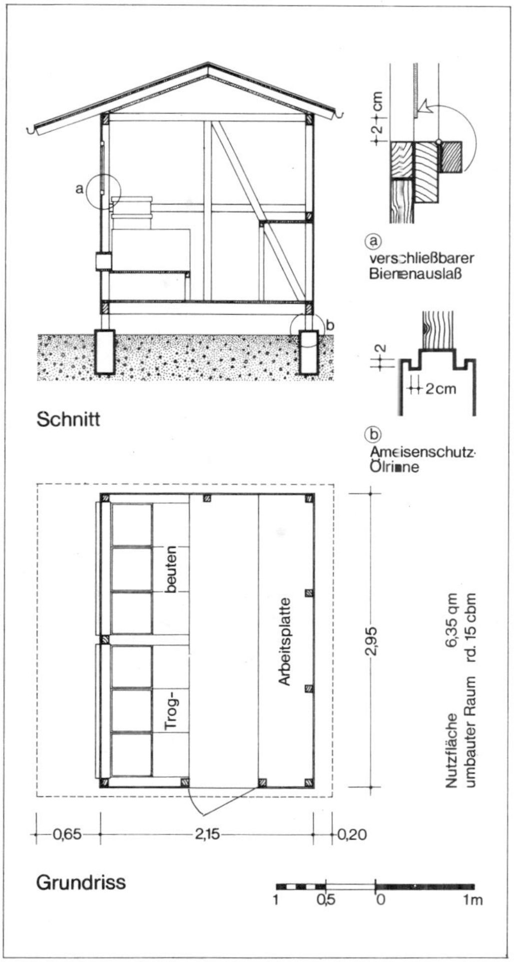

Das Bienenhaus kann in einfacher Bauweise erstellt werden, jedoch sollte im Winter ein Wärmeschutz auf die Kästen gelegt werden, sofern sie keinen Strohdeckel haben; bereits eine dicke Lage Zeitungspapier tut es zur Genüge.

Wen leicht der bienen stachel schreckt,
derselb auch wenig honig leckt

Der letzte Gesichtspunkt ist am schwersten zu beurteilen. Wie leicht kann eine anfängliche Begeisterung in Lustlosigkeit umschlagen, nachdem die ersten Schwierigkeiten aufgetreten sind. Wenn die Lust verloren geht, kann die unerläßliche Liebe zu den Bienen aber nicht heimisch werden. In diesem Falle wäre eine Aufgabe der Imkerei durchaus vernünftig. Einem Anfänger sei daher geraten, zunächst einmal klein und mit einfachen Mitteln zu beginnen. Zwei Völker lassen sich überall aufstellen, ohne viel Aufwand bearbeiten und auch verhältnismäßig gut schützen, sei es mit einer geeigneten Abdeckung oder als Freistand durch eine allseitige Verbretterung mit wasserfestem Pultdach.

Können alle Voraussetzungen erfüllt werden, gehen wir ans Werk. Mit Ausnahme eines Betonsockels, der mit einer Rinne zur Aufnahme von Öl ameisensicher ausgebildet sein sollte, wird das Bienenhaus in Holzbauweise ausgeführt. Ein einschalig verbrettertes Fachwerk mit flachgeneigtem Satteldach und einem bienenfreundlichen Anstrich in gedecktem Farbton genügt allen Anforderungen. Das Dach steht an der Flugfront etwa 1.00 m über und erhält eine Regenrinne. Ein durchgehendes Fensterband sorgt für gute Belichtung des Innenraumes, was die Stockdurchsichten wesentlich erleichtert. Am unteren Rand befindet sich ein etwa 1 cm hoher Schlitz, der den Abflug der bei den Kontrollen auffliegenden Bienen ermöglicht. Er sollte durch eine Leiste geschlossen werden können.

Die Beuten stehen auf einem etwa 40 cm hohen Holzgestell (je nach Größe des Imkers), um dem Licht näher zu sein und bequemer arbeiten zu können. Darunter kann einiges abgestellt werden. Unter einer durchgehenden Arbeitsplatte an der Rückseite werden die Wabenkästen abgestellt, die mit einem paßgenauen Deckel gegen das Eindringen der Wachsmotte gut verschlossen und zur leichteren Bedienung auf kleinen Rollen bewegt werden können. Auch die Honigaufsätze können im Winter dort versorgt werden. Ein Regal für Gerätschaften und sonstigen Bedarf an der Rückseite des Bienenhauses beschließt die Inneneinrichtung. Aber zu erwähnen wäre noch ein Eimer mit Wischlappen für die sofortige und sorgfältige Entfernung von verschütteten Futterlösungen und ausgetropftem Honig.

Ein mindestens 1,50 m tiefer Vorplatz ohne Graswuchs, zum Beispiel mit Gehwegplatten belegt, vor der Flugfront, die am günstigsten nach Südosten liegt, ermöglicht eine Kontrolle über Totenfall und läßt die Bienen wieder leichter auffliegen, wenn sie schwer beladen schon vor dem Flugloch zu Boden gehen sollten. Eine vor den Fluglöchern durchgehend und geneigt angebrachte Anfluglatte von 1 m Tiefe kann diesen Zweck noch besser erfüllen. Auf ihr können auch unmittelbar vor den Fluglöchern die Stockmarkierungen aufgemalt werden: etwa 25 × 25 cm große geometrische Figuren in den Farben blau, gelb, rot und weiß sind von den Bienen am besten zu erkennen und zu unterscheiden (s. Abb. Seite 168).

Bienenweide

Die Bienen gehören zu den ganz wenigen Lebewesen, die sich von Pflanzen ernähren, ohne sie dabei zu zerstören oder zu schädigen. Alle Rohstoffe, welche die Bienen zu ihrer eigenen Ernährung und zur Aufzucht ihrer Beute brauchen, schöpfen sie aus der sonnendurchwirkten Blüte: Kohlenhydrate (Zucker) aus dem Nektar sowie Eiweißstoffe, Vitamine und Mineralstoffe aus dem Blütenstaub (Pollen). Für den eigenen Bedarf benötigt ein Volk etwa 50 kg Honig und 25 kg Pollen. Nicht alle sich darbietenden Trachtquellen werden gleich stark aufgesucht und ausgenutzt. Jedoch gibt es eine Reihe von Pflanzen, die als Haupttracht-Pflanzen reichlich und sicher hochwertigen Nektar und Pollen spenden, entsprechend stetig beflogen werden und die Pollenversorgung und Honigernte nachhaltig beeinflussen können.

Die Immen saugen aus den bittersten Kräutern den besten Honig

---

Aber selbst wenn die Bienen im rasanten Flug in Richtung einer übersprudelnden Trachtquelle waagerecht aus dem Flugloch schießen, kann man beobachten, daß immer einige von ihnen auch minderträchtige Pflanzen, zum Beispiel im Garten aufsuchen, die der wirtschaftlich denkende Imker gerne etwas verächtlich als Läppertracht bezeichnet. Könnte es aber nicht sein, daß dadurch, zwar in kleinen Mengen, jedoch von großer Wirksamkeit, von mannigfaltigen Pflanzen die verschiedensten Wirkstoffe als Arzneien eingebracht werden? Gerade bei massiven Trachten können sich durch die Einseitigkeit des Angebotes Nährstoffmängel bei den Bienen und Qualitätseinbußen beim Honig ergeben. Zumal dieser verhältnismäßig schnell über eine kurze Transportkette von wenigen Bienen und mit einem entsprechend geringeren Wirkstoffanteil eingetragen wird. Eine gute Bienenweide zeichnet sich deshalb durch eine Vielfalt von Trachtpflanzen aus. Wir können viel dazu beitragen, im Umfeld des Bienenhauses, vor allem im Garten »Läppertrachten« anzupflanzen – ja, den Garten in diese Richtung vollkommen umzustellen.

Die Vorfrühlingstracht dient dem Aufbau des Volkes

Im März bis Mitte April spenden die Frühblüher vor allem reichlich Pollen, der – als wertvolle Frischkost eingebracht – die Bienen zur Ausdehnung ihrer Brut anregt. Nektar kommt so geringfügig vor, daß er nicht in die Zellen eingetragen, sondern sofort verbraucht wird. Außer den frühblühenden Bäumen wie Erle, Ulme und Pappel sind die Sträucher und Blumen alle auch im Garten heimisch: frühblühende Weiden, Hasel, Korneliuskirsche und Lebensbaum; die kalkliebende Frühjahrsheide, Winterling, Schneeglöckchen, Krokus, Scilla (Blaustern), Märzbecher, Traubenhyazinthe, Anemone und Tulpe, Beikräuter wie Taubnessel, Ehrenpreis, Kreuzkraut, Huflattich, Vogelmiere, Hornkraut, Hirtentäschel und Gänseblümchen, von denen viele bis in den Herbst hinein blühen, werden von den Bienen wegen des Pollens nur so lange aufgesucht, bis der Bedarf durch großzügigere Spender gedeckt werden kann.

Die Frühjahrstracht ergibt einen köstlichen Blütenhonig

Von Mitte April bis einschließlich Mai werden nun Pollen und Nektar vielfältiger, zum Teil als Massentracht, eingetragen, so daß die Völker zur vollen Entwicklung kommen können. Von den Bäumen liefern Birke, Buche, Eiche und Esche Pollen, Ahorn und Robinie (falsche Akazie) auch reichlich Nektar. In Wildhecken blühen Schlehe und Weißdorn. Zu den Frühjahrsblühern mit dem biologisch wirksamsten Pollen gehören die Salweide und alle Obstbaumarten, insbesondere Apfel und Kirsche, die aber auch ergiebig Nektar spenden. Jeder Obstbauer, der sich Bienen hält, ist allen anderen über. Er darf eine reiche Ernte erwarten und obendrein einen köstlichen Honig. In den Gärten werden Weiden und Obstbäume nicht gerade als üppige Tracht zu bezeichnen sein, aber Johannisbeere und Stachelbeere bringen ein übriges. Dazu kommen Eberesche, Berberitze, Zierjohannisbeere, Sanddorn und Geißblatt, Gänsekresse und Steinbrech. In den Wiesen beginnt die Tracht mit Löwenzahn, der zwar massig blühen kann, jedoch nur entsprechend honigt, wenn das Wetter zur feuchten Wärme tendiert. Sein Pollen ist von mittlerer Qualität. Wiesenschaumkraut und Hahnenfuß folgen als Pollenspender, ehe die Wiesentracht im Sommer voll zur Entfaltung kommt.

In weithin leuchtendem Gelb blühen die Rapsfelder. Der reichlich Pollen und Nektar spendende Raps wird gerne als Massentracht angewandert. Der weiße Rapshonig kandiert rasch, oft schon in der Wabe, wenn er nicht rechtzeitig geschleudert wird. Bei der Lagerung erreicht er eine fast steinerne Härte und sein Geschmack ist nicht jedermanns Sache. Übrigens: in Rapsschlägen fliegen die Bienen auch im Dienste des Pflanzenschutzes. Durch ihren intensiven Beflug wird der gefürchtete Rapskäfer derart gestört, daß er keinen Schaden verursachen kann.

Die Sommertracht füllt in guten Jahren alle Honigtöpfe

Im Juli und August spielt neben Pollen und Nektar der Honigtau eine große Rolle, sofern der Bienenstand im Einzugsbereich eines Waldes liegt. Während er in früheren Zeiten als Segen des Himmels angesehen wurde, der auf die Wälder herabregnete, wissen wir heute, daß er von bestimmten Läusearten erzeugt wird, die vor allem Nadelgehölze wie Fichte und Tanne, aber auch Linde, Eiche, Ahorn und Buche befallen und sich in Massen vermehren können. Sie ziehen ihre Nahrung aus dem Siebröhren-(Phloem-) Saft der jungen Triebe. Dabei werden aus dem zuckerhaltigen Saft die lebenswichtigen Nährstoffe herausgefiltert und die überschüssige Flüssigkeit mit fast unverbrauchten Zuckerstoffen wieder ausgeschieden, denn die Läuse benötigen den Zucker nur in ganz geringen Mengen. In manchen Jahren tropft es regelrecht von den Bäumen. Dann summt der Wald.

Beim Honigtau-Sammeln sind die Bienen voll im Streß. Nach starken Trachten kann Schwarzsucht auftreten, eine Krankheit, bei der die Bienen ihr Haarkleid verlieren, flugunfähig werden und, von den Stockgenossinnen nicht mehr eingelassen, schließlich zugrunde gehen. Wenn es zudem noch an Pollen mangelt (auch eine mögliche Ursache für die Schwarzsucht), kann keine Brut aufgezogen werden. Sie wird aus dem Stock entfernt: der Zusammenbruch der Völker ist nur eine Frage der (verhältnismäßig kurzen) Zeit. Wenn wir keine reine Waldtracht anwandern und der Standort des Bienenhauses so gewählt wurde, daß zwar der Wald in der Nähe ist, aber es im Umfeld auch vielfältig blüht, können wir unseren Immen dieses Schicksal ersparen.

Die Linde honigt nur, wenn sie auf tiefgründigem Grundwasser-Boden steht. In einem größeren Garten kann sie neben Essig- und Faulbaum ihren Platz finden. Himbeere und Brombeere sind dankbare Trachten. Von den Sträuchern und Blumen werden Heckenrose, Ginster, roter Hartriegel und Mispel, Kugeldistel, Salbei, Wicke, Fetthenne, Königskerze, Reseda, Mauerpfeffer und Mohn, die würzigen Lavendel, Thymian und Rosmarin sowie alle Sonnenblumenarten, von denen einige bis in den Oktober blühen, bevorzugt. Ein wahres Bienenparadies sind Borretsch und Phacelia (Büschelschön), die sich im Garten sehr wohl fühlen. Ersterer blüht bis zum Frost. Einmal gesät, kommt er jedes Jahr zahlreich wieder und wird nur dort gejätet, wo er stört. Die Phacelia wie auch der Perserklee können als Zwischenfrucht oder jährlich wechselnde Brache angebaut werden. Die Phacelia blüht vier bis sechs Wochen lang und kann vom April bis August gesät werden.

In nicht zu früh geschnittener Wiese und in der Flur sind alle Kleearten und Luzerne, Esparsette, Bärenklau, Flockenblume, Disteln und Salbei bevorzugte Trachtpflanzen.

Die Spättracht gehört den Bienen

Im September und Oktober erlaubt ein reiches Pollenangebot eine gute Versorgung sowohl der Winterbienen-Brut als auch, als Vorrat eingetragen, der Frühjahrs-Brut, solange die Natur noch keinen frischen Pollen spendet. Die ausgiebig pollenspendenden Herbstastern und Goldruten dürfen daher in keinem Imkergarten fehlen (erstere nicht nur der Bienen wegen). Zu den noch blühenden Sonnenblumen gesellt sich nun die Sonnenbraut. Die kalkfliehende Besenheide, der Dost (ausdauernder Majoran) mit 76% Zuckergehalt und insbesondere die nimmermüde Schneebeere sowie die Ranker Efeu und Wilder Wein ergänzen die Spätlese im Garten.

Die Kleearten blühen immer noch, von ihnen spendet der Bokharaklee (Riesenhonigklee) am reichsten Nektar. Wenn außerdem noch Mais und Senf in der Nähe angebaut werden, ist der Tisch auch gegen Ende des Bienenjahres reich gedeckt.

Die Varroa-Milbe

Erhöhter Energieumsatz, chemische Einflüsse, Futtermangel, Vergewaltigungen, Störungen und Manipulationen wirken sich äußerst nachteilig auf das empfindliche und störanfällige Immun- und Abwehrsystem aus, mit dem gesunde Völker Krankheitserreger in Schach halten, abwehren oder gar abtöten. Es wird mit antibiotisch wirkenden Stoffen aufgebaut, die sowohl in Pflanzensäften sowie Honig, Pollen, Futtersaft und Propolis enthalten als auch auf der Oberfläche der Bienen zu finden sind. Dabei spielen ebenso im Bienenkörper gebildete Wirkstoffe eine wichtige Rolle.

Hinzu kommt die aktive Abwehrbereitschaft: der Putztrieb. Es werden nicht nur

Waben, Zellen, Kastenwände und -böden gereinigt, sondern auch krankheitsverdächtige Maden aus den Zellen entfernt, so daß eine mögliche Infektionsquelle unterbrochen werden kann. Dabei werden die Verluste relativ schnell wieder ersetzt. So können die verschiedensten Arten und Formen von Krankheitserregern in einem Volk vorhanden sein (Mischinfektion), ohne daß die Krankheit selbst zum Ausbruch kommt. Schwache oder gestreßte Völker, deren Lebensprozesse beeinträchtigt sind, können den Angriffen zahlreicher und aggressiver Erreger nicht mehr standhalten. Das Abwehrsystem kippt um. Damit ist nicht nur der Niedergang des Volkes besiegelt, sondern auch die Gefahr einer Seuchenausbreitung gegeben.

Von den möglichen Krankheitserregern steht heute die Varroa-Milbe als gefährlichster Parasit an erster Stelle. Der mit dem bloßen Auge gut sichtbare Schädling wurde erstmals 1977 bei uns entdeckt, nachdem ihn Wissenschaftler, in der Absicht, mit fremden Bienenrassen Kreuzungsversuche für eine Hochleistungsbiene zu unternehmen, aus dem Ausland eingeschleppt hatten. In acht Jahren hat er sich flächendeckend über die ganze Bundesrepublik ausgebreitet. Als Blutsauger befällt er sowohl die Brut, in der er sich entwickelt, als auch die ausgewachsene Biene. In der Regel ist die Population nach drei bis vier Jahren so stark angewachsen, daß das Abwehrsystem versagen und das Volk zusammenbrechen kann.

Solange noch keine durchgreifenden Behandlungsweisen gefunden werden, kann die Varroatose die Existenz des gesamten Bienenstandes gefährden. Eine biologische Völkerführung und bienengerechte Verhältnisse und Arbeitsweisen können einiges dazu beitragen, diese gefährlichen Parasiten wenigstens in Schach zu halten. Von den bisher zugelassenen chemischen Mitteln, von denen noch keines zu durchgreifenden Erfolgen geführt hat, ist die Ameisensäure relativ harmlos, allerdings auch unzuverlässig in der Wirkung. Bei allen Mitteln sind, selbst bei akkuratester Anwendung, Rückstände im Honig nicht auszuschließen.

In der naturgemäßen Haltung sind die Aufrechterhaltung des Abwehrsystems und eine ausgeglichene, ungestörte Brutnesttemperatur außerordentlich wichtig. Stark schwankende Temperaturen fördern die Vermehrung der Milbe. In der Trogbeute können diese Forderungen durch die optimale Anpassung des Raumes an die Volksstärke und den stationären Brutraum bestens erfüllt werden.

An alternativen Behandlungsweisen, die zumindest größere Schäden verhüten und sich als nicht wirkungsloser gegenüber den bisher üblichen chemischen erwiesen haben, können infrage kommen

- Ausbrechen und Vernichten der 1. Drohnenbrut (Varroafalle), da in den Drohnenzellen wegen der längeren Entwicklungsdauer der Drohnen ein höherer Anteil begatteter Varroa-Jungweibchen schlüpft (aber: Drohnenmangel);
- Thymol, kristallin, im Sommer so in eine leere Streichholzschachtel geben, daß die sich entwickelnden Dämpfe durch einen Spalt entweichen können, und sie auf den Stockboden stellen;
- Kampfer, kristallin, in gleicher Weise wie oben anwenden;
- 2 Teile Kampfer und je 1 Teil Thymol, Eukalyptus und Menthol zu 20 Teilen Oleum arachidis auf Watte träufeln und wie oben in ein Schächtelchen geben;
- Verstäuben von Eukalyptusöl oder Salbeitee auf Waben (und Bienen) gelegentlich aller Arbeiten am Volk.

Vom Nutzen der Bienen

Wenn wir nicht selbst einen Garten besitzen, wird es uns nicht immer gegenwärtig sein, daß der Nutzen der Bienen für den Obst- und Gemüseanbau mindestens zehnmal höher zu veranschlagen ist als der für den Imker. Im allgemeinen denken wir zunächst einmal an den Honig, wenn es um den Nutzen der Bienen geht – sei es wegen des Wohlgeschmacks oder weil wir ihn als hochwertiges Lebensmittel zu schätzen wissen. Nur selten wird uns bewußt, wenn wir nicht selbst imkern, daß die Bienen auch so bemerkenswerte Erzeugnisse wie Propolis und Wachs herstellen, die vielfach nützliche Anwendungen finden.

Allenfalls kennen wir durch die Vermarktung den Königinnensaft (Gelée royal) und Pollen, denen sagenhafte Aufbaukräfte und Heilwirkungen nachgesagt werden. Während Honig, Propolis und Wachs gewonnen werden können, ohne den Bienen zu schaden, ist die Entnahme von Gelée royal und Pollen nicht zu verantworten. Um handelsfähige Mengen dieser für die Bienen lebensnotwendigen und ihrem eigenen Bedarf angemessenen Stoffe erhalten zu können, müssen völlig abartige und naturwidrige Haltungen eingerichtet werden, die dazu beitragen, das Bienenwesen zu vergewaltigen und nachhaltig zu schädigen.

Reichere Ernten im Umfeld des Bienenstandes

Durch die bei der Nahrungsaufnahme beiläufige Bestäubung der Blüten ermöglichen die Bienen die Erhaltung und Verbreitung der insektenblütigen Arten. Sie sind als einzige der blütenbestäubenden Insekten mit einer großen Zahl (etwa 10 000 Trachtbienen je Volk) im Frühjahr einsatzbereit, während alle anderen erst schlüpfen.

Die Bestäubungsarbeit der Bienen wird besonders wirksam durch die ihnen eigene Blüten- und Ortsstetigkeit. So besucht die gleiche Biene stets dieselbe Blütenart (zum Beispiel Apfel oder nur Löwenzahn), solange sie Nektar und/oder Pollen spendet, sowie sie auch immer wieder an den gleichen Ort zum Sammeln zurückkehrt, der etwa eine Fläche von 100 m^2 ausmacht. Eine stationäre Bienenhaltung hat aus dieser Sicht eine größere Bedeutung für den Naturhaushalt im Garten, Feld und Flur, weil dadurch sichere Bestäubungsräume geschaffen werden. Eine Wanderimkerei strebt dagegen weitgehend nur nach eigenem Profit.

Vornehmlich alle Apfel-, Birnen- und Süßkirschen-Sorten sind Frembestäuber, d. h. der sorteneigene Pollen ist für die Befruchtung nicht geeignet und somit sind sie auf die Bestäubung von sortenfremden Pollen angewiesen. Aber auch bei den Obstsorten, die zu den Selbstbefruchtern zählen, wie z. B. Quitten, Pfirsiche, Aprikosen und das Beerenobst, sorgen die Bienen durch die sichere Übertragung des Pollens auf die Narbe des Griffels für eine lückelose Bestäubung. Es ist erwiesen, daß der Ernteertrag einer Obstanlage in der Nähe eines Bienenstandes wesentlich höher ist. Dabei sollte die Entfernung nicht größer als 400–600 m sein, um auch in Jahren mit ungünstiger Witterung die Bestäubung zu gewährleisten. Im allgemeinen werden zwei bis drei Völker normaler Stärke für 1 ha Obstpflanzung ausreichen.

Honig ›Eine Gabe der Natur, die köstlichste von allen‹

Dies ist ein überschwenglicher Werbespruch, der zwar hohe Erwartungen weckt, aber nichts darüber aussagt, wie die köstliche Gabe beschaffen ist. Honig kann zum Beispiel Rückstände chemischer Mittel gegen die Varroatose enthalten, die sich im Wabenwachs festsetzen und durch die dauernde Umsetzung des Wachses durch die Bienen in den Honig gelangen. Vor allem in schlechten Ertragsjahren, wenn die Bienen gefüttert werden müssen, kann Zucker in den Honig kommen. Ebenso können die eigentlich wertvollen Bestandteile, wie Fermente und dergleichen fehlen, wenn der Honig falsch behandelt worden ist. Daß billiger Honig aus dem Supermarkt miserabel sein kann, ist wohl bekannt; aber wissen wir von welcher Qualität der Honig des Imkers ist, von dem wir ihn bisher gekauft haben? Dies sind Ungewißheiten, die bei unserem eigenen Honig ausgeschlossen sind, und weswegen es sich alleine schon lohnt, Bienen zu halten, wenn wir auf Honig nicht verzichten wollen.

Honigernte. Mit der Honigernte werden unsere Bemühungen um eine artgerechte Bienenhaltung reichlich belohnt – falls die Trachten uns nicht im Stich lassen. Nach gelegentlichen Stichproben, wie weit die Honigwaben vollgetragen sind, ist es eines schönen Tages soweit, daß der Schleudertermin festgesetzt werden kann. Denn es bedarf sowohl für die Familie als auch für die Bienen gewisser Vorbereitungen:

- zumindest die »Imkermutter« sollte an diesem Tage helfend einspringen können, während wir mit einem schnellen Mittagsmahl vorliebnehmen;
- der Schleuderraum muß penibel gesäubert und alle notwendigen Geräte: Schleuder, Entdeckelungsgeschirr und -gabel, Filtersiebe und Honigeimer müssen ordentlich hergerichtet werden;
- tags zuvor legen wir ein passendes dünnes Brett mit einer sogenannten (handelsüblichen) Bienenflucht zwischen den Trog und die Honigaufsätze, welche die Bienen zwar von den Honigwaben in den Brutraum gelangen läßt, aber den Rückweg verhindert, so daß am Schleudertag die Honigzargen frei von Bienen sind.

Ein schöner Tag sollte es also sein, wenn wir uns zu zweit mit der Trage für den Ernteertrag aufmachen, um den Bienen ans »Eingemachte« zu gehen. Dann sind die Flugbienen außer Haus. Mit Ruhe und Bedacht können die bienenfreien Honigwaben je nach Reifegrad entweder in eine Zarge für den Transport gegeben oder noch belassen werden. Dabei sollten wir großzügig verfahren: uns zugute, um einen wirklich reifen Honig (in mindestens zu zwei Dritteln gedeckelten Waben) zu ernten, und den Bienen zuliebe, um sie nicht in einer womöglich folgenden Trachtlücke oder Schlechtwetterlage unversehens dem Hunger auszusetzen.

Man muß den Honig so aus dem Korbe nehmen,
daß den Bienen auch was bleibt

Selbst vorgewittrige Wetterlagen oder für uns oft nicht unmittelbar erkennbare Ursachen können das, ob seiner Vorräte beraubte Volk in Angriffsstimmung versetzen. Zumal, wenn wir keine Bienenfluchten benutzt haben und die Bienen von den Honigwaben abstoßen oder abfegen müssen, ist das Haus jählings voller erboster Immen, die uns auch noch auf dem Honigtransport verfolgen. Nur mit Mühe und Not können wir uns und die »Beute« in den Schleuderraum retten – womöglich nur dadurch, daß wir die Waben einzeln durch eine nur gerade so geöffnete Tür reichen – bevor auch er voller Bienen ist. Es kann Stunden dauern, ehe sie den Versuch aufgeben, ihren verlorenen Schatz zurückzugewinnen.

Honig im Mund, im hertzen gall,
ist jetzt breuchlich vberall

Haben wir alle schleuderfähigen Waben beisammen, gehen wir unverzüglich ans Werk. Je (beute-) wärmer sie sind, um so leichter löst sich der Honig aus den Zellen. Bevor die Waben in die Schleuder kommen, muß die feine Wachsschicht mit einer Entdeckelungsgabel von den verschlossenen Zellen entfernt werden. Ein Entdeckelungsgeschirr erleichtert die Arbeit: die Waben werden arbeitsgerecht auf ein Gestell gesetzt, das auf einer kleinen Wanne steht, in der das abgetragene Wachs und tropfender Honig aufgefangen werden. Auch eine einfache Schleuder ist eine kostspielige Angelegenheit. Aber einen Elektromotor sollte sie schon haben, wenn man nicht eine Reihe von Kindern abwechselnd handkurbeln lassen kann. Vielleicht ergibt sich eine günstige Gelegenheit für ein gebrauchtes Gerät (per

Inserat in der Bienenzeitschrift), wenn man knapp bei Kasse ist.

Wenn die 12,5 kg-Eimer mit doppelgesiebtem Honig gefüllt sind, geben wir die leeren Waben den Völkern zum Putzen, Reparieren und, fals nicht abgeräumt wird, zum erneuten Füllen zurück. Ehe wir die Ernte an einem kühlen und trockenen Ort gut verschlossen aufbewahren, widmen wir uns noch eingehend der Honigpflege. Jeder Honig kristallisiert (kandiert) mit der Zeit. Reiner Rapshonig ist bei verspäteter Ernte kaum noch aus den Zellen herauszubekommen. Blütenhonig kandiert je nach Tracht 5 bis 14 Tage nach dem Schleudern, während Tannenhonig sich Monate Zeit läßt, vornehmlich, wenn noch Himbeere und Weißklee angeflogen wurden.

Überläßt man den Honig sich selbst, kandiert er in groben Kristallen und wird je nach der Tracht hart, härter oder steinhart wie der Rapshonig. Deshalb empfiehlt es sich, ihn lieber während des Kandierens mit einem Honigrührer täglich fünf Minuten zu rühren, um einen »gepflegten« Honig zu bekommen, der sich durch bleibende Geschmeidigkeit und durch eine feinkristalline Struktur auszeichnet, als einen ungepflegten, gehärteten Honig durch Aufwärmen für den Verzehr (oder üblicherweise für den Verkauf) zu verflüssigen.

Die Beschaffenheit des Honigs geht weit über den des Zuckers hinaus; das wird sogar amtlicherseits anerkannt. In einer Verordnung aus dem Jahre 1930 wird der Honig so definiert: »Honig ist der süße Stoff, den die Bienen erzeugen, indem sie Nektariensäfte oder auch andere an lebenden Pflanzen sich vorfindende süße Säfte aufnehmen, durch körpereigene Stoffe bereichern, in ihrem Körper verändern, in Waben aufspeichern und dort reifen lassen.«

Wenn wir darüber hinaus die vielfältigen Wirkungen des Honigs dahingehend zusammenfassen, daß er ein belebtes Nahrungsmittel ist, das in seiner Reichhaltigkeit dem menschlichen Organismus unentbehrliche Elemente zuführt, dazu beiträgt, mangelnde Funktionen wiederherzustellen, nachlassende Stoffwechselvorgänge günstig beeinflußt und ganz allgemein die Vitalität fördert, dann sollte man ihn nicht nur gelegentlich wegen seines Wohlgeschmacks aufs Frühstücks-Brötchen streichen, sondern täglich mindestens einen gehäuften Eßlöffel voll (etwa 50 g) als vorbeugendes, kräftigendes Arzneimittel zu sich nehmen; das gilt ganz besonders für junge und alternde Menschen.

Der Rohstoff, der als Nektar oder Honigtau gesammelt wird, besteht zum großen Teil aus einer wässerigen Lösung verschiedener Zuckerarten wie Rohr-, Trauben- oder Fruchtzucker. Bereits bei der Aufnahme wird er mit dem fermentreichen Speichel der Biene gemischt, wodurch die Veränderungen der Säfte zum Endprodukt eingeleitet werden. Weitere verschiedenartige Fermente kommen hinzu: bei der Abnahme durch die Stockbiene, beim Weiterreichen in der Futterkette, bei der »aktiven« Wasserverdunstung, wenn die Biene einen Rohstoff-Tropfen in schneller Folge längere Zeit aus der Honigblase herausbringt und wieder einzieht, beim Einbringen in die Zelle und öfterem Umtragen – bis die Ausgangsstoffe, auf etwa 18% Wassergehalt reduziert, schließlich in haltbarer und ernährungsphysiologisch aufbereiteter Form als Honig eingelagert und luftdicht verschlossen werden. Je mehr Bienen an der Futterkette beteiligt sind, um so reicher ist der reife Honig an Fermenten und weiteren wirkstoffreichen Sekreten. Es wurde schon erwähnt, daß bei Massentrachten (oder auch bei schnellen Futtergaben) die Wirkstoff-Anreicherung geringer ist.

Weitere Aufschlüsse über die Beschaffenheit und die stoffliche Zusammensetzung erhalten wir durch die Analyse. Die Gesamtzucker-Anteile betragen etwa 80%. Mengenmäßig dominiert der Invertzucker, ein Gemisch von Trauben und Fruchtzucker im Verhältnis 1 : 1. Die restlichen Inhaltsstoffe sind Mehrfach-Zucker und höhere Zucker,

Einweißstoffe, Aminosäuren, Mineralstoffe und Spurenelemente, organische Säuren, Vitamine, Hormone, Aromastoffe und Fermente. Die jeweilige Menge der einzelnen Stoffe sagt natürlich nichts über ihren Wert als Nahrungs-, Stärkungs- oder Heilmittel aus. So ist zwar der Zucker mit seinem überragenden Anteil ein wertvoller, energiereicher und qualitativ weit über den nur Rohrzucker enthaltenden Fabrikzucker stehendes Lebensmittel. Den eigentlichen hohen Wert erhält der Zucker aber durch die Fermente und andere kaum meßbare Gehaltsstoffe. Sie sind empfindlich gegen Wärme und können bei unsachgemäßer Lagerung vorzeitig ihre Wirkungsaktivität verlieren. Am wärmeempfindlichsten ist das Ferment Invertase, das Rohrzucker in Traubenzucker und Fruchtzucker zu spalten vermag. Eine Erwärmung des Honigs auf über 40 °C läßt es wirkungslos werden. Die Diastase, ein stärkespaltendes Ferment, verliert seine Aktivität bei einer Temperatur von über 60 °C. Das wichtigste Ferment, Oxidase, dessen Wirkung auf bakterienhemmenden Eigenschaften beruht und dadurch den Honig auch als Heilmittel Verwendung finden läßt, wird durch starke Wärme- oder Lichteinwirkung geschädigt.

Nach zwei Jahren etwa beginnt der Honig an Wert zu verlieren, Voraussetzung für einen möglichst langsamen Abbau sind gute Lagerbedingungen: kühl und trocken. 10–15 °C ist der geeignete Temperaturbereich. Honig ist wasseranziehend. Sind die Gefäße schlecht verschlossen, ist der Aufbewahrungsraum feucht und kommt noch eine gewisse Wärme hinzu, wird der Honig wässerig und geht durch begünstigte Entwicklung von Hefepilzen in Gärung über.

Geschmack. Noch einige Worte zum Geschmack. Die Trachtverhältnisse sind jedes Jahr verschieden. Je nachdem, ob – durch die Witterung bedingt – die Trachten mehr oder weniger angeflogen werden können, ganz ausgelassen werden müssen, reichlich oder spärlich Nektar spenden, ist der Geschmack unterschiedlich. Werden Blüten und Honigtau gleichzeitig beflogen, gibt es vielfältige Geschmacksvariationen, je nachdem wie hoch der Anteil jeweils ist. Nicht alle Völker fliegen die gleiche Trachtquelle an. Da die Tracht, die die Spurbienen zuerst entdeckt haben, von ihrem Volk konsequent abgeweidet wird, schmeckt bei der gemeinsamen Schleuderung aller Waben fast jeder Eimer anders.

Für Wald- oder Tannenhonig werden, je dunkler sie sind, desto höhere bis astronomische Preise gezahlt. Das ist keineswegs gerechtfertigt. Sie sind weder besser noch gehaltvoller. Die chemische Zusammensetzung ist dieselbe wie beim Blütenhonig, da die Zuckerstoffe von der Biene ja in der gleichen Weise verarbeitet werden, nur der Anteil an Mineralstoffen und die bactericide Wirkung ist beim Honigtau höher. Aber anscheinend haben die Imker die willkommene Gelegenheit genutzt, sich den Hang mancher Verbraucher zum »Besonderen« entsprechend honorieren zu lassen.

Der Blütenhonig hat dagegen manchen Vorzug. Es ist angenehm, ein Lebensmittel zu genießen, dessen Grundstoffe von sonnendurchwirkten Blüten stammen, die mit den Bienen in sich ergänzender Weise »zusammenleben«. Wertvoller ist er zumindest dann im Vergleich zum Tannenhonig, wenn dieser als Massentracht in einer schnellen Verarbeitungskette von den Bienen nicht ausreichend »belebt« werden konnte.

Propolis und Wachs

Die Propolis (Kittharz) besteht aus einer harzähnlichen Masse, die die Bienen hauptsächlich von den harzigen Überzügen der Knospen verschiedener Baumarten wie Pappeln, Roßkastanien, Weiden, Birken, Erlen, Pflaumen, Koniferen einsammeln und mit Wachs, Drüsensekreten (zum Teil als Lösungsmittel) und Pollenbalsam (ölartiger Überzug der Pollenkörper) zu Kitt, Firnis oder Balsam verarbeiten, die im Stock als Baustoffe, Reperatur-, Isolier- oder Schutzmaterial vielfach Verwendung finden, so zum Beispiel zum

- Firnissen der Innenwände der Beute;
- Beschichten der Zellwände mit desinfizierender Wirkung, bevor die Königin mit der Eiablage beginnt;
- Verstopfen und Versiegeln von Ritzen und Spalten (zwischen den Deckbrettchen und Honigaufsätzen) gegen das Eindringen von Zugluft und Feuchtigkeit;
- Ausbessern der Waben und Versteifen der Zellränder;
- Verkleben der Abstände zwischen Rähmchen, Rähmchenträgern und Beutewänden, soweit sie unter 5 mm betragen und schließlich zum
- Einbalsamieren kleiner, in den Stock eingedrungener Tiere wie Spitzmäuse, Nachtfalter u. a., um der Verwesung entgegenzuwirken.

Anteilmäßig setzt sich die Propolis, je nach Bezugsquelle und Verwendungszweck, zusammen aus 45–55% Harz und Balsam, 25–35% Wachs, 10% ätherischen Ölen, 5% (zufälligen) Pollenkörpern sowie 5% organischen Stoffen und verschiedenartigen Spurenelementen. Von besonderer Bedeutung sind jedoch die in den Substanzen enthaltenen vielfältigen organischen Verbindungen, – von denen wir zum Beispiel die Benzoesäure in synthetischer Form als Konservierungsstoff für Nahrungsmittel kennen – mit desinfizierenden und die körpereigenen Abwehrkräfte stärkenden Eigenschaften. Zweifellos tragen sie in hervorragender Weise zur Stockhygiene und zur Bildung und Aufrechterhaltung des Immunsystems bei und verhindern dadurch vornehmlich den Ausbruch seuchenartiger Krankheiten.

Das hell- bis dunkelbraune Kittharz wird beim Säubern der Beuten durch Abschaben an den Klebe- und Dichtungsstellen gewonnen, was besonders bei niedrigen Temperaturen leicht möglich ist, da es dann hart und brüchig wird.

Obwohl die Propolis bereits vor Jahrtausenden bei den Ägyptern, Griechen, Römern und den Inkas als vielseitiges Heilmittel Verwendung fand, ist sie heutzutage (auch bei natürlichen Heilbehandlungen) nur wenig populär geworden. Dabei ist sie wegen ihrer antibakteriellen Eigenschaften durchaus ein wirksames Mittel bei Infektionskrankheiten, zur Mundhygiene und Wunddesinfektion. Im letzten Krieg wandte man sie in Rußland in den Lazaretten anstelle des später entdeckten Antibiotika an.

Ihre harzigen und balsamischen Substanzen bilden die Grundstoffe für die Aufbereitung von Firnissen für Möbel und Streichinstrumente sowie für die Herstellung von Bogenharzen. Stradivari soll schon seine berühmten Geigen mit Propolisfirnis überzogen haben.

Schließlich können wir uns ihre fungiziden (pilztötenden) Eigenschaften im Obst- und Gartenbau zunutze machen. Bei der Herstellung von Spritzbrühen muß Lecithin (pflanzlichen Ursprungs) als Emulgator zugesetzt werden, da Propolis in Wasser gar nicht und in Alkohol nur teilweise löslich ist.

Herstellung der Essenzen
100 g Propolis mit 1 l Wasser und 1 g Lecithin 6 Tage (jeweils morgens) 2 Minuten schütteln, dann abfiltern. Den Rückstand mit 1 l Spiritus und 1 g Lecithin abermals 4 bis 5 Tage (jeweils morgens) 2 Minuten schütteln und zum Schluß abfiltern.

Für die Spritzbrühe werden von der wässerigen und der alkoholischen Lösung je nach Pilzbefall auf 10 l Regenwasser jeweils 5–10 cm^3 gegeben.

Das Wachs fällt jedes Jahr so reichlich an, daß wir es gegen neue Mittelwände eintauschen können. Gewonnen wird es

- von den Drohnenwaben, die jedes Jahr erneut als leere Baurahmen zugehängt werden müssen;
- vom Wildbau, der vornehmlich bei einem

5 cm hohen Boden an der Unterseite der Brutwaben entsteht und im Herbst – hart geworden und frei von Bienen – leicht abgebrochen werden kann und
– von überalterten Waben, die in jährlicher Rotation entfernt werden müssen.

Ein Sonnenwachsschmelzer, die Sparbüchse des Imkers, in dem das Wachs ausgeschmolzen und in eine Barrenform gegossen wird, ist unentbehrlich und macht sich bald bezahlt. Die Waben brauchen nicht aus dem Rahmen geschnitten zu werden. Der ganze Zellenbau schmilzt heraus. Ein erneutes Eindrahten entfällt, wenn wir Edelstahldraht und Metallösen in den Rähmchenteilen verwendet haben, so daß nach kurzer Säuberung und dem Nachspannen des Drahtes sofort wieder neue Mittelwände in die Rähmchen eingelötet werden können.

Bis zur Erfindung der Glühlampe und des synthetischen Wachses war Bienenwachs ein hervorragender Gebrauchs- und Handelsartikel, der zum Beispiel – vornehmlich aus Polen und Rußland stammend – in großen Mengen im Danziger Hafen umgeschlagen wurde. Als reines Bienenwachs findet es heute wohl nur noch für die Herstellung von Kerzen, Wachsfarben sowie als Salbengrundlage Verwendung.

Wir selbst können es uns als Imker leisten, echte Bienenwachs-Kerzen zu ziehen und durch Mischen des Wachses mit echtem Terpentinöl zu einer pastösen Masse ein ausgezeichnetes und natürliches Holzbehandlungs- und Pflegemittel herzustellen. Kostbare Dinge, die sich neben ihren vortrefflichen Eigenschaften durch einen wundervollen Duft auszeichnen.

* * *

Literaturverzeichnis

Allgemein

Koepf, H.: Biologisch-dynamische Landwirtschaft. Verlag Eugen Ulmer, Stuttgart 1980, 3. Aufl.

Reinhard, L.: Kulturgeschichte der Nutztiere. München 1912.

Römer, T. u.a.: Handbuch der Landwirtschaft, Band IV. Verlag Paul Parey, Hamburg 1953.

Sambraus, H. H.: Atlas der Nutztierrassen. Verlag Eugen Ulmer, Stuttgart 1987, 2. Aufl.

Geflügel

Hink, A.: Neuzeitliche Geflügelzucht. Verlag Eugen Ulmer, Stuttgart 1912.

Marks, H. und W. Krebs: Unsere Rassegeflügel. Deutscher Landwirtschaftsverlag VEB, Berlin 1968.

Peitz, B. und L. Peitz: Hühner halten. 2. Aufl. Verlag Eugen Ulmer, Stuttgart 1987.

Rhein, U.: Der Geflügelhof. Pala-Verlag, Schaafheim 1985.

Scholtyssek, S. und P. Doll: Nutz- und Ziergeflügel. Verlag Eugen Ulmer, Stuttgart 1978.

Schafe und Ziegen

Bogner, H.: Gewinnung und Verwertung der Milch. In: Die Landwirtschaft Band 2: Tierische Erzeugung. BLV-Verlagsges., München 1982.

dtv-Lexikon. Deutscher Taschenbuch-Verlag, München 1968.

Dymanski, U.: Selbstversorgung durch Ziegenhaltung. Paul Pietsch Verlag, Stuttgart 1983.

Gall, Ch.: Ziegenzucht. Verlag Eugen Ulmer, Stuttgart 1981.

Haring, F.: Schafzucht. Verlag Eugen Ulmer, Stuttgart 1984.

Lammers, E.: Koppelschafhaltung. DLG-Verlag, Frankfurt o.J.

Rieder, H.: Schafe halten. Verlag Eugen Ulmer, Stuttgart 1984.

Schlolaut, W. und G. Wachendörfer: Schafhaltung. DLG-Verlag, Frankfurt 1981.

Schwintzer, I.: Das Milchschaf. 6. Aufl. Verlag Eugen Ulmer, Stuttgart 1988.

Spielberger, U. und R. Schaette: Biologische Stallapotheke. Verlag Lebendige Erde, Darmstadt 1986.

Späth, H. und O. Thume: Ziegen halten. Verlag Eugen Ulmer, Stutgart 1986.

Wilke, E. und G. Kielwein: Ziegen eine Alternative. Verlag der Ferber'schen Universitätsbuchhandlung, Gießen 1983.

Bienen

Bretschko, J.: Der Magazinimker. Leopold Stokker Verlag, Graz 1981.

Fischer, G. u.a.: Der Schweizerische Bienenvater. Sauerländer AG, Aarau 1981.

Lampeitl, F.: Bienen halten. Verlag Eugen Ulmer, Stuttgart 1988, 3. Aufl.

Rüdiger, W.: Ihr Name ist Apis, Kulturgeschichte der Biene. Ehrenwirth Verlag, München 1977.

Storch, H.: Der praktische Imker. Selbstverlag, Marburg 1980.

Storch, H.: Am Flugloch. Selbstverlag, Marburg

Thun, M. K.: Die Biene, Haltung und Pflege. Aussaattage, M.-Thun-Verlag, Biedenkopf 1986.

Weber, V.: Imkern leicht gemacht mit dem Alpentrogmagazin. Selbstverlag, Weilheim 1982.

Bezugsquellen

Sofern landwirtschaftliche Bedarfsartikel nicht vom oder über den örtlichen Landhandel bezogen werden können, wende man sich an die einschlägigen Firmen, die in der Regel Produkt-Kataloge übersenden.

Bienenbeuten aus Stroh
Beutenbaukurse: Matthias K. Thun, Postfach 1446, 3560 Biedenkopf

Biologisch-dynamische Präparate
erhältlich über die örtlichen Berater des Forschungsringes für Biologisch-Dynamische Wirtschaftsweise, Baumschulenweg 11, 6100 Darmstadt

Biologisch-pharmazeutische Präparate
Gebrüder Schaette KG, Stahlstraße 5, 7967 Bad Waldsee

Elektrozäune und -geräte
Allié Agrartechnik, 8760 Miltenberg
K. Dyke GmbH & Co KG, Berliner Str. 9, 6451 Hammersbach-Langenbergheim
Horizont Gerätewerk GmbH, Homberger Weg 4–6, 3540 Korbach
Korte, Droste-Hülshoff-Straße 5, 4700 Hamm
Werkzeug-Kuhn, Am Langen Rain 15, 8729 Ebelsbach
Räpple, Goethestraße 8, 7319 Dettingen/Teck
Schäfer-Einkaufsgemeinschaft, Haydnstraße 11, 8000 München 2
Schafhitzel, Krebenstraße 12, 7312 Kirchheim/Teck
Karl Schleicher, Lange Straße 117, 7907 Langenau

Fladenpräparat (Birkengrube)
Dr. Christian von Wistinghausen, Brunnenhof, 7118 Künzelsau-Mäusdorf

Geflügelbedarf
Friedhelm Siepman, An der Wittener Landstraße, 5804 Herdecke/Ruhr

Gerbereien
Heitmann-Felle, Freudenthalstraße 50, 3043 Schneverdingen
Paul Hermsdorf & Sohn, Gartzenweg 46, 4019 Monheim/Rhein
Trautwein GmbH, Am Hirschen 1, 7622 Schiltach
A. und R. Weiblen, Am Mühlkanal 25, 7460 Balingen

Heilkräuter-Futtermittel
Gebrüder Schaette KG, Stahlstraße 5, 7967 Bad Waldsee

Hürden
I. Köhler, Heristalstraße 58, 3472 Beverungen-Herstelle
Josef Koller, Sehensander Straße 5, 8859 Ballersdorf bei Neuburg/Donau

Imkereibedarf
Chr. Graze KG, Strümpfelbacher Straße 21, 7056 Weinstadt 2
Eugen Herzog, Rappenfelsen 13, 7230 Schramberg
G. Kaltenpoth, Brangerberger Straße 23–25, 5620 Velbert
Bienen-Meissle, Drillstraße 5, 8878 Bibertal-Schneckenhofen
Bienen-Nenninger, 8741 Saal/S.
Rudolf Schmidt, Mühlgasse 3, 7072 Heubach-Lautern
W. Seip, Hauptstraße 32–36, 6308 Butzbach-Ebergöns

Käsereibedarf

Bunte Kuh, Nidderweg 12, 6479 Schotten (auch Lab und Kulturen)

Martin Rössel, Postfach 83, 8970 Immenstadt im Allgäu (auch Lab)

Renate Polatzek, Schloßstr. 6, 8771 Urspringen (auch Lab und Kulturen)

Knochenmühle

Friedhelm Siepmann, An der Wittener Landstraße, 5804 Herdecke

Lab und Kulturen

Biokosma GmbH, Käthe-Kollwitz-Weg 6, 7750 Konstanz 12

Laboratorium Dr. Drewes GmbH, Postfach 1068, 3370 Seesen

Josef Hauser's Nachf. KG, Ottmarhausen, Postfach 1251, 8902 Neusäß

Staatl. Milchwirtschaftliche Lehr- und Forschungsanstalt, Postfach 53, 7989 Wangen

Milchaustauscher (Lämmermilch)

Bergophor-Futtermittelfabrik, Dr. Berger GmbH & KG, 8650 Kulmbach

Korte, Droste-Hülshoff-Straße 5, 4700 Hamm

Omira, Oberland-Milchverwertung-GmbH, 7980 Ravensburg

Salvana, Postfach 1160, 2200 Elmshorn

Schwarzwaldmilch GmbH, 7600 Offenburg

Milchzentrifugen und Buttermaschinen (für den Haushalt)

HÄKA Apparatebau, Wallonenstraße 27, 7513 Stutensee-Fr.

Mineralische Düngemittel (Gesteinsmehle, Algenkalke)

Bio-Agrar GmbH, Probststraße 31, 7505 Ettlingen

Biofa GmbH, Stuttgarter Straße 45/1, 7430 Metzingen

Ernst-Otto Cohrs, Postfach 1165, 2720 Rotenburg/Wümme

Hauri KG, Sonnenhalde 6, 7805 Bötzingen

Organische Düngemittel

Biofa GmbH, Stuttgarter Straße 45/1, 7430 Metzingen

Bio-Gartenmarkt Keller, Konradstraße 17, 7800 Freiburg i.Br.

Ernst-Otto Cohrs, Postfach 1165, 2720 Rotenburg/Wümme

Corna-Werk, Wölper & Co, 7900 Ulm, Vertrieb über den Fachhandel

P. Günther, Cornufera GmbH, 8510 Fürth, Vertrieb über den Fachhandel

Schafschurwollverarbeitung

Steppdeckenfabrik Fulda, in den Straußwiesen 6–8, 6400 Fulda

Schermaschinen, Klauenmesser, Kastrierzangen

K. Dyke GmbH & Co KG, Berliner Str. 9, 6451 Hammersbach-Langenbergheim

H. Hauptner, Postfach 220134, 5650 Solingen

Korte, Droste-Hülshoff-Straße 5, 4700 Hamm

Werkzeug-Kuhn, Am Langen Rain 15, 8729 Ebelsbach

Räpple, Goethestraße 8, 7319 Dettingen/Teck

Schäfer-Einkaufgemeinschaft, Haydnstraße 11, 8000 München 2

Schafhitzel, Krebenstraße 12, 7312 Kirchheim/Teck

Karl Schleicher, Lange Straße 117, 7907 Langenau

Spezialfuttermittel

Gebrüder Schaette KG, Stahlstraße 5, 7967 Bad Waldsee

Spinnräder

Deutsche Wollverwertung GmbH, Finninger Straße 60, 7910 Neu-Ulm

Schäferhof Schlarpe (Solling), 3418 Uslar 2

Friedrich Traub KG, Schorndorfer Straße 18, 7065 Winterbach

Teich-Dichtungsbahnen Plastoplan GmbH, 2355 Ruhwinkel-Wankendorf

Verbände

Örtliche Geflügelzucht-Vereine

Vereinigung Deutscher Landesschafzuchtverbände e.V., Adenauerallee 176, 5300 Bonn

Landesverband Bayerischer Schafhalter e.V., Haydnstr. 11, 8000 München 2

Landesschafzuchtverband Baden-Württemberg e.V., Heinrich-Baumann-Str. 1–3, 7000 Stuttgart

Landesverband der Schafhalter Rheinland-Pfalz e.V., Planiger Str. 36, 6550 Bad Kreuznach

Landesverband der Schafzüchter im Saarland e.V., Lessingstraße 14, 6600 Saarbrücken
Hessischer Schafzuchtverband e.V., Kölnische Str. 48/50, 3500 Kassel
Landesverband Westfälischer Schafzüchter e.V., Bleicherstr. 4, 4790 Paderborn
Landesschafzuchtverband Niedersachsen e.V., Johannssenstr. 10, 3000 Hannover
Landesschafzuchtverband Weser-Ems e.V., Mars-la-Tour-Straße 13, 2900 Oldenburg

Arbeitsgemeinschaft der Landesverbände Deutscher Ziegenzüchter e.V., Schwerzstraße 21, 7000 Stuttgart 70
Ziegenzuchtverband Baden-Württemberg e.V., Heinrich-Baumann-Straße 1–3, 7000 Stuttgart
Landesverband Bayerischer Ziegenzüchter e.V., Haydnstr. 11, 8000 München 2
Landesverband Berliner Ziegen- und Milchschafzüchter e.V., Hermsdorfer Straße 72, 1000 Berlin 26
Landesverband Hannoveranischer Ziegenzüchter e.V., Johannssenstraße 10, 3000 Hannover
Verband Hessischer Ziegenzüchter, Kölnische Straße 48–50, 3500 Kassel
Landesverband Rheinerischer Ziegenzüchter e.V., Endenricher Allee 60, 5300 Bonn
Verband Saarländischer Edelziegenzüchter e.V., Wolfskaulstraße 57, 6601 Riegelsberg
Vereinigung der Ziegenzüchter des Saar-Pfalz-Kreises, Bergstraße 23, 6670 St. Ingbert
Landesverband Schleswig-Holsteiner Ziegenzüchter e.V., Rendsburger Straße 22–24, 2350 Neumünster
Landesverband der Ziegenzüchter für Westfalen-Lippe e.V., Schorlemer Straße 26, 4340 Münster

Deutscher Imkerbund, Auf dem Grevel 12, 5307 Wachtberg-Villip
Landesverband Berlin, Krampnitzer Weg 20a, 1000 Berlin 22
Landesverband Schleswig-Holstein, Burgfeldstraße 41, 2360 Bad Segeberg
Landesverband Weser-Ems, Mars-la-Tour-Straße 13, 2900 Oldenburg i.O.
Landesverband Hannover, Johannssenstraße 10, 2000 Hannover
Landesverband Hessen, Erlenstraße 9, 3575 Kirchhain
Landesverband Westfalen-Lippe, Langenwannenweg 75, 4700 Hamm
Landesverband Nassau, Birkenweg 7,5238 Gehlert/Hachenburg Ww.
Landesverband Rheinland, Im Bannen 38–54, 5440 Mayen
Landesverband Saarland, Parkstraße 33, 6685 Schiffweiler-Saar 2
Landesverband Rheinhessen-Pfalz, Maximilianstraße 3, 6732 Edenkoben
Landesverband Württemberg, Am Reichelenberg 13, 7000 Stuttgart
Landesverband Baden, Am Bildstock 16, 7768 Stockach
Landesverband Bayern, Postfach 160567, 8500 Nürnberg 16
Bezirks-, Kreis- und Orts-Imkervereine

Vitamarin
Ernst-Otto Cohrs, Postfach 1165, 2720 Rotenburg/Wümme
Biofa GmbH, Stuttgarter Straße 45/1, 7430 Metzingen

Webstühle
Schäferhof Schlarpe (Solling), 3418 Uslar 2
Friedrich Traub KG, Schorndorfer Straße 18, 7065 Winterbach

Weide- und Kräutersaaten
Nungesser KG, Bismarckstraße 59, 6100 Darmstadt
Wilhelm Schoell, Mönchhof 2, 7000 Stuttgart 72 (Plieningen)

Weidezäune
Allié Agrartechnik, 8760 Miltenberg
K. Dyke GmbH & Co KG, Berliner Str. 9, 6451 Hammersbach-Langenbergheim
Korte, Droste-Hülshoff-Straße 5, 4700 Hamm
Werkzeug-Kuhn, Am Langen Rain 15, 8729 Ebelsbach
Räpple, Goethestraße 8, 7319 Dettingen/Teck
Schäfer-Einkaufsgemeinschaft, Haydnstraße 11, 8000 München 2

Wolle-Ankauf
Deutsche Wollverwertung GmbH, Finninger Straße 60, 7910 Neu-Ulm
Deutsche Wollverwertung GmbH, Wollmarktstraße 115, 4790 Paderborn
Deutsche Wollverwertung GmbH, Am Dornbusch, 2251 Mildstedt sowie 150 Sammelstellen im ganzen Bundesgebiet für Kleinposten

Sachregister

Ablammen 103, 130
Ablammbucht 119f, 129
Algenkalk 115f
Aufbaukalk 38, 84, 126

Bauchwamme 89
Bauernhof 10, 15
Baurahmen 168*, 181, 184, 188
Baurecht 11, 117, 190
Begattung (Geflügel) 13, 90
Besatzstärke (Weide)
- Schafe 104, 141
- Ziegen 104, 152
Bergeraum 117, 120, 121*
Beuten
- Hinterbehandlung 175, 176*
- Klotz- 158f
- Magazin 175f, 176*
- Oberbehandlung 175, 176*
- Roggenstroh- 178*, 179
- Trog- 176ff, 176*, 178*, 190
Bienen 167*, 168*
- Begattung 160
- Brutkurve 160, 160*, 180, 188
- Brutnest 166, 172f, 175ff, 177, 188
- Brutraum 175ff, 178*
- Futtersaft 162, 165f, 169f, 184, 196
- Gerätschaften 163
- Haus 190, 191*
- Honigraum 175ff, 177, 178*, 182
- Tee 189
- Tränke 181
Biestmilch 130
Biol. dyn. Präparate 22, 112, 116f
Blättermagen 99, 99*
Bocksgeschmack 128, 134, 153
Brennessel 29, 38, 92, 124
Brunst 128, 139
Brut-
- apparat 17, 35, 40
- dauer 96
- eier 31ff, 32*
- trieb 36, 41, 44
Bürzeldrüse 13

Daunen 90, 94f
Dickwabe 174*, 177, 182
Domestikation 9, 98
Drohnen
- Sammelplatz 166, 171
- Schlacht 171

Eier 32*
- Brett 32, 54*, 55
- Brut- 31
- Dotter 25, 32, 53, 55, 96
- Geschmack 54
- Gewichte 96
- Nährwert 53
- Qualität 54
Einsaaten 25f, 105, 111
Einstreu
- Geflügelstall 22, 76
- Wiederkäuerstall 118, 120, 144
Elektrozaun 109, 109*
Enten 79*, 80*, 114*
- Abstammung 76
- Auslauf 82
- Brutnest 83
- Kükenfutter 84
- Legeleistung 77, 81
- Stall 74ff, 74*, 75*
Euter 129, 154f, 154*
Fausteln 154*
Federfressen 47
Federschleißen 95
Fladenpräparat 116
Fruchtblase 180
Futter
- Anbau 27, 124
- Aufzucht 126
- Einrichtungen 119
- Fertig- 27
- Geräte 23, 29*
- Grün- 25, 98, 108, 134
- Heu 28, 123f, 151
- Kraft- 108, 110, 120, 123, 126, 135
- Körner- 30f, 37f, 64, 70, 82, 92
- Kräuter 26, 38, 48, 124f
- Lagerung 30, 120f, 121*
- Mineral- 48, 110, 124, 126
- Nährstoffe 26, 124
- Rationen 123, 125f, 135
- Rauh- 99, 110
- Raufe 29*, 119*, 123
- Stroh 123
- Weich- 30, 82
- Zustand (Wiederkäuer) 127
Futtermittel
- Raumbedarf 120
- Tabelle 123, 135

Gänse 80*, 88*, 113*
- Abstammung 87
- Auslauf 90f
- Brutnest 92
- Stall 74*, 76
- Weidefläche 91
Gesteinsmehle 115, 116

Hausschlachtung 134

Heilkräuter 38, 48, 124
Heu
- Bedarf 125, 141, 152
- Bereitung 28f, 110f
- Ertrag 141, 152
- Futter 28, 123f, 151
- Lagerung 120f, 121*
- Nährstoffgehalt 135
- Qualität 110f
- Raufe 29*, 119*
- Raumbedarf 120
Holzasche 22, 49
Honig
- Beschaffenheit 198
- Ernte 197
- Geschmack 199
- Schleuderreife 183
Hühner 33*, 34*, 51*, 52*
- Abstammung 16
- Auslauf 24f, 24* 45
- Brutnest 36f
- Futterrationen 30f
- Kükenfutter 38
- Legeleistung 18, 43f, 55
- Legeperiode 43
- Stall 18ff, 19*, 20*
- Weidefläche 25
Hürden 110*
Hybriden 33*, 35, 43, 66, 71

Kaltbau 177*, 185
Kastration 134f
Keimgetreide 28
Klauenpflege 100f
Knochenschrot 28
Knotengeflecht 108f, 109*
Kompost 24, 26, 57, 115ff, 116*
Koppel
- Einrichtungen 108ff, 109*, 110*
- Haltung 107*, 137, 139
- Nutzung 141, 152
Kuh 97, 153, 154
Kükengatter 40, 50*

Labmagen 99, 99*
Lagerraum (Futter) 117, 120, 121*
Laktationsdauer 155
Lammbox 119, 122
Lämmerschlupf 109, 110*, 126, 133
Leguminosen 26, 110, 112, 116
Locksterzeln 162

Massentierhaltung 11
- Hühner 17, 43, 47, 56
- Puten 66
- Perlhühner 71
- Schafe 102
Mauser 35, 48
Melken 153f, 154*
Milch
- Austauscher 126, 133
- Euter 154*
- Leistung 97, 126, 128, 137, 147
- Zusammensetzung 153
Mittelwand (Wabe) 171, 174*, 175, 185, 188
Moderhinke 101
Mutter-Kind-Beziehung 37, 39, 84, 92, 119, 130

Nachschaffungszellen 166f, 187
Nestflüchter 13
Netzmagen 99, 99*

Obst 63
- Anlage 26, 63, 103, 151*
- Trester 115

Pansen 98f, 99*, 133
- Verdauung 99, 123f, 124, 133
Parasiten
- Bienen 194
- Geflügel 22, 25, 49
- Wiederkäuer 107f, 110, 133
Perlhühner 62*
- Abstammung 68
- Auslauf 69
- Legeleistung 70
- Legeperiode 70
- Stall 69
Pheromone 161
Pollen-Hösel 163
Propolis-Lösung 186, 200
Puten 61*
- Abstammung 59f
- Brutnest 63
- Kükenfutter 64
- Stall 60f
- Weidefläche 63
Regenwürmer 64, 83, 115
Reuter 111, 111*
Rollklaue 100
Rupfen (Raufen) 50, 95

Sandbad 20, 20*, 22, 34*, 49, 63
Schafe 149*, 150*
- Abstammung 136
- Ablammquote 139
- Bestand BRD 139
- Futter, absolutes 103
- Geschlechtsreife 139
- Handelsklassen 142
- Milch 144, 153
- Schur 143
- Weidefläche 104, 151f
- Wolle 104, 139, 142f
Schafgitter 108, 109*
Schied 178*, 182
Schieren 37
Schlachtung
- Geflügel 50, 93
- Wiederkäuer 134
Schwarmverhinderung 183f
Silage 125
Sonnenwachsschmelzer 201
Spurbiene 160
Standweide 106
Stockmarkierung 168*, 192
Stroh
- Einstreu 76, 118, 120
- Futter 123
- Lagerung 120f, 121*
- Nährstoffe 135
- Raumbedarf 120

Teich 72ff, 73*
Tiefstreu 116, 118
Trippelwalze 100, 108, 111
Tüdern 106

Umtriebsweide 106f, 107*, 112, 141
Umweiselung, stille 187
Ungeziefer (Geflügel) 21, 22, 49

Wabenzellen 171f, 172*
Waldimkerei 158, 187

Warmbau 177, 177*
Weide 104
- Besatzstärke 104, 111, 141, 152
- Einsaaten 25f, 105, 111
- Kräuter 26, 105
- Nutzung 141, 152
- Pflanzen 25, 105
- Regel, goldene 107, 111
- Stand- 106
- Umtriebs- 106f
- Unterstand 20, 24*, 107*, 110, 132*
- Wechsel- 25, 63
Weidegang 103
Weiselnäpfchen 184
Weiselstoff 161, 166, 169
Weizenkleie 28
Widerkäuer
- Aufzuchtfutter 126
- Erhaltungsfutter 125, 135
- Füße 98, 100, 100*
- Futterrationen 125, 135
- Gebiß 98, 101f, 102*
- Leistungsfutter 125, 135
- Magen 98ff, 99*
- Paarung 128, 155
- Stall 118, 121*, 122*
- Weidegang 103
Winterbienen 160, 169
Winterfutter
- Bienen 173, 189
- Wiederkäuer 125, 135
Wintertraube 172f, 180

Zahn, giftiger 101, 106
- Wechsel 102, 102*
Zeidler 158
Ziegen 131*, 132*, 149*
- Abstammung 145
- Ablammquote 147
- Bestand BRD 146
- Milch 144, 152f
- Weidefläche 104, 152
Zuchtverbände 204f
Züchter (Geflügel) 41
Zwergschlammschnecke 78.108
Zwiehühner 42